中国外交と台湾
—「一つの中国」原則の起源

福田圓—著
林倩伃—譯
鍾延麟—審定

中國外交與台灣

「一個中國」原則的起源

五南圖書出版公司 印行

推薦序

國立政治大學東亞研究所名譽教授　邱坤玄

「一個中國」原則是中共對台政策的基石，也是美國與中共關係、兩岸關係的核心議題，但是在一九九〇年代之前並不存在「一個中國」原則的問題，因爲海峽兩岸爭的是哪一方代表中國的正統。學界對此期間的研究重點大都以權力政治爲主軸，聚焦於中共對台武力解放、美國對中共圍堵的外交與軍事策略，以及美國與中華民國的聯盟關係對後者的支持與節制。

福田教授則從歷史延續的視野，探討中共從「武力解放」台灣到「一個中國」原則的起源與確立過程。作者運用豐富的檔案資料，以凡事講求證據的態度，提出歸根溯源的見解。她的首要論點是韓戰之後，由於美國因素的介入，中共武力解放台灣的可能性已受到嚴重限制，因此改採解放金門、馬祖的策略，但是在兩次台海危機之後，都無法達到此目標，因此做出將金門、馬祖「留在蔣介石手中」的決定，以免切斷兩岸的「紐帶」關係。其次她提出由於「武力解放」策略可能引起國際譴責，以及國際上爲了維持台海局勢穩定，希望將「兩個中國」制度化，中共在面對此雙重的挑戰下，最後形成「一個中國」原則以爲因應。

福田教授的研究其實印證了中共對原則與策略的運作規則，「一個中國」原則的形成，充分顯示原則的堅定性與策略的靈活性。中共雖然堅持共黨意識形態，但是對中國的正統與統一觀念從未改變，早在一九四九年春毛澤東爲中國人民解放軍起草的一份聲明中就提出「外國政府如果願意考慮同我們建立外交關係，它就必須斷絕同國民黨殘餘力量的關係，並且把它在中國的武裝力量撤回去」，[*]這是中共首次詮釋其政權成立後的外交內涵，雖然沒有一個中國原則的「名」，卻是蘊含一個中國的「實」。

此研究也指出中共經常依據形勢的變化調整其策略，實際上結構才是決定單元行動的主要力量。冷戰前期，美國主導的國際結構，限制了中共領導人的政策選擇，領導人雖有主觀的願望，但是受到客觀力量與結構的制約，願望無法達成，等到國際權力分配的轉變，一個中國原則才趨於穩固。

從福田教授來東亞所就學至今，我與她相識已逾十五年，在長期互動過程中，我對她在學術志業上的熱情、專注與毅力，深爲感佩，也很欣喜她已成爲中共外交與兩岸關係研究的知名學者。此次她費盡心力促成中文譯本付梓，呈現重要的學術成果，也流露出對台灣學界的情懷。至盼同好共賞，更期待她下一專著的問世。

註解

【*】〈中國人民解放軍總部發言人爲英國軍艦暴行發表的聲明（一九四九年四月三十日）〉《毛澤東選集》，第四卷，北京：人民出版社，一九九一年，頁一四六一。

推薦序

中央研究院政治學研究所研究員　蔡文軒

與福田圓教授的認識，是在我就讀政治大學東亞所博士班時期。當時福田教授隻身來台灣求學，在政大華語言教學中心學習一年的中文後，進入東亞所就讀。記憶中，我們一起修過中共黨史等課程。該課程要求修課的同學，每週發表閱讀心得與對文章的評論。記得福田教授當時使用尚生澀的中文，努力的進行讀後報告，且言之有物，論點清晰。當時，我對這位遠從日本來的朋友，覺得相當欽佩。

後來我們都進到學術界工作，彼此常進行學術交流。這幾年，我們對於兩岸關係、中國外交與中國政治等議題，倍感興趣，也在福田教授的主持下，舉辦了幾次研討會，將一些心得進行討論與交流。在幾次的討論中，我驚訝福田教授對於冷戰時期，中國政府的相關政策與立場，有著非常廣博的理解，並了解福田教授在日本慶應大學求學時，就以中共對於「一個中國」原則的形成過程，進行博士論文的撰寫。後來，福田教授在日本出版該書，並獲得日本學界的專書獎，可見福田教授治學的嚴謹，早已在母國受到了重視與肯定。

我有幸在二〇一九年三月期間，透過科技部補助，邀請福田教授到中研院政治所訪學一個月。期間，我聆聽了兩次她對於獲獎專書的演講，認爲這個議題具有相當的學術價值，並且是中文學界所欠缺的。我鼓勵她將該書翻譯成中文，以饗中文世界的同好。中文版付梓在即，我有幸先睹爲快。

本書展現了日本學者在做學問時的紮實與細膩。對於中國的國際關係的相關著作，西方學者的長項，是運用立基於西方經驗的社會科學概念或理論，去解釋中國政府的外交行爲。但由於許多作品都欠缺深入的史料分析，常有見林不見樹的遺憾。相對的，日本學者則擅長用歷史研究的方法，透過大量的一手資料，去刻畫出一個事件的全貌。讀者可以在該書中，欣賞到福田教授在這方面的訓練與嚴謹的治學態度。

本書的主軸是討論中共的「一個中國」，在一九五四至一九六五年間的形成過程。對我們現今所耳熟能詳的「一個中國」詞彙，究竟其生成與演變過程爲何？是什麼樣的時空背景或國際格局，讓中共對於「一個中國」原則進行提煉，並逐步充實其內涵，本書做了非常充分的考證。福田教授的立論，是建立在紮實的史料基礎上。她遍訪中國、台灣、日本、美國、英國與法國的政府檔案館藏，可謂「上窮碧落下黃泉」。透過這些史料的整理與歸納，福田教授展現出一個清晰的歷史脈絡，有助於學界對於「一個中國」原則的來龍去脈，進行更爲深入的理解。此外，這項研究對於台灣讀者來說，另一個更重要的價值，在於福田教授清晰地說明爲何中共對外事務上，只要觸及到台灣議題時，就會先以「一個中國」的原則來做爲框架。

這本著作的學術關懷，也與近年來西方興起的「冷戰國際史」（The Cold War International History）密切扣合。在冷戰結束後，隨著政府檔案的進一步解密與開放，學者得以透過更周遍的史料，來對某議題進行新視野的檢證。我相信本書的出版，對於冷戰研究的相關議題，也將產生重大的影響。

中文學界將有一部紮實且具有價值的著作問世。欣見之餘，樂於將我對福田教授的認識與這本書的價值，介紹給各位學術先進與對此議題有興趣的朋友。

審定者序

國立政治大學東亞研究所教授　鍾延麟

關於福田教授這本大作，由我掛名為「審定」，實在是不敢當。我實際上所做的不過是將福田教授著作的中文譯稿看了一遍，順便做了一些簡單的文字調整和修改。在我同福田教授就文字、文意進行討論和商榷的過程中，可以感受到她學術上的認眞和對其著作中文版的用心。

我在校閱福田教授的中文譯稿時，直覺此書果然是榮獲日本重要學術獎項的作品。其雖然主要關注和爬梳中共對台灣問題的處理，特別是如何逐步形成「一個中國」原則的政治過程，但其同時也是一部關於中共建政以後的外交史專著。其精采之處在於：運用多地的一手檔案資料，細密檢視相關各造的政策演變及其原因，討論也事涉多項外交議題和事件。作者一個巧心的寫作安排是：觀察中共制定重大對外、對台政策以後，如何對內進行政策宣傳與解釋，以及民間社會對此的輿情和反應。另外，値得一提的是，作者在行文中重視引用日本學界的相關研究，可以讓讀者同時知曉日本的學術成果。

最後，恭賀福田教授這本大著中文版的面世，相信其會引起對中國研究、兩岸關係問題、中國對外關係有興趣的專家、讀者的關注與重視。

中譯版序

福田圓

我在二〇一三年由日本慶應義塾大學書版會出版的著作《中國外交與台灣──「一個中國」原則的起源》得以翻譯成中文版，並由台灣五南圖書出版社出版，令我感到十分欣喜。本書是以我在二〇〇〇年代後期，在慶應義塾大學政策媒體研究科及國立政治大學東亞研究所攻讀博士課程期間所撰寫的博士論文爲基礎撰寫。就如同日文版「後記」中所述，若沒有台灣留學期間曾多方照顧我的老師、友人協助，以及台灣外交部所提供的獎學金，我無法完成博士論文，更遑論是本書日文版的出版了。

雖然我也有些擔憂，我的分析和敘述在華語圈學術界是否通用，但身爲日本研究者的筆者，在鑽研中國、台灣、美國等地的第一手資料，並與各地研究者互相交流後的分析，若能讓華語圈讀者多少產生新發現、想法，我便感到相當榮幸。我也十分了解，在兩岸關係研究上，往往會透過所使用的用語、稱呼，檢視研究者的政治立場及對歷史的理解。中譯版考量出版地台灣的通用詞彙及閱讀流暢度，盡可能選用接近日文原文的用語及稱呼，也希望讀者能理解。

本書中譯版出版過程中，獲得了許多協助。包括將留學時代以來的恩師邱坤玄老師、對譯文提供許多詳細建議的鍾延麟學長，而引薦本書至出版社的蔡文軒先生甚至撰寫了完美的序文，都令我感激不盡。雖然礙於篇幅無法一一詳列，但在日本、台灣、中國、美國學術界都曾承蒙照顧的恩師與友人們，也都對於中譯版出版過程與各個譯詞、譯文提供了許多建議。由譯者林倩伃小姐仔細且確實翻譯完成的譯文，並由五南圖書劉靜芬副總編輯堅持不懈地協助本書出版。最後更要藉此機會，鄭重感謝日本三得利文化財團的海外出版贊助，得以讓本書中譯版順利出版。

目次

序章——中國外交與台灣

1. 從追求「解放台灣」到形成「一個中國」原則

本書主要研究：一九五四年至一九六五年間，隨著中華人民共和國對台灣政策中，外交相關手段重要性的逐漸上升，因而形成「一個中國」原則的過程。本書屬於一政治外交史研究[1]。

今日中國政府的對台政策基本方針，乃是堅持「一個中國」原則。中國政府更主張「一個中國」原則在國際社會間也應獲得廣泛支持。不過，「一個中國」原則究竟是依據什麼樣的理論所構成，而各自理論又經歷過什麼樣的歷程，才逐漸形成今日的「一個中國」原則？

對此，綜觀東亞冷戰史研究、現代中國政治、外交研究等領域，藉由實證且系統性考察的研究並不多。

原先在一九四九年中華人民共和國成立時，其領導人計畫在數年內「解放」國府所退守的台灣、澎湖群島及中國大陸沿岸小島。若中國領導人可「解放」這些地區，完成國家統一目標，當然應不需要「一個中國」原則。然而，因一九五〇年六月韓戰爆發，美國政府採取積極援助台灣、圍堵中國等政策，導致中國人民解放軍（以下稱「解放軍」）對台攻戰變得更加困難[2]。

韓戰結束後，在美國政府持續援助台灣、圍堵中國的情況下，中國以軍事手段攻下台灣的成本偏高。此外，朝鮮半島及中南半島已劃定停戰線，導致台灣海峽兩岸的分裂狀態也極有可能成為定局。因此，中國領導人必須透過外交手段，處理與台灣海峽對岸的中華民國分裂等問題。這也意味著中國將處理以下問題：中國如何隔著台灣海峽與美國、中華民國對峙；如何決定在國際社會中，同國府可否並存的態度，以及未來是否可保有「解放台灣」可能性等問題。一九五四年至一九六五年的這段期間，正是中國外交在西方資本主義國家、社會主義國家及亞洲、非洲各國交互作用中，持續面臨這些問題的時期。

第二次世界大戰後，經歷韓戰，東亞的冷戰結構已相當明確，中國領導人究竟如何構思「解放台灣」與完成國家統一？此外，為了實現此構想，又須實施什麼樣的具體手段呢？其中是否曾遭遇挫折，或曾轉換方針呢？本書針對這些問題實行多方考察，研究中國對台政策重點從軍事鬥爭轉為外交鬥爭，希望辨明其實質內容由追求「解放台灣」至形成「一個中國」原則的過程。

2. 今日針對「一個中國」原則形成過程之解釋

今日中國政府主張的「一個中國」原則，是由對台原則及對國際社會原則等兩大部分所構成。對台灣的「一個中國」原則包括：一、世界上只有一個中國；二、台灣是中國不可分割的一部分；三、中國的主權和領土完整不容分割，中央政府在北京等三大要素。中國政府更主張，台灣過去也曾與中國同樣堅持「一個中國」原則。針對國際社會的「一個中國」原則則包含：一、世界上只有一個中國；二、台灣是中國不可分割的一部分；三、中華人民共和國政府為代表全中國人民的唯一合法政府等三大要素。中國官方立場更強調，國際社會在與中國政府關係正常化過程間，也已承認相同原則，該原則業已成為「國際共識」。

中國針對「一個中國」原則的歷史解釋，也成為如上所述般，正當化中國政府立場的重要根據。其解釋包括：一、台灣也主張「一個中國」原則；二、世界各國及聯合國承認中國政府時，也曾各自表明支持「一個中國」原則。一九九三年及二〇〇〇年中國國務院台灣事務辦公室發表兩個與「台灣問題」相關的《白皮書》，即為該原則歷史解釋的雛型。一九九三年發表的《台灣問題與中國統一》為向台灣表明中國政府立場的《白皮書》；二〇〇〇年發表的《一個中國的原則與台灣問題》則是向國際社會表明中國政府立場的《白皮書》。[3]這兩份《白皮書》至今仍代表了中國對台政策基本立場的重要文件。

二〇〇〇年的《白皮書》說明，根據開羅宣言、波茨坦宣言及日本投降文書，「中國政府收復台灣、澎湖列島，重新恢復對台灣行使主權」，之後「一九四九年十月一日，中華人民共和國中央人民政府宣告成立，取代中華民國政府成爲全中國的唯一合法政府和在國際上的唯一合法代表，中華民國從此結束了它的歷史地位。」然而，中國政府的主張則因韓戰「受到當時美國政府的阻撓」，中國政府對以美國爲中心的國際社會實施「捍衛中國主權和領土完整的正義鬥爭」，進而「形成」了「一個中國」原則。

不過，該《白皮書》中並未詳細說明中國所實施的「鬥爭」爲何，僅止於主張以下兩個「事實」。其一爲「在一九四九年後的三、四十年間，台灣當局雖然不承認中華人民共和國政府代表全中國的合法地位，但也堅持台灣是中國的一部分、只有一個中國的立場，反對製造『兩個中國』或『台灣獨立』」之「事實」；其二則是「中國政府堅持一個中國原則的嚴正立場和合理主張，贏得了越來越多的國家和國際組織的理解和支持，一個中國原則逐步爲國際社會所普遍接受」等「事實」。惟此內容僅是「鬥爭」的結果與其解釋，並無法說明中國政府主張「一個中國」原則之形成過程。

另一方面，在台灣，針對中國政府主張「一個中國」原則的立場，至今仍爲政治上的爭議。不過，提及「一個中國」原則的歷史問題，台灣也存在共識，認爲其源自蔣介石、蔣經國父子時代國民黨政府主張的「一個中國」立場。舉例來說，直屬於總統府的歷史研究機關國史館在二〇〇〇年編纂之《一個中國論述史料彙編》序文中，提及「中華民國爲代表中國的唯一合法政府，及中華民國對大陸擁有大陸主權及統治權」，並評論此立場「對於中華民國在七〇年代之前的國際地位實有所助益」。[4]關於該歷史經緯，強調台灣主體性的「台灣智庫」所出版之《解構「一個中國」》序文中，則表示「在中國內戰失敗後撤到台灣的國民黨和蔣家政府，以『漢賊不兩立』的立場堅持一個『中國政策』，拒絕了外國給台灣國際空間的機會，並使中國和外國得以將『一個中國』的圈套加在我國頭上」，批判兩蔣時代採取的強硬外交原則，導致今日台灣國際空間受到壓縮。[5]

這兩種關於台灣的說明，雖然評價大相逕庭，但對於蔣介石時代的「一個中國」立場認知則大致相同。也就是說，蔣介石政府在①世界上只有一個中國與②台灣爲中國不可分割的一部分等觀點，與中國政府的主張相同。不過，對於「中國」的主權，蔣介石則主張國民政府才是正統政府，並採取「漢賊不兩立」的立場。[6]此外，蔣介石爲了從被稱爲「匪」的中共奪回中國大陸，更主張「反攻大陸」。

雖然雙方各自出現「中國只有一個」，以及往後構成「一個中國」原則的主張，毛澤東和蔣介石皆未將各自主張系統化，並稱之爲「一個中國」原則。毛澤東也並未根據「漢賊不兩立」這個理論，主張「中國」的正統性。意即一九五〇年代至一九七〇年代間，實際存在於國際社會間的，僅有蔣介石所主張的「漢賊不兩立」。

此現象也可推測其是否爲中國政府在「一個中國」原則的歷史解釋中，大幅捨去「鬥爭」過程的原因。也就是說，一九五〇年代至一九七〇年代間，國府對「一個中國」具有解釋權，而象徵正統中國的「漢」爲中華民國，中國則是「賊」。中國政府當然不認同這樣的解釋，但以西方國家爲主的國際社會大多因美國與中華民國的關係，也對「漢賊不兩立」主張有一定程度的顧慮。對中國政府來說，這個時期必須從國府手中奪取「一個中國」的解釋權，並持續採取有力的外交鬥爭。

確實，在貫徹「漢賊不兩立」的立場，以及持續主張「反攻大陸」等角度看來，國府可謂「堅持」了「一個中國」的立場，但從同一時期的史實看來，這終究也只是結果論罷了。至今已再三指出，在美國與台灣關係史研究中，蔣介石所提出的「漢賊不兩立」及「反攻大陸」的主張，正是美國與台灣關係中最大的爭議點。[7]透過這些研究可知，一九五〇年代至一九六〇年代間，美國政府不斷施加壓力，要國府放棄「漢賊不兩立」及「反攻大陸」等主張，並要其不斷讓步，也可看出國府曾重新檢視其立場。[8]藉由這些研究即可發現，當時中國政府幾乎無直接影響力可左右國府的政策，中國政府必須掛念著國府是否會放棄「漢賊不兩立」的立場。

此外，根據近年日本政治外交史研究，陸續出現了研究成果，指出日本及西方國家如何應對相隔著台灣海峽的「兩個中國」。[9]這些研究顯示，國際社會並非完全接受中國政府的「一個中國」主張，而是透過雙方互相讓步等外交交涉，才逐漸形成「一個中國」等共識。

綜上所述，只要多方考察不同觀點，就可看出中國政府爲主張「一個中國」原則所實施的「正義鬥爭」，未必完全勝出。不如說，「一個中國」原則是戰後中國、中華民國、美國、蘇聯等相關國家爲了追求各自政治權力，經各種選擇後所形成的原則，或爲較妥當的思考方式。本書針對這些問題，以政治、外交史途徑追溯一九五四年至一九六五年間，環繞著台灣問題的中國外交「鬥爭」，以及「一個中國」原則的起源。透過這些研究，仔細考察構成「一個中國」理論的各個政策決定及外交交涉，徹底考察、分析形成「一個中國」原則的更多重理論，有別在中國政府《白皮書》中的論述，正是本書的目的。

3.「一個中國」原則形成過程之相關研究回顧

研究冷戰期間美中在台灣海峽的軍事、政治對峙之過去的研究，不在少數。然而，受到史料上的限制，大部分研究多論及美國政府威懾、圍堵中國的政策，或是美國與中華民國同盟關係。這些研究中，中國的行動往往被視爲固定前提條件，而「一個中國」原則更容易被認爲是規定中國行動的前提。

中國與美國、中華民國隔著台灣海峽的軍事、政治對峙，是東亞冷戰史研究的中心焦點，尤其針對一九五四－五五年、一九五八年這兩次台灣海峽危機的研究更是衆多。這些研究多與對中國形象、美國政府對中國政策是否成功等論述緊密相關。[10]也就是說，一九七〇年代以前，美國從事的研究大多將中國視爲與蘇聯關係緊密，並根據國際共產主義意識形態行動，因而必須威懾的對象。[11]相對於此，美中和解後與台海危機相關的研究中，分析中國領導人因重視國家利益而決定政策的面向逐漸成爲主流。[12]其中值得注意的是，斯托普爾（Thomas Stolper）在一九八〇年代從事的研究中，認爲中國領導人在兩次台海危機時，針對金門、馬祖攻擊的原因，並非中國想「解放」金門、馬祖，而是爲了防止「兩個中國」產生。[13]此外，一九九六年台海危機後，美國在台灣海峽的遏止政策也再次受到矚目。[14]

一九九〇年代以後，隨著冷戰結束，蘇聯、東歐、中國等國家史料開放，冷戰史研究也迎來了改稱爲「冷戰國際史（The Cold War International History）研究」的新階段。[15]在研究環境的變化下，也使得至今研究「封閉」時未曾察覺的美中雙方認知差距及相互作用變得顯著。其中最具代表性的研究成果，包括：張曙光透過針對兩次台海危機的分析，討論台灣海峽的抑止結構如何受美中雙方的誤解與戰略文化的差異所固定；以及柯慶生（Thomas J. Christensen）認爲環繞著美中雙方的國際環境與國內政治性動員之關聯才是引發危機等研究。[16]然而，張曙光及柯慶生的研究雖成功說明一九四九年至一九五八年間美中關係的結構，但卻未論及該時期確立的美中對立與抑制結構，以及其對中國對台政策所造成的影響。

此外，一九九〇年代以後，隨著中國與台灣的學術環境變化，中國或台灣領導人的認知及決策過程也得以進行研究。尤其台灣因民主化使得蔣介石時代的檔案獲得大量公開，學者得以利用相關資料，採連續性或非連續性方式詳細研究國民政府與中國對峙時的認知與政策決定。[17]不過，與中國領導人相關的認知與決策史料仍然受到極大限制，大部分先行研究僅以兩次台海危機爲研究對象，更受到官方史觀及現行對台政策所限，多數研究過度強調「和平統一」台灣及「一個中國」原則之正當性。

在中國，一直到進入一九八〇年代之後，才終於得以針對一九四九年以後的中國共產黨史（黨史）與中華人民共和國史（國史）進行學術研究，而領導人文集、年譜、傳記及關係者回憶錄等官方史料也陸續出版。然而，這些內容受限於中共的官方史觀及現行政策所允許的不成文「架構」。也就是說，與中國對台政策相關的研究，必須符合對台「和平統一」政策的正當性。此外，研究中也提及中國對台政策決定及外交交涉多由中共「主動」執行。

舉例來說，可謂改革開放後現代中國外交研究「架構」設定之成果，包括《當代中國外交》及《中華人民共和國外交史》等書刊。彙整這些文獻中提及台灣問題的相關論述，可得到以下重點：第一，兩次台海危機被定位爲對抗美國創造「兩個中國」之「陰謀」而產生的

「鬥爭」；第二，中國在該「鬥爭」中多維持「主動地位」，而在一九五四年美國卻「暴露」了「陰謀」，並在一九五八年受中國所「擊破」。此外，國際社會與中國地位相關的「鬥爭」中，中國外交也「看穿、打擊」美國「欲敵視與孤立中國的陰謀」，更主張中國「獲得了廣泛的同情與支持」。[18]

根據上述「架構」所從事的研究，如何迪、徐焰針對中共指揮下的台海危機及金門、馬祖之政策決定等研究，其結論便會得出：一九五四年及五八年的金門砲戰是中國爲達成政治目的，反對美國欲分裂台灣海峽所實施的手段。[19]此外，主張一九五〇年代後半期以來，中國政府便對台灣展開「和平解放」政策的研究則指出「中國爲和平解決台灣問題不斷持續努力」，但也強調「受到美國政府的干涉及妨礙，因此尚未達成和平統一」。[20]

日本對於該時期中國對台政策變遷相關研究，則未受到中國的官方史觀及現行政策所限制，論述較爲客觀。其中，中川昌郎的研究，透過仔細閱讀《人民日報》，發揮了日本傳統對中國研究方法的優點，論述中國國內政治對於對台政策之影響；而松田康博的研究則論及一九五〇年代對台「和平解放」與「武力解放」之關係。[21]然而，《人民日報》雖然可清楚掌握特定期間中共方針及政策變化，卻也難以追溯某方針或政策出現前的議論，也較難清楚掌握其背景。

近年來，隨著研究國際化，如中國研究者的冷戰史研究與他國冷戰史研究間之交流等，使得限制住中國政治、外交史研究的官方史觀及現行政策「架構」，相較於過往之研究，顯得較爲和緩。[22]中國主要研究者則認爲，一九八〇年代後，美國冷戰史研究過度放大中國當時的勢力，將中國視爲與美蘇同等的主體。相對於此，相關研究反而強調毛澤東外交的獨特意識形態，並將台海危機視為毛澤東實行意識形態外交的結果。[23]

舉例來說，牛軍的研究將一九五四年、一九五八年及一九九六年，三度發生的台海危機著眼於：一、統一台灣戰略的軍事鬥爭；二、與美中關係的相互作用；三、軍事鬥爭時決定政策的基本特徵等項目分析，並導出中國所決策之政策皆為「中國統一台灣戰略的必然反應」等結論。[24]此外，楊奎松以兩度台海危機中毛澤東的政策為例，指出在台灣問題上，美國對中敵視政策為毛澤東展開強硬且具意識形態外交的最大動力。[25]沈志華則將中蘇對立的主因著眼於台灣問題上，認為中國規劃對台政策時，必須考量中國與蘇聯間的關係。[26]這些學者的研究多活用中國及各國過去的研究及第一手史料，明確顯示出美國、蘇聯對中政策與中國外交之相互作用，在這一點看來，已與過往強調中國外交居「主動地位」的研究有所不同。不過，這些研究主要針對台海危機對中國外交造成的影響，但對於中國對台政策造成的影響則未多談。這個現象與中國至今仍未解決台灣問題的政治現狀絕非毫無關聯。

近幾年，日本也有不少研究積極引用中國現代史研究成果，其中青山瑠妙、服部隆行根據中國官方史料及研究成果，研究中華人民共和國成立前至第一次台海危機期間，台灣海峽軍事作戰的變遷。[27]此外，平松茂雄的研究則論及第一次台海危機至第二次台海危機間，金門、馬祖等地之作戰與一九五〇年代中國軍事建設的關係。[28]張紹鐸的研究則利用中國官方史料與台灣公開公文，論述一九六〇年代中國政府與國府針對聯合國代表權的外交鬥爭。[29]上述研究雖指出不少可供本書參考的事實及論點，但卻無法系統性分析一九五〇至一九六〇年代間的中國對台政策，以及外交手段所發揮的效果。

4. 中國之新公開史料及其他多項資料

過去冷戰史研究或中國政治外交史研究往往受到史料上的限制，無法實證或系統性論述，故本書欲就冷戰期間中國外交及對台政策間的關係加以論述。此外，也希望論證一九五四年至一九六五年間，中國對台灣單方面的主張由「解放台灣」逐漸轉變為「一個中國」論述（以下簡稱「一個中國」論）的過程中，中國提升外交手段的重要性，透過與相關國家的相互作用，將原本的「一個中國」論建構成「一個中國」原則。為此，本書欲採用以下方式，活用中國新公開之史料及相關國家之公開史料，進一步分析與考察。

第一點，從本書的分析視角與論點來說，理所當然以中國公開、出版之史料為敘述主軸。問題在於，中國現代史研究仍受到諸多限制，尤其是第一手資料之公文極少公開。[30]然而，此一現象並非完全無法改善。

經過一九八七年國家檔案法制定，並在一九九六年修正後，中國超過三十年以上的檔案可在中央、地方各檔案館公開。不過，中華人民共和國成立之後的檔案公開程度也說不上多高。[31]中華人民共和國及中國共產黨的檔案據悉保存在北京的中央檔案館內，而這些館藏檔案的概要更蒙上了一層神秘面紗。實際上，中央檔案館、中共中央黨史研究室、中央文獻研究室等處所藏資料，在中國也僅有特定研究者得以閱覽。[32]

由於上述因素，外部研究者僅能仰賴這些官方單位所編纂的領導人文集、選集、年譜、傳記等公開史料。[33]這些皆爲八〇年代中國正式展開現代史研究以來，陸續出版的刊物。綜合多位中國國內研究者的證言，在編纂史料時，並不常見「創造」史料或史實等情況，若欲依據黨的官方史觀及當下政治狀況加以調整，則是透過「未出版」史料或史實所完成。因此，外部研究者僅能在運用公開史料的同時，不斷推測「哪些史實並未公開」、「爲什麼不公開」。

於此情況中，中華人民共和國外交部在二〇〇四年起設置檔案室，並對外公開一九四九年至一九六五年間的外交檔案共八萬餘件。[35]這些外交部檔案內，也包含了外交部與黨之間的報告、指示，以及外交部內記錄、電報類，甚至是與其他國家政府相關之函件、備忘錄等。當然，外交部公開檔案時也受到黨的官方史觀及當下政治狀況所限制，並非完全自由。舉例來說，即使確認中國與某國政府曾有過多次對談，卻往往難以閱覽所有對談記錄；若照時序排列公開的電報資料，也較難完整重現外交交涉過程。以此層面看來，更令人認爲公開的外交部檔案，僅是爲了明示官方史料上所提及的細節罷了。此外，值得注意的是，外交部檔案中幾乎無法找到中央決策相關內容。

即使如此，偶爾也會發現官方史觀的說明或《人民日報》等媒體的說法，與對外政策執行細項有所出入，而「一個中國」原則的形成過程正是此情況頻繁出現的一例。舉例來說，從外交檔案可多次觀察到，當時外交交涉中並未出現類似以今日「一個中國」原則的三大要素。其他，《人民日報》曾嚴厲批判美國及蘇聯之際，外交檔案中卻提及當時中國謹慎對美、蘇實行外交交涉，同時也不斷尋找台灣問題上可妥協之處。

第二點，綜上所述，必須盡最大可能活用中國現代史史料，並再度檢視其中所得的歷史脈絡可循之處。也就是說，這是一道「先行掃除外圍障礙」的過程，也是中國現代史史料較不容易參照的時代，外國研究者須下的功夫。時至今日，欲論述史料上仍受到極大限制的台灣問題，必須對照相關國家文件，以及中國文件等資訊。除了美國外，台灣對文件公開也有了大幅進展，有助於重現當時中國圍繞在台灣海峽的外交狀況，增加更多可供判斷的資訊，得以於有限資源中分析。

關於一九五〇年代、一九六〇年代的台灣問題，公開最多史料的國家爲美國。這些資訊雖非最新史料，但若如本書欲論及中國所面對的狀況、對某些事件的反應時，則相當有用。本書亦運用了部分收藏於美國國務院一般政務文件（RG59）中央檔案（Central File）內，與中國相關文件的微縮膠片，以及美國國家檔案館內各局處檔案、美國參謀長聯席會議文件（RG218）。[36]此外，本書所運用的白宮相關文件中，主要使用艾森豪總統相關文件的微縮膠片；與約翰甘迺迪相關的文件，則採用了甘迺迪總統圖書館所藏的國家安全檔案（National Security Files）。[37]話雖如此，本書的目的並非分析美國的政策決定過程，因此，相較於白宮文件，全書重點則鎖定於美國與中華民國會談記錄、台灣及香港發出的電報等國務院文件，以及中央情報局（CIA）的分析報告等美國官方檔案。

台灣在一九九〇年代後，因政治環境變化，檔案公開速度也突飛猛進。從國府的決策過程看來，重要文件爲收藏於國史館內的總統、副總統檔案。[38]本書亦採用了《蔣中正總統文物》、《陳誠副總統文物》及《蔣經國總統文物》等史料，但在這些史料中，戰後記載的內容則大多未公開。此外，史丹佛大學胡佛研究所則在二〇〇九年十月公開包含二戰後部分在內的《蔣介石日記》。《日記》中持續記載了蔣介石對國際情勢的認知，可有助於理解當時國共關係及國際政治上與台灣問題的相關論點。[39]國民黨中央委員會文化委員會黨史館（下稱黨史館）所藏的《國民黨中央常務委員會會議記錄》缺漏並不多，不僅可追溯國民黨內的議論，更因會議資料附上了負責對中國大陸工作的國民黨中央委員會第二組與第六組報告，爲可協助了解中國大陸情況史料，具有高度利用價值。[40]除此之外，本書也利用了國史館與中央研究院近代史研究所公開的中華民國外交部檔案，以及收藏於國防部史政編譯局的中華民國國防部檔案。[41]

另外，本書也盡可能活用同爲聯合國安全理事會常任理事國，可能影響中國「一個中國」原則形成的英國、法國、蘇聯的相關文件。不管是收藏於英國國家檔案館，與台海危機有關的英國外交部檔案（FO371），或是法國外交部檔案館所藏中法關係正常化文件中，與中國（Chine 1956-1967）及台灣（Formose 1956-1967）相關文件，皆有助於分析中國與相關國家交涉，形成「一個中國」原則時有何影響。[42]此外，若提及對中國外交所造成的影響，最重要的國家絕對是蘇聯。在蘇聯的文件中，本書大多運用伍德羅·威爾遜國際學者中心官網上已翻譯爲英語的文件，以及沈志華主編的史料集等。[43]伍德羅·威爾遜國際學者中心及沈志華所廣泛收集的史料中，已包含許多與本書欲探究問題相關的重要資訊。這些史料更是在諸多冷戰史研究者的合作下，持續收集、公開且活用，足見其可信度之高。

5. 本書分析視角與結構

本書在前述研究文獻及史料的基礎上，欲檢視中國政府與國府、美蘇，以及其他國家間透過貿易、交涉相互影響之下，如何從原本中國政府的最終目標「解放台灣」，轉變爲短期手段之「一個中國」論，進而逐漸形成外交上的「原則」等過程。最主要目的，便是明確分析出：中國政府在《白皮書》中所主張的立場之外，構成「一個中國」原則更清晰的脈絡。也就是說，在「一個中國」原則形成的過程中，並非如中國政府今日所主張，就像中國現代史研究中不成文的「框架」般之「既定路線」，中國外交也並非維持於「主動地位」之上，而是因應實際狀況不斷決定對應政策及交涉的過程。所謂「一個中國」原則，即是在其過程之中，中國爲了達致「解放台灣」這個最終目標，與外交上因應國際環境變化之間的平衡，所採取的現實主義之選擇與其結果，並用來正當化、利用這些選擇所產生的理論罷了。

爲了更明確指證該論點，本書會以下列兩種論點爲主，在各章進一步論述。

第一個論點是：中國領導人在「解放」金門、馬祖時所決定的政策。透過過去的研究可知，韓戰休戰後，美中在台灣海峽的對峙爭論點其實並非「解放台灣」，而是「解放」金門、馬祖。現今金門、馬祖處於中國大陸與台灣之間的「紐帶」，但在韓戰休戰之際，中國領導人對於此認知仍相當淡薄。這又是在何時，透過什麼樣的理論，讓金門、馬祖成爲日後台灣與中國大陸間「紐帶」的關鍵位置？這與如何解釋二度台海危機中，砲擊金門的目的有關，在過去的研究中也得知其解釋已有不同見解。隨著中國強調「一個中國」原則的演變，並追溯金門、馬祖擔負起「紐帶」角色的時期，中國認爲二度砲擊金門並非軍事目的。相較於此，本書欲實證中國領導人在對美外交鬥爭的過程中，逐漸喪失「解放」金門、馬祖選項。中國也因此決定暫時擱置「解放」金門、馬祖政策，並爲了讓政策正當化，才衍生出「紐帶」的說法。

第二個論點是：中國領導人們爲了對抗主要由西方國家所探詢的「兩個中國」政策，衍生出的認知與對策。中國外交認定砲擊金門屬中國內戰，各國也認可「一個中國」原則，但這種中國官方論調，其實仍有議論空間。實際上，一旦台灣海峽軍事緊張提高，擔心美中大戰爆發的國際輿論便會要求中國與國府展開停戰談判。當緊張緩和後，則會引發穩定實質上的停戰狀態、將中國與國府並存狀態制度化等議論。也就是說，台灣海峽因砲擊金門所產生的軍事緊張，實際上則是爲了喚起國際輿論使「兩個中國」狀態制度化的行動。除了美國之外，其他西方國家、亞洲周邊國家，以及以蘇聯爲首的社會主義國家，都希望透過「兩個中國」的制度化，維持台灣海峽的局勢穩定。雖然如此，將中國與國府視爲對等主體的停戰呼籲，中國也不能完全置之不理。這是因爲否決停戰交涉，會引起中國對國際社會和平造成威脅的形象，也勢必會損及「解放台灣」的正當性。中國領導人對於這般難題，又該如何處理呢？若「一個中國」原則中含有避開國際輿論責難的理論，那又是什麼樣的理論呢？

本書以上述兩個問題爲主軸，並依下列章節結構展開論述。

第一章「第一次台海危機與『兩個中國』問題的起源（一九五四─一九五五年）」中，主要針對第一次台海危機階段，論述中國領導人基於「解放台灣」理論決定政策的過程。意即此階段中國領導人仍希望優先「解放」台灣、澎湖群島，並計畫在適當時期再「解放」金門、馬祖。不過，在攻略浙江省沿海島嶼，並準備攻下金門、馬祖的過程中，中國引來了外在危機，美國政府決定締結《中美共同防禦條約》，並得以提出停戰案。對於「兩個中國」這種「陰謀」的批判，也是因爲國府透過共同防禦條約及停戰案獲得認可，中國爲否定國府在國際上的主權而展開。

第二章「『和平共處』與『兩個中國』問題嚴重化（一九五五—一九五七年）」，主要探討中國領導人對美交涉後被迫放棄金門、馬祖，同時對西方各國逐漸高漲的「兩個中國」論產生危機感的過程。然而，中國領導人在這個階段，仍堅持以台灣、澎湖群島爲優先，並儘早「解放」金門、馬祖。此外，針對西方國家所提出的「兩個中國」論，中國仍拒絕「兩個中國」所衍生的問題，且除了批判其爲「陰謀」以外，毫無具體方針。

第三章「第二次台灣海峽危機與『一個中國』論述之起源（一九五八年）」，則指出一九五八年的金門八二三砲戰，中國與美國交涉，希望迫使國軍自金門、馬祖撤退，讓中國延長「解放」金門、馬祖的戰線。此外，在中國爲「解放」金門、馬祖所展開的砲擊、封鎖作戰出現破綻之後，中國也下達了將金門、馬祖「留在蔣介石手中」的決定。這個決定不僅正當化了無法「解放」金門、馬祖的事實，也是爲了拒絕讓國際社會再次提出台海停戰，意即「兩個中國」制度化的理論。

第四章「中蘇交惡與『一個中國』論述之動搖（一九五八—一九六一年）」，則論述中國不僅決定「讓金門、馬祖留在蔣介石手中」，也被迫處理美蘇兩國的金門、馬祖放棄論。包含「兩個中國」問題處理方式在內，中國與蘇聯的冷戰外交政策上逐漸產生顯著齟齬，而美蘇也從各自立場要求中國放棄金門、馬祖，並提出停戰，對中國領導人實屬艱困問題。另外，就如同一九六一年聯合國代表權問題般淺而易見地，西方國家的「兩個中國」論已明確轉為「兩個中國」政策，也更加強化了中國領導人的危機意識。

第五章「反對『反攻大陸』與『一個中國』論述之確認（一九五九—一九六二年）」中，則探究中國儘管讓國府保有金門、馬祖，但國府「反攻大陸」造成的威脅仍持續提升，遂於大陸東南沿海地區展開不變動台灣海峽現狀的軍事動員。這次的軍事動員，以及發揮重要作用的與美交涉後，中國領導人以「一個中國」論為前提，確立了台灣海峽在一九五八年後的實際停戰。即使不締結停戰協定，中國也打消了先行「解放」金門、馬祖的意圖，美國與中華民國也不需要放棄金門、馬祖。除此之外，中國也確立了美國並不支持蔣介石「反攻大陸」意圖，而中華民國也逐漸喪失其代表中國全部領土主張的正統性。

第六章「冷戰結構之多極化與『一個中國』原則的形成（一九六二—一九六五年）」，則分析中國在中蘇對立後為尋求新外交空間，遂積極接觸「兩個中國」問題衍生的外交案例，並將交涉對象立場導向「一個中國」論，開始建構與相關國家間的「一個中國」原則。與寮國皇家政府、法國、舊法屬非洲各國間展開外交關係時，中國改變了既有外交方針，也就是主張與國府斷交的政府才可與中國交涉、建立外交關係。取而代之的是，要求與國府尚有外交關係的國家公開同意中國是「唯一合法政府」的主張，甚至對法國交涉時，在這個要求上也有所讓步。不過，中國在讓步之餘，也極力不讓西方國家「誤解」中國可能接受「兩個中國」的立場。

此外，為了完全顯現「一個中國」原則的形成過程，原本必須連同一九七〇年代中國與西方國家關係正常化過程一起分析。不過，因中國外交部檔案僅公開至一九六五年，為分析相關過程的史料狀況，以及本書欲分析的時期史料皆不完整。相對的，不須探究至一九七〇年代，早在一九六五年以前，形成「一個中國」原則的基本方式早已確立，而為取得國際社會參與的嘗試也早已展開。這也正是本書針對既有現代中國外交史，必須指出的新事證。也就是說，就如同過去的研究所提及，中華人民共和國成立以來對「一個中國」原則的態度並不一致，但「一個中國」原則一詞，也並非一九七〇年代才突然頻繁出現於中國政府官方言論或文獻中。尤其本書主要分析的一九五四年至一九六五年間，更有可能為「一個中國」原則所形成的起源，可謂其核心時期。

若透過上述各章節引導出結論，則可得知一九五四年至一九六五年在台灣海峽兩岸，中國政府與國府欲變更統治範圍變得更加困難，中國領導人也不得不接受台灣海峽兩岸分裂狀態早已定型。隨著兩岸分裂狀態的定型，西方國家則探討「兩個中國」政策，東方國家及亞洲、非洲各國實質上則採取了「兩個中國」或「一個中國、一個台灣」的立場。為因應這個狀況，「一個中國」論在中國也逐漸成形。這個理論則包含了未來務必達到「解放台灣」、打倒象徵舊社會的國府等最終目標，同時也代表中國根據現實判斷「解放台灣」為長期目標，實際上也無法否認國府在國際社會中的存在等平衡論點。中國也希望國際社會加入「一個中國」論，並在「一個中國」原則的構築之下，嘗試讓中國由「賊」轉為「漢」。

註解

【1】本書所指的「中國」爲一九四九年成立的「中華人民共和國」，簡稱爲「中」；「國府」指的是中華民國國民政府（一九二五年成立，一九二八—二九年間受國際承認的南京政府）之後的「中華民國政府」。此外，在無特定說明下，「中共」指的是中國共產黨，「國民黨」則代表中國國民黨，「國共」則爲國民黨與共產黨。「台灣」指的是國府遷台後實際支配的範圍，但若特別列出台灣、澎湖群島、金門、馬祖等特定地區名稱時，則代表台灣本島。此外，本書中「金門」係指位於福建省廈門市附近，由大金門島、小金門島所組成，目前受國府所管轄的群島；「馬祖」則接近福建省連江縣，由南竿島、北竿島所組成的群島，亦由國府所管轄。金門與馬祖在地理位置上較接近中國大陸，其歷史也與台灣及澎湖群島不同，在中國與美國、國府隔著台灣海峽對峙時也成爲受爭奪的位置。有鑑於當時的種種爭論，本書爲方便起見，將台灣與澎湖群島稱爲「台灣、澎湖群島」，而金門與馬祖則共稱爲「金門、馬祖」。

【2】一九四九年十月，解放軍在金門古寧頭及浙江省沿海的登步島作戰失敗，在海、空軍上也並未如預期般地獲得蘇聯支援。在韓戰爆發前，解放軍原本預計在數年內即可完成「解放台灣」等一連串計畫，只能一再推遲。關於這點，可參照青山瑠妙《現代中国の外交》（慶應義塾大学出版会，二〇〇七年）一二六—一三四頁，下斗米伸夫《アジア冷戦史》（中央公論新社，二〇〇四年）五五頁等處。

【3】中華人民共和國國務院台灣事務辦公室「台灣問題與中國統一（一九九三年九月一日）」，以及中華人民共和國國務院台灣事務辦公室「一個中國的原則與台灣問題（二〇〇〇年二月）」（兩者皆取自中華人民共和國國務院台灣事務辦公室官方網站，http://www.gwytb.cn/zt/baipishu，二

〇一三年一月一日檢索）。

【4】一個中國論述史料彙編小組《一個中國論述史料彙編》（台北：國史館，二〇〇〇年）五—六頁。

【5】羅致政、宋允文《解構「一個中國」—國際脈絡下的政策解析》（台北：台灣智庫，二〇〇七年）iii頁。

【6】「漢賊不兩立」一詞，源自《正史三國志》中，諸葛亮在建興六年（二二八年）向蜀國年少皇帝上奏的「後出師表」其中一節。諸葛亮對劉禪表示，魏的勢力變得相當強大，但繼承正統王位的蜀在被身爲逆賊的魏滅國前，必須先行討伐魏國。（陳壽〈裴松之註，井波律子譯〉《正史三国史》五〈筑摩書房，一九九三年〉一三〇—一三三頁）。在蔣介石的認知中，蜀所處的狀態與國府撤退台灣後有多處類似。

【7】Nancy Bernkopf Tucker, *Taiwan, Hong Kong, and the United States, 1945-1992: Uncertain Friendships* (New York: Twayne Publisher, 1994), pp. 47-51; John W. Garver, *The Sino-American Alliance: Nationalist China and American Cold War Strategy in Asia* (New York: M.E. Sharpe, 1997), pp. 218-229. 一九五〇年代國府追求「反攻大陸」相關內容，參照松田康博〈台湾の大陸政策（一九五〇—五八年）—「大陸反攻」の態勢と作戦〉《日本台湾学会報》第四號（二〇〇二年七月）一—一九頁。爲維持冷戰外交時的「信賴」，強調美國政府支持國府「漢賊不兩立」或「反攻大陸」的另一面之研究，參照石川誠人〈第二次台湾海峡危機へのアメリカの対応—大陸反攻放棄声明に至るまで〉《法学研究》第二九號（立教大學，二〇〇二年）八五—一一七頁，同〈国府の「大陸反攻」とケネディ政権の対応〉《国際政治》第一四八號（二〇〇七年三

月）一一八—一三二頁，同〈信頼性の危機と維持—一九六一年国連中国代表権問題をめぐる米華関係〉《中国研究月報》第六一卷第一二號（二〇〇七年十二月）二一—三三頁。

【8】清水麗〈台湾における蒋介石外交—一九六一年の国連問題をめぐる原則と妥協〉《常磐国際紀要》第六號（二〇〇二年三月）七三—九四頁，同〈第三章 日華関係再構築への模索とその帰結〉川島眞等《日台関係史》（東京大学出版会，二〇〇九年）六七—九四頁等，清水麗等人的研究成果指出，一九六〇年代蔣介石固執於原則論，讓國府外交喪失了尋找妥協點的能力。近幾年的研究成果則包括王文隆〈中法斷交與我國對非洲農技援助策略的改變〉《近代中國》第一五七（二〇〇四年六月）一二五—一四七頁，同〈台海兩岸政府在達荷美的外交競逐（一九六四—一九六六）〉《國史館館刊》第二一期（二〇〇九年）一五五—一九〇頁，與同〈中華民國與加拿大斷交前後政府的處置（一九六八—一九七〇）〉《國立政治大學歷史學報》（二〇〇九年）二六三—三〇四頁皆詳細論述國府「漢賊不兩立」立場如何呈現在與各國的交涉間。

【9】代表性的研究包括陳肇斌《戦後日本の中国政策》（東京大学出版会，二〇〇〇年），池田直隆《日米関係と「二つの中国」—池田・佐藤・田中内閣期》（木鐸社，二〇〇四年），井上正也《日中国交正常化の政治史》（名古屋大学出版会，二〇一〇年）等。

【10】日本將台海危機作爲艾森豪=杜勒斯外交研究的一例相關文獻包括高松基之〈第一次台湾海峡とアイゼンハワー・ダレスの対立—心理的、力学的、史的考察〉《アジアクォータリー》第一〇卷第二號（一九七八年四月），同"A Comparative Analysis of the Eisenhower Administration's Response to Two Taiwan Strait Crises in 1954-55 and 1958"《アメリカ研究》二一號（アメリカ学会，一九八七年）一二九—一四六頁，中逵啓示"The Short Life of the U.S. Official 'Two China'

Policy: Improvisation, Policy, and Postponement, 1950"《社会文化研究》第一五號（広島大学総合科学部，一九八八年）二四一—二六五頁，同〈アイゼンハワー政権と朝鮮停戦—「大量報復」戦略を軸に〉《社会文化研究》第一四號（広島大学総合科学部，一九八九年）二九—五三頁。關於艾森豪政府對中策略的研究則包括山極晃《米中関係の歴史的展開—一九四一年—一九七九年》（研文出版，一九九七年）二八一—二九八頁，湯淺成大〈冷戦初期アメリカの中国政策における台湾〉《国際政治》第一一八號（一九九八年五月）四六—五九頁，同〈アイゼンハワー期の対中国対策—米中『非』接近の構図〉《国際政治》第一〇五號（一九九四年一月）四五—五九頁等。

【11】相關研究包括：Alexander George and Richard Smoke, *Deterrence in American Foreign Policy: Theory and Practice* (New York: Columbia University Press, 1974); J. H. Kalicki, *The Pattern of Sino-American Crises: Political-Military Interaction in the 1950's* (London: Cambridge University Press, 1975); Leonard H. D. Gordon, "United State Opposition to Use of Force in the Taiwan Strait, 1954-1962," *Journal of American History*, Vol. 72, No. 3 (Dec. 1985), pp. 637-660等。

【12】如Allen Whiting, "Quemoy 1958: Mao's Miscalculations," *The China Quartely*, No. 62 (Jun. 1975), pp. 263-270。此外，著眼於解析美國政府圍堵中國政策的研究中，以中國政府行動爲合理的前提之研究也增加了。可代表的研究包括：John Lewis Gaddis, *Strategies of Containment: A Critical Appraisal of Postwar American National Security Policy* (New York: Oxford University Press, 1982); Robert Accinelli, *Crisis and Commitment: United States Policy toward Taiwan, 1950-1955* (Chapel Hill: University of North Carolina Press, 1996)等。

【13】Thomas Stolper, *China, Taiwan, and the Offshore Islands: Together with Some Implications for Outer Mongolia and Sino-Soviet Relations* (New York: M. E. Shape, 1985).

【14】松本はる香〈台湾海峡危機（一九五四—五五）と米華相互防衛条約の締結〉《国際政治》第一一八號（一九九八年五月）八五—一〇一頁，同〈台湾海峡危機（一九五四—五五）における国連安保理停戦案と米国議会の台湾決議〉《紀要》第一一四號（愛知大学国際問題研究所，二〇〇〇年十二月）一七三—一九四頁，前田直樹〈台湾海峡における「一中一台」状況の原型成立と米国の介在〉《現代台湾研究》二八號（二〇〇五年七月）三三—四三頁，同〈「反共」から「自由中国」へ—末期アイゼンハワー政権の台湾政策の変化〉《日本台湾学会報》六號（二〇〇四年五月）九三—一〇六頁。

【15】John Lewis Gaddis（赤木完爾、齊藤祐介譯）《歴史としての冷戦》（慶應義塾大学出版会，二〇〇四年）前言。伍德羅・威爾遜國際學者中心的冷戰國際史研究計畫（CWIHP http://www.wilsoncenter.org，二〇一三年一月一日檢索）與哈佛大學費正清中國研究中心美中關係史計畫皆運用美中雙方史料發表多項研究。哈佛大學美中關係史計畫成果已整理爲下列論文集出版：Robert S. Ross and Jiang Changbin eds., *Re-examining the Cold War: U.S.-China Diplomacy, 1954-1973* (Cambridge: Harvard University Press, 2001); Robert S. Ross and William C. Kirby, eds., *Normalization of U.S.-China Relations: An International History* (Cambridge: Harvard University Press, 2006).

【16】Zhang Shu Guang, *Deterrence and Strategic Culture: Chinese-American Confrontation, 1949-1958* (Ithaca: Cornell University Press. 1992); Thomas J. Christensen, *Useful Adversaries: Grand Strategy,*

Domestic Mobilizations, and Sino-American Conflict, 1947-1958 (Princeton: Princeton University Press, 1996).

【17】活用民主化以後台灣公開檔案史料的研究成果包括：張淑雅〈一九五〇年代美國對台決策模式分析〉《中央研究院近代史研究所集刊》第四〇號（二〇〇三年六月）一—五四頁，同〈同床異夢？一九五〇年代美國對台政策探源〉（中央研究院近代史研究所報告稿，二〇〇六年四月六日）等張淑雅等人的研究，主要論述國府所見之美國與台灣之同盟關係。此外，註解8所示之王文隆等人的研究，則主要論述國府所建之中國政府與外交鬥爭。日本運用台灣公開公文的研究成果中，註解8所示清水麗等人關於日華關係及聯合國代表權問題的研究，以及註解7所示石川誠人等人關於「反攻大陸」爲主的美國與台灣之關係等研究，皆以國府的角度加以分析。本書亦透過中國角度論述相同問題，雖非與這些研究成果的論點正面爭論，但包括論點、問題設定、研究方法等部分，則受到這些研究所影響。

【18】韓念龍主編《當代中國外交》（北京：中國社會科學出版社，一九八七年）第七章與第九章，王泰平主編《中華人民共和國外交史》第二卷（北京：世界知識出版社，一九九八年）第八章。根據中央文獻研究室章百家指出，《當代中國外交》爲「賦予了中華人民共和國時期的中國與外國關係相關研究基本線索與框架」，而《中華人民共和國外交史》則「以豐富且精確的史料充實了過去的框架」（章百家〈中共對外政策和新中國外交史研究的起步與發展〉《當代中國史研究》第九卷，第五期〈二〇〇二年九月〉九一頁）。

【19】何迪〈「台灣危機」和中國對金門、馬祖政策的形成〉《中國現代史》第一〇號（一九八八年三月）三八—四一頁，徐焰〈五十年代中共中央在東南沿海鬥爭中的戰略方針〉《中共黨史研究》

一九九二年第二期，五二—六〇頁。

【20】劉守仁〈對中共爭取和平解放台灣方針的歷史考察〉《軍事歷史》一九九五年第一期，二四—三九頁，賀之軍〈五〇年代中期「和平解放台灣戰略」形成初探〉《台灣研究集刊》一九九六年第三期，三八—四二頁。

【21】中川昌郎〈中国における台湾人組織—その現在的意義について〉石川忠雄教授還暦記念論文集編集委員会編《現代中国と世界—その政治的展開》（石川忠雄教授還暦記念論文集編集委員会，一九八二年）五五五—五八四頁，同〈中国における台湾問題—二・二八事件記念集会をめぐって〉衛藤瀋吉編《現代中国政治の構造》（日本国際問題研究所，一九八二年）二七六—三一四頁，松田康博〈中国の台湾政策—「解放」時期を中心に〉《新防衛論集》第二三巻第三號（一九九六年一月）三二—四八頁。

【22】註解15所舉出的美中關係史研究書籍包括：姜長斌、羅伯德・羅斯編《從對峙走向緩和》（北京：世界知識出版社，二〇〇〇年），宮力主編之中文版《從解凍走向建交》（北京：中央文獻出版社，二〇〇四年）。此外，亦包含台灣、日本研究者也參與，牛大勇、沈志華編《冷戰與中國的周邊關係》（北京：世界知識出版社，二〇〇四年）等。

【23】顯示該傾向的研究成果代表例爲Chen Jian, *Mao's China and the Cold War* (Chapel Hill: University of North Carolina Press, 2001).

【24】牛軍〈三次台灣海峽軍事鬥爭決策研究〉《中國現代史》二〇〇五年第一期，一〇九—一二〇頁，Niu Jun, "Chinese Decision Making in Three Taiwan Strait Crisis," Michael D. Swaine, ed., *Managing Sino-American Crises: Case Studies and Analysis* (Washington, D.C.: Carnegie

Endowment for International Peace, 2006), pp. 293-326.

【25】楊奎松〈毛澤東與兩次台海危機—二〇世紀五〇年代中後期中國對美政策變動原因及趨向〉《史學月刊》二〇〇三年第十一期，五二—五九頁與第十二期，一一四—一二九頁。

【26】沈志華〈一九五八年砲擊金門前中國是否告知蘇聯？—兼談冷戰史研究中史料的解讀與利用〉《中共黨史研究》二〇〇四年第三期，三五—四〇頁，同〈砲擊金門—蘇聯的應對與中蘇分歧〉《歷史教學問題》二〇一〇年第一期，四—一一頁。

【27】青山瑠妙〈中国の台湾政策—一九五〇年代前半まで〉《日本台湾学会報》第四號（二〇〇二年七月）二〇—三九頁，同《現代中国の外交》第二章，與服部隆行《朝鮮戦争と中国》（渓水社，二〇〇七年）。

【28】平松茂雄《台湾問題—中国と米国の軍事的確執》（勁草書房，二〇〇五年）第二章與第三章。

【29】張紹鐸《国連中国代表権問題をめぐる国際関係（一九六一—一九七一年）》（国際書院，二〇〇七年）。

【30】中文中「檔案」實際上泛指各種官方文件的總稱，在此與官方文件同義。

【31】中國檔案史料相關狀況參照川島眞〈中国における行政文書史料の状況〉（グローバリゼーション時代におけるガバナンスの変容に関する比較研究官網，http://www.juris.hokudai.ac.jp/eastasia/china，二〇一三年一月九日檢索）。

【32】楊奎松〈關於中共歷史檔案的利用與研究問題〉（楊奎松官網，http://www.yangkuisong.net/xsyj/000068.htm，二〇一〇年一月二十四日檢索）。

【33】毛澤東時代黨領導人文集、選集、根據黨官方文件所撰寫的傳記，以及由親信、家人撰寫的

回憶錄等研究包括：毛里和子〈参考文献・使用文献リストⅣ. 全集・選集・年譜・伝記類〉《新版現代中国政治》（名古屋大学出版会，二〇〇四年）一七一—一九頁（巻末起）。此外，資料公開過程、可信度等解說則參照Eugene Wu〈現代中国の研究—情報源の問題〉Roderick MacFarquhar, Timothy Cheek, Eugene Wu編（徳田教之等人譯）《毛沢東の秘められた講話》上巻（岩波書店，一九九三年）三三—三五頁，以及村田忠禧〈わたしの蔵書からみた晩年の毛沢東—訳者解説にかえて〉林克、徐濤、吳旭君（村田忠禧譯、解說）《「毛沢東の私生活」の眞相》（蒼蒼社，一九九七年）二四五—二六六頁。因已出版這些優秀解說刊物，故毛澤東時代相關史料細項便在此割愛。

【34】楊奎松〈關於中共歷史檔案的利用與研究問題〉，以及沈志華〈歷史研究與檔案的開放和利用〉《冷戰國際史研究》第五卷（世界知識出版社，二〇〇八年）一五六—一七四頁等。

【35】中華人民共和國外交部檔案館官網（http://dag.fmprc.gov.cn/chn/，二〇一〇年二月十九日檢索）。

【36】University Publications of America, *Confidential U.S. State Department Central Files, China, 1950-1954/1955-1959/1960-January 1963/Febuary 1963-1966*等各卷。於出版社官網（http://www.lexisnexis.com/academic/upa_cis/，二〇一三年一月一日檢索）可下載Finding Aid。

【37】艾森豪總統圖書館所藏文件主要使用：University Publications of America, *President Dwight D. Eisenhower's Office Files, 1953-1961, Part2: International Series* (Bethesda, 1990)等。甘迺迪總統圖書館則參照該館官網（http://www.jfklibrary.org/，二〇一三年一月一日檢索）。詹森總統就職期間因與本書分析時期僅少部分重疊，故僅使用亞洲、太平洋地區國家安全文書微縮膠片

（University Publications of America, *The Lyndon B. Johnson National Security Files, Asia and the Pacific*〈Frederick, 1987〉）。

【38】這些資訊可於國史館數位化史料檢索系統（http://ahdas.drng.gov.tw/，二〇一三年一月一日檢索）閱覽、檢索目錄。

【39】蔣介石日記相關史料主要參照史丹佛大學胡佛研究所官網（http://www.hoover.org/，二〇一三年一月一日檢索）。

【40】一九五七年（第七期）以前的中央常務委員會會議紀錄可於史丹佛大學胡佛研究所閱覽，亦可於該研究所檢索系統（http://hoohila.standford.edu/kmt/，二〇一三年一月一日檢索）查詢。

【41】中華民國外交部檔案原本保存於北投中華民國外交部檔案館內，其中一部分遷移至國史館並得以公開。之後，保存於北投的檔案則於中央研究院近代史研究所檔案館內公開。因此，目前無法編纂綜合目錄，必須透過國史館數位化史料檢索系統搜尋國史館館藏外交部檔案，並於中央研究院近代史研究所檔案館官網「外交部檔案目錄（http://archives.sinica.edu.tw/main/fdir.html，二〇一三年一月一日檢索）」查詢。國防部檔案則可於「國軍史政檔案影像借調閱系統（http://newarchive.mnd.gov.tw/，二〇一三年一月一日檢索）」檢索或申請檔案閱覽。

【42】英國國家檔案館所藏史料可於該館官網搜尋系統（http://www.nationalarchives.gov.uk/，二〇一三年一月一日檢索）檢閱。法國外交部檔案館資訊則公開於外交部官網（http://www.diplomatie.gouv.fr/，二〇一三年一月一日檢索），所藏史料則可於當地閱覽目錄。

【43】伍德羅・威爾遜國際學者中心的英譯史料可參照CWIHP Digital Archive（http://www.wilsoncenter.org/digital-archive，二〇一三年一月一日檢索）。沈志華所編纂的中蘇關係相關之

俄羅斯側史料集，則包含：《蘇聯歷史檔案選編》全三四卷（北京：社會科學文獻出版社，二〇〇二年），《朝鮮戰爭：俄國檔案敵解密文件》全三卷（台北：中央研究院近代史研究所，二〇〇三年），《中蘇關係：俄國檔案原文複印件彙編》全一九卷（華東師範大學所藏，未公開，二〇〇四年）等。此外，沈志華不僅爽快提供其收集之外公開文件閱覽，更提供部分文件之中文翻譯版本。

第一章 第一次台海危機與「兩個中國」問題的起源（一九五四—一九五五年）

前言

本章主要論述中國領導人經第一次台海危機後，如何判斷韓戰停戰後的國內外情勢，並如何研擬「解放台灣」等過程。

在討論朝鮮半島與中南半島停戰等問題的日內瓦會議閉幕後不久，中國便打著「解放台灣」口號，讓中國大陸東南部的軍事活動更加活躍，更於一九五四年九月在金門發動大規模砲擊，而翌年一九五五年一月則對位在浙江省沿海的大陳島發動攻擊。解放軍的軍事行動一路延續至一九五五年初夏，也與站在防衛台灣立場、正警戒這些行爲的美國之間產生了台灣海峽危機。

解放軍一系列的軍事行動引發中國與美國之間的軍事緊張，對此，研究者多認爲，這些軍事行動是爲了訴求「解放台灣」而引發的對美鬥爭。[1]其中，有些研究主要從美中雙方觀點論述情況與相互認知的變化；有些研究則聚焦於美中面臨危機時的戰略文化差異。[2]近幾年，則有些研究以毛澤東對美認知的變遷爲主，認爲台海危機爲毛澤東對「美帝國主義」的挑戰。[3]

相對於此，也有其他研究更限縮範圍，強調解放軍在台灣海峽各項作戰在軍事性質上的差異，認爲中國的目的爲「解放」東南沿海島嶼，並確保海上航線。[4]舉例來說，針對韓戰停戰交涉剛開始後，解放軍再次研擬對這些島嶼攻略作戰過程的研究，便主張解放軍的軍事行動背後，欲透過作戰展開對美鬥爭的意圖並不濃厚。[5]

確實，將這一連串過程視爲「台灣海峽危機」的研究中，因將金門砲擊與大陳島戰役視同一貫的戰爭，便忽視了兩個作戰目的的不同。然而，將各作戰軍事性質分門別類的研究，卻也忽視了國際政治史脈絡。解放軍或許對攻略金門、馬祖與一江山、大陳島採取不同計畫，但因連續作戰關係，導致美中軍事持續緊張也是事實。此外，無論哪項過去的研究，都忽視解放軍在「解放」大陳島後，中共內部於一九五五年春天又再次展開「解放」金門、馬祖一事。這一連串過程又該如何理解較爲恰當呢？

若將第一次台海危機過程視爲中國產生「兩個中國」問題的起點，中國透過此危機與友好國家或中立國家之間的關係也變成重要論點。不過，過往研究大多論述中國領導人在第一次台海危機的認知變化或決策，並特別針對中國與美國或國府間的關係進行分析。透過這次危機，領導人如何拓展對國際情勢的認知，又該如何在台灣問題上拉攏國際社會等鬥爭方針，又有什麼樣的變化呢？舉例來說，若推測此時期蘇聯對中國決策的影響力極大，但關於這個問題，依據俄羅斯公開文件論證中蘇關係史的研究中，又僅只揭示了其中一部分。[6]此外，筆者也推測因中國面臨與印度、緬甸爲首的亞洲、非洲各國舉辦亞非會議在即，而不能忽視這些國家對於中國決策的影響。然而，針對這些現象的研究，筆者並無發現相關的文獻。

在檢視過上述過去的研究之論點後，本章主要著重以下問題，再次分析第一次台海危機中，中國領導人的認知及決策變化。

首先，解放軍在台灣海峽的各種軍事行動，爲什麼會依此時機及順序進行呢？中共領導人在攻略沿海島嶼的軍事行動，以及當時國內外環境的政治鬥爭之間又是如何整合，並下作戰決定的呢？

第二，毛澤東、周恩來或彭德懷等軍事領導人們，在當時國內外環境中推動「解放台灣」之際，又認知到了什麼樣的契機或是限制呢？爲了解第一個問題，除了掌握情況轉變外，也必須清楚當時領導人欲「解放台灣」時，對國內外情勢的認知。

第三，在台灣海峽的一連串作戰及其結果，對於後續中國外交遇到台灣問題時，又演變成了什麼樣的前提或條件呢？尤其是再三強調要「解放」的金門、馬祖，最後卻也無法成功「解放」，又該如何擬定對之的方針呢？

爲掌握上述問題，本章欲透過下列小節依序考察。第一節探討中共原本以「解放台灣」

爲目標的一系列作戰，曾因韓戰爆發而一度中斷，在韓戰結束後的國際情勢下，又如何重新檢視，並展開「解放台灣」的宣傳工作。接著，在第二節則主要論述與「解放台灣」口號同步展開的金門砲擊戰役；第三節針對大陳島戰役，以及台灣海峽軍事緊張之際，中國所展開的外交交涉。至於第四節，則探究中國領導人在台灣海峽引發的危機，根據什麼樣的論理、又如何結束。

透過以上考察，本章追蹤台灣海峽的分裂，以及圍繞著分裂線的爭論又是如何歸結至關於金門、馬祖決策的過程，闡明第一次台海危機階段中，中國領導者希望儘早「解放」這些島嶼的意圖。然而，在台灣海峽的軍事行動導致國際間將中國政府與國府視爲同等的「兩個中國」並引起停戰論，中國在必須迴避此情況之際，不僅須考慮美國、台灣與西方國家的反應，就連以蘇聯爲首的東方國家，以及以印度爲首的亞洲、非洲各國間的關係都須考量在內，使得追求早期「解放」金門、馬祖的手段，從軍事鬥爭演變爲外交鬥爭。

1. 再次提出「解放台灣」

(1) 韓戰停戰交涉與台灣問題

中華人民共和國成立後，「解放」仍由國軍所占領的地區，就成爲中共最重要的課題。解放軍雖苦於海軍、空軍壓倒性的劣勢，仍訂定依序攻略接近中國大陸小島的作戰計畫。【7】

不過，一九五〇年六月韓戰爆發後，美國杜魯門政府擱置台灣地位相關問題，並同時抑制共產黨的「解放台灣」與國民黨「反攻大陸」計畫，宣告台灣海峽的「中立化」。[8]此外，十月中國人民義勇軍加入韓戰後，美國政府一方面不承認中國政府，並發布貿易禁令；另一方面，則與國府達成共同防衛援助協定（Mutual Defense Assistant Agreement），並派遣軍事顧問團至台灣。在聯合國大會中，以美國為首的西方國家更通過譴責「侵略者」中國的決議。針對於此，已決定加入韓戰的中國，則將解放軍主力遷移至朝鮮半島戰線，更著重增強面朝台灣海峽的東南沿海軍備、土地改革運動，以及提升防衛能力，殲滅僅存「匪賊」等部分。[9]也就是說，韓戰爆發與中國的參戰，可說是在最後階段凍結了台灣海峽兩岸的國共內戰，並造成了國際社會上的台灣問題。

一九五一年六月，為準備朝鮮半島的停戰交涉，中蘇朝三國間召開協議之際，中共中央委員會主席毛澤東派遣中央政治局委員東北局書記高崗為特使，參與蘇聯共產黨總書記史達林及朝鮮勞動黨中央委員會委員長金日成的會談，並針對停戰交涉及台灣問題提出以下意見：

> 至於中國進入聯合國的問題，我們認為，可以不提出這個問題作為條件，因為中國可以援引聯合國實際上已成為侵略工具，所以中國現在不認為進入聯合國的問題有特別意義。應當考慮一下，是否值得把台灣問題作為條件提出來？為了同他們討價還價，我們認為應當提出這個問題。
>
> 在美國堅持台灣問題單獨解決的情況下，我們將做出相應的讓步。[10]

如上所述，透過公開的史料，並無法在中蘇朝三國議論、與聯合國軍隊進行停戰交涉期間提及台灣問題等情況中窺知毛澤東的想法。[11]此外，至少在展開停戰交涉前，毛澤東所提出的交涉條件中也不包含與台灣相關的內容。[12]從這些現象可推測，毛澤東應打算在韓戰停戰後，再向國際社會提出台灣問題。

韓戰停戰交涉時間因停戰線、停戰監視方式、俘虜引渡等問題不斷延長，但由於一九五三年美國改由艾森豪執政，蘇聯則因史達林去世，終於使得交涉有機會達成協議。艾森豪政府希望儘早結束韓戰，其基本方針包括：一、強化聯合國軍隊攻勢；二、解除台灣海峽的「中立化」；三、威脅在韓戰中使用核武以向中朝施加壓力，並打破停戰交涉的膠著。[13]史達林去世後，蘇聯新領導層站在重視國內問題的觀點，也希望韓戰早日停戰。在這些情況下，三月三十日中國總理（兼外交部長）周恩來在導致交涉停滯的俘虜遣返問題上讓步，並於四個月後的七月二十七日達成停戰協議。

艾森豪總統在國情咨文演講中提及解除台灣海峽「中立化」一事，批判杜魯門政府的「中立化」就等於是「使用第七艦隊作爲面對共產中國的盾」，並決議終止第七艦隊此項任務。台灣的「中立化」若可視爲同時遏止中國攻擊台灣與台灣攻擊中國的對策，則艾森豪所宣言的解除「中立化」，即爲停止單方面的行動，而該對策可說是「解除」蔣介石對大陸動武。[14]然而，實際上艾森豪政府早已對國府攻擊大陸有所警戒，更在事前告知國府，解除「中立化」後不可抱持任何攻擊意圖。[15]此外，對於《中美共同防禦條約》的態度，相對於國府在艾森豪執政之初便相當積極，美國這端則顯得非常謹慎。[16]

被艾森豪政府「解除」控制的蔣介石，也並不是沒有思考過直接對大陸反擊，也就是所謂的「反攻大陸」。當時的蔣介石自認國府並不具備可單獨「反攻大陸」的實力，在爆發大戰等國際情勢改變之前，必須接受美國支援，養精蓄銳，培養實力。[17]因此，當時蔣介石將與美國政府簽訂共同防禦條約視爲最重要目標，表面上順從美國政府不贊同攻大陸的警告。[18]不過，爲了儲備未來「反攻大陸」力量所需的援助，蔣介石對艾森豪政府則抱持了極大期待。蔣介石在一九五三年初的日記「大事表」欄位中，除了記載大規模兵力補充、補充兵力後須補齊裝備的軍事援助、作戰經費等目標外，更記下須向美國要求的事項：「保證收復我國此有領土特別注意西藏、新疆、（伊犁）外蒙與東北及旅順大連爲止」。[19]

然而，沒過多久，蔣介石對艾森豪的期待便轉爲失望。一九五三年三月，駐美大使顧維鈞向美國國務卿杜勒斯（John Foster Dulles）提出簽訂共同防禦條約提議，但杜勒斯以與內戰中國家的無法訂定條約適用範圍爲由，並未改變其對簽訂條約的謹慎態度。[20]六月，蔣介石也向艾森豪提議組織亞洲太平洋國家反共聯盟，但艾森豪回應僅能從旁協助各國自主行動。之後在蔣介石與大韓民國李承晚提出亞洲共同防衛意見時，艾森豪的態度也相當冷淡。[21]在朝鮮半島情勢上，艾森豪政府更說服主張北進的李承晚總統，並以共同防禦條約爲條件讓南韓承諾停戰，這也讓蔣介石更加失望。蔣介石在日記中，更對韓戰停戰表示：「由韓戰停戰協議，如我再不法徹底放棄以美援反攻復國之幻想，則國家永無復興與獨立之事實」。[22]

一九五三年十一月艾森豪政府完成對台灣及國府的戰略（NSC146/2），其中可見比杜魯門執政時更積極地「將台灣及澎湖群島有效納入美國的遠東防衛線，即使冒著一般戰爭危險也須防衛此處」。不過，相較於日本、韓國、菲律賓、澳洲、紐西蘭等美國主動負起防衛義務的遠東防衛線國家，美國在台灣或中南半島等仍處內戰狀態的地區實施之防衛策略仍有所區別。美國對台灣及澎湖群島的防衛屬「美國對任何攻擊皆有所反應」地區，而受國府所占領、位於中國東南部（浙江省與福建省）沿海的島嶼（此階段爲大陳、馬祖、金門等島嶼，以下統稱沿海島嶼）則與美國無直接關係，僅被定位爲美國可協助防衛的地區。[23]美國政府之所以將台灣如此定位，一方面除了認同台灣在圍堵中國大陸時具有戰略價值外，也代表美國對於台灣被捲入「反攻大陸」有所警戒。此外，與台灣、澎湖群島定位不同的沿海島嶼，不僅是圍堵中國的最前線、「反攻大陸」的橋頭堡，或可說是對中戰爭的導火線，更是美國對華政策中最早出現的棘手之處。

(2) 對「解放」沿海島嶼作戰的考量

在台灣海峽被「中立化」的期間，沿海島嶼乃是國軍對大陸東南沿海地區進行突擊及封鎖作戰的基地，也頻傳解放軍與國軍的小規模對戰。國府採取突擊作戰，是爲了防衛這些島嶼本身、奪回鄰近島嶼，以及從俘虜口中問出解放軍的內部情報。[24]封鎖則是爲了監視中國大陸東南部主要航線與港口，並阻止各國與中國的貿易及軍事物資運輸。[25]這些活動雖不是由杜魯門政府正式資助，但在中國參與韓戰後，美國也承認，駐守於這些島嶼的部隊之訓練、裝備及資金，實際上是由美中央情報局（ＣＩＡ）成立之空殼公司西方公司（Western Enterprises Inc.）及民航空運公司（Civil Air Transport）所提供。[26]

一九五二年末，隨著韓戰戰線膠著，蘇聯對中國海空軍的援助開始發揮一定效果以來，解放軍對國軍在沿海島嶼的攻勢也大幅提升。一九五三年五月，解放軍攻下接近浙江省溫州

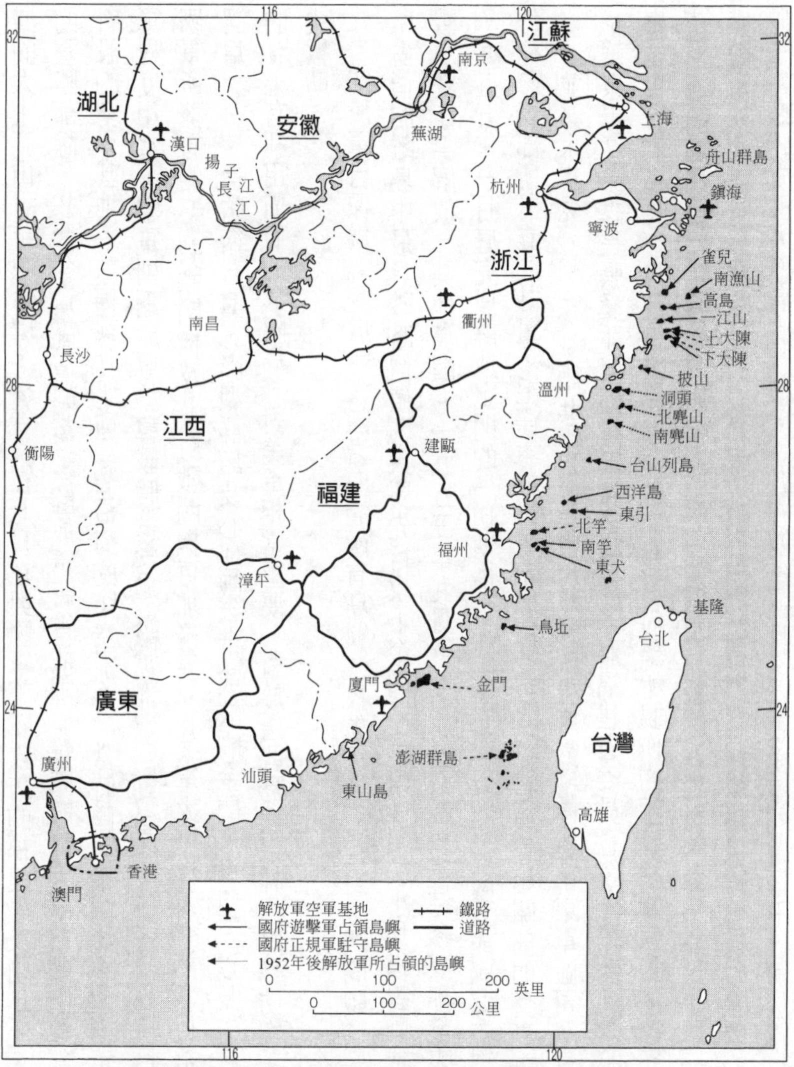

圖1-1　中國東南沿海（含台灣）空軍基地位置與沿海島嶼狀況（1954年）

出自：Central Intelligence Agency: The Chinese Offshore Islands, Sep. 8, 1954, *President Dwight D. Eisenhower's Office Files*（下稱*DDEOF*）, *1953-1961* [microform], Part 2: International Series, Reel 6. 筆者依據上述資料製成。

灣的大小鹿山、羊嶼等處，接著又在七月在與國軍不斷攻防的福建省東山島上，擊退了國軍的登陸部隊。[27]此外，韓戰停戰後，解放軍將曾活躍於韓戰的MIG-15戰鬥機部隊佈署寧波新設的空軍基地，大幅提升了浙江省沿海的防空能力。當時國軍單獨擁有的海軍軍力與解放軍程度相當，空軍則遜於曾於韓戰時接受過蘇聯援助的解放軍，MIG-15戰鬥機性能也較國軍所擁有的F-47戰鬥機及P-51戰鬥機更加優異。[28]美軍太平洋司令部掌握這番狀況後，認為：一、為防衛台灣、澎湖群島及心理戰不可或缺的金門、馬祖，以及二、在「其他目的」上有利用價值的大陳島，對美軍相當重要，對於這些島嶼以外的離島防衛，就未提供正式援助。[29]

解放軍目標為「解放」大陸沿海的所有島嶼，故先行檢視針對金門的戰略。金門在國軍所占領的離島中最具戰略價值，只要先行攻下金門，後續僅須較小規模對戰或甚至不須對戰，就能「解放」其他島嶼。一九五三年九月，毛澤東對解放軍總參謀部發表談話：「於一九五五年一月底完成解放金門的一切準備工作」，決定延後攻擊金門的準備。[30]然而，對於總參謀部所訂立的計畫，毛澤東並未表示明確立場，而是要求相關部門負責人再次確認計畫，並尋求意見。[31]之後，中共中央軍事委員會副主席彭德懷與華東軍區司令員陳毅則參考了華東軍區參謀長張愛萍與福建軍區司令員（兼福建省委員會第一書記）葉飛等該地區軍事領導者的意見，以及總參謀部作戰部長王尚榮所製作的預算相關報告，確認攻下金門須花上遠超過預算的經費。[32]毛澤東收到彭德懷及陳毅的報告後，認為「至少，一九五四年不應動用如此大筆經費」，決定延後攻擊金門的準備。[33]解放軍決定延後對金門的攻擊後，接著便著眼於攻占大陳島的計畫。一九五四年一月，在張愛萍的帶領下，解放軍以華東軍區為中心，訂立了由陸、海、空三軍聯合進攻下大陳島的計畫。[34]該計畫準備從上下大陳島北部的小島嶼攻起，自北依序攻略，並以大陳島入口處的一江山島爲據點，由陸海空軍聯合砲擊大陳島。解放軍根據此計畫，在一九五四年五月十五日至二十日，日內瓦會議舉辦期間，已攻下了由雀兒島、高島等島嶼所組成的東磯列島。[35]此時，艾森豪政府體認到東磯列島被攻陷只是解放軍攻略大陳島的第一步，美國空軍若不協助，國軍便無法防衛大陳島。然而，艾森豪政府卻不願公開表明其與協助國府防衛沿海島嶼的關係，這也正是艾森豪政府消極面對《中美共同防禦條約》簽訂的原因之一。因此，艾森豪政府雖然避免公開表示與國軍的關係，但也以提升美軍存在感的方式，派遣海軍第七艦隊至大陳島周邊海域。[36]

儘管派遣第七艦隊以顯示美軍與防衛大陳島有關，中共中央軍事委員會仍在七月十一日，對華東軍區發布命令，準備對一江山島及大陳島展開作戰。該命令主要考量：「保護台灣海峽的漁業權及航線」、「與台灣蔣介石軍的鬥爭狀況」，以及「美國企圖與蔣介石集團『共同防衛』」等問題。[37]不過，八月二十八日，中央軍事委員會又命令對大陳島的攻擊延期至十月五日以後，而其表面上的理由則包括：「有鑑於國際情勢，欲孤立美國」、「因第一屆全國人民代表大會的召開」、「國慶日閱兵時徵用了部分空軍」等。[38]但實際上，該決定就如下一節所說明般，比起浙江省沿海作戰，解放軍決定以砲擊金門爲優先事項。

(3) 日內瓦會議與再次提出「解放台灣」的決定

以馬林科夫（Teorgy M. Malenkov）爲首的史達林接班人們，正積極宣揚蘇聯與西方資本主義國家之間的「和平共處」。中國也加以模仿這般動作，但若以中國與美國關係如何定

表1-1　解放軍與國軍的軍事戰力比較（1954年）

		解放軍	國軍
陸上兵力	陸上兵力	2,300,000人	285,000人
	裝甲部隊	5個師	省略
	砲兵隊	19個師	省略
海上戰力	艦艇	輕巡洋艦（無法使用）1艘 巡防艦（護衛艦）9艘 舊式大小砲艦7艘 舊式魚雷艇40-50艘（潛艇3艘） 登陸艦45艘	驅逐艦3艘 護衛艦6艘 巡邏艇38艘 佈雷艇9艘 *登陸艦35艘
	船隻	300艘	100艘
航空戰力	戰機	1500架	850架
	螺旋槳戰機	170架	334架
	噴射戰機	720架（Mig9/Mig15　700架）	81架（F84G　76架）

表1-2　解放軍於東南沿岸之兵力（1954年9月）

陸上兵力	1160,000人-200,000人（距廈門半徑150英里範圍內） 廈門─至少1支方面軍及水上運輸隊 距廈門半徑150英里範圍內─A) 1支方面軍位於汕頭； B) 1支方面軍位於福州以北； C) 剩餘的水上運輸隊
航空兵力	戰鬥機部隊2個師：廣東、南昌 螺旋槳清砲擊機部隊：上海、長沙、廣東 前線空軍基地4處：衢縣（衢州）、建甌*、南台島（福州）*、高崎（廈門）*
海上兵力	小型巡邏艇6艘、機帆船15-20艘、帆船400-500艘 戰鬥時巡防艦、砲艦、登陸艦預計可於72小時內自上海抵達

*無法補給

表1-3　國軍於沿海島嶼之兵力（1954年9月）

島名	兵力	裝備
大陳島	（正規軍）10,000人 （游擊軍）1,000人	第46步兵師
南麂列島	（正規軍）3,000人 （游擊軍）1,300人	
馬祖、白犬列島（譯註：今莒光鄉）	（正規軍）5,000人	第205聯隊（第69步兵師一部分）
金門島*	（正規軍）43,000人 （游擊軍）11,000人	第33、34、68、69步兵師、第45步兵師

*正規軍中有15-20%爲依據《中美共同防禦條約》所裝備的部隊

資料來源：National Intelligence Estimate (NIE-13-54): Communist China's Power Potential Through 1957, Jun. 3, 1954, National Intelligence Council, *Tracking the Dragon: National Intelligence Estimate on China during the Era of Mao. 1948-1976* (Washington, D.C.: U.S. Government Printing Office, 2004), p. 111, Central Intelligence Agency: The Chinese Offshore Islands, Sep.8, 1954, *Ibid.* 並由筆者整理完成。

位的角度看其意涵，又與蘇聯的「和平共處」大不相同。蘇聯所提出的「和平共處」是指與包含美國在內的西方國家「共處」，但中國所稱的「和平共處」，其意圖則顯然是與第三世界及西歐國家「共處」，以求孤立美國。韓戰停戰後，美國政府若持續考慮援台、鎖中，那麼對於中國外交來說，孤立美國也可謂其必然且不得不做出的選擇。蘇聯新領導層也對於中國對美國的強硬姿態感到不安，一九五四年一月，於柏林舉辦的美蘇英法四國外長會談中，蘇聯外交部長莫洛托夫（Vyacheslav M. Molotov）提議舉辦中國也可參與的五大國會議，並說服杜勒斯此舉可改善美國與中國政府的關係，是一大利處。【39】杜勒斯主張中共政權的非合法性，但也注意到莫洛托夫在會議中多次表達對同盟國中國的不安，遂同意在該年四月邀請包括中國在內的相關國家，舉辦日內瓦會議，以討論朝鮮、越南相關問題。【40】

一九五四年三月二日，中國政府透過蘇聯獲邀參與日內瓦會議後，便依照蘇聯的指示，宣布願意參加日內瓦會議。【41】周恩來預計於二月下旬起準備會議參與事宜，並在中共中央書記處會議上提出《關於日內瓦會議的估計及其準備工作的初步意見》（下稱《意見》），認爲「我們應該採取積極參加日內瓦會議的方針，並加強外交和國際活動」，並「打破美國政府的封鎖、禁運、擴軍備戰的政策」，更將目標設定「促進國際緊張局勢的緩和」。因此，在朝鮮、越南問題以外，最後確認了「還必須準備其他有關中國、遠東及亞洲的和平與安全等問題的材料和意見，尤其是發展各國間的經濟關係和貿易交通往來，更爲緩和國際緊張關係、打破美帝封鎖禁運的有效步驟。」【42】

三月六日，中國駐蘇大使張聞天與莫洛托夫展開會談，並傳達了《意見》。此時，莫洛托夫也詢問張聞天，是否需要提案緩和朝鮮、越南以外地區的緊張情勢，如台灣問題等。【43】

之後，周恩來在四月一日至十二日訪問莫斯科，並與蘇聯領導人針對日內瓦會議相關問題協商，判斷周恩來極有可能於此時討論過台灣問題。中國外交部也保留了日內瓦會議代表團綜合組所準備的《關於台灣問題的發言（初稿）》及《關於恢復中華人民共和國在國際組織和會議中的合法權利的聲明（初稿）》等發言草稿。[44]不過，檢視日內瓦會議的記錄，並未見到如中國代表團所準備的發言稿般，針對美國「侵略」台灣的批判，以及希望驅逐國府離開國際機構、讓中國參與國際組織。其實際過程在現階段雖然並未明朗，但可從後續變化推測得知，應可能是：中國領導層判斷，在談判韓戰及中南半島停戰線會議中，若提及台灣海峽問題，可能會引發台灣海峽停戰及停戰線相關爭論，反而有導致國府國際主權受到認可的風險。

四月二十四日，中國擔任對蘇、對歐美關係要職的外交官，組成大型代表團，在周恩來的率領下抵達日內瓦（表1-4）。日內瓦會議中雖未締結朝鮮半島和平協議，但卻締結了中南半島停戰協定。除了朝鮮、越南問題之外，周恩來擔任團長的中國代表團，更積極活動，希望改善與相關國家的關係。中國代表團與美國代表團針對持有彼此國籍者及留學生返國問題多次交涉，與英國代表團達成臨時代理大使交替等交涉，更向法國、加拿大代表團表示希望可建立彼此外交關係。[45]

越南問題在日內瓦會議中達成決議，而在其相關聲明談妥的六月二十日之後，周恩來訪問印度與緬甸，並在廣州與越南勞動黨主席胡志明會談，最後在七月六日返回北京。[46]七月七日，周恩來出席中央政治局擴大會議，在會上報告日內瓦會議及返國期間訪問他國過程，總結表示：「這次會議，我們採取的方針是聯合英國、法國、東南亞國家、印度支那三國，即團結一切能夠團結的國際力量，孤立美國，限制和打破美國擴大世界霸權的計畫」。毛澤東對周恩來的報告也予以極高評價。[47]

同一會中，毛澤東也論及日內瓦會議後，與各國的「和平共處」。毛澤東提到美國與相關國家間的矛盾，中國必須與美國以外的西方國家，以及亞洲、非洲各國「和平共處」，以孤立美國。接著，他也針對之後與美國外交鬥爭上論及的「台灣問題」，提出下列提議：

現在美國同我們關係中的一個重要問題就是台灣問題，這個問題是個長時間的問題。我們要破壞美國跟台灣訂條約的可能，還要想一些辦法，並且要做宣傳。我們要組織一些宣傳，要大罵美國搞台灣，蔣介石繼續賣國。另外，在外交方面要有一種適當的表示，比如在僑民問題上的接觸，目的就是

表1-4　日內瓦會議中國代表團一覽

【代表團】	
代表團長	周恩來（國務院總理兼外交部長）
代表	張聞天（外交部副部長兼駐蘇大使）、王稼祥（外交部副部長）、李克農（外交部副部長）
秘書長	王炳南（外交部部長助理兼辦公廳主任）
顧問	雷任民（對外貿易部副部長）、師哲（中共中央馬克思恩格斯列寧史達林著作編譯局局長）、喬冠華（外交部部長助理）、黃華（外交部歐亞司長）、陳家康（外交部部長助理兼亞太司長）、柯柏年（外交部美歐司司長）、宦鄉（駐英代理大使）、龔澎（外交部新聞司司長）、雷英夫（周恩來總理軍事秘書）、王倬如（外交部交際處處長）、吳冷西（新華社社長）
秘書	陳明、章文晉、浦山、熊向暉、李川、謝爽秋、石志昂、陳定民、浦壽昌、李慎之、常化知、鐘永驥、呂富功、黎克強、張翼、林風、何方、何謙、曹桂生、丁昇烈

資料來源：中華人民共和國外交部檔案館編《1954年日內瓦會議》15頁，由筆者整理而成。

迫使美國跟台灣不要訂條約。我看，美國跟台灣訂條約，英國也怕，也反對，法國也可能是反對的，對於它們也沒有什麼好處，就會成為很長時期的僵局嘛。【48】

就如先前所述，當時解放軍別說是準備「解放台灣」了，就連可攻下金門、馬祖的海空軍力、基地，以及整頓相關軍力的資金都相當缺乏。儘管如此，透過上述提議，即可了解毛澤東認爲必須在國際社會中提及「台灣問題」的原因何在。在朝鮮、中南半島皆已劃定停戰線，美國也構築了亞洲各國的同盟網，毛澤東更擔心美國也會與國府締結條約，讓台海分裂現象更牢不可破。此外，毛澤東也根據日內瓦會議交流過程判斷，以英法為首的西方國家也不支持美國與中華民國簽訂條約，故而，認爲必須加強宣傳工作，讓台灣問題凸顯於國際社會間。

(4) 對國內外展開的「解放台灣」宣傳工作

七月二十一日，各國簽署了與中南半島和平相關的文件，日內瓦會議也隨之閉幕。沒多久之後，七月二十三日《人民日報》刊登社論〈一定要解放台灣〉，首先，打響了在國際上凸顯台灣問題的宣傳工作。該社論宣稱「台灣爲中國的領土，中國人民必定會解放台灣」，並批判美國介入台灣海峽之間，認爲「偉大的中國人民絕不容許任何對我國領土主權的侵犯。」【49】

周恩來再次造訪日內瓦後，返國途經東德、波蘭、蘇聯等地，並在七月二十七日接獲中央發來的電報，其中記述了日內瓦會議後的國際情勢，以及中國政府對此的方針。其中，中國判斷情勢爲：「美國不會甘心於日內瓦會議的失敗，必將繼續執行其製造國際緊張情勢，進一步從英法手中奪得更多的勢力範圍、擴大軍事基地，準備戰爭和敵視我國的政策」，也對美國與台灣簽訂條約與美國擴大對中國圍堵範圍有所警戒。而在同封電報中，也提及了不僅須阻止美國與台灣簽訂條約簽訂，更要喚起民衆對國家建設的熱情，提起「解放台灣」，以強化國防力量。[50]透過這些內容可知，在此時期提起「解放台灣」的意圖，除了要在美國建構圍堵中國的同盟網時施加壓力，更可將其利用在國內建設與軍事建設上。七月二十九日，周恩來在蘇聯與其第一書記赫魯雪夫（Nikita S. Khrushchev）與馬林科夫會談，在介紹中央電報內容之際，提及「解放台灣」的意圖。[51]

在中國國內展開的「解放台灣」宣傳工作，則與國家建設以新國家憲法與國家機構爲基礎運作的過程合爲一體。就像毛里和子所特別列出的「五四—五六年體制」般，當時中共欲建構獨占權力的中央極權體制，但也與各民主黨派摸索新的合作模式。[52]「解放台灣」的宣傳工作，一方面可利用該體制推進，一方面也反向可強化這樣的體制。八月十一日的中央人民政府委員會第三十三次會議中，周恩來收下《關於外交問題的報告》，並決定對全國人民與解放軍高呼需要爲了「解放台灣」而「奮鬥」。[53]接著，二十二日當天，各民主黨派與人民團體則發表了《解放台灣共同宣言》。這份《共同宣言》中，不僅重申周恩來《關於外交問題的報告》中所宣示的立場，更訴求爲了「解放台灣」，必須「全國人民更加團結」，也告訴「台灣同胞」，「允許任何人脫離反動集團參與革命，並返回大陸與家人團圓。」[54]此外，第一屆全國人民代表大會（下稱人大）第一次會議的政治報告中，周恩來提到中央人民政府委員會的決議，以及各民主黨派與人民團體的《共同宣言》，宣告「我國社會主義建

設」與「解放台灣」同爲「正義事業」。【55】

七月三十日，在彭德懷的主導下解放軍各大軍區領導人，針對「對台灣蔣介石集團進行鬥爭及軍事行動計畫」加以討論。翌日三十一日，彭德懷也在會議上針對下列五點談話，並將其內容傳達至相關部門：一、韓戰停戰後，至今仍未訂定「解放台灣」長期方針的問題；二、透過「解放台灣」的軍事鬥爭提升解放軍戰鬥能力；三、找出鬥爭時對美國政策的極限，堅持自衛原則，不顯露弱點；四、國府占領的大陸沿海島嶼攻略計畫；五、政治工作及瓦解敵方等。【56】由此可見，不僅是對沿海島嶼的作戰，對解放軍來說，就連「解放台灣」也是以政治工作爲主的長期計畫之一，故以解放軍總政治部爲中心，訂立了針對全軍的政治教育、政治動員、前線政治工作及對敵軍之政治攻勢與瓦解工作等相關方針。總政治部也清楚指示「進一步貫徹『邊打邊建』方針」，以及「軍事鬥爭必須服從我國和平外交政策。」【57】

此外，中共中央也將宣傳方針歸納後訂爲《關於解放台灣宣傳方針的指示》（下稱《指示》），要求各相關機構及地區必須貫徹且長期持續「解放台灣的宣傳方針」。《指示》爲九月初由周恩來、中央宣傳部部長陸定一、中央統一戰線工作部副部長廖承志、人民日報社長鄧拓，以及新華社社長吳冷西等人所起草，並在九月二十五日所發出。【58】《指示》也明確顯示出此時期中共中央欲展開「解放台灣」宣傳工作的意圖。追溯其背景，即可得知因美國對台灣海峽的參與已成既定事實，「解放台灣」也演變成長期且極爲艱鉅的問題。然而，中央希望透過宣傳工作的推動，遏止台灣對大陸的攻擊，對外可阻止美國與台灣簽訂條約、避免台灣加入亞洲集體防衛一環，對內則可防止「解放台灣」意志消失，更打算將此標語用於國家的社會主義建設上。中央以台灣、華僑、亞洲周邊國家爲主要宣傳對象，動員報紙、廣播、各地黨組織，並利用向國民黨人士與其家屬、親友募集對台灣發聲的書信等方式宣傳，同時也與中央宣傳部、統一戰線工作部、公安局、解放軍總政治部等相關機構合作，展開宣傳工作【59】

2. 金門砲擊與台海危機

(1) 金門砲擊與國內外情報收集

一九五四年九月，就如同先前所論，為了向中國國內外宣示：中國外交、內政及對台工作已融為一體，並展開複合性宣傳工作，同時也欲檢視國內外的反應，解放軍遂對金門展開大規模砲擊。中國領導人們不僅宣傳「解放台灣」，也收集國內外反應的相關情報，更逐漸提升台灣海峽的軍事緊張情勢。首先，在政治協商會議的《共同宣言》發表隔日，八月二十三日，解放軍偵察部隊對金門展開小規模襲擊。此時，外交部情報司特別著重於一、美國與台灣針對《中美共同防禦條約》簽訂之交涉進度；二、美國對台灣及沿海島嶼防衛參與程度等討論；三、英國對這些情況的論點等三點，分析國際社會的反應。【60】

接著，八月二十八日，原本正在準備中的針對一江山、大陳島作戰延期，同時中央軍事委員會也命令華東軍區「福建砲兵砲擊金門可仍於九月一日至五日實施」。接下來，福建前線的砲擊部隊也遵從此命令，在九月三日、四日連續對金門實施大規模砲擊。[61]在作戰之際，外交部情報司也持續收集《中美共同防禦條約》交涉與英國的反應等相關情報。外交部情報司在美國政府對砲戰採取謹慎態度，英國政府則保持沉默的情況下，分析美國、英國主流媒體的報導，得出結論爲，《中美共同防禦條約》範圍是否包含台灣、澎湖群島以外的離島，在金門砲戰當下，美國只「增加了顧慮」，就連共同防禦條約的簽訂都「似尙舉想不定」。[62]

如同外交部情報司所分析，解放軍砲擊金門，確實對《中美共同防禦條約》的交涉產生新的障礙。在「解放台灣」的宣傳攻勢之後，展開對金門的砲擊，國府也認知到簽訂共同防禦條約爲迫在眉梢的問題，相較於過往，對美國政府採取更明顯的讓步，表示即使須事先與美方商量對大陸的攻擊也無妨。[63]不過，九月九日杜勒斯訪問台灣時，針對《中美共同防禦條約》的簽訂，再次指出抑制國府對大陸的攻擊，以及沿海島嶼防衛問題依然存在，但對條約簽訂仍採消極態度。[64]杜勒斯認爲，國府會強調對簽訂條約的要求，不過就是爲了應對解放軍砲擊金門的作戰，因此首先必須解決讓美國陷入「恐怖困境」（horrible dillemma）的沿海島嶼相關問題。[65]美國可能陷入的困境是指，若放棄防衛沿海島嶼，就可能導致共產主義在亞洲擴張；但若參與防衛，便可能捲入與中國的戰爭。

因此，杜勒斯在九月十二日美國國家安全會議（NSC）中，提出不自沿海島嶼撤退，也不反擊解放軍的折衷建議。該提議也希望尋求英國政府的協助，向聯合國安理會提出台灣海峽問題，並在維持現狀前提下停戰。[66]英國政府則以停戰協議須請中國政府參與爲條件，承諾擔任共同提案國，並由紐西蘭作爲提案國，提交了停戰案（下稱紐西蘭案）。不過，相對於美國希望不改變現狀，僅終止「金門地區的軍事衝突」，英國及紐西蘭則希望從源頭解決造成紛爭的沿海島嶼問題，並期望全面性的停戰。此外，根據英國政府的提案看來，英國並非控訴解放軍行動符合聯合國憲章第七章的「對和平的威脅」，而是呼籲「中華人民共和國與中華民國」雙方根據聯合國憲章第六章「和平解決紛爭」，進而迴避蘇聯行使否決權。[67]然而，從結果看來，這個停戰案本身，反而推動了美國政府與國府的共同防禦條約交涉。該提案並不適用否決權，故美國政府不見得須獲得國府對該提案的認可，但國府對紐西蘭案的反應卻遠比想像中來得強硬。國府認爲，提供中國政府出席聯合國的機會、提升其國際地位，對國府造成的損失及心理打擊，無論透過什麼方式都難以彌補。[68]話雖如此，在美國東亞暨太平洋事務助理國務卿羅伯森（Walter S. Robertson）爲遊說而訪台時，蔣介石對停戰案展開強硬批評，更在該提案提出前，對外聲明已開始關於共同防禦條約交涉，並表示若停戰案表決前條約已經締結，只能勉爲其難接受，透過默認紐西蘭案，換取《中美共同防禦條約》的締結。[69]因此，杜勒斯在尋求英國及紐西蘭的認可下，同時與國府進行共同防禦條約的簽訂，以及紐西蘭提出的停戰提議，進而於國家安全會議確立維持台灣海峽現狀的戰略。[70]

中共不僅收集與國際社會反應相關的情報，更著眼於國內各階層人民的反應，這也可透過當時的《內部參考》窺知一二。統整以福建省、浙江省爲主的全中國各地新華社所匯集的「各界人民」反應可得知，中國國內針對《人民日報》社論與周恩來外交報告的反應，可分爲以下三大類：第一種反應爲「輕敵思想」，主要包含可立即「解放」台灣、中共必須盡快「解放」等樂觀言論；相對於此，第二種反應則是「認爲敵強我弱」，這種反應較爲悲觀，認爲現階段解放軍能力無法立即「解放」台灣；而第三種則屬於「恐美思想」，擔心若在台灣海峽挑釁美國，可能會引發第三次世界大戰，讓自己也身陷危險。【71】無論何種反應，都以美國會介入「解放台灣」爲前提，對於中共來說較爲嚴峻。這是因爲若站在第一種反應的立場，則民衆會抱持著「既然有能力，爲什麼不解放台灣」的疑問，而以第二、第三種反應的角度來說，則較易對於「解放台灣」的宣傳或台灣海峽的軍事行動產生批判。實際上，在砲擊金門後，福建省沿岸等地受到國軍的反擊，也傳出了不少對中共方針感到質疑的聲音。該地區民衆認爲「解放台灣是很好，可是政府提出太早。一切準備好後，突然去打他一下較好。」批評爲偵查而展開的攻擊反而會招致敵軍反擊，甚至使當地漁業、商業活動等民衆生活造成障礙。【72】

從以上過程可知，中共領導人們透過再次提出的「解放台灣」口號及砲擊金門，再次確認日內瓦會議後，圍繞「解放台灣」的國內外狀況。在「解放台灣」宣傳工作開始之際，中共顯現出「阻止美蔣簽訂條約」爲宣傳工作的目的之一，而中國的宣傳與金門砲擊，雖在美國內部引發針對抑制國軍反擊，以及是否參與沿海島嶼防衛等爭論，但在美國與台灣簽訂條約一事上卻造成了推進結果。此外，中國國內大衆對「解放台灣」宣傳工作的反應，也並非朝著中共預設的方向前進。中國國內各階層開始出現意見，認爲既然美國介入台灣防衛工作，那麼曝露出「解放台灣」的意圖，就非賢明之舉，福建前線居民更加強警戒，擔心成爲新紛爭下的祭品。

(2) 蘇聯在台灣海峽的支援

經歷史達林的過世與韓戰停戰後，中國與蘇聯也面臨了重新建構同盟關係的問題。一九五四年十月一日爲中華人民共和國建國五周年，蘇聯第一書記赫魯雪夫、國防部長布爾加寧（Nikolai A. Bulganin）、對外貿易人民委員米高揚（Anastas I. Mikoyan），以及後來當上外交部長、時爲《眞理報》總編輯的謝皮洛夫（Dmitri Shepilov）等人共同訪中。[73]根據Vladislav Zubok的研究，史達林死後，對於爭權奪利的蘇聯領導人們來說，中國早已不是當年的小老弟，與中國領導人建構良好關係，可說是蘇聯新領導人的施政重心。[74]此次訪中行，不僅是赫魯雪夫坐上領導人大位後首次出訪，也是赫魯雪夫外交的試金石，更可藉機打下其政敵馬林科夫及莫洛托夫。[75]Zubok也指出，中國領導層更對有此目標的赫魯雪夫要求更多的軍事、政治援助，得以使之在台灣海峽與國軍對峙。[76]

確實，赫魯雪夫這一趟訪中過程，提供給中國許多軍事、政治援助。九月三十日，赫魯雪夫在中華人民共和國成立五周年紀念演講中提到：「中華人民共和國政府和六萬萬中國人民解放臺灣——它是中國領土的不可分割的一部分——的願望，對蘇聯是親切的，是完全可以理解的。」同時，赫魯雪夫也譴責美國的對華政策。[77]此外，根據八月十日赫魯雪夫訪中前，蘇聯寄送至中國政府的備忘錄可知，蘇聯提議的具體援助包括建造防空砲、米格戰鬥機等國防工業技術支援，以及資金援助。除此之外，再加上五億兩千萬盧布以上的長期借款及超過四億盧布的工業建設協助等項目，本次訪中行，中蘇雙方首腦所署名的經濟協助規模之大，可謂「蘇聯的馬歇爾計畫」。[78]

十月十日，正值赫魯雪夫訪中期間，周恩來在第九屆聯合國大會提出台灣問題相關意見書。[79]九月六日解放軍砲擊金門後，蘇聯曾函詢中國政府，是否須於聯合國大會提出台灣問題。[80]之後，與此意見書相關的中蘇外交交涉紀錄雖未公開，但從十月十二日發表的中蘇會談共同聲明中，雙方對台灣問題採取幾乎一致的立場看來，該意見書應爲蘇聯同意下所提出的文件。[81]意見書中不僅控訴「美國侵略台灣」，更表示絕對不容許以「中立化」或「聯合國託管」等名義讓台灣脫離中國，而具體抗議內容主要著重在美國支援國軍，自沿海島嶼攻擊、封鎖、偵查中國等行爲。[82]該意見書的提出，除了主張中國在台灣海峽軍事活動的立場及其正當性外，也可能意圖先發制人，對抗西方國家提出的停戰案。

由此過程看來，中國領導層欲透過解放軍砲擊金門，促使蘇聯新領導層提供更多援助，更希望獲得蘇聯對中國「解放台灣」的支持。但另一方面，即使中蘇同盟關係相當友好，也可看出雙方對「解放台灣」態度上的差異。舉例來說，赫魯雪夫本次訪中期間正式下達命令，要求駐守於旅順及大連的蘇聯軍自一九五五年五月前撤退。[83]若從中國當時仍接受蘇聯軍隊駐守於旅順、大連，以獲得蘇聯軍隊協助「解放台灣」的想法看來，蘇聯撤軍的決議可能是爲了顯示蘇聯與「解放台灣」無關。[84]實際上，從《內部參考》報告可見，北京市及福州市等地雖恭賀旅順口歸還中國管轄，但仍有擔憂意見，認爲「旅順口現在交給我國有些早了，台灣解放之後移交給我國才好」、「蘇聯撤走了，萬一有事怎麼辦？」[85]

當時，就算在美國政府內部，也堅信蘇聯表面上雖支持中國主張，但實際上仍對解放軍於台灣海峽的軍事行動感到不安。[86]確實，在十月上旬至中旬，赫魯雪夫訪中期間，解放軍於浙江省沿海的軍事活動較爲平靜，並未發動新一波攻擊。蘇聯雖並未否定中國「解放台灣」這個最終目標，但應有一定程度警戒，避免因台灣海峽捲入美中衝突之間。推測中國也了解這一點，並特別顧慮，避免讓同盟國蘇聯有所擔憂。

(3)《中美共同防禦條約》簽訂

赫魯雪夫等蘇聯領導層離中返國後，並進入十一月後，解放軍正式準備攻擊大陳島，軍機更開始轟炸大陳島。不過，因九月金門曾遭受砲擊，美國、台灣及國際社會對於解放軍在台灣海峽的軍事行動早已加強警戒。正如同砲擊金門為「解放台灣」宣傳工作的一環，以及轟炸大陳島為攻下大陳島的準備一般，解放軍的軍事行動意圖雖然各有不同，轟炸大陳島被認為是中國以「解放台灣」為口號進行的新一波軍事攻勢，更促進了美國與國府對共同防禦條約的交涉。此外，大英國協各國家及亞洲、非洲各國家對台灣海峽停戰的要求，也持續增強。

例如：英國政府便提高因沿海島嶼爆發戰爭的危機感，透過與中國政府的外交關係，試圖緩和台灣海峽的軍事緊張局面。十一月六日，英國副外交大臣卡恰（Harold Caccia）緊急拜訪中國駐英代理大使宦鄉，對解放軍的軍事行動加以警告，並告知中國若願意與相關國家針對沿海島嶼提出協議，「英國政府會全力努力，以達成協議。」[87]對於此情況，宦鄉向外交部報告，並分析「英國意圖以沿海島嶼為條件，迫使中國在台灣問題上有所讓步。」[88]對於英國政府的警告，中國外交部以英美活動有所關聯為由，堅持其主張的原則，並決定退回英政府的提案。[89]不過，外交部同時也認為，若英政府又再次提出具體協議時，雖須堅持原有立場，但該協議也具考慮價值。[90]然而，英國政府並未再次提出具體方案。這是因為英國政府已確認到，在《中美共同防禦條約》交涉期間，美國政府對沿海島嶼防衛及國軍反擊大陸等行動的參與變得曖昧，如此一來，捲入因沿海島嶼引發的戰爭可能性也大幅下降。[91]

這段期間，十一月二日起，《中美共同防禦條約》的最後交涉也在華盛頓展開。美方在條約簽訂前，給國府的兩大條件包括：沿海島嶼不屬於條約適用範圍，以及須避免國府對中國大陸的反攻。其中，第一點與美方的預測相反，以「台灣及澎湖群島」之外爲「根據雙方同意所決定的其他地區」的方式，早已協議完成（第六條）。這是因爲國府也認爲，條約適用範圍若不限定台灣、澎湖群島，就能擔保其以沿海島嶼爲據點的軍事行動自由。至於第二點，國府雖主張針對攻擊可無條件發動集體自衛權，並刪除對聯合國安理會報告的義務，但最後則依據美方的草案，集體自衛權的發動「必須遵循該國憲法程序」，也具有向聯合國安理會報告的義務（第五條）。[92]

如上段所描述，與條約本文相關交涉於十一月六日結束，但爲了避免國府攻擊大陸，美方也提出附加議定書，後續與此相關的交涉則延續極久。美國要求國府除了自衛以外，所有軍事配備及武力使用都須列爲事前協議範圍，但國府則強烈反對此提案。[93]確實，國府也逐漸接受在對大陸軍事行動前，必須事先與美國商討的條件，並讓美國知道此態度，但國府並不打算明文列於附加議定書內。此外，國府也主張，只有美國可牽制國軍事行動的議定書過於「片面」。[94]然而，之後經過七次交涉，國府同意以換文而非議定書的形式，與美國事前協議對大陸的軍事行動。不過，國府延遲換文簽署時間至條約簽署之後，並向美方強烈要求不公開換文內容。[95]

經上述過程，終於在十二月二日由杜勒斯及中華民國外交部長葉公超簽署《中美共同防禦條約》，並在十一日由兩人簽署換文。條約簽訂翌日，國府外交部政務次長沈昌煥舉行記者會，說明該條約並不會變更「反攻大陸」的國策，其適用範圍不限於台灣、澎湖群島，更包含未來收復的中國大陸領土。[96]之後，國府也強調該條約為美國早已於西太平洋建立的安全保障體制一環，將此定位於外交上的重大勝利，並大肆宣傳。蔣介石更在日記中，提及條約的簽署為「此乃十年蒙恥忍辱，五年苦撐奮鬥之結果」，並以台灣作為「反攻基地」，振奮大陸民心，就像「黑暗一線之曙光。」[97]

美國與台灣簽署共同防禦條約，對中國來說則是徹底提高了「解放台灣」的難度。十二月十日，周恩來寫給毛澤東、中共中央委員會副主席劉少奇、中央秘書長鄧小平的書信中，提及「如果美國政府願意緩和緊張局勢，從台灣、澎湖和台灣海峽撤走它的一切武裝力量，停止干涉中國內政，那麼，台灣就有和平解放的可能。過去大陸上如北京、長沙、綏遠省等地就是和平解放的。」[98]其實北京、長沙及綏遠等處，都是國民黨於國共內戰時自行撤退，讓中共不戰便得以「解放」的城市。從這一點看來，該書信看似對「解放台灣」感到樂觀，但實際上也可分析得知，周恩來認為，在不得不迴避與美國開戰的狀態下，為了「解放台灣」，必須等待中美緊張情勢緩和，並使美國撤離台灣海峽。

即使如此，周恩來仍在十二月八日，對外發表對於美國與台灣之共同防禦條約的抗議聲明。該聲明嚴正譴責其共同防禦條約，並認為「美國政府企圖利用這個條約來使它武裝侵占中國領土台灣的行為合法化，並以台灣為基地擴大對中國的侵略和準備新戰爭。」[99]在該聲明發表後，中共在國內展開反對美台共同防禦條約的運動。不過，根據《內部參考》資訊，國內反應相當冷淡。各城市除認為在美國與台灣已有共同防禦條約之下「解放台灣」，勢必引發第三次世界大戰，更認爲「無論條約是否締結，都無法解放台灣」、「若眞能解放台灣，在演變至這個地步前就該先解放。」[100]

3. 攻占浙江沿海島嶼與危機之持續

(1) 一江山島作戰與外交鬥爭的持續

因美國與台灣簽訂共同防禦條約，中國領導層對大陳島軍事行動變得更爲謹慎。因爲《中美共同防禦條約》已然簽訂，他們判斷若解放軍攻擊大陳島，美國應不會坐視不管。不過，大陸沿海島嶼在共同防禦條約適用範圍中屬曖昧地區，因此攻擊大陳島，也可用來測試美國的眞正意圖。也就是說，經過多方準備的攻擊大陳島計畫，產生了新的目的：測試《中美共同防禦條約》的適用範圍。

毛澤東在一九五四年十二月九日提起的一江山攻擊計畫，就是大陳島攻擊計畫的前提。「攻擊一江山時機是否適宜？」對於毛澤東的這番提問，彭德懷和解放軍總參謀長粟裕回覆：「鑒於美蔣條約已簽訂，台州地區正多風季節，我之準備尚未充分完成，因此攻一江山島不宜太急，時間可延至明年一月，也不必限於攻一江山。」[101]一九五五年一月十二日，浙東前線部隊向總參謀部及華東軍區報告，將於一月十三日至十九日間完成最後作戰準備，擔任前線司令官的張愛萍則將於十八日起攻擊一江山。總參謀部回覆「一江山作戰對美蔣的鬥爭影響很大，只許成功，要有必勝把握才行。」因此張愛萍在徹底檢視當地天候及部隊狀況後，才指示攻擊開始，而部隊則在一月十八日成功登陸一江山。[102]

一九五三年夏，美軍將大陳島列為重要地點，間接支援國軍防衛該島。然而，一江山島淪陷後，杜勒斯與葉公超會談，並勸其自大陳島撤退。其原因為大陳島鄰近中國大陸，與台灣空軍基地又有較遠的距離，防衛上相當困難，而在軍事上又較無重要性。同時，杜勒斯更提出包括美國海空軍可護衛國軍自大陳島撤退，以及為防衛比台灣、澎湖群島更重要的金門，美國可透過國會，以行政命令讓美軍出動等建議。此外，杜勒斯也告知，為了讓國府獲得國際社會的支持，紐西蘭案是否可於聯合國提出也相關重要。[103]

蔣介石接獲葉公超的報告後，有鑑於軍事合理性，以及讓美國國會通過《中美共同防禦條約》的重要性，以條約生效後便宣布為條件，同意自大陳島撤退。不過，作為交換條件，美國政府必須正式表明其參與金門、馬祖防衛，並說服美方放棄向聯合國提出紐西蘭案。[104]像這樣向聯合國顯示中華人民共和國與中華民國為對等主體，宛如促成「兩個中國」的提案，蔣介石絕無可能接受。一月二十二日，羅伯森與葉公超、顧維鈞見面後，將以上述的蔣介石七點要求告知美國，但美國對於正式表明參與金門、馬祖防衛態度消極，僅重申紐西蘭案對國府相當有利的立場。[105]

美方之所以對參與金門、馬祖防衛採消極態度，乃與英國政府主張放棄金門、馬祖有密切關係。英國政府主張，除了大陳島之外，也須放棄金門、馬祖，否則不僅無法讓台灣海峽停戰線更加明確，也無法消除軍事緊張的火種，讓中國政府接受紐西蘭案的可能性也極低。[106]在國府與英國持續交涉包括國軍自大陳島撤退、金門與馬祖的防衛，以及向聯合國安理會提出紐西蘭案之際，美國總統艾森豪則在國會提出防衛台灣的新議案。[107]一月二十九日，由參眾議院共同決議的「台灣決議案」，授權美國總統必要時可派遣美軍防衛台灣、澎湖群島，除了顯示美國的決心外，也意圖制止中國政府的軍事挑釁。不過，在台灣決議案中，美軍可防衛範圍除了台灣、澎湖群島外，僅提及「相關基地及地區」，可見美國政府仍未表明其參與金門、馬祖防衛。[108]

(2)台灣海峽停戰案中的「兩個中國」問題

由美國、英國及紐西蘭等三國爲停戰案所組成的工作小組，在一月二十八日決定提出紐西蘭案，並由英國政府通知中國與蘇聯該案主旨。[109]中蘇兩國皆否定該案，但各自的態度卻有所差異。一月二十八日，周恩來與英國駐中國代理大使特里維廉（Humphrey Trevelyan）會晤，會中姿態強硬，責怪美國爲侵略中國而利用聯合國，更主張沿海島嶼爲中國國內問題，聯合國無權參與。[110]另一方面，同日，蘇聯駐英大使莫洛托夫與英國駐蘇大使威廉海特（William Hayter）會晤，莫洛托夫首先對於緩和台海軍事緊張情況表達關心，便表明根據開羅宣言及波茨坦宣言，台灣爲中國領土等見解。不過，莫洛托夫並未提到，聯合國無權參與台海情勢問題。[111]

二十九日，蘇聯共產黨機關報《眞理報》批評美國在台灣海峽製造緊張情勢，更公開海特與莫洛托夫的會談內容，批判紐西蘭案。[112]次日，蘇聯駐聯合國代表索伯列夫（A. A. Sobolev）向聯合國安理會提出停戰案（下稱「蘇聯案」），要求美軍自「屬於中華人民共和國領土的台灣、澎湖群島及沿海島嶼」撤退，並要求邀請中國政府參與討論，同時審議紐西蘭案。【113】根據一九六三年中國外交部爲中蘇論戰所製作的文件，蘇聯政府在向聯合國安理會提出該案前，僅單方面通告中國政府。該通告中提到解放軍的軍事活動招致美國政府的警戒，讓美國國會通過「台灣決議案」等，增加蘇方危機意識，並認爲「『關於美國對中國台灣和其他島嶼地區對中華人民共和國的侵略活動』問題提交安理會討論是適宜的」。蘇聯案大致上與中國主張一致，但中國外交部檔案指出，從加入「呼籲任何一方在台灣地區均不採取軍事引動」這一段可知，蘇聯對中國立場不理解。【114】確實，《人民日報》於一月三十日頭版報導英國駐蘇聯大使海特與莫洛托夫的會談，翌日更以全版指出「聯合國應該要求美軍從台灣海峽地區撤走」，並批判紐西蘭案，但並未提及蘇聯案。【115】該現象可能顯示了中國領導層的動搖。

一月三十一日展開的第六八九次聯合國安理會中，首先在審議中對於蘇聯不承認國府代表權的提案，反對任何提案排除國府的美國提案以十比一（蘇聯）票通過。接著，第六九〇次聯合國安理會中，紐西蘭案結果爲九票贊成、一票反對（蘇聯）、一票棄權（國府）；蘇聯案結果則爲十票贊成，一票反對（國府），被列入議題討論，並以十票贊成、一票反對（蘇聯）的方式決定於紐西蘭案之後審議蘇聯案。此外，會議中也以九票贊成，一票反對（國府），一票棄權（蘇聯）的結果，決定在審議紐西蘭案時邀請中國代表至聯合國安理會。【116】

收到決議後，聯合國秘書長哈瑪紹（D. H. A. C. Hammarskjöld）向周恩來傳達聯合國安理會同時承認紐西蘭案及蘇聯案爲議題，並確認中國對聯合國邀請中國政府與會的意願。【117】

不過，二月三日，周恩來向哈瑪紹發出長篇外交電報，表明贊成蘇聯案、反對紐西蘭案的立場，並宣告「僅在驅逐蔣介石集團，並由中華人民共和國代表中國出席的前提下，中國才會派遣代表參與安理會討論。」[118]之後，哈瑪紹嘗試透過瑞典駐中國大使館說服中國政府，但中國政府仍採取強硬姿態。就像國府反對紐西蘭案，對中國政府來說，與國府同時出席聯合國安理會，交涉「雙方不行使武力」事務，就等於實際上承認了「兩個中國」的存在。中國政府認為，讓台海出現軍事緊張情勢的正是美國，若希望緩和緊張情勢，就須由美中直接交涉。[119]

中國不接受聯合國安理會的倡議後，英國政府便期待中蘇在立場上的微妙差異。二月二日，英國外長艾登（R. Anthony Eden）與蘇聯代理駐英大使M. Belokhvostikov會談，並請蘇聯政府協助制止中國的軍事挑釁。[120]對於此一要求，二月五日，蘇聯政府對英國表示「緩和台海緊張情勢的方法，僅有召開國際會議一途」，並提議由中國、美國、英國、蘇聯、法國、印度、緬甸、印尼、巴基斯坦及錫蘭（譯註：現稱斯里蘭卡）等十國政府，於上海或新德里召開會議（下稱十國會議）。[121]

中國外交部擔心因拒絕派遣代表至聯合國安理會，可能會帶給國際社會否定和平與交涉的印象。因此，外交部遂訂立方針，認為須增加宣傳機會以說明自身立場，即使反對「兩個中國」，但對於緩和緊張情勢的交涉，也須採取願意回應姿態。[122]從這個觀點看來，可見周恩來也願回應蘇聯提出的國際會議提議。周恩來於二月五日與瑞典大使會談，二月六日及八日則與印度大使會談，說明無法贊成紐西蘭案的原因，並闡述願意與美國政府交涉，但無法與蔣介石交涉。中國政府不僅拒絕交涉，更轉換立場，表明只要蔣介石不參與、又與聯合國無關，便不反對與各國接觸，論及十國會議事宜。[123]其背景則隱含了中國政府推測，美英法等國應該不會對於不邀請國府、又要討論台灣問題的十國會議有所回應。

根據前文提及，一九六三年製作的外交部資料顯示，中國雖然贊同蘇聯提出的十國會議，但仍不斷堅決反對邀請國府代表，也認爲該會議不得與聯合國有關。[124]實際上，對於該會議是否該邀請國府代表出席，蘇聯、英國及印度政府的立場並不一致。蘇聯認爲必須交涉以達成中國主張；英國則認爲不邀請國府代表，美國政府可能不會承認會議結果，故邀請國府參與。印度政府則是認爲「所有有關方面都能參加會議」，態度並不明確。中國政府窺知此狀況，開始主張召開十國會議有諸多阻礙，故首先須與相關國家有進一步接觸，才能建構美中直接接觸的基礎。[125]

(3)「解放」大陳島與再次判斷是否「解放」金門、馬祖

因艾森豪政府並未表明美國參與金門、馬祖防衛，也不同意國府單獨提及美方參與金門、馬祖防衛，故國府決定延後撤離大陳島。美國因此增強對國府的壓力，更於二月五日下了最後通牒，告知護衛國軍自大陳島撤退的第七艦隊只能再等待二十四小時。[126]爲此，蔣介石首先接受美國發表護衛國軍撤退聲明，並決定確認國府聲明內容。[127]二月六日，艾森豪命美第七艦隊及第五空軍護衛國府軍撤退，並聲明協助國軍離開大陳島的「移動」，更協助防衛「守衛台灣及澎湖群島時不可或缺的地區。」[128]翌日，國府發表聲明指出經「與美國政府舉行會商」後，「決定重行部署外島軍事」，更「將大陳島嶼之駐軍轉移使用於金門馬祖等重要島嶼，以集中兵力，增強台灣澎湖及其外衛島嶼之防務」。[129]

對於國軍自大陳島撤退的行動，解放軍下達指令：「無論有無美艦均不向港口及靠近港口一帶射擊，即是說，讓敵人安全撤走，不要貪這點小便宜。」[130]之後，二月八日至十四日之間，解放軍浙東前線部隊陸續占領包括北麂山島、漁山島、披山島等位於浙江省沿岸的小島。在二月十二日國軍自大陳島撤退後，二十二日，解放軍空軍砲擊南麂山島，其島上駐守的國軍人數在浙江沿岸僅次於大陳島。[131]美國政府考量國軍士氣，並未催促國軍持續撤離，但也決定不共同防衛該島。因此，國軍在二十四日自主撤離南麂山島。[132]這麼一來，浙江省沿海島嶼全在中國占領之下。

國軍自浙江省沿海島嶼撤退後，美國、國府與英國之間，再次爲了是否自金門、馬祖撤退引發爭論。因中國拒絕出席聯合國安理會，英國逐漸加強主張，認爲國軍須自金門、馬祖撤退，並在台灣海峽設立停戰線。英國外長艾登更在二月初向下議院宣示了英國對台灣地位的立場。英國政府立場認爲，日本放棄台灣、澎湖群島後雖爲「法理主權不明確或未確定領土」，但「屬國民黨支配、靠近中國大陸的島嶼，明顯已爲中華人民共和國領土的一部分。」[133]英國首相邱吉爾（Winston S. Churchill）也致信艾森豪，說服美國讓國軍自中國大陸沿海島嶼撤退。[134]

此外，二月底曼谷舉辦的東南亞條約組織（Southeast Asia Treaty Organization, SEATO）會議中，杜勒斯及艾登也針對台灣海峽問題加以討論。杜勒斯強調中國的侵略意圖，更主張再退讓下去，會使得國府防衛台灣的士氣瓦解。相對於此，艾登則表示，只要國軍自所有沿海島嶼撤退，英國會擔任說客，協調中國政府保證放棄以武力收復台灣、澎湖群島。[135]艾登更緊急向周恩來確認，是否可在香港或深圳會談。[136]同時，艾登也告知莫洛托夫及印度總理尼赫魯（Pandit Jawaharlal Nehru），他與周恩來的會談可能補充台灣問題相關國際會議的舉辦，並尋求協助。【137】

在莫斯科，海特與莫洛托夫會談，也傳達艾登向周恩來提議，希望舉辦台灣問題相關會談一事。【138】不過，對於艾登的提議，莫洛托夫僅回覆「會仔細審視」、「想了解中國的看法」，並無後續回應。【139】經過一個週末後，特里維廉對周恩來表示，若中國政府以公開或非公開方式表明不會以武力方式收復台灣、澎湖群島，英國政府可說服美國政府，讓國軍自金門、馬祖撤退。此外，特里維廉也轉達艾登在離開曼谷後，欲先行前往香港再返國的想法。針對於此，周恩來回覆部分問題可進一步考慮，但無法回覆艾登這般宛如「骯髒的買賣」提議，顯示其嚴峻態度。【140】

對於中國這番強硬姿態，蘇聯更以英國與作為說客一事為契機，施加了更多壓力，要求中國解決問題。根據一九六三年十二月的外交部資料可見，蘇聯政府以艾登的提案並未設立前提條件為由，延遲與艾登、周恩來的會談。【141】二月二十八日，赫魯雪夫致信毛澤東，再次表明對金門、馬祖軍事緊張情勢持續升高的擔憂，要求中國說明在台灣海峽的軍事活動狀況，同時也呼籲中國須對和平交涉有所回應。然而，毛澤東在回覆赫魯雪夫之前，就已得出結論，決定不回應艾登對會談的要求。三月一日，周恩來回覆艾登的信件中，便指責英政府的遊說「會使美國侵略行為合法化」，並反過來提議，若想討論緩和台海緊張情勢的方式，就請艾登訪問北京。【142】對於此回覆，艾登判斷「雙方並無交涉停戰的共同基礎」，便擱置了與周恩來的會談。【143】

針對赫魯雪夫二月二十八日的信件，毛澤東在三月五日寄出回信，向赫魯雪夫說明，目前福建省沿岸正在修理、搭建長期使用的軍用航線及空軍基地。此外，也報告即使攻擊準備完畢，也會視美軍在該地區的狀況，決定是否發動軍事作戰。對於當時的軍事狀況，毛澤東認爲國軍在金門兵力較強，但美國海軍較難持續防衛鄰近中國大陸的金門，更推測美國陸軍駐守金門的可能性也極低。因此，只要透過解放軍作戰、國軍撤退，或是舉辦國際會議等方式，「解決」沿海島嶼問題，中國在美軍駐守期間，就無法對台灣、澎湖群島實施軍事作戰，故「台灣地區的緊張局勢將自然地緩和下來。」

另外，毛澤東雖然拒絕與艾登交涉，但因英國可能持續遊說，既然如此，「利用印度壓英國使美國讓步，較之英國和美國企圖把對台灣問題的解決控制在它們自己手裡要對我們有利些」，對於往後與台灣問題有關的外交方針，更有以下主張：

> 我們設想，在亞非會議期間，我們將有可能同印度、緬甸、印度尼西亞做更多的接觸，利用同這三國主要是印度的接觸和會談去創造解決台灣地區局勢問題的機會，也許對我們有利。這樣做法，當然並不排拆同英國接觸，特別是蘇聯同英國的接觸，而主要是使解決沿海島嶼的問題同蘇聯政府建議舉行的十國會議聯繫起來。我們認爲，爲了促成十國會議，需要在一個相當長期的時期內多方面地進行外交活動。（左線爲引用者所加註）

此外，透過國際會議或對美交涉，和平解決大陸沿海島嶼問題後，毛澤東更主張下列事項：

> 因爲我們在國際會議以前和在國際會議上堅決不能同意美、英國人用沿海島嶼交換台灣

澎湖造成「兩個中國」的要求，這種情況可能使國際會議要經過許多曲折才能開成，而這一點我們是不能讓步的。即是說，我們寧可讓美國人在一個時期內事實上占領台灣而不去進攻台灣，但不能承認美國的占領合法化，不能放棄解放台灣的口號，不能承認「兩個中國」。如果美國滿足這種狀態，也許它願意讓出沿海島嶼，以換得一個不合法的暫時的安定狀態。

（左線爲引用者所加註）[144]

如同毛澤東對赫魯雪夫所說明，「解放」浙江省沿海島嶼後，解放軍曾再次檢視是否對金門及馬祖發動攻擊，軍事領導者則下了結論，認爲只要國軍不自主撤退，就難以對金門及馬祖直接發動攻擊。三月三日至四日，總參謀長粟裕所舉辦的作戰會議中，更確認了下列幾點：①攻擊金門，就可使敵人自馬祖撤退，但攻擊馬祖，不一定會使敵人自金門撤退；②但若攻擊金門，其規模會擴大，須花較多時間準備；③若因此引發美國海軍介入，可能使解放軍陷於被動狀況。基於這些認知，粟裕等人提出半年以內「解放」馬祖，一年半以內（一九五五年四月至一九五六年十月）「解放」金門的方案。[145]彭德懷則於三月九日同意粟裕等人所提起的計畫，也就是「同意先打馬祖」一案。[146]此外，毛澤東於三月十四日下達指令，必須與大陳島的狀況相同，國軍自馬祖撤退期間不加以攻擊。[147]由這個指令可見，毛澤東期待國軍可能自金門、馬祖撤退。

由於無法掌握中蘇間交涉狀況及解放軍的決策，美、英兩國針對金門、馬祖防衛持續爭論。正如毛澤東所預料，英國政府持續說客工作。艾登繼續向周恩來提議，希望舉辦以緩和台海緊張情勢爲主題的國際會議，並針對參與國及議題加以討論，但周恩來與艾登的會談始終無法實現。[148]話雖如此，進入三月後，中共對於「解放台灣」的宣傳減少了一定程度，而從美國政府內部各種情報分析看來，解放軍大規模攻擊金門、馬祖的可能性極低。原先艾森豪及杜勒斯對情勢較爲悲觀，更顧慮國府狀況，甚至已準備於三月上旬使用小型核武協助防衛金門、馬祖，但隨著情勢的變化，美方已開始期望國府可自主撤離金門、馬祖。[149]

艾森豪政府之所以會考量放棄金門、馬祖，是因爲解放軍空軍在大陸東南沿岸的勢力增強，國府提議砲擊對岸空軍基地可能產生的極大影響。美國爲避免與中國交戰，須讓國府放棄金門、馬祖，或者至少須讓國府表明，不得讓金門、馬祖影響國府在台灣的存續。[150]爲了讓國府有相同想法，杜勒斯策劃只要國府自金門、馬祖撤退，美軍便會以台灣、澎湖群島爲據點，與國軍共同作戰，封鎖溫州至汕頭等大陸沿岸地區，並派遣羅伯森及美國參謀長聯席會議主席雷德福（Arthur W. Radford）作爲特使訪台。[151]不過，迎接羅伯森及雷德福到來的蔣介石，不僅拒絕自金門、馬祖撤退，就連要其表明不以防衛這些島嶼作爲國府存續必要條件這一點，都堅決拒絕。蔣介石更強調不僅如此，若美方不協助防衛金門、馬祖，就可能失守台灣，遭受極大損失。[152]在羅伯森及雷德福訪中前，周恩來便如次節所示，於印尼萬隆提及可與美國直接對話，而如上所述，美台之間因防衛金門、馬祖衍生的齟齬，也成爲未來艾森豪政府與中國展開大使級會談的一大要因。

圖1-2　爲祭弔砲戰中陣亡士兵，蔣介石在宋美齡陪同下造訪金門（1955年4月12日：金門，國史館館藏：典藏號002-050113-00008-220）。

4. 針對「兩個中國」問題之迴避

中國領導層確認要攻下金門、馬祖，需花費較多時間後，遂於一九五五年四月的亞非會議爲起點，轉向和平攻勢。

(1) 參與亞非會議

一九五四年，日內瓦會議在歐洲舉辦之際，錫蘭首都可倫坡也舉辦了東南亞首腦會議。在錫蘭總理科特拉瓦拉（John Kotelawala）的提議下，印度、印尼、巴基斯坦及緬甸等五國最高領袖齊聚一堂，討論中南半島休戰及中國承認問題。這五國一致認同以維持亞洲和平及互相合作爲原則，之後則通稱爲「可倫坡五國」。此外，除了錫蘭外的四個國家，在一九五一年止皆與中國政府建立外交關係，尤其是對中關係較爲積極的印度、緬甸、印尼等三國，奠定了中國對亞洲外交的據點及地位。【153】

周恩來在日內瓦會議期間抽空訪問印度與緬甸，並與該國領導人會面，發表包含「和平共處五項原則」的共同聲明，支持東南亞首腦會議。【154】所謂「和平共處五項原則」包括①互相尊重領土與主權；②互不侵犯；③互不干涉內政，並於④平等互利原則下；⑤不同社會制度國家才能「和平共處」等規範。「和平共處五項原則」一方面可確認中國、印度及緬甸等國反帝國主義的共同國際情勢認知，另一方面也是爲了擱置中國與印度、緬甸邊界相關主權問題而產生的方法。也就是說，當時中國的外交方向寧願擱置與鄰近國家的主權問題，也希望改善與這些國家的關係，將成立對美統一戰線視爲最優先的事項。

不過，透過中國外交部爲參加亞非會議所準備的資料（表1-5）可看出，除了可倫坡五國外的亞非國家，大多雖與國府保有外交關係，但僅三個國家具大使級外交關係，情勢仍屬不定。[155]一九五四年十二月，可倫坡五國舉辦第二屆東南亞首腦會議，決議翌年四月在印尼首都萬隆舉辦亞非會議，邀請包含中華人民共和國在內的亞非地區共二十五國參與。但是，亞非會議是否邀請中華人民共和國參與一事，並非沒有異議。一九五四年九月後解放軍持續攻擊沿海島嶼，並因此引發中美之間的軍事緊張，就與

表1-5　亞非會議參加國與國府的關係

關係		國名
1.無外交關係		越南民主共和國、印度、緬甸、印尼、巴基斯坦、錫蘭、寮國、尼泊爾、阿富汗
2.互派遣大使		日本、菲律賓、土耳其
3.設置大使館	派遣代理大使	泰國
	僅設置大使館	伊朗、伊拉克、埃及（開羅）
4.設置領事館		越南共和國…正交涉外交關係之樹立 柬埔寨…迫使其承認 沙烏地阿拉伯…其他關係不明
5.其他關係		利比亞…國府於1951年「承認」 敘利亞、利比亞…雖有設置大使館等資訊但詳情不明
6.關係不明		約旦、葉門、象牙海岸、中非共和國、衣索比亞、賴比瑞亞、蘇丹
※其他情況		韓國…互派遣大使 南非…於約翰尼斯堡設置領事館 以色列…無外交關係

資料來源：筆者以中國外交部檔案（檔號207-0021-01）〈亞非會議與會國家和蔣賊有無外交關係（未定稿）〉爲主整理而成。

亞非會議提倡中立主義的理念相衝突。不難想像，預計邀請的亞非國家可能提出邀請國府參與的問題。

一九五四年下半年，緬甸總理吳努（U Nu）訪問中國，周恩來對其表示希望參與亞非會議，並在與吳努的會談中，提及希望盡快「和平解放」台灣。周恩來也對十月十九日至二十七日訪中的尼赫魯說明，台灣海峽緊張情勢與「和平共處五項原則」並未衝突。周恩來除了指責美國干預中國內政外，也主張①中國外交以「和平共處」爲主要方向，美國也包含在內；②不過，中國會抵禦對自身的侮辱；③且必須「解放」沿海島嶼與台灣，但會注意所採取的所有行動。[156]接著，周恩來又對十二月一日至十二日訪中的吳努表示：「如果能和平解放，何必訴諸戰爭。但是，和平解放台灣的前提條件一定要肯定台灣是中國的。中立化台灣、台灣獨立國、公民投票都是行不通的。」[157]如上所述，中國外交在「和平共處」及「解放台灣」之間有所矛盾，但中國也研擬了相應可消除該矛盾的理論，也就是「和平解放」台灣。亞非會議參與邀請在一九五五年一月十五日送至北京，但中國政府直至二月十日仍未回覆。雖無法了解其過程，但研判中國政府希望先「解放」大陳島，待台海情勢告一段落後再正式表明參與亞非會議。

四月五日，與「解放」金門、馬祖相關議論告一段落後，在周恩來的提議下，毛澤東召集了中央政治局委員、鄧小平、外交部副部長王稼祥及陳毅等人主導政治局會議，並通過《參加亞非會議的方案》。[158]該《方案》將參與會議時中國外交的「總方針」統整爲：「爭取擴大世界和平統一戰線、促進民族獨立運動、並爲建立和加強我國同若干亞非國家的事務和對外關係創造條件。」因此，中國也訂立方向，若提及包含台灣問題在內的「和緩國際緊張情勢問題」，如在會議中討論緩和台海情勢緊張一事並無大礙，但堅決反對邀請國府參與國際會議。此外，關於聯合國代表問題，則決議「我國支持聯合國憲章，反對各種違反聯合國憲章的行爲，包含剝奪中華人民共和國在聯合國的合法地位的行爲。」[159]

四月六日，周恩來在國務院會議中批准《關於我國參加亞非會議問題的報告》及《關於提請批准中華人民共和國出席亞非會議代表團名單的報告》，並在第二屆全國政治協商會議常務委員會第四次會議上，報告「出席亞非會議的任務和方針」。七日後，由周恩來率領的亞非會議代表團於北京出發（表1-6）。代表團經昆明，在十四日抵達仰光，十一日則發生了「克什米爾公主號」事件。代表團預計搭乘的飛機於香港起飛後爆

表1-6　亞非會議中國代表團及記者團一覽表

【代表團】	
代表團長	周恩來（國務院總理兼外交部長）
代表	陳毅（國務院副總理）、葉季壯（對外貿易部部長）、章漢夫（外交部副部長）、黃鎭（駐印尼大使）
顧問	廖承志（中央華僑事務委員會副主任兼統一戰線部副部長）、楊奇清（公安部副部長）、喬冠華（外交部部長助理）、陳家康（外交部部長助理兼亞太司長）、黃華（外交部歐亞司長）、達浦生（中國、印尼友好協會理事）
秘書長	王倬如（山東省副省長）
秘書	浦壽昌、浦山、姚力、康茅召、陳鼎隆、韓叙
【記者團】	
吳文（人民日報）、李慎之（中國青年報）、張彥（人民中國）、錢嗣杰（新華社影部）、吳夢濱（中央製片廠）、劉茂儉（新華社）、陳定民（北京日報）、郭英會（新觀察社）、劉麟瑞（世界知識）、楊春松（大公報）、張維冷（新華社）	

資料來源：中華人民共和國外交部檔案館編《中華人民共和國代表團出席1955年亞非會議》45-46頁，《人民日報》1955年4月17日等，由筆者統整而成。

炸，而中國政府斷言此事件是由在香港活動的國民黨特務所策動，展開宣傳攻勢批判國府。【160】

周恩來在仰光除了與吳努會談外，也與尼赫魯及埃及總統納瑟（Gamal Abdel Nasser）一同展開不公開會談。周恩來在與吳努會談期間，明確說明亞非會議時中國政府對台灣問題的立場。其內容主要包括以下三點：一、中國與「蔣介石集團」之間的戰爭爲內戰的延續，美國干涉台灣部分屬國際問題；二、因此，只要美軍放棄干涉屬於中國領土的台灣，就能以和平方式「解放」台灣，並可準備與美國基於和平共處五項原則發表聲明；三、和平「解放」台灣之際可與「蔣介石集團」交涉，但其前提是「蔣介石集團」必須承認中央人民政府。【161】中國代表團位在萬隆期間，便以上述理論正當化台灣海峽的軍事行動，並嘗試緩解亞非各國對中國的警戒心。

(2) 表明「和平解放」與對美交涉

對中國來說，四月十八日在印尼萬隆舉辦的亞非會議，不僅可改善與亞非各國間的關係，還是強化國際統一戰線、對抗美國的外交鬥爭舞台。周恩來抵達萬隆機場後，不僅讚賞這是亞洲、非洲各國代表首次齊聚一堂的歷史性會議，更強調國府參與克什米爾公主號事件一事：「同時我不能不指出有些人是不喜歡我們這個會議的。他們正在力圖破壞我們的會議。」【162】

會議第二天，也就是四月十九日上午，在全體會議上，周恩來強調「和平共處五項原則」，並呼籲改善亞洲、非洲各國的關係。不過，亞洲國家、尤其是鄰近國家，對於中國的警戒心仍相當強。【163】因此，周恩來在當天下午再次上台，發表補充談話。周恩來提及中國與亞非各國的關係，必須「捨小異而求大同」的外交基本態度，而對於台海緊張情勢則發表下列內容：

> 至於美國在台灣地區所一手造成的緊張局勢，我們本來可以提出像蘇聯所提出的通過國際會議來謀求解決的建議那樣一個項目，供會議審議。中國人民解放自己的領土台灣和沿海島嶼的意志是正義的。這完全是我國內政和行使我國主權的問題。我們的這一正義要求已經贏得了許多國家的支持。我們本來還可以提出承認和恢復中華人民共和國在聯合國的合法地位問題，供會議審議。科倫坡五國總理去年舉行的茂物會議支持恢復中華人民共和國在聯合國的合法地位。其他亞洲和非洲的國家也支持這種主張。此外，我們本來還可以在這裡批評聯合國對中國的不公正待遇。但是，這一切我們都沒有做，因爲不然的話，我們的會議會被拖到關於這一切問題的爭執中去，而得不出任何解決辦法。【164】

如上所示，周恩來表示不將台灣問題帶入亞非會議的態度。但他在萬隆與各國首腦舉辦十二次不公開會談有論及台灣問題。會談後，周恩來也對中共中央提出《出國後於各地針對台灣問題交涉的相關報告》。報告全文尚未公開，但從《周恩來年譜》節錄相關部分可得知，周恩來與各國首腦的會談中提及「解放台灣」問題，並強調下列兩點：第一點，台灣問題包含兩個部分，一是此爲中國大陸內戰的延長，必須「解放台灣」；二爲美國支持國府，並干涉台灣及沿海島嶼防衛，中國政府必須先行解決第二個部分。第二點，中國有權透過各種方式實現「解放台灣」，其中包括「和平解放」方式，並首次主張「和平解放」可停止美國的侵略及干涉，進而使所有軍事勢力撤離台灣海峽。[165]

上述兩點主張，周恩來在四月二十三日上午政治委員會上的發言，也直接了當地提出。周恩來在針對「和平共處」七項基礎發言後，並補充以和平手段解決國際紛爭的重要性，內容如下所示：

> 至於中美之間的關係，中國人民是不願同美國作戰的，我們願意用和平的方法來解決國際爭端。如果大家願意推動中美用和平的方法來解決中美之間的爭端，那就會大大有利於和緩遠東的緊張局勢，大大有利於推遲和阻止世界大戰。[166]

中國政府對於台灣海峽軍事緊張的說明，又該如何讓亞非各國接受呢？四月二十三日下午，周恩來與可倫坡五國及泰國、菲律賓代表論及台灣問題。[167]根據外交部其製作的報告可見，在亞非會議期間針對台灣問題所舉辦的各場會談中，此爲最重要的一場會議。會中，周恩來就過去個別對每個國家說明中國政府對台灣問題的立場及意見，再次對所有與會者重新說明。[168]

外交部的報告指出，會中沒有任何國家對中國的主張提出反對意見，對會議給予極高評價，但各國的反應也忠實反映出當時的國際情勢。首先，菲律賓及泰國雖未特別提出反對意見，但也並未表明支持中國政府的立場。印尼、印度及緬甸基本上則是支持中國政府的立場及方針。不過，以印尼來說，則是以中國政府必須支持印尼西巴布亞的領有權爲交換條件，才表明支持中國的立場。印度駐聯合國大使梅農（V. K. Krishna Menon）則在將金門、馬祖歸還中國，美國承認中國統一，且中國保證和平解放台灣等條件下，考慮將台灣列爲中國一個自治省的方案。緬甸的吳努則主張中國政府必須先與國府交涉，並自願擔任中間協調角色。[169]也就是說，這八個國家的代表雖然皆贊成以和平手段解決台灣問題，但並未正確理解中國政府反對「兩個中國」的主張。

結束會議後，八國代表皆同意將會議內容列爲機密。不過，印尼總統蘇卡諾（Sukarno）則提議，由中國政府自行對外表明關於台灣問題的立場。根據外交部報告可見，周恩來接受此一提議，並於該日發表《關於緩和遠東緊張局勢問題的聲明》，並決定於隔天二十四日的閉幕會議上，提及台灣問題。[170]該聲明提到「中國政府願意同美國政府坐下來談判，討論和緩和遠東緊張局勢的問題，特別是和緩台灣地區的緊張局勢問題」，首次對外表明願意接受美中交涉的立場。[171]此外，周恩來更於閉幕會議上提到「台灣地區緊張形勢的和緩和消除，應該由中國和美國坐下來談判解決，但不能絲毫影響中國人民行使自己主權——解放台灣的正義要求」，再次重申即使與美國交涉，也絕不放棄「解放台灣」的權利。[172]不過，周恩來在亞非會議中並會提及與美國交涉的形式。根據周恩來返國後，於人大常務委員會所報告的內容顯示，周恩來於此階段對於交涉形式僅止於「支持蘇聯提出的召開十國會議的建議，也願意考慮其他的談判形式」程度之構想。[173]

小結

本章主要論述韓戰休戰至亞非會議期間，中國領導層對於「解放」沿海島嶼及台灣、澎湖的認知及方針有何演變。透過本章考察所得出之結論如下列三點所示。

第一，自韓戰休戰至亞非會議期間，台灣海峽現狀變更的論點主要歸結於「解放」金門、馬祖問題。韓戰休戰後，美國重新檢視對華戰略，解放軍則持續加強對沿海島嶼的攻勢，而國軍則陸續喪失浙江省沿海島嶼，僅剩下位於福建省沿海的金門以及馬祖爲其最後堡壘。中國領導層了解要攻下金門、馬祖在軍事上屬一大難題，但並未認知到，其與「解放」台灣、澎湖群島同樣屬於「長期性的問題」。領導層認爲，只要有勝算，就應儘早「解放」金門、馬祖。因此，從「解放」大陳島的過程中，美國介入金門、馬祖防衛引發西方國家及美國國內論戰的情形可見，中國希望透過外交攻勢對美國施加壓力，並尋求不戰便可收復金門、馬祖的方法。像這樣透過外交鬥爭，希望完成在軍事上較爲困難的「解放」金門、馬祖等嘗試，最後則延續至美中大使級會談。

第二，解放軍於台灣海峽一連串軍事行動的結果，導致《中美共同防禦條約》的簽訂，以及停戰案於聯合國的提出，對中國而言，也是「兩個中國」問題的起點。在韓戰期間的聯合國代表權問題，以及舊金山和約中，國府皆被視爲在國際上合法的主體，但中國政府並未大肆批判，或將其稱爲創造「兩個中國」的「陰謀」。不過，在南北韓及南北越停戰線劃定後的國際情勢下，美國一方面與國府簽訂共同防禦條約，另一方面則提出停戰提議，將中國政府與國府視爲同等主體，並接受於聯合國安理會邀請中國政府。推測這個現象引發了中國領導層的危機意識，認爲自身也被認定爲分裂國家。對於此問題，以可能造成「兩個中國」狀況爲由，中國政府與國府同樣拒絕一同參與停戰交涉。

第三，從上述兩點可知，中國政府提議對美直接交涉，與其說是希望突破與美國的關係，不如說是希望透過外交手段達到「解放」金門、馬祖的目標，並深知若拒絕停戰交涉，可能引發國際社會對中國的批判。若中國拒絕停戰交涉，並持續軍事威嚇，不僅西方國家，就連社會主義國家及亞洲、非洲各國都可能對其產生不安。赫魯雪夫對毛澤東提出的停戰要求，更隨著危機的持續而逐漸加強。此外，在亞非會議上，周恩來感受到亞非各國對中國的警戒心，故認知到必須整合自己提出的「和平共處五項原則」及對台灣政策。也就是說，對美直接交涉有較大可能，是爲了取代中國拒絕停戰交涉及持續軍事威嚇的手段。

自韓戰休戰至亞非會議期間，中國領導層對於台灣問題的言行舉止或論述中，幾乎見不到之後建構「一個中國」原則的基礎理論。換句話說，由此也未見到後日時常提及維持金門、馬祖的理論，就是讓同樣反對「兩個中國」的國府保有金門、馬祖，成爲維繫中國大陸與台灣的「紐帶」。中國領導層的想法，終究是延續自韓戰爆發前「解放台灣」的理論，並打算逐一攻下國府所占領的沿海島嶼，最終「解放台灣」。然而，在中國無法阻止美國與台灣共同防禦條約的簽訂，美國也不放棄介入金門、馬祖防衛的狀況下，這番理論及戰略也走入盡頭。

註解

【1】美國面對危機時決定政策的詳細研究爲Robert Accinelli, *Crisis and Commitment: United States Policy toward Taiwan*, 1950-1955 (Chapel Hill: The University of North Carolina Press, 1996), pp. 111-251; Appu Kuttan Soman, *Double-Edged Sword: Nuclear Diplomacy in Unequal Conficts: The United States and China, 1950-1958* (Westport: Praeger, 2000), pp. 115-164.

【2】Robert. S. Ross and Jiang Changbin eds., *Re-examining the Cold War: U.S. China Diplomacy, 1954-1973* (Cambridge: Harvard University Press, 2001), pp. 77-105 and pp. 141-172; Zhang Shu Guang, *Deterrence and Strategic Culture: Chinese- American Cofrontation, 1949-1958* (Ithaca: Cornell University Press, 1992), pp. 189-224. 其他如中國的研究成果則包括：《美國對華政策與台灣問題》（北京：世界知識出版社，一九九八年）一八〇—二七二頁，陶文釗《中美關係史》（上海：上海人民出版社，一九九九年）二二〇—二四五頁，戴超武《敵對與危機的年代—一九五四—一九五八年的中美關係》（北京：社會科學文獻出版社，二〇〇三年）等，詳細列出台灣海峽危機的過程。

【3】楊奎松〈毛澤東與兩次台海危機—二〇世紀五〇年代中後期中國對美政策變動原因及趨向〉《史學月刊》二〇〇三年第一一期，五二—五九頁及第一二期四八—五五頁，平松茂雄《台湾問題》（勁草書房，二〇〇五年）第二章及第三章。

【4】青山瑠妙〈中国の台湾政策—一九五〇年代前半まで〉《日本台湾学会報》第四號（二〇〇二年七月）二〇—三九頁，同《現代中国の外交》（慶應義塾大学出版会，二〇〇七年）一四〇—一四九頁，服部隆行《朝鮮戦争と中国》（渓水社，二〇〇七年）。

【5】何迪〈「台海危機」和中國對金門、馬祖政策的形成〉《美國研究》第二期（一九八八年）四〇—六五頁，徐焰〈五十年代中共中央在東南沿海鬥爭中的戰略方針〉《中共黨史研究》一九九二年第二期，五二—六〇頁。

【6】Gordon H. Chang, *Friends and Enemies: The United States, China and the Soviet Union, 1948-1972* (Stanford: Stanford University Press, 1990), pp. 143-174; Odd Arne Westad, ed., *Brothers in Arms: The Rise and Fall of the Sino-Soviet Union Alliance, 1945-1963*(Stanford: Stanford University Press, 1998), pp. 145-152; Vladislav M. Zubok, *A Failed Empire; The Soviet Union in the Cold War from Stalin to Gorbachev* (Chapel Hill: The University of North Carolina Press, 2007), pp. 109-112; Lorenz M. Lüthi, *The Sino-Soviet Split: Cold War in the Communist World* (Princeton: Princeton University Press, 2008), pp. 31-45.

【7】青山瑠妙《現代中国の外交》一三六頁。

【8】Statement by the President on the Situation in Korea, Jun. 27, 1950, *Public Papers of the President of the United States, Harry S. Truman* (Washington, D.C.: U.S. Government Printing Office, 1966), p. 492.

【9】青山瑠妙《現代中国の外交》一三八頁。

【10】〈毛澤東關於停戰談判問題至高崗，金日成電（一九五一年六月十三日）〉沈志華編《朝鮮戰爭—俄國檔案的解密文件》中冊（台北：中央研究院近代史研究所，二〇〇三年）八〇八—八〇九頁。

【11】服部隆行《朝鮮戦争と中国》（渓水社，二〇〇七年）二四三頁。

【12】〈毛澤東關於停戰談判中的我方建議問題致史達林電（一九五一年七月三日）〉沈志華編《朝鮮戰爭—俄國檔案的解密文件》中冊，八五三—八五四頁。

【13】Qiang Zhai, *The Dragon, the Lion, and the Eagle: Chinese-British-American Relations, 1949-1958* (Kent: The Kent State University Press, 1994), pp. 122-125.

【14】Message from the President to the Congress, Feb. 2, 1953, *FRUS, 1952-1954*, Vol. XIV (Washington, D.C.: U.S. Government Printing Office, 1985), p. 140.

【15】Telegram from Matthews to Runkin, Jan. 30, 1953, *FRUS, 1952-1954*, Vol. XIV, p. 132.

【16】Memorandum of Conversation between Dulles and Koo, Mar. 19, 1953, *FRUS, 1952-1954*, Vol. XIV, pp. 157-160.

【17】關於該時期蔣介石對「反攻大陸」的認知細節，可參考：松田康博〈台湾の大陸政策（一九五〇—五八年）—「大陸反攻」の態勢と作戦〉《日本台湾学会報》第四號（二〇〇二年七月）九—一一頁，以及曾銳生（陳淑銖記錄）〈一九五〇年代蔣中正先生反攻大陸政策〉《國史館館刊》復刊第十九期（台北：國史館，一九九五年）二〇—二六頁。

【18】Telegram from Rankin to DoS, Feb. 1, 1953, *FRUS, 1952-1954*, Vol. XIV, pp. 135-136.

【19】《蔣介石日記》一九五三年〈民國四二年大事表〉（Stanford: Hoover Institution, Stanford University）。

【20】Memirandum of Conversation between Dulles and Koo, Mar. 19, 1953, FRUS, 1952-1954, Vol. XIV, pp. 157-160.

【21】Letter from Chang to Eisenhower, Jun. 7, 1953; Message from Eisenhower to Chang, Jun. 25, 1953,

FRUS, 1952-1954, Vol. XIV, pp. 203-204 and pp. 214-215. 蔣介石對亞洲共同防衛之摸索與挫折相關研究則爲：張淑雅〈中美共同防禦條約的簽訂—一九五〇年代中美結盟過程之探討〉《歐美研究》第二三卷三期（一九九三年九月）五四—六四頁。

【22】《蔣介石日記》一九五三年六月〈上月反省錄〉。

【23】John W. Garver, *The Sino-American Alliance: Nationalist China and American Cold War Strategy* (Armonk: M. E. Sharp, 1997), p. 53; NSC 146/2, Nov. 6, 1953, *FRUS, 1952-1954*, Vol. XIV, pp. 307-330.

【24】松田康博〈台湾の大陸政策〉六—七頁。

【25】Gaver, *The Sino-American Alliance*, pp. 116-117.

【26】翁台生《CIA在台活動秘辛—西方公司的故事》（台北：聯經出版，一九九一年）二一—五〇頁。

【27】當代中國叢書編輯委員會編《當代中國軍隊的軍事工作》上卷（北京：中國社會科學院出版社，一九八九年）三二六—三三四頁。

【28】Gaver, *The Sino-American Alliance*, p. 122.

【29】Telegram from Stump (Commander in Chief, Pacific) to Fechteler (the Chief of Naval Operations), Jul. 23, 1953, *FRUS, 1952-1954*, Vol. XIV, pp. 237-238.

【30】王焰主編《彭德懷年譜》（北京：人民出版社，一九九八年）五六三—五六四頁。

【31】中共中央文獻研究室編《毛澤東傳一九四九—一九七六》上卷（北京：中央文獻出版社，二〇〇三年）五八二頁。

【32】王焰主編《彭德懷年譜》五六三、五六五頁。

【33】中共中央文獻研究室編《毛澤東傳一九四九－一九七六》上卷，五八三頁。

【34】徐焰〈五十年代中共中央在東南沿海鬥爭中的戰略方針〉五五頁。

【35】當代中國叢書編輯委員會編《當代中國軍隊的軍事工作》二五六頁。

【36】Memorandum of Conversation between Eisenhower, Dulles, Anderson, Radford and Cutler, May 22, 1954, and Memorandum of Discussion at the 199th Meeting of NSC, May 27, 1954, *FRUS, 1952-1954*, Vol. XIV, pp. 428-430 and pp. 433-434.

【37】王焰主編《彭德懷年譜》五七一頁。

【38】王焰主編《彭德懷年譜》五七六頁。

【39】〈蘇聯外長莫洛托夫在柏林四國外長會議上的發言（一九五四年一月二十五日）〉中華人民共和國外交部檔案館編《中華人民共和國外交檔案選編（第一集）一九五四年日內瓦會議》（北京：世界知識出版社，二〇〇六年）二一－二四頁，以及Telegram from Dulles to DoS, Jan. 30, 1954, *FRUS, 1952-1954*, Vol. XIV, pp. 353-354.

【40】Chang, *Friends and Enemies*, pp. 98-101.〈蘇、美、英、法四國外長會議公報（一九五四年二月十八日）〉中華人民共和國外交部檔案館編《一九五四年日內瓦會議》二四－二五頁。

【41】〈蘇聯駐華大使尤金交來關於邀請中國參加日內瓦會議的材料（一九五四年三月二日）〉、〈中國政府同意派全權代表出席日內瓦會議的新聞稿（一九五四年三月四日）〉中華人民共和國外交部檔案館編《一九五四年日內瓦會議》九－一一頁。

【42】中共中央文獻研究室編《周恩來年譜一九四九－一九七六》上卷（北京：中央文獻出版社，

一九九七年）三五五—三五六頁。

【43】〈駐蘇聯大使張聞天關於與蘇聯外長莫洛托夫會晤狀況致外交部並報周恩來及中央的電報（一九五四年三月六日）〉中華人民共和國外交部檔案館編《一九五四年日內瓦會議》一二—一三頁。

【44】〈關於台灣問題的發言（初稿，一九五四年日期不明）〉、〈關於恢復中華人民共和國在國際組織和會議中的合法權利的聲明（初稿，一九五四年日期不明）〉中華人民共和國外交部檔案（下稱「中國外交部檔案」，檔號二〇六—〇〇〇五三—〇二，北京：中華人民共和國外交部檔案館）。

【45】這些與會議外議題相關的交涉紀錄皆統整於：中華人民共和國外交部檔案館編《一九五四年日內瓦會議》三七九—四四九頁。

【46】〈周恩來關於暫離日內瓦的工作安排事致鄧小平轉毛澤東、劉少奇並中央的電報（一九五四年六月二十日）〉中華人民共和國外交部檔案館編《一九五四年日內瓦會議》一七四—一七五頁，及中共中央文獻研究室編《周恩來年譜》上卷，三九〇—三九五頁。

【47】中共中央文獻研究室編《周恩來年譜》上卷，三九五頁。

【48】〈同一切願意和平的國家團結合作（一九五四年七月七日，毛澤東在中共中央政治局擴大會議上的講話）〉中共中央文獻研究室編《毛澤東文集》第六卷（北京：人民出版社，一九九九年）三三三—三三四頁。

【49】〈一定要解放台灣〉《人民日報》一九五四年七月二十三日。

【50】中共中央文獻研究室編《周恩來年譜》上卷，四〇五頁。

【51】同右。

【52】毛里和子《新版 現代中国政治》（名古屋大学出版会，二〇〇四年）三七—三九頁。

【53】〈在中央人民政府委員會第三十三次會議上周恩來總理兼外長的外交報告〉及〈中央人民委員會關於批准政務院總理兼外交部長周恩來的外交報告的決議〉《人民日報》一九五四年八月十四日。

【54】〈中華人民共和國各民主黨派各人民團體爲解放台灣聯合宣言〉《人民日報》一九五四年八月二十三日。

【55】〈政府工作報告（之二）〉《人民日報》一九五四年九月二十四日。

【56】王焰主編《彭德懷年譜》五七四頁。

【57】〈軍委總政治部關於加強對蔣賊軍作戰的政治工作指示（一九五四年八月十五日）〉中國人民解放軍總政治部聯絡部編《敵軍工作史料（一九五五年—一九六五年）》第七冊（昆明：雲南國防印刷廠，一九八九年）一—三頁。

【58】中共中央文獻研究室編《周恩來年譜》上卷，四一二頁。

【59】〈中共中央關於解放台灣的宣傳方針的指示（一九五四年九月二十五日）〉湖北省檔案（檔號SZ一—〇二—〇一八〇—〇〇四）。

【60】〈周恩來總理外交報告和我各黨派聯合聲明發表後各方對台灣問題的反應（一九五四年八月二十八日）〉中國外交部檔案（檔號一〇二—〇〇一七一—〇三）、〈外交部情報司：外電對台灣問題的報導（八月二十八日至三十日）〉中國外交部檔案（檔號一〇二—〇〇一七一—〇二）。

【61】王焰主編《彭德懷年譜》五七六頁。

【62】〈外交部情報司：外電對我砲擊金門島的反應（八月三十一日至九月六日）（一九五四年九月七日）〉中國外交部檔案（檔號一〇二—〇〇一七一—〇一）。

【63】Memorandum from Robertson to Dulles, Aug. 25, 1954, *FRUS 1952-1954*, Vol. XIV, pp. 548-550.

【64】Telegram from Runkin to DoS, Sep. 9, 1954, *FRUS 1952-1954*, Vol. XIV, pp. 581-582.

【65】Memorandum on the 214th NSC Meeting, Sep. 12, 1954, *FRUS 1952-1954*, Vol. XIV, pp. 613-624.

【66】Ibid.

【67】此時期美英對應及美台交涉過程，可詳見：張淑雅〈安理會停火案—美國應付第一次台海危機策略之一〉《中央研究院近代史研究所集刊》第二二期（下）（一九九三年）六六—八三頁。

【68】Telegram from Rankin to Robertson and Drumright, Oct. 5, 1954, *FRUS 1952-1954*, Vol. XIV, pp. 682-683.

【69】Memorandum of Conversation between Chang and Robertson, Oct. 13, 1954, *FRUS 1952-1954*, Vol. XIV, pp. 728-753.

【70】Telegram from Dulles to Rankin, Oct. 14, 1954, *FRUS, 1952-1954*, Vol. XIV, pp. 761-763; Memorandum of Conversation, Dulles with Representatives of the British and New Zealand Embassies, Oct. 26, *FRUS, 1952-1954*, Vol. XIV, p. 793-797; Memorandum on the 220th NSC Meeting, Oct. 28, 1954, *FRUS 1952-1954*, Vol. XIV, pp. 803-809.

【71】刊載於《內部參考》內的文章眾多，其中具代表的文章包括〈福建省工商界和民主人士對解放台灣的反應〉《內部參考》第一九八號（一九五四年九月二日）、〈上海市各界人民對解放台灣的

反應〉以及〈浙江省工商界人士對解放台灣的反應〉《內部參考》第二〇八號（一九五四年九月十四日）等。

【72】〈我軍砲擊金門島後福建沿海群衆思想混亂〉《內部參考》第二〇八號（一九五四年九月十四日）、〈我軍砲擊金門島後敵機騷擾廈門頻繁〉《內部參考》第二一四號（一九五四年九月二十一日）。

【73】下斗米伸夫《アジア冷戦史》（中央公論新社，二〇〇四年）九六—九七頁。

【74】Zubok, *A Failed Empire*, pp. 110-111.

【75】Zubok, *A Failed Empire*, pp. 110-111; Constantine Pleshakov, "Nikita Khrushchev and Sino-Soviet Relations," in Odd Arne Westad ed., *Brothers in Arms*, p. 231.

【76】Zubok, *A Failed Empire*, pp. 110-111; Sergei Goncharenko, "Sino-Soviet Military Cooperation," in Odd Arne Westad, ed., *Brothers in Arms*, p. 147.

【77】〈在中華人民共和國建國五周年國慶慶祝大會上蘇聯政府代表團長赫魯曉夫的講話〉《人民日報》一九五四年十月一日。

【78】Goncharenko, "Sino-Soviet Military Copertaion," p. 147.

【79】中共中央文獻研究室編《周恩來年譜》上卷，四一八頁。

【80】〈台灣問題（為中蘇兩黨會談準備）（一九六三年十二月二十四日）〉中國外交部檔案（檔號一〇九—〇二五四〇—〇四）。

【81】〈中華人民共和國和蘇維埃社會主義共和國聯盟政府聯合宣言（一九五四年十月十二日）〉《中華人民共和國對外關係文件集（一九五四—一九五五）》第三集（世界知識出版社，一九五八

年）一七五—一七七頁。

【82】〈外交部長周恩來控訴美國武裝侵略我國領土台灣致聯合國大會第九屆會議電（一九五四年十月十日）〉《中華人民共和國對外關係文件集（一九五四年—一九五五年）》第三集，一六九—一七四頁。

【83】〈共同使用中の中国旅順口海軍根拠地からソ連軍が撤退し、同根拠地を中華人民共和国の完全支配下に移管することに関する中ソ両国共同コミュニケ〉日本国際問題研究所中国部会編《新中国史料集成》第四卷（日本国際問題研究所，一九七一年）三一三頁。

【84】下斗米伸夫《アジア冷戦史》九八頁。

【85】〈北京市各界人民對中蘇會談公報的反應〉《內部參考》第二三四號（一九五四年十月十五日）、〈福州市各階層人民對中蘇會談公報的反應〉《內部參考》第二五八號（一九五四年十一月十二日）。

【86】Chang, *Friends and Enemies*, pp. 128-131.

【87】〈宦鄉與加西亞談話簡況（一九五四年十一月六日）〉中國外交部檔案（檔號一一〇—〇〇三五—〇一），以及〈英國外交部次長向中國駐英代表宦鄉所作的口頭談話（一九五四年十一月六日）〉中國外交部檔案（檔號一一〇—〇〇三五—〇五）。

【88】〈關於台灣問題宦鄉對和加西亞談話的看法（一九五四年十一月十日）〉中國外交部檔案（檔號一一〇—〇〇三五—〇二）。

【89】〈外交部覆加西亞談話（一九五四年十一月一七日）〉中國外交部檔案（檔號一一〇—〇〇三五—〇六），以及〈宦鄉對加西亞口頭談話的答覆（一九五四年十一月十八日）〉中國外交部

檔案（檔號一一〇—〇〇〇三五—〇三）。

【90】〈外交部覆宦鄉與艾登的談話報告（一九五四年十一月二十日）〉中國外交部檔案（檔號一一〇—〇〇〇三五三五—〇八）。

【91】張淑雅〈安理會停火案—美國應付第一次台灣海峽危機策略之一〉八二頁。

【92】張淑雅〈中美共同防禦條約的簽訂〉八四—八八頁。

【93】Memorandum of Conversation between Yeh and Robertson, Nov. 6, 1954, *FRUS, 1952-1954*, Vol. XIV, pp. 871-877.

【94】張淑雅〈中美共同防禦條約的簽訂〉九二頁。

【95】Memorandum of Conversation between Yeh and Robertson, Nov. 22, 1954, *FRUS, 1952-1954*, Vol. XIV, p. 921.

【96】〈我方反攻復國國策今後繼續執行〉《聯合報》一九五四年十二月四日。

【97】《蔣介石日記》一九五四年十二月六日〈上星期反省錄〉。

【98】中共中央文獻研究室《周恩來年譜》上卷，四三〇頁。

【99】〈中華人民共和國外交部長周恩來關於美蔣「共同防禦條約」的聲明〉《人民日報》一九五四年十二月九日。原文並無本註解，中譯本皆在筆者指示之下新增，故本章後續註解之編號皆向後順延，比原文註解多一項。

【100】〈福州、廈門兩市群眾對美蔣簽訂「共同防衛條約」的反應〉《內部參考》第二九九期（一九五四年十二月三十日，《內部參考》刊號自一九五四年十二月二日第二七五期起從「號」改稱為「期」）、〈雲南省民主人士對美蔣「共同防衛條約」和周恩來總理聲明的反應〉《內部

參考》第四期（一九五五年一月六日）。

【101】王焰主編《彭德懷年譜》五八二—五八三頁。

【102】當代中國叢書編輯委員會編《當代中國軍隊的軍事工作》上卷，二六三—二七〇頁。

【103】Memorandum of Conversation between Dulles and Yeh, Jan. 19 (12:45 p.m.), 1955, *FRUS, 1955-1957*, Vol. II, pp. 38-41 and pp. 46-50, 以及〈葉公超電蔣介石（一九五五年一月十九日）〉《特交文電》蔣中正總統文物（典藏號：〇〇二—〇九〇一〇三—〇〇〇〇二—二五九／二六〇／二六一，台北：國史館）。

【104】《蔣介石日記》一九五五年一月二十一日、一月二十二日〈上星期反省錄〉。

【105】Memorandum of Conversation between Robertson and Yeh, Jam. 20, 1955, *FRUS, 1955-1957*, Vol. II, pp. 106-110.

【106】Memorandum of Conversation between Dulles and Makins, Jan. 20, 1955, and Memorandum of Conversation between Robertson and Makins, Jan. 21, 1955, *FRUS, 1955-1957*, Vol. II, pp. 86-89 and pp. 96-99.

【107】Message from the President to the Congress, Jan. 24, 1955, *FRUS, 1955-1957*, Vol. II, pp. 115-119.

【108】Text of Joint Resolution on Defence of Formosa, Jan. 25, 1955, *Department of State Bulletin*, Feb. 7, 1955.

【109】Report of NZ-UK-US Working Party, Jan. 26, 1955, *FRUS, 1955-1957*, Vol. II, pp. 133-134.

【110】Tel. 104, 105, 106, and 107, Trevelyan to FO, Jan. 28, 1955, FO371/115028, The National Archives UK, Kew, London (hereafter NAUK).

【111】Telegram from Bohlen to the DoS, Jan. 28, 1955, to DoS, Jan. 28, 1955, *FRUS, 1955-1957*, Vol. II, pp. 158-159.

【112】Tel. 74, Hayter to FO, Jan. 29, 1955, FO371/115028, and Tel. 77, Hayter to FO, Jan. 29, 1955, FO371/115029, NAUK.

【113】Tel. 106, Dixon to FO, Jan. 30, 1955, FO371/115028, and Tel. 107, and 108, Dixon to FO, Jan. 30, 1955, FO371/115029, NAUK.

【114】〈台灣問題（爲中蘇兩黨會談準備）（一九六三年十二月二十四日）〉中國外交部檔案（檔號一〇九—〇二五四〇—〇四），Letter from Soviet Representative to President of Security Council, Jan. 30, 1955, *Department of State Bulletin*, Feb. 14, 1955.

【115】〈就英國駐蘇大使關於台灣局勢通知 莫洛夫外長發表意見〉《人民日報》一九五五年一月三十日、〈聯合國應該要求美軍從台灣地區撤走〉《人民日報》一九五五年一月三十一日。

【116】Editorial Note, *FRUS, 1955-1957*, Vol. II, pp. 178-179.

【117】〈哈馬舍爾德致周總理電（二）（一九五五年一月三十一日函二月一日收）〉中國外交部檔案（檔號一一三—〇〇二二四—〇一）。

【118】〈中国問題についてのニュージーランド提案に反対する周恩来外交部長の国連事務総長あて電文（一九五五年二月三日）〉日本国際問題研究所編《新中国資料集成》第四巻，三四七—三四八頁。

【119】〈周總理接見瑞典大使時談話的紀要（一九五五年二月五日）〉及〈周總理接見瑞典大使時談話的紀要（一九五五年二月九日）〉中國外交部檔案（檔號一一三—〇〇二二四—〇二）。

【120】Tel. 25, FO to Hayter, Feb. 2, 1955, FO371/115032, NAUK.

【121】Tel. 101, Hayter to FO, Feb. 4, 1955, FO371/115032, NAUK, 〈台灣問題（爲中蘇兩黨會談準備）（一九六三年十二月二十四日）〉中國外交部檔案（檔號一〇九—〇二五四〇—〇四）。

【122】〈關於台灣問題一個時期的宣傳方針（一九五五年二月五日）〉中國外交部檔案（檔號一一六—〇〇一三一—〇一）。

【123】中華人民共和國外交部外交史研究室《周恩來外交活動大事記一九四九—一九七五》（北京：世界知識出版社，一九九三年）一〇〇頁。

【124】〈台灣問題（爲中蘇兩黨會談準備）（一九六三年十二月二十四日）〉中國外交部檔案（檔號一〇九—〇二五四〇—〇四）。

【125】〈印度、蘇聯就台灣海峽問題進行接觸的狀況（一九五五年二月二十一日）〉中國外交部檔案（檔號一〇五—〇〇一九五—〇三）。該文件爲同日賴嘉文及外交副部長章漢夫會談時所準備的發言草稿，主要用於向印度說明與蘇聯就十國會議的調整狀況。

【126】張淑雅〈金馬撤軍？—美國應付第一次台海危機策略之二〉《中央研究院近代史研究所集刊》第二四期（上）（一九九五年六月）四四〇頁。

【127】Telegram from Runkin to DoS, Feb. 5, 1955, *FRUS, 1955-1957*, Vol. II, pp. 219-220.

【128】U.S. Aid in Redeployment of Nationalist Chinese Forces, Feb. 5, 1955, *Department State Bulletin*, Feb. 14, 1955.

【129】〈重新部署外島防務，政府宣布放棄大陳〉《聯合報》一九五五年二月七日。

【130】〈關於蔣軍從大陳島撤退時我軍不要像港口一帶射擊的批語（一九五五年二月二日）〉中共中央

文獻研究室編《建國以來毛澤東文稿》第五卷（北京：中央文獻出版社，一九九一年）二三頁。

【131】當代中國叢書編輯委員會編《當代中國軍隊的軍事工作》上卷，二七一頁。

【132】張淑雅〈金馬撤軍？—美國應付第一次台海危機策略之二〉四四二—四四三頁。

【133】〈台湾の地位に関するイーデン外長の英下院にたいする文書回答（一九五五年二月三日）〉日本国際問題研究所《新中国資料集成》第四卷，三四七—三四八頁。

【134】Letter from Churchill to Eisenhower, Feb. 15, 1955, *FRUS, 1955-1957*, Vol. II, pp. 270-273.

【135】Telegram from Dulles to DoS, Feb. 25, 1955, *FRUS, 1955-1957*, Vol. II, pp. 270-273.

【136】Tel. 172 and 173 from Bangkok to FO, and Tel. 411 from FO to Peking, Feb. 25, 1955, FO371/115039, NAUK.

【137】Tel. 175 and 178 from Bangkok to FO, Feb. 25, 1955, FO371/115039, NAUK.

【138】Tel. 182 from Moscow to FO, Feb. 26, 1955, FO371/115040, NAUK.

【139】Tel. 180 from Moscow to FO, Feb. 26, 1955, FO371/115040, NAUK.

【140】〈周總理接見杜維廉時談話的紀要（一九五五年二月二十八日）〉中國外交部檔案（檔號一一〇—〇〇〇三四—〇二）、Tel. 218, 220, and 221 from Peking to FO, Feb. 28, 1955, FO371/115040, NAUK.

【141】〈台灣問題（爲中蘇兩黨會談準備）（一九六三年十二月二十四日）〉中國外交部檔案（檔號一〇九—〇二五四〇—〇四）。

【142】〈周恩來總理給英國外交大臣艾登的復信（一九五五年三月一日）〉中國外交部檔案（檔號一一〇—〇〇〇三四—〇三）、Tel. 225 and 226 from Peking to FO, Feb. 28, 1955, FO371/115040,

NAUK.

【143】Telegram from Rangoon to FO (No. 90), Mar. 2, 1955, FO371/115041, NAUK及〈英國駐華代表向周恩來總理轉達英外交大臣艾登的口頭答覆（一九五五年三月二日）〉中國外交部檔案（檔號一一〇—〇〇〇三四—〇四）。

【144】〈不能承認「兩個中國」（一九五五年三月五日）〉中共中央文獻研究室、中國人民解放軍軍事科學院《建國以來毛澤東軍事文稿》中卷（北京：軍事科學出版社、中央文獻出版社，二〇〇九年）二五九—二六二頁。

【145】〈關於攻打金門、馬祖的設想（一九五五年三月五日）〉粟裕文選編輯組《粟裕文選》第三卷（北京：軍事科學出版社，二〇〇四年）一五五—一五七頁。

【146】王焰主編《彭德懷年譜》，五九一頁。

【147】〈蔣軍從馬祖等島嶼撤走時我軍不要攻擊（一九五五年三月十四日）〉中共中央文獻研究室、中國人民解放軍軍事科學院《建國以來毛澤東軍事文稿》中卷，二六四頁。

【148】〈英國駐華代表三月八日轉交英外交大臣艾登致周恩來總理的函（一九五五年三月八日）〉中國外交部檔案（檔號一一〇—〇〇〇三四—〇六），以及〈周恩來總理關於台灣問題再次致英國外交大臣艾登的信（一九五五年三月二十一日）〉中國外交部檔案（檔號一一〇—〇〇〇三四—〇五）。

【149】張淑雅〈金馬撤軍？—美國應付第一次台海危機策略之二〉四五一—四六〇頁。

【150】Memorandum of Conversation between Eisenhower and Dulles, Apr. 17, 1955, *FRUS, 1955-1957*, Vol. II, pp. 491-495.

【151】張淑雅〈金馬撤軍？—美國應付第一次台海危機策略之二〉四六七—四六八頁。

【152】Telegram from Robertson to Dulles, Apr. 25, 1955, *FRUS, 1955-1957*, Vol. II, pp. 510-517.

【153】喜田昭次郎《毛沢東の外交》（法律文化社，一九九二年）一五五—一五六頁。

【154】中共中央文獻研究室編《周恩來年譜一九四九—一九七六》上卷，三九〇—三九四頁。

【155】〈亞非會議與會國家和蔣賊有無外交關係（未定稿）〉中國外交部檔案（檔號二〇七—〇〇〇二一—〇一）。

【156】中共中央文獻研究室編《周恩來年譜一九四九—一九七六》上卷，四二〇—四二一頁。

【157】同右，四二八—四二九頁。

【158】同右，四六〇頁。

【159】〈參加亞非會議的方案（一九五五年四月五日中央政治局會議批准）〉中華人民共和國外交部檔案館編《中華人民共和國代表團出席一九五五年亞非會議》（北京：世界知識出版社，二〇〇七年）四一—四四頁。

【160】中共中央文獻研究室編《周恩來年譜一九四九—一九七六》上卷，四六一—四六三頁。

【161】同右，四六三—四六四頁。

【162】〈周恩來在萬隆機場的講話（一九五五年四月十七日）〉中華人民共和國外交部檔案館編《中華人民共和國代表團出席一九五五年亞非會議》（北京：世界知識出版社，二〇〇七年）五一頁。

【163】喜田昭次郎《毛沢東の外交》一六〇—一六一頁。

【164】〈周恩來亞非會議全體會議上的補充發言（一九五五年四月十九日下午）〉中華人民共和國外交部檔案館編《中華人民共和國代表團出席一九五五年亞非會議》五六—五九頁。

【165】中共中央文獻研究室編《周恩來年譜一九四九—一九七六》上卷，四七四—四七六頁。亞非會議後，四月三十日至五月二日間，周恩來將五篇關於會議的報告發至黨中央，此報告爲其中一篇。該報告與華僑雙重國籍相關問題之報告全文雖未公開，但其他三篇報告則收錄於：中華人民共和國外交部檔案館編《中華人民共和國代表團出席一九五五年亞非會議》八七—九六頁。

【166】〈周恩來在亞非會議政治委員會會議上的發言（一九五五年四月二十三日）〉中華人民共和國外交部檔案館編《中華人民共和國代表團出席一九五五年亞非會議》七〇—七四頁。

【167】〈二十三日我代表團活動狀況（一九五五年四月二十四日）〉中國外交部檔案（檔號二〇七—〇〇〇一八—〇一）。此外，以章漢夫所製作的本報告內容來說，雖然無法斷定參與該會議者爲周恩來，但從會議內容及前後文來看，應可判斷參加者爲周恩來。

【168】〈中國出席亞非會議代表團在會議期間同八國代表團談台灣問題的書面總結〉中國外交部檔案（檔號二〇七—〇〇〇一八—〇一）。

【169】同右。

【170】同右。

【171】〈周恩來關於緩和遠東緊張局勢問題的聲明（一九五五年四月二十三日）〉中華人民共和國外交部檔案館編《中華人民共和國代表團出席一九五五年亞非會議》七五頁。

【172】〈周恩來總理在亞非會議閉幕會上的發言（一九五五年四月二十四日）〉中華人民共和國外交部檔案館編《中華人民共和國代表團出席一九五五年亞非會議》七七—七八頁。

【173】〈周恩來在全國人民代表大會常務委員會會議上關於亞非會議的報告（一九五五年五月十三日）〉中華人民共和國外交部檔案館編《中華人民共和國代表團出席一九五五年亞非會議》一〇

九—一一九頁，該報告統整於周恩來在四月三十日至五月二日所發出的一連串報告事項內，第五項目分為「解放台灣」及「聯合國代表權問題的回覆」。

第二章——「和平共處」與「兩個中國」問題嚴重化（一九五五—一九五七年）

前言

本章主要論述中國領導層無法以外交鬥爭順利「解放」金門、馬祖，且在國際社會上「兩個中國」問題的危機感變強的過程。

第一次台海危機結束到第二次台海危機之間，一般被認爲是中國正在摸索與美國政府、國府的交涉，台灣海峽的緊張情勢也有所緩和，屬於「和平共處」時期。不過，延續前章展開的論述可見，當時對中國外交來說，這個時期則必須以實施各種外交鬥爭，爲先「解放」

金門、馬祖，創造爲實現「解放台灣」這個長期目標的有利環境。國際社會對於美中大使級會談的展開、台海軍事緊張情勢緩和則感到相當歡迎。然而，就如同第一章所分析，中國政府之所以可與美國政府舉辦大使級會談，並不是爲了台灣海峽的停戰及穩定，更不是爲了與美國「和平共處」。其實，中國政府是爲了藉由外交攻勢孤立美國政府，追求台灣海峽現狀進一步變化，以更接近「解放台灣」的目標。

關於對美交涉，也就是美中大使級會談一事，已有不少從美中各自立場，探討交涉目的，以及隨著交涉產生的認知變化等論述。此外，最近更有些研究依據美中雙方外交文件，分析會談中美中雙方言論的差異。[1]這些過去的研究概括論述一九五五年至一九七〇年間一連串的會談，並以一九七二年美中關係改善爲前提，大多更強調這段期間大使級會談所發揮的功效。

中國政府與國府之間不直接交涉，而是透過中國國內「民主人士」、前國民黨系軍人或是香港媒體等媒介，也就是所謂的宣傳戰。此時期中共的對台工作，大多是將「和平解放」台灣作爲政策說明。針對一九九〇年代中期以後，中國「和平解放」政策的研究，通常受到今日中共對台政策的影響，強調毛澤東時代「和平解放」及鄧小平時代以後「和平統一」的延續性。[2]這一時期的中共爲求「和平解放」，命「密使」接觸台灣的文獻及證言，基本上可解釋是爲了當作一九八〇年代以後，中共展開的對台灣統一戰線工作之論證所出版。[3]其他，松田康博的研究中將「和平解放」視爲「武力解放」的手段，更認爲中國國內政治從「反右派」鬥爭演變至「大躍進」期間，「和平解放」政策則有所停頓。[4]此外，平松茂雄的研究指出，該時期中共在高喊「和平解放」台灣之際，仍爲了「武力解放」而急速整頓軍備。[5]

綜上所述，透過美中大使級會談相關研究，以及中共「和平解放」政策相關研究可看出，當時中國領導層將在國際社會間的對美外交鬥爭，以及在國內的對台灣統一戰線工作相互連結，嘗試突破困境。不過，既有研究大多過度著重於一九七〇年代以後的中國對美關係，以及對台灣政策的連貫性，對於當時中國領導層嘗試突破什麼樣的情況，又有何成功與失敗等問題探究則較為不足。

此外，中國暫緩武力鬥爭，並轉向美國政府與國府呼籲和平交涉的結果，則是該時期各個國際組織的「兩個中國」問題逐漸顯著。對於這個問題，以西方國家為主的國家鼓吹「兩個中國」論，而中國政府在此時期如何回應，卻幾乎沒有研究論及。不過，清水麗的研究從國府外交角度出發，分析國際奧委會中的代表權問題，並指出與中國代表權相關的外交鬥爭不同於五〇年代後期、六〇年代，中台雙方政府並未存在固定原則。[6]

經過上述這些過去的研究之後，本章希望針對下列幾點一一考察。

第一，中國政府同時展開美中大使級會談，又提出「和平解放」台灣的呼籲，有什麼目的？福建前線的軍事建設與「和平解放」呼籲之間，又有什麼關聯？

第二，對美交涉與對台「和平解放」政策，以及「第三次國共合作」的呼籲，又是如何連結？此外，中國領導層是否能成功連結，並達到目的？

第三，對於國際外交上的「兩個中國」問題，中國領導層訂立什麼樣的方針，以進行外交鬥爭？

為檢視上述問題，本章第一節主要論述美中大使級會談及中國對其的對外宣傳攻勢，第二節則考察美中大使級會談的過程及對台宣傳工作間的關係。至於第三節，則分析該時期潛藏於和平攻勢底下，解放軍急速準備攻下金門、馬祖一事。第四節則以第十一屆聯合國大會及第十九屆紅十字國際會議等事件爲主，分析該時期中國政府對「兩個中國」問題的反應。

藉由上述考察，本章將指出，透過外交交涉「解放」金門、馬祖的方針，不管在對美交涉角度，或是對台工作角度看來皆已面臨極限。此外更分析，中國在明確掌握台灣海峽現狀無法變更一事的同時，也意識到國際社會的「兩個中國」論，對中國已儼然形成嚴重問題。

1. 對美直接交涉之極限

(1) 透過外交「解放」金門、馬祖

一九五五年四月二十四日，周恩來在亞非會議上高呼希望與美國直接交涉，美國國務院遂於當天發表聲明，指出「若（引用者註：中國的態度）是認眞的，美國政府隨時歡迎其爲了世界和平所做的一切努力。」[7]不過，接下來，在四月二十六日的記者會上，杜勒斯表示「還不知道這是眞是假，也許中共只是在演出一波宣傳戰罷了」，可見其對中國政府的交涉抱持著懷疑態度。[8]如同第一章所述，國府堅決不放棄金門、馬祖，更不願明確表示，不會將防禦金門、馬祖一事當作國府存續的必須條件，故對於想終結台灣海峽軍事緊張情勢的美

國政府來說，回應與中國政府直接交涉的要求，確實也是一種選擇。然而，美國政府不僅不承認中國政府，更帶頭圍堵中國，若與中國政府直接交涉，也可能嚴重損害美國與同盟國間的信賴關係。最後，隨著美蘇英法四國首腦會談日期逐漸接近，蘇聯主張邀請中國政府參與會議，或將台灣問題列入議題，而艾森豪政府為了迴避這些問題，遂決定將日內瓦舉辦的美中領事級會談，升級為大使級會談。[9]

美國政府針對大使級會談的提案，在一九五五年七月十三日透過英國政府轉達至中國政府，而中國政府則於兩日後同意該提案。根據中國外交部文件顯示，中國認為，美國的大使級會談提案是為了「避免在四國會議上討論台灣地區局勢問題」、「同時排斥印度梅農所正在進行的斡旋」而產生。中國外交部以這番見解為前提，並針對大使級會談訂立基本方針：一、加強對美國政府的壓力；二、準備展開外長級等更高級會談（此後稱高級會談）以緩和台灣地區緊張情勢；三、支持在四國高峰會談論及台灣問題，以及蘇聯、英國及印度的斡旋工作。[10]

四國高峰會談在美中大使級會談開始前便已結束，但外交部基於上述方針，重新調整會談的交涉方向。外交部早已將釋放韓戰期間的聯合國軍隊俘虜，以及送返美國一般民眾列為會談既定交涉方針，但在由周恩來所主導的方針調整過程中，提出此問題的時機點屢次提早，而釋放的人數也屢次增加，值得探究。[11]最後，中國政府在大使級會談前一日，也就是七月三十一日當天，釋放了十一名屬於聯合國軍隊的美國飛行員俘虜。在七月三十日，外交部向其大使級會談代表、駐瑞士大使王炳南所發出的指示中，將原因說明如下：

此次美國在中美大使級會談中的打算，將是竭力爭取我國在對它有利的條件下釋放十一名美國間諜，並解決在華美國平民回國的問題，同時，對於更高一級的中美談判不關門，以試探我們的意圖。它的目的顯然是企圖在造成「兩個中國」的形勢下來緩和一下中美間的緊張局勢，改善它在台灣問題上日益孤立和被動的地位。如果大使級會議進行得順利，各方面的壓力繼續加大，特別是我們的沿海國防力量更加增強，舉行中美更高一級會談甚至和平收復沿海島嶼的可能性就會增長，這一前途是我們應當爭取的。

因此，我們對於此次會談的基本方針是：在會談一開始，即主動宣布我已釋放十一個犯法的美國軍事人員，取消美國的藉口，加強對美國的壓力，爭取在此會談中解決一些具體問題，爲中美更高一級的談判作準備，使美國在台灣問題上處於更加孤立和被動的地位（左線爲引用者所加註）。[12]

從該指示看來，中國政府爲因應美中大使級會談，並於會談開始前釋放屬於兩國間待解決懸案之一的俘虜，其最大原因在於「使美國在台灣問題上處於更加孤立和被動的地位」。此外，將美國逼入「被動的地位」的目的，並非迫使美軍自台灣海峽撤退，而是爲了「和平收復沿海島嶼」，也就是迫使國軍自金門、馬祖撤軍。

實際上，美中大使級會談開始之初，的確照著上述方針所展開。八月一日第一次美中大使級會談召開，之後不到一個月，在九月十日便已召開的第十四屆會談中，則就平民回國問題達成協定。中國政府對平民回國問題的交涉結果給予極高評價，更強調中國政府在大使級會談中提供的極大協助，並希望以此交涉爲條件，進而掌握「解放」金門、馬祖的目標。這樣的評價及期待，毫不隱諱地表現在九月十二日《人民日報》頭版與協定簽訂相關的評論上。《人民日報》讚賞「中國政府為謀求第一項議程取得協議所做的努力」，並對於交涉的第二階段表示期待：「雙方謀求協議的努力都應該繼續下去，使這一次的大使級會談能夠為中美之間的更進一步的談判開闢道路。」[13]不過，後續交涉並未依照中國政府的想法進行，從結果看來，平民回國問題相關協定則是美中大使級會談期間，美中政府簽訂的唯一一項協定。

(2)「不行使武力」的策略

大使級會談進入第二階段後，中國政府所追求的外交目標，便是維持台灣問題屬於中國內政的理論，並與美國舉辦以台灣問題為議題的高級會談。之所以有此目標，是因為中國若能與原本不承認中國立場的美國舉辦高級會談，不僅可提高中國政府的國際地位，還能利用大使級會談加深美國政府與國府間的齟齬。只要營造出如此狀況，應也可提升美國政府迫使國府自金門、馬祖撤軍的可能性。

相對於此，美國主張為了舉辦高級會談，應該先發表共同聲明，宣告美中兩國不在台灣海峽行使武力的共同認知。從美國的觀點看來，若不達到這樣的先決條件，美國與中國的高級會談只會引發國府等同盟國的不信任。根據戈德斯坦（Steven M. Goldstein）及夏亞峰（Yafeng Xia）為主的學者統整美國國務院文件的研究可見，一九五五年十月八日起至翌年七月二十六日之間，共三十五次的美中大使級會談中，皆針對不在台灣海峽行使武力一事互相議論。交涉期間，美中兩國大使各自提出三個提案，共六項草案，但最後交涉卻無結論。[14]三十五次的會談次數，在一九五五年至七二年間所有美中大使級會談的總數中，只占了四分之一左右。

美國政府在一九五五年十一月十日、一九五六年一月十二日及四月十九日三度提出的草案，其實並無大幅變化。也就是說，美國政府立場一致，希望美中雙方皆承認，透過行使武力達成國家目的違反了聯合國憲章及國際法精神，並希望美中雙方發表宣言：「在台灣地區，中華人民共和國（美利堅合衆國）放棄行使個別及集體自衛權以外的武力。」美國政府以履行與國府共同防禦條約爲前提，認爲若美中之間並未達成發表上述內容的共識，就無法讓國府及同盟國接受。[15]

對此，不承認國府在國際社會上享有主權的中國政府，也主張不承認美國政府在台灣海峽的集體自衛權，並提出各種提案。一九五五年十月二十七日的草案中，列出雙方「同意不透過武力，而是以和平手段解決兩國對立」，並提及在兩個月內舉辦的高級會談中「針對緩和台灣地區緊張情勢交涉。」接著，十二月一日的草案中並未特別觸及台灣問題，僅提到和平解決一事。不過，隔年五月十一日的草案中則提到「尊重彼此領土完整及主權，並在不干涉內政的原則下」，兩國「可透過和平交涉解決台灣地區不行使武力問題。」[16]也就是說，中國方面不觸及自衛權問題，僅表明美中雙方不行使武力的態度，並希望將交涉升級爲高級會談。

一九五六年一月中旬後，交涉明顯陷入僵持後，中國政府公開大使級會談中雙方的草案及交涉狀況，開始批判美方的態度。一月十八日，中國外交部發言人的聲明指出，去年十二月一日的草案中，中國已經大幅讓步，但一月十二日美國所提出的草案則與上一次幾乎毫無變化，令人無法容忍。外交部發言人主張：美國「無理地要求中國承認美國在台灣地區有所謂『單獨和集體的自衛的固有權利』，以致雙方在經過四個多月的談判以後，始終無法取得協議。」該聲明中提到，中國政府雖然已根據現實狀況提案，但因「美方至今還沒有放棄製造藉口來拖延會談的企圖」，故斷言第二階段協議毫無進展。[17]對於此聲明，美國國務院則於一月二十一日發表聲明反駁：「台灣絕對不是共產中國的一部分」，故即使宣言「放棄行使武力」，但無法放棄自衛權。[18]

蔣介石認為，中國公布大使級會談內容，一是為了讓國府回應中共呼籲的和平交涉（詳見次節），二是為了逼迫美國、台灣雙方皆不在台灣海峽行使武力。不過，在蔣介石看來，國府因十年前曾經歷過馬歇爾推動「美與匪提議（秘密）願與匪發表美匪之聯合聲明殊堪痛憤」的經驗，認為這樣的策略「唯是時已晚」，因此十分提防，不受中共的宣傳攻勢所動搖。[19]

只要中國政府持續主張台灣問題屬中國內政，而美國政府以承認美國與台灣之間的共同防禦條約為先決條件，美中雙方，針對台灣海峽不行使武力的交涉，就毫無解決的可能。一九五六年六月十二日，中國外交部發表與美中大使級會談相關的聲明，重覆五月十一日的草案內容，並對美方呼籲舉辦外交部長級會談。[20]不過，美國國務院也發表聲明，拒絕該呼籲。[21]對於不行使武力的這項交涉，王炳南則回想：「現在回想起來，在當時美國的對華政策不可能有改變的前提下，我們單刀直入，直接接觸到最困難、最不易調和，也是最動感情的台灣問題，談判自然常常出現談不下去的局面。」[22]

最後，中國外交與第一次台海危機時相同，不承認國府主權及美國與台灣之共同防禦條約，就無法將迫使國軍自金門、馬祖撤退的交涉升級至高級會談。在美中大使級會談過程中，沒有任何跡象，顯示中國領導層曾認眞思考過要讓美軍自台灣海峽撤退。領導層急於解決的僅限於金門、馬祖的問題。而他們更認爲，只要美國與台灣之共同防禦條約仍然存在，「解放」台灣、澎湖群島的可能性就微乎其微。因此，非正式約定不在台灣海峽行使武力，用於取代國軍自金門、馬祖撤退，對中國領導層來說極可能仍屬可接受範圍，而從交涉內容也可窺知一二。然而，領導層們可不能接受，讓官方承認以國府主權爲先決條件的共同防禦條約以取代金門、馬祖。因此，在美國政府始終要求承認美國在台灣海峽個別及集體自衛權的情況下，中國政府不得不放棄透過美中大使級會談等外交手段，達到「解放」金門、馬祖的目標。

雖然無法得到具體成果，但美中大使級會談至一九五七年年底，合計舉辦次數已超過七十次。不過，一九五七年十二月十二日第七十三次會談中，美國通知會談代表駐捷克斯洛伐克大使詹森（U. Alexis Johnson）轉任駐泰國大使，而中國領事馬丁（Edwin W. Martin）則會擔任下一任代表。中國則認爲美國單方面將大使級會談降級，要求派遣新大使。不過，美國並不理會此要求，美中大使級會談在事實上，陷入無限期延後狀態。【23】

2.「和平解放」政策的極限

(1)「和平解放」與對台灣工作的發展

自美中大使級會談明顯陷入僵局時起，中共在中國國內「和平解放」台灣的宣傳工作也變得更加活躍。就如同第一章所論，一九五四年年底在中共內部，以及中國與印度、緬甸關係相關議題時提及「和平解放」台灣，並以一九五五年四月的亞非會議為契機，開始頻繁對外宣告。第一章中曾論及，「和平解放」的主張是為了與對美外交鬥爭對抗，更是為形成國際上對美統一戰線的手段。不過除此之外，在國內對於各民主黨派的統一戰線工作文案看來，「和平解放」也是重要的手段。對台灣「和平解放」的呼籲，若經由國內民主黨派及前國民黨將領所提出，一方面可離間國府與美國政府，另一方面則可促進中國國內民主人士的團結，帶有雙重意義。

一九五四年十二月，美國政府與國府締結共同防禦條約之時，周恩來致信毛澤東、劉少奇及鄧小平的信件中提到：台灣「可如大陸的北平、長沙及綏遠等地般和平解放。」[24]基於此想法，進入一九五五年後，中國政府陸續發表要國府降伏的呼籲。一九五五年《人民日報》元旦社論〈告台灣蔣賊統治下的官兵〉，表明中國大陸對台灣軍人的待遇相當寬容，呼籲其直接投降，回歸大陸。[25]隨著台灣海峽軍事緊張情勢持續，二月三日《人民日報》刊載〈告台灣同胞〉，三月十七日的《人民日報》更刊登了前國民黨高級將校衛立煌在廣州發表的〈告台灣袍澤朋友書〉。[26]一連串的呼籲，都是基於透過國軍將領，也就是過去中國中共在大陸對戰對手的「投降」，將「台灣同胞」自「蔣介石賣國集團（引用者註：代表蔣介石及其親信）及侵略者美國」手中「解放」等理論。

之後，一九五五年四月周恩來在亞非會議上首次對外公開「和平解放」方針，並致力形成國際對美統一戰線，以及美中大使級會談。同年七月，第一屆全國人民代表大會第二次會議中，周恩來將「和平解放」方針說明如下：

在中國人民解放大陸和沿海島嶼的過程中，不乏和平解放的先例。只要美國不干涉中國的內政，和平解放台灣的可能性將會繼續增長。如果可能的話，中國政府願意同台灣地方的負責當局協商和平解放台灣的具體步驟。[27]

周恩來的發言中，提及與「台灣地方的負責當局」交涉，是由亞非會議中的發言再進一步延伸。不過，之後約半年間，並未有與「和平解放」相關的宣傳或具體提案。

中共對中國國內及台灣積極宣傳「和平解放」，並展開對台和平攻勢，是從中國與美國政府的大使級會談觸礁之際所開始。根據中國出版的文獻可知，一九五六年一月的最高國務會議中，毛澤東論及與國民黨的關係，表示「愛國一家、不分先後、以誠相見、來去自由」，提出對國府呼籲「第三次國共合作」的方針。[29]

接著，一月三十日，周恩來在第二屆政治協商會議全國委員會第二次全體會議的政治報告中，針對眼前國內外情勢報告後，提及「台灣問題」。周恩來表示，確認了過去一年間所顯示的「除了準備必要時以武力解放台灣以外，也須就和平解放台灣加以努力」立場，並呼籲如下：

中國人民和中國共產黨是一貫主張全民族團結、一致對外的。在中國歷史上，中國中共和國民黨有過兩次合作關係。在這兩次合作中，共產黨人和國民黨人都曾經並肩作戰，共同反對帝國主義。就是在第三次國內革命戰爭中，中國共產黨一面進行解放戰爭，一面也一直沒有放棄和平談判的努力。現在，跑到台灣的國民黨軍政人員中，願意通過和平途徑回到祖國大陸上的人一定是不少的。他們都有家族或者親友住在大陸，許多人想回到大陸來同自己家族或者親友團聚。我們號召一切跑到台灣和海外的國民黨軍政人員，莫再遲疑，早日走和平解放台灣的道路！

此外，周恩來更顯示其寬容態度，表示「凡是願意走和平解放台灣道路的，不管任何人，也不管他們過去犯過多大罪過，中國人民都將寬大對待，不究既往。」[29]周恩來所提出的政治報告，也以〈爲爭取和平解放台灣而奮鬥〉的社論標題，刊登於二月四日的《人民日報》。[30]

周恩來的政治報告中，將中共於一九五四年秋天以後展開的對台宣傳工作對象，鎖定「國民黨軍政人員」，這也是首次明確顯示出欲離間這些人與美國政府，或是國民黨高層的方針。中共中央依照此方針，向各省市委、各自治區的黨委、中央各部委、人民團體各黨組、解放軍總政治部、駐外各使館、人民日報、新華社及廣播局等處，發送《中央關於目前時事宣傳的通知》（下稱《通知》）。《通知》指出，在目前國內外情勢下，為「和平解放」而努力，不管對中國還是「解放台灣」都相當有利，但「武力解放」與「和平解放」屬不可分割之關係，指示各機關應明確向各地及各階層國民說明，絕對不會放棄「武力解放」。此外，也指示往後用於宣傳工作時，須依循周恩來的報告，改以較為柔和方式表現，如將「蔣介石賣國集團」改稱「蔣介石集團」，將「蔣賊」改為「蔣軍」，而「蔣賊軍政人員」須改為「國民黨軍政人員」或「台灣軍政人員」等。【31】

在新的「和平解放」宣傳中，黨中央最重視的則是在香港、澳門及華僑界報紙的宣傳。這也可看出，中共中央在構思「解放台灣」之外，也相當重視海外華僑的影響力。《通知》發出後，中共中央也對廣東及福建兩省的省委員會，以及印度、緬甸與印尼的中國大使館，重新發出《關於解放台灣問題的宣傳》。主要指示在華僑、香港及澳門報紙的宣傳內容，必須強調全民族的團結及愛國主義，並說明新中國在國內、國際上各情勢的各種成功範例。從戰略層面來說，則是為了長期掌握「解放台灣」而實行的「細水長流（筆者註：該詞為往後時常運用於對台宣傳工作上的表現方式）」宣傳工作，指示目前先不批判國民黨高層，改集中批判美國，在對台灣的宣傳上，不須強調國內「社會主義改造的速度」，而「正面宣傳資產階級和平改造的政策、辦法與效果」等。【32】

收到周恩來的政治報告後，中央宣傳部與一九五四年八月以來展開對台宣傳工作相關機構討論，並將其反省與改善的「意見」上提至中央。中央認為「對台灣宣傳工作，極為重要，必須繼續積極進行」，並將其傳達至相關各機關及各地。該「意見」雖肯定這段期間已構築一定程度的對台「宣傳網」，但也反省過去宣傳有較多對象及目的不明確的問題。此外，更明確顯示今後對台灣宣傳工作中，「集中力量打擊美國帝國主義侵略者，爭取和分化台灣的國民黨軍政人員，提高台灣各階層人民的覺悟」等目的，更提議宣傳手段須加強廣播播放，並以海外華僑為加強宣傳範圍。「意見」更指責：一九五四年設置於中央宣傳部的「解放台灣宣傳委員會」不具作用，建議由中央宣傳部直接統籌相關機關，往後在外交部及華僑事務委員會的協助下，加強調查研究及資訊發送（參照圖2-1）。[33]

強調「和平解放」的對台灣宣傳工作新方針，也快速運用於該年「二二八事件」九周年紀念集會上。中共中央對江蘇省、浙江省、福建省、廣東省、遼寧省，以及上海、北京、杭州、旅順、大連各市的黨委員會與中央各相關機關，依據當下國際情勢，針對二二八事件紀念集會等宣傳，以周恩來的政治報告為基礎，發出以「和平解放」為主的指示。其具體目標為：宣示「中國人民包括台灣人民堅決反對美國製造的台灣『獨立』的陰謀，以及所謂台灣『託管』和『公民投票』等謬論」，並針對「美國侵略者準備在今年『二二八』時利用漢奸廖文毅等建立所謂『台灣共和國臨時政府』」一事加以反對，宣傳及紀念集會的規模也比前一年更加盛大。[34]

周恩來的「和平解放」呼籲一出，各地便向中央報告，各地民主黨派及國民黨軍政人員的家屬都相當歡迎，更表示與台灣的親友及家屬一同盼望「和平解放」。[35]不過實際上，在動員民主人士及國民黨軍政人員家屬實行宣傳工作時，產生了各種問題。根據福建省政治協商會議的報告指出，這些人士害怕自己住在台灣的家屬或親友會遭遇危險，對於撰寫信件或廣播原稿感到猶豫不決。若已長期未聯絡，也有不少人並不知道家人及親友的消息。也有人擔心，撰寫完的書信或廣播原稿，可能會在未來政治運動時陷自己於不義。此外，也有不少

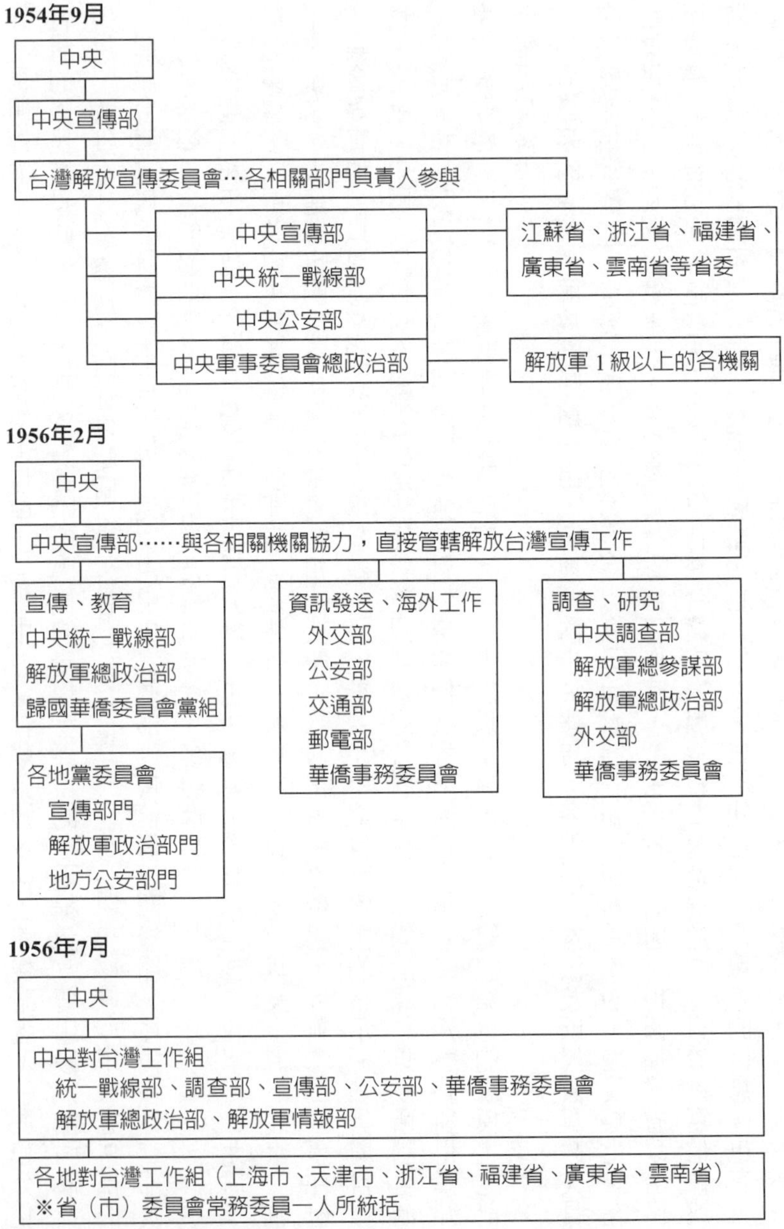

圖2-1　對台灣工作組織的變遷

資料來源：筆者參考第一章註59、本章註33，以及註40的史料整理而成。

國民黨軍政人員的家屬也因身爲地主，或曾參與過反動政治活動，早已受到黨的監視。[36]因此，爲了消除「反革命鎮壓運動」等過去政治運動及「和平解放」宣傳工作間的矛盾，中共中央發出《中共中央關於爭取住在大陸的蔣方人員家屬和親友的工作指示》，決意徹底動員國民黨員家屬及親友宣傳「和平解放」。該《指示》指出，動員這些人士以達到「和平解放」一事，被定位在「社會鎮反（引用者註：反革命鎮壓）和清理內中層（引用者註：隱藏於黨內的反革命份子，與隱藏於軍隊或行政機關內的反革命份子之肅清）的工作中間」，而其問題則是「沒有嚴格地將住在大陸上的蔣方人員家屬和親友同台灣與海外的蔣方人員（引用者註：應是指國民黨特務）加以區別。」除此之外，也批判部分幹部並未正確理解「和平解放」政策，處理這些人士時「常發生過『左』的偏向」，「採取了不應有的懷疑與歧視態度」，無法取得信賴。因此也指示，必須明確區分住在大陸的國民黨軍政人員家屬，以及「反革命份子」，更須小心處理台灣及國外投降人士事務。[37]

許多國民黨軍政人員家屬所居住的地區，遂遵從該《指示》及次項所提及的《關於加強和平解放台灣工作的指示》，召開聚集這些人士的座談會，說明中央的寬容政策及「和平解放」方針。[38]不過，這些行動究竟發揮了多少效果，實際上難以判斷。

(2) 離間美國與國府

在周恩來的「和平解放」呼籲過了半年後，中共從勸告國民黨軍政人員投降的宣傳更進一步，鎖定蔣介石及其親近，也就是「蔣介石集團」爲目標，呼籲「第三次國共合作」。

一九五六年六月二十八日第一屆人大第三次會議的外交報告中，周恩來提出「我們願意同台灣當局協商和平解放台灣的具體步驟和條件，並且希望台灣當局在他們認爲適當的時機，派遣代表到北京或者其他適當的地點，同我們開始這種商談。」[39]這是周恩來首次於公開場合，表明與「台灣當局」交涉的具體構想。

約一個月後，中共中央對中央各相關機構、各相關省市黨委員會及駐外使館發出《關於加強和平解放台灣工作的指示》，在中央及地方設置對台灣工作組，並明確指示，往後呼籲對象也納入以蔣介石、蔣經國父子及陳誠爲中心的國民黨高層。根據該《指示》，下一波宣傳工作中，將要求以蔣介石、蔣經國及陳誠爲中心的台灣國民黨領導層「以便使台灣將來整個歸還祖國」，並呼籲金門、馬祖的高階軍人「以便必要時配合我解放沿海島嶼的鬥爭」。此外，宣傳時不著重於台灣內部矛盾，而須聚焦於國府與美國的矛盾；而雖須積極在海外與國民黨人士接觸，但仍須避免陷入「兩個中國」問題。[40]

中央對台宣傳工作方針之所以產生上述變化，推測是因爲中共體認到，過去半年的宣傳工作對國民黨高層態度曖昧，並未達到期待成果，加上美中大使級會談交涉完全膠著，而美國政府與國府之間因台灣內部的自由主義言論，以及以海外爲據點的台灣獨立運動導致裂痕加深所致。

不管從國府內部還是外部，一九五六年都是蔣介石在台灣獨裁統治批判聲四起的一年。國府內部對台灣統治的異議，以《自由中國》雜誌發行人雷震的意見爲代表。《自由中國》的論調自一九五〇年代中期後便傾向「反共民主」，而該刊物的一九五六年十一月一日號則大肆批判蔣介石的獨裁政治，但因美國有許多《自由中國》的支持者，國府考量這一點，無法徹底施壓。[41]

當時台灣獨立運動以流亡至日本、香港與美國的知識份子爲中心而展開，一九五六年二月二十八日，以廖文毅爲總統的台灣共和國臨時政府在日本正式設立，並發表台灣獨立宣言。雖然一九五〇年廖氏自香港前往日本之際，占領日本的美軍以非法入境爲由逮捕他，但國民黨高層仍相信廖文毅爲美國爪牙。[42]台灣獨立運動與美國政府攜手合作一事，不僅是國民黨，也是高喊「解放台灣」的中共最不想見到的劇本。

對於身處如此狀況的國民黨，中共最重視的宣傳方式，則是以香港、澳門與海外爲發源地，呼籲國民黨接受「國共和平交涉」，並強調其可能性的宣傳工作。根據當時報導指出，香港的中共體系報紙連日刊載多篇社論，皆透過密使強調「國共和平交涉」的可能性，又以一九五七年二月中旬達到最高峰。不過，國民黨體系報紙則否定此事，更強調「反攻大陸」的意圖，而非和平交涉。[43]

從當時至今，都無法斷定此時期國共兩黨是否眞的透過密使接觸。不過，受到一九七九年以後中共對台統一政策的影響，中國也出版了許多公開史料，提及這些密使活動內容，並強調國共兩黨的聯繫。[44]近幾年除了中國的公開史料外，日本、美國的公文書信中，與這些密使相關的報告文件也獲得公開，顯示日、美也關注密使的存在一事。[45]

這個時期，有多位人物被列爲密使，其中資訊較多也較明確的是曹聚仁。[46]根據ＣＩＡ於一九七一年製作的報告指出，包括美中大使級會談開始的一九五五年八月、十二月，以及毛澤東與周恩來開始向台灣展開和平攻勢的一九五六年一月等共三次，曹聚仁將中共的三封秘密信件送至台灣國防部長蔣經國。信件內容指出，爲向蔣經國提供「國共合作」相關重要資訊，要求其派遣密使前往香港。蔣經國因秘密書信的存在遭洩漏至中共系新聞媒體，無可奈何之下，只能將其內容向美國政府報告。[47]《周恩來年譜》中，也提及周恩來曾在一九五六年七月十三日、十六日、十九日及十月七日，在國民黨革命委員會副主席張治中、常務委員邵力子，以及常務委員會副秘書長屈武的陪伴下與曹氏會面。[48]不過，即使如此，也無法斷定曹氏便是受到中共信賴的密使。CIA的報告中也指出，曹氏可能只是個「機會主義者」。[49]

在中國及香港公開的史料中，重要人物則是章士釗。[50]根據這些文獻可見，一九五六年春天，中央曾託付章轉交一份收件人爲蔣介石，內容包含「國共合作具體辦法」的書信，而章爲《香港時報》總編輯，遂在香港將該書信轉交給負責國民黨宣傳工作的許孝炎。提案中指出，「第一，除了外交統一與中央政府外，其他台灣之人事安排、軍政大權，仍由蔣介石管理；第二，如台灣經濟建設資金不足，中央政府可以撥款予以補助；第三，台灣社會改革從緩，待條件成熟，尊重蔣介石意見和台灣各界人民代表進行協商；第四，國共雙方要保證不做破壞對方之事，以利兩黨重新合作。」[51]

除了上述二人外，一九五六年至一九六〇年代前半之間，存在於共產黨與國民黨之間的密使路徑不只一條，但每一條的詳細內容皆不明確。不過，在此值得注意的是，像中共這樣利用「密使」的意圖究竟是什麼？國民黨的反應又是如何？首先，這些人物雖然被定位爲「密使」，但在當時，其活動內容大多會被洩漏至中共系媒體，因此推測其宣傳目的較爲強烈。[52]

對於此事，國民黨始終對「密使」報導置之不理或明確否定，但從未見到其回應中共呼籲的態度。不僅如此，國民黨爲對抗中共的宣傳，更展開自我宣傳，指出中共是因退無可退才呼籲和平交涉。舉例來說，對於周恩來在第一屆人大第三次會議所提的外交報告，蔣介石則認爲：「其要求與台灣言和之狂誕只有置之不理，但爲對內外心理關係而不能不研究對策也。」[53]確實，對於自由主義相關言論及台灣獨立運動，蔣介石與中共一樣，對美國政府的參與感到懷疑，也十分警戒。但即使如此，也不見任何跡象，顯示蔣介石打算回應中共所提出，讓其作爲地方政府的交涉。

(3)「和平解放」的挫折與「反右派」鬥爭

隨著美中大使級會談的持續，以及台灣內部自由主義言論與海外台灣獨立運動等因素，美國與國府之間開始出現互相不信任與齟齬，但中國卻無法藉此一舉分裂美國與國府的關係。中共領導層了解到此情況，推測應是在一九五七年五月，台灣爆發的反美暴動之際。一九五七年五月二十四日，因駐台美軍殺人事件判決爭議，台北市爆發了反美暴動。群衆襲擊美國大使館及大使館新聞處，導致十三名美國人受傷，大使館文件也被燒毀。[54]這場暴動也有傳聞與蔣經國有關，乍看之下，情況與中國對台宣傳工作所計畫的離間美國與台灣方向類似。

不過，收到事件回報的蔣介石卻立即發布戒嚴令，翌日也將三位負責治安的高官免職，更要求與駐華大使藍欽（Karl Lott Rankin）會面。蔣介石認爲此事件是將「八年以來對美忍辱負重努力奮勉奠定復國基礎之工作」化爲泡影，更是「野蠻公民行動」，對於這個損害對美關係的事件十分憤怒，更將穩定對美關係列爲最優先事項。[55]然而，得知美國政府也懷疑蔣經國參與此事件後，蔣介石也相當失望，認爲「除了（引用者註：從美國身邊）自立之外，決無可靠的友邦」，更找來藍欽大使，對其表達抗議。[56]話雖如此，美國政府與國府雙方也自覺這事件可能會被中共利用來作為宣傳工具，也並未將美國與台灣之間的齟齬搬上檯面。[57]

一九五七年六月，中央宣傳部再次反省對台宣傳工作現狀，並向中共中央提出改善宣傳工作的意見。中共中央除了發出「最近一個時期，許多地方對這一工作有所忽見，希望你們引起注意，繼續加強這一工作的領導」的指示以外，更於七月二十九日將該報告發送給相關各機關及地方。該報告認為，過去一年對台工作中，在中央及地方設置對台灣工作組，並對民主黨派及民主人士採取「放」的方針，讓「和平解放」的呼籲逐漸滲透。不過，該報告也同時反省「如今年二月香港我方報紙所謂和談的風浪，並聲言和談必然實現，結果敵人反誣我們為『苦苦求和』，使我們在政治上遭受一些不應有的損失」，並檢討往後為不再受到利用，必須致力於台灣的調查與研究，提升宣傳的「質」。[58]

透過這份報告，可找出當時中共對台灣宣傳工作中，無法克服的最大問題。這個問題就是：主打與國民黨和平交涉的宣傳，未必對中共有利，而蔣介石與美國的矛盾，以及蔣介石與台灣民眾的矛盾，也未必會對「解放台灣」有利。也就是說，在這時期的台灣，確實出現了對國府的批判、國府內部的爭論，以及國府對美國政府的猜疑心，但這些並不會導致呼應「和平解放」的勢力出現。台灣內外反體制勢力所追求的，是放棄「反攻大陸」、政治自由化、台灣獨立等目標，反而皆與中共希望發揚對「新中國」愛國心的目標背道而馳。

此外，上述報告記載了中國國內政治情勢由「放」至「收」的過程，從報告中可看出，相對於在「放」時期展開的對台灣宣傳工作，中央宣傳部欲採取更謹慎姿態。一九五四年以後，爲「解放台灣」所展開的對台宣傳工作，就如同其被提起的背景及其內容所顯示，以該年夏天所制定的中華人民共和國憲法爲基礎，將其路線與尋求和各民主黨派統一戰線合而爲一。

如同第一章所述，一九五四年所提出的「解放台灣」宣傳工作，是以該時期公布的中華人民共和國憲法爲基礎，在中共主導下推進國內建設，並尋求與各民主黨派的合作之際所展開的。毛澤東提倡「百花齊放、百家爭鳴」和與各民主黨派的「長期共存、相互監督」，以及在一九五六年秋天舉辦中國共產黨第八屆全國代表大會（也就是所謂的八大）時，使得這樣的行動達到了最高峰。再加上中共在一九五七年五月時，發起「整風運動」，促進黨外人士批判中共的官僚主義，接受民主人士與知識份子大肆批判共產黨。[59]這個時期，毛澤東對與各民主黨派的合作，以及政治自由化，究竟認眞思考到什麼程度，雖然仍有待討論，但由此可知，共產黨爲了向各民主黨派尋求「協助」，確實必須創造一定程度的自由風氣，並展開提倡「和平解放」台灣的對台宣傳工作。實際上，在「和平解放」的宣傳工作中，中央也十分重視民主人士及國民黨軍政人員家屬的協助。

中共領導層以一九五七年六月八日《人民日報》社論〈這是爲什麼？〉爲信號展開「反右派」鬥爭，結束對與共產黨外的統一戰線工作有一定程度重視的國內建設。原本在「雙百運動」所提出對共產黨的批判，被毛澤東定位爲「右派」的言論，並發動反擊「右派份子」的「威脅和辱罵」的鬥爭。六月十九日，《人民日報》刊登了毛澤東於該年二月所發表的演講內容〈關於正確處理人民內部矛盾的問題〉，其中又新增了無法接受攻擊「黨的領導」及「社會主義道路」等六項內容。[60]這個現象也代表，中共的一黨獨裁因發動「反右派」而加深，對黨外的統一戰線工作也失去實質上的功能。在民主人士及知識份子陸續被逮捕、接受處分之下，「和平解放」台灣與「第三次國共合作」等口號，也迅速失去說服力。

實際上，像這樣國內政治狀況的變化，對於對台宣傳工作也造成不小的影響。一九五七年六月，就如同中央宣傳部的報告中也指出「在整風告一段落後，中宣部將協同中央統戰部，通過適當形式將中央對台工作意圖及時透露給各民主黨派和無黨派民主人士」般，在中國限縮國內政治整體時，對台灣宣傳工作也不可能成爲例外。幾乎沒有任何公開史料，可了解這期間如何具體「處理」民主人士及投降軍人。然而，透過上海市黨委員會對台灣工作組收到該報告後，所製作的《目前上海對台灣宣傳工作情況及今後改進意見的報告》可推測，各地對台灣工作組對民主人士、投降軍人、國民黨軍政人士家人的管理與指導，應有一定程度的加強。[61]

共產黨在與國民黨的宣傳戰中，也因「反右派」鬥爭而居於逆勢。根據上海市黨委員會對台灣工作組的分析，中國發動「反右派」鬥爭後，國府判斷這是「大陸已處於匈牙利革命前夕的形勢」，並準備對中國大陸展開「心理作戰」與顛覆活動。國府於一九五七年七月組成「大陸革命委員會」與「支援大陸知識份子抗暴委員會」，對大陸發動大規模的「大陸親友通訊運動」，派遣許多特務潛入，不僅協助「右派份子的反革命活動」，更以中國國家機關幹部爲對象展開宣傳攻勢。這段期間，也播放大量批判「反右派」鬥爭的廣播，並發送宣傳品至大陸。[62]尤其原本中共對台灣宣傳工作上的一大問題，便是對台宣傳工作上所聯手的國民黨軍政人士家屬、投降軍人，以及國民黨送至大陸的特務、「反革命份子」，本來就相當不易分辨。[63]在這樣的狀況下，也不難想像中共會加強對多數投降軍人，以及國民黨軍政人員家屬的監視，也喪失了對台宣傳工作的柔軟度。

實際上，中國領導層在公開場合提及「和平解放」台灣及「第三次國共合作」的頻率，在一九五七年夏季之後便減少了。同年九月，埃及人民議會議員訪中時，周恩來被問到「和平解放」台灣的可能性，便表示了「不僅有可能，而且有發展」，但「也不能希望太快」的認知。[65]相對於此，就如第四節所論述，一九五七年下半年以後，中國政府開始不斷主張反對「兩個中國」的言論，如「台灣問題實際上就是『兩個中國』問題」，或「絕對不認同美國發起的『兩個中國』陰謀」。

3. 福建前線的軍事建設

(1) 前線軍事建設與「解放」金門、馬祖

如同第一節與第二節所見，第一次台灣海峽危機後的中國，意圖使國軍無條件自金門、馬祖撤退，遂轉而以美中大使級會談或對台呼籲「和平解放」等和平攻勢。不過，在外交戰及宣傳戰的另一方面，解放軍也加強福建前線的海空軍力，致力於增強軍備，以攻下金門、馬祖。

空軍基地的建設，以及空軍部隊的部署，都是福建前線緊迫的問題。一九五五年三月，

粟裕等人在與金門、馬祖作戰相關的會議上提出的六項作戰相關問題中，也有四點與空軍基地建設及空軍部署有關。首先，爲修復福州及龍田的空軍基地，必須確保運送機械、材料與物資的鐵路及海上運輸航線，更需徵用其他軍區的士兵，展開突擊作業。完成幾座基地後，又必須將具備朝鮮戰線等實戰經驗的空軍部隊，自杭州及東北部基地遷移至此。[65]福建前線的空軍軍力過於脆弱，一旦以金門、馬祖爲據點的國軍展開空襲，也毫無抵抗之力。當時，福建前線的民衆還揶揄此狀況爲「福建的地是共產黨的，天卻是國民黨的。」[66]

一九五五年二月，國務院與中央軍事委員會指示在福州等地建設空軍基地，同年三月，在福建省委員會、省人民委員會、福建省軍區的指導下，設置福建省四〇四工程委員會，負責建設空軍基地。該委員會將福建省的空軍基地建設分爲兩期：第一期主要建設福州、漳州、龍田的基地，第二期則建設連城、惠安、廈門基地，並修築龍田的基地，預計在一九五六年五月完成這些工程。[67]福建省的地形與地質等條件並不算好，要建設、重建空軍基地都極爲困難，但完成建設的多座基地，都處於可部署空軍的狀態。[68]

此外，爲了在福建前線作戰，確保補給通路的鐵路建設也極其重要。中央軍事委員會在一九五四年七月，決定建設連結廣西黎塘與廣東湛江的黎湛鐵路，以及連接江西省鷹潭與福建省廈門的鷹廈鐵路。黎湛鐵路於五四年十月動工，五五年七月一日開通；鷹廈鐵路則在五五年三月動工，五六年十二月全線開通。這些鐵路的開通，被認爲是「促進海陸運輸、對外貿易與沿岸地區工農業生產、強化國防，爲解放台灣帶來重要意義。」[69]

在福建前線的空軍基地建設與鐵路鋪設即將完工之際，中央軍事委員會有鑑於面朝台灣海峽的這些地區必須增強軍備、完成作戰準備，遂新設置了福州軍區。一九五四年自大軍區制改編的一級軍區制中，福建前線歸屬南京軍區管轄。一九五六年三月，中央軍事委員會自南京軍區中，將江西省與福建省一帶獨立出福州軍區，並決議其直接隸屬於國防部管轄。[70]就這樣，福州軍區在一九五六年七月一日成立，中央軍事委員會任命葉飛爲福州軍區司令員兼政治委員，皮定均、劉永生爲副司令員，黎有章擔任參謀長。[71]

如上所述，福建前線軍事建設的各個階段，彭德懷都在中央軍事委員會中提議在福建前線部署空軍。在福建前線部署空軍，並使之具備防衛國軍轟炸的能力，不僅是彭德懷爲首的中央軍事領導者的想法，也是葉飛等福建前線領導者的宏願。

透過《彭德懷年譜》可確認的內容可知，彭德懷首次提及空軍部署至福建前線的必要性，是在一九五五年一月。爲報復解放軍侵略一江山，國軍大規模轟炸福建前線之際，彭德懷提議「我們的空軍應早日進駐福建。」[72]同年七月，彭德懷與粟裕、副總參謀長陳賡、南京軍區司令員許世友、南京軍區副司令員（兼福建省軍司令員）葉飛、南京軍區政治委員唐亮、海軍副司令員羅舜初，以及空軍副參謀長何延一等人，針對金門、馬祖戰略進行商議。當時，彭德懷也提出：「空軍要加緊準備。在八、九月或十、十一月入閩。」[73]九月，彭德懷至福州、莆田、廈門視察前線部隊，並再次研究前線的訓練及針對金門、馬祖的戰略。[74]十月，彭德懷主持第四八次中央軍事委員會，爲了「先打大膽、二膽，再打小金門」，提議「空軍十二月十日入閩。」不過，毛澤東並不同意，其決定「考慮國內外情勢，暫時不攻擊大膽、二膽，並延後將空軍部屬至福建一事。」[75]

一九五六年三月，提議設置福州軍區之際，彭德懷同時也提議，待福州軍區成立後，可在氣候條件較佳的十月之後將空軍遷至福建前線，並將於冬季奪取該地區的制空權。[76]此外，同年九月，彭德懷舉辦臨時中央軍事委員會，指出「鐵路已修通，可考慮空軍進去」，並再次提出：「最好十月底以前進入，在美國總統選舉前進駐。在領海內活動，主要是空軍。防空軍準備高射炮。」然而，這次的提案也一樣無法獲得中央的同意。【77】

如上所述，一九五五年至五六年間，彭德懷再三提案在福建前線部署空軍。其最主要的目的，便是提升福建前線的防衛能力，以抵禦國軍的空襲。此外，也希望從接近廈門的小島開始，依序攻下國府占領的福建沿海島嶼，延長福建前線作戰的可能性。對於此，毛澤東雖未否定福建前線的軍事建設，以及攻下金門、馬祖的戰略，但在這段期間，他未曾同意部署空軍至福建前線。不過，未有史料明確記載其原因，《葉飛傳》中，也僅記載空軍基地的建設在一九五六年五月前完成，但「因情況有變，空軍入閩推遲。」【78】

此時期，毛澤東之所以不同意部署空軍至福建前線，其可能原因爲：第一，如次節所提及的粟裕報告中所示，雖然建設了空軍基地、也鋪設了鐵路，但解放軍的海空軍力仍未成熟，在軍事上研判，部署空軍至福建前線的時機過早；第二，就如上一節之前所論，一九五五年下半年至一九五七年年中，中共在台灣海峽的鬥爭是以政治攻勢爲主要手段。推測這時期的毛澤東，因美中大使級會談，以及對台灣「和平解放」的口號，希望以尋找不戰即可「解放」金門、馬祖的方式爲優先，部署空軍至福建前線則可能刺激美國與國府，故決定先行迴避。

(2) 前線軍事建設的成果及問題

從《彭德懷年譜》等文獻中，並未看見進入一九五七年後，彭德懷再次提議將空軍遷移至福建前線的記錄。不過，從整頓福建前線軍備，及趁早攻下金門、馬祖的方針可看出，解放軍並未完全放棄。這個情況也可從一九五七年七月，粟裕向彭德懷提出中央軍事委員會日常業務的報告中可看出：

對美蔣採取積極鬥爭是以保衛我國家在過渡時期的總任務之順利實施和最後收復台灣解放我國領土爲目的。因此必須有步驟地完成以下任務：㈠首先必須打擊蔣匪海軍和空軍，確保我華南國際海上運輸之安全；轟擊盤踞沿海島嶼之匪軍，迫使其採取守勢，以保護我近海航運之安全，保護我漁民進行生產，保證我沿海工業城市及軍事要點不受轟炸。並造成沿海匪占島嶼的孤立局勢，爲進一步攻取這些島嶼準備有利條件，迫使美帝國主義企圖締結美蔣『共同防禦』協定有所顧忌或限制台灣。㈡有步驟地攻占沿海匪占島嶼，確保我華南與華東之海上交通，爲解放台灣造成有利條件。㈢在我海軍和空軍力量有充分之發展和準備後，爭取在國際情況對我有利的條件下解放台灣。（左線爲引用者所加註）

粟裕更分析，若欲達成上述任務，必須提升浙東、福建、華南等三地的海空軍力及防空能力，且須再耗費三年時間。[79]

從粟裕的報告可看出，進入一九五七年後，對解放軍來說，防衛福建前線及攻下沿海島嶼仍是一大課題，而解放軍也正在一步步地準備中。不過，相較於彭德懷至前一年爲止提出的部署空軍至福建前線建議，粟裕的報告中強調美國與台灣之共同防禦條約適用範圍僅限台灣、澎湖群島的重要性，這也是攻戰金門、馬祖的先決條件。根據這個原因，並對照當時台灣海峽客觀條件，以及粟裕的報告內容，可歸納出以下推論。

如同前面的敘述，中國嘗試透過直接與美國交涉，促使國軍自金門、馬祖無條件撤退，在一九五六年夏季觸礁，之後對國民黨和平交涉的呼籲，也未有任何具體成效。約翰・加弗（John W. Garver）的研究中也詳細論及，一九五〇年代中期過後，美國對同盟國提供的軍事援助中，以台灣的優先順位較高，而防衛台灣、澎湖群島，並爲守衛金門、馬祖所「採取的行動（taking action）」在遠東之冷戰戰略中，也位居重要地位。[80]美國政府在一九五六年決定在台灣部署可搭載核彈頭的鬥牛士飛彈，並在隔年實際部署完成，這也具有其象徵意味。[81]國府利用這個狀況，對美國主張金門、馬祖對台灣之重要性至關生死，並逐步加強駐守於金門、馬祖的軍力。第一次台灣海峽危機最後階段，駐守於金門、馬祖的國軍兵力約有七萬五千人，但在一九五六年四月便超越十萬人，甚至已達到整體國軍約三分之一的比例。[82]

此外，進入一九五七年後，在波蘭、匈牙利的動亂，以及艾森豪總統爭取連任的背景下，蔣介石正式展開「反攻大陸」的具體計畫，並開始評估說服美國政府的策略。根據張淑雅的研究指出，中共「和平解放」台灣策略，以及對國民黨和平交涉等呼籲，造成蔣介石亟欲「反攻大陸」的心理壓力。此外，該年八月至九月間，《自由中國》雜誌發表被稱爲「反攻無望」的社論，也促使蔣介石更加焦急。[83]

事實上，一九五七年三月蔣介石在於副總統陳誠之下設置了「反攻大陸準備工作督導委員會」，評估「獨立反攻作戰」，並要求蔣經國研擬可尋求美國政府許可，發動「反攻」作戰的方案。[84]不過，一九五七年蔣介石並未覓得機會，向美國政府探詢是否可發動「反攻」

作戰，他在該年年底的日記中表示，「反攻」的戰術及演習「亦是以自慰工作之一也。」【85】然而，若解放軍發動攻擊，並在美軍協助下與解放軍對戰，就另當別論了。蔣介石仍抱持著這樣的想法，積極加強金門、馬祖的兵力，以待機會到來。

綜上所述，在解放軍從頭展開福建前線的軍事建設之際，國軍也在美國政府對台灣援助之下，急速加強金門、馬祖的兵力。美國政府對金門、馬祖的防衛義務仍一如往常處於曖昧範圍，但中國領導層對於與國軍在金門、馬祖的交戰卻更加謹慎，就算中國領導層認為美軍介入金門、馬祖防衛的可能性極高，也並不意外。

4. 「兩個中國」問題的嚴重化

(1) 「兩個中國」論在國際社會的顯著化

如同前面分析的，中國雖然持續進行美中大使級會談及「和平解放」的宣傳工作，並持續增強福建前線軍備，希望「解放」金門、馬祖，找到接近「解放台灣」目標的突破口，但這些都難以稱之為成功。在這段期間，包含西方國家在內的許多國家，已開始各自與隔著台灣海峽並存的中華人民共和國和中華民國之間建立關係，採取實質的「兩個中國」立場。美國和其同盟國則持續不承認中華人民共和國，並對之圍堵政策牽制。然而，美中大使級會談的持續，卻也讓各國產生美國政府本身也在與國府維持外交關係下，仍同中國政府進行實質外交交涉的印象。

美中大使級會談開始後，爲維持國府及同盟國的信賴關係，艾森豪政府不斷強調：美國政府認爲國府才是「唯一合法政府」，避免讓大使級會談與承認中國一事相關，更持續對中國施行嚴格的禁運政策。不過，隨著共產主義陣營出現不團結的現象，艾森豪政府也逐漸研討更符合現實的中國政策。此外，費正清（J. K. Fairbank）等中國研究專家，也主張美國政府應維持與國府的關係，同時試著發展與中國政府的關係，更提議承認中國加入聯合國，在聯合國內要求中國放棄在台灣海峽行使武力。[86]

此外，透過井上正也的研究可知，美國與以英、法爲首的西歐同盟國之間，也因美國政府爲維持對中禁運政策，要求同盟國實施對中貿易差別待遇（也就是所謂的China Differential）產生了爭執。一九五六年三月，法國政府決定派遣商業、文化代表團赴中，突破了美國對同盟國的控制。日本同樣也正嘗試由政府參與擴大對中民間貿易，故期待廢除對中貿易差別待遇，並探詢美國對於設置中國民間通商代表部的意見。[87]雖然美國對這些同盟國要求仍具控制力，但西方國家之間，確實也對於堅持強硬、僵化對中政策的艾森豪政府有所不滿。

另一方面，根據一九五六年夏天蘇聯外交部情報委員會所整理的報告指出：對於美中爲解決台灣問題的交涉，英國與印度協調，希望在美中之間處於中立角色。一九五五年夏天以後，印度計畫透過：一、以美中交涉解決台灣海峽以外的問題；二、實施台灣海峽停戰交涉，並要求國軍自金門、馬祖撤退後，承認台灣在一定時期內做爲自治省；三、將台灣自治省的統治權移交至中華人民共和國等三階段解決台灣問題。不過，蘇聯外交部認爲「這個計畫的實質是把解決台灣問題推遲相當長的時間，而且實際上保持美國人對台灣的占領。」[88]

亞非會議之後，中國與亞洲、非洲各國的關係增強，中國對這些國家的影響力也因而擴大。中國與印度、緬甸、印尼、柬埔寨及寮國等國展開活躍的領袖外交，其中更與印度、印尼領導者不斷論及和平解決台灣問題一事。中國政府也與尼泊爾、埃及、敘利亞、北葉門等國建立外交關係。其中，埃及宣告斷絕與國府的外交關係，並著手準備與中國建交。[89]然而，從亞非會議的協議與上述印度提出的計畫可見，亞洲、非洲各國針對和平解決台灣問題的提案，皆是將台灣視爲分裂國家的一部分，或將台灣認定是自治省，尚未接受拒絕「兩個中國」的中國政府立場。

如上述論述般，與台灣問題相關的國際環境變化，可透過聯合國中與中國代表權問題相關的表決趨勢呈現。一九五二年以後的聯合國大會，爲阻止蘇聯提出的中華人民共和國會員案，美國政府提議保留中國代表權問題審議，將其列爲緩議（moratorium），透過緩議案的通過，阻止中國代表權的審議，以保護國府的聯合國會員國與常任理事國地位。不過，以一九五五年第十屆聯合國大會閉幕時，共有十六個國家新加入聯合國，其中半數以上預計會在中國代表權問題上支持中華人民共和國。[90]在一九五六年初蔣介石的日記中的新年政治、外交目標欄位的第七項提及：「自動退出聯合國之準備，此爲來年度一切困難險惡之焦點也。」[91]

趁著上述狀況，蘇聯認爲必須於第十一屆聯合國大會中，促進中國的入聯，以恢復社會主義陣營的名譽。爲達此目標，蘇聯於一九五五年第十屆聯合國大會中提議「承認中國加入，並讓國府退出聯合國」一案，並為了獲得更多會員國的支持，認為可僅將「承認中國加盟」列為議案，「讓國府退出聯合國」則列為議案的說明內容。[92]一九五六年四月中旬，駐中國大使尤金向周恩來提及此案，中國則回覆如下：

> 我們同意蘇聯同志的建議，爭取把關於恢復中華人民共和國在聯合國中的合法權利問題當作議程的單獨項目列入第十一屆聯大的議程。（中略）作為一個項目提出的時候，（中略）不特別指明要驅逐蔣介石集團出聯合國（中略）在展開討論的甚至在說明議題的時候，必然會接觸到驅逐蔣介石集團問題的。
>
> 關於恢復我國在聯合國的權利問題，目前存在著幾種想法和可能：(1)中華人民共和國參加聯合國大會，但蔣介石集團仍在聯合國大會和安全理事會；(2)中華人民共和國同蔣介石集團都參加聯合國大會，但都不是安全理事會的常任理事；(3)中華人民共和國參加聯合國大會和安全理事會，但蔣介石集團仍留在聯合國大會；(4)中華人民共和國在聯合國的合法權利得到恢復，參加聯合國和安全理事會，蔣介石集團被驅逐出去。上述前三種可能都將造成「兩個中國」的形勢，我們都是不能同意的。我們覺得，寧可推遲問題的解決，也比造成「兩個中國」的局面好。在各方面壓力下，美英會幻想在(1)(2)兩種可能中找尋出路，實現「兩個中國」的陰謀，但這樣的辦法並不能眞正解決許多國家所要求解決的問題，估計這種主張的市場不大。第(3)種可能會引起較多國家的興趣，因此我們似應研究問題向這方面發展時的對策。第(4)種可能是我們爭取的木區，但估計在十一屆聯大實現的可能性不大。不過，即使如此，如果能夠爭取列入議程，展開討論，在政治上對我們有利的。（中略）

> 中國方面準備同蘇聯和其他友好國家配合行動。（中略）(1)利用印度尼赫魯總理近年參加英聯辦總理會議和訪問美國的機會，事先就這個問題同印度交換意見，推動他做點工作。（中略）(2)在適當時候，特別是在十一屆聯大開會和蘇聯同志向聯大提出這項議程時，中國方面將在輿論上有所表示，並可斟酌當時具體情況考慮發表某種政府性的聲明。（左線爲引用者所加註）【93】

如上所述，中國政府雖強調不承認「兩個中國」的立場，但也同意了蘇聯的提案。不過，確認中國政府的態度，並推估得票數後，蘇聯外交部調查部判斷「同去年相比，明確支持盡快解決中國在聯合國代表席位問題的國家明顯的減少了，他們在第十一屆聯合國大會上將不會占必定的多數。在這種情況下，把該問題列入第十一屆聯大會議議事日程有了現實的可能性。但是把這些可能性變成現實，這將首先要看現在動搖的那些國家屆時在會議上採取什麼立場」，並下結論認爲：第十一屆聯合國大會中必須提出不會失去中立國家支持的提案。【94】根據此一判斷，蘇聯外交部決定於第十一屆聯合國大會中採取的方針爲：一、支持印度所提出將中國代表權問題列爲大會議題的提案；二、一旦論及中國代表權問題，須反對「兩個中國」同時加入聯合國的提案。【95】

第十一屆聯合國大會中，中國代表權問題的緩議案以贊成四十七票、反對二十四票、棄權（含缺席）八票的結果通過，故一九五六年中國代表權問題並未成爲議題。不過，緩議的贊成率從百分之七十大幅減少至百分之六十，不僅代表中國在國際社會的地位提升，也讓美國與國府產生危機感。另外，批判中國代表權問題的緩議結果，並訴求將中國代表權問題列

表2-1 聯合國大會中國代表權問題表決的變化（1951-1965年）

屆數		6	7	8	9	10	11	12	13	14	15		16	17	18	19	20
年份		51	52	53	54	55	56	57	58	59	60		61	62	63	64	65
加盟國		60	60	60	60	60	79	82	81	82	98		104	110	111	115	117
承認ROC國家數		33	33	33	33	34	37	42	41	42	48		51	56	60	56	54
承認PRC國家數		11	11	11	12	14	23	24	27	28	32		35	38	39	45	45
未承認國家數		15	15	15	14	11	18	15	12	11	17		17	15	11	13	17
緩議	贊成	37	42	44	43	42	47	47	44	44	42	重要事項指定決議案	61				56
	反對	11	7	10	11	12	24	27	28	29	34		34				49
	棄權	12	11	2	6	6	8	7	9	9	22		7				11
中國加盟案*1	贊成											蘇聯／阿爾巴尼亞案*2	37	41	41		47
	反對												48	56	57		47
	棄權												19	12	12		20

*1 雖未進行緩議投票，但1955年的蘇聯，以及1956年與1957年印度，曾提出中華人民共和國政府的加盟與中華民國政府退出之提案。

*2 關於中華人民共和國政府加盟，以及中華民國政府退出等提案，1961年及1962年時由蘇聯為提案國，1963年則為阿爾巴尼亞與柬埔寨兩國，1965年則是由阿爾巴尼亞、柬埔寨、阿爾及利亞、剛果共和國、古巴、迦納、幾內亞、馬利、巴基斯坦、羅馬尼亞、索馬利亞、敘利亞等12國作為共同提案國。

資料來源：筆者參照高朗《中華民國外交關係之演變》（五南圖書出版，1993年）186-187頁，井上正也《日中国交正常化の政治史》（名古屋大学出版会，2010年）附表1，劉志攻《中華民國在聯合國大會的參與》（台灣商務印書館，1985年）138-147頁與卷末表格後整理而成。

爲議題的印度政府提案，雖然並未通過，但卻具有批判美國對中圍堵政策過於強硬的宣傳效果，印度至一九五九年第十四屆聯合國大會間，每年都提出相同提案（參照第四章）。之後，在一九五六年至六〇年之間，緩議的贊成率不僅未曾上升，但也未出現贊成率大幅下降的情況。[96]即使不明顯，也可得知難以取得中立國家支持以國府退出爲前提，讓中國加入聯合國的提案，中國只能一一爭取與支持自身立場國家的外交關係。

(2) 第十九屆紅十字國際會議中的「兩個中國」問題

正如前段所述，一九五〇年代後期的國際社會間，除了接受中華人民共和國以「中國」身分參與國際社會的立場外，位於台灣的國府是否該以「中國」以外的主體留在國際社會中，不僅是亞洲、非洲中立國家，就連東西兩大陣營的部分國家，也曾提起此問題。在實際上如何應對台灣海峽兩岸的兩個政府的代表權問題，是燙手山芋。

在各國際機構、會議的中國代表權問題中，率先成爲嚴重政治問題的，是第十九屆紅十字國際會議的參加問題。原本，四年一度的紅十字會與紅新月國際會議（下稱紅十字國際會議）僅中國政府可參加。不過，一九五五年九月的紅十字常設委員會中，邀請國府以「福爾摩沙」名義參與會議一案通過表決，也成爲兩個中國問題的開端。對於這一問題，一九五六年一月，中華人民共和國紅十字會會長李德全女士，向會議主辦國印度的紅十字會會長凱爾（Amrit Kaur）女士提出抗議信。然而，凱爾回信告知，站在常設委員會的立場，只要是日內瓦公約簽訂國（地區），皆有權被邀請，故無法不邀請台灣參與，若國府以代表「福爾摩沙」名義參與，便不會引發「兩個中國」狀況。[97]

一九五六年五月二十二日，邀請中華人民共和國代表參與第十九屆紅十字國際會議的正式書信送至周恩來手上。[98]中國領導層也訂下如後方針一、透過給凱爾的書信同意大會邀請同時，也表明對代表權問題的態度；二、再次抗議紅十字常設委員會以「福爾摩沙」名義邀請「蔣介石集團」參與的決定；三、透過外交部請印度政府理解中國政府立場；四、並尋求參與大會的東方國家理解中國政府的方針與立場。[99]在此方針下，周恩來、李德全與外交部各自展開動作[100]，但並未推翻常設委員會的決定。[101]

因此，十一月下旬，在會議開幕約兩個月前，中國政府定調「力使常委會驅逐蔣幫代表，如不成，我即不出席大會和一切有關會議。」直到會議開幕前，仍持續努力「驅逐蔣幫」。中國政府也訂立具體方案，除了要求舉辦緊急會議，在常設委員會中討論中國代表權問題外，代表團抵達當地後向各國代表團及記者表明反對「兩個中國」的立場，並主張「驅逐蔣幫代表」。若常設委員會仍未撤回對國府代表的邀請，中國代表團「即聲明我政府和紅會代表團不出席這次大會和其他一切有關會議，並即準備回國。」不過，「如常委會雖未撤消邀請蔣幫決定，但由於我會前鬥爭蔣幫代表不出席會議」，則可「對常委會邀請蔣幫表示反對，但可出席會議。」除此之外，中國政府也指示「在反對邀請台灣的宣傳中，重點放在打擊兩個中國陰謀，而不放在對台灣的攻擊上面」的注意事項，在當時對台灣宣傳工作之間的關係看來，則十分引人深思。[102]

原本預計於一九五七年一月下旬召開的紅十字國際大會，延期至該年十月下旬。不過，不管耗費多少時間說服，常設委員會並未推翻原先的決定。根據中國外交部收集的情報指出：國府也不滿「福爾摩沙」名稱，可能不派遣代表前往德里。但在中國代表團抵達德里後，仍無法掌握國府代表團是否會出現在會場。因此，外交部因應國府代表是否會出現，分別對代表團下達指示。該指示提出，無論國府代表是否出現，常設委員會邀請「福爾摩沙」政府的事實仍然存在，故須持續要求常設委員會及大會取消邀請「福爾摩沙」出席，並展開「堅決反對『兩個中國』的鬥爭」。但是，若國府代表未現身會場，則避免在名冊、公報及懸掛國旗等處與台灣代表並存，並參與常設委員會及大會。【103】

此外，周恩來對尤金說明中國方案的同時，也要求蘇聯代表與中國代表緊密合作，發動其他社會主義國家及印度，迴避「兩個中國」的局面。在對蘇聯駐中國大使尤金（P. F. Iudin）說明之際，周恩來也告知「不滿其名稱的蔣介石集團實際上不會參加」的可能性，以及「台灣可能尋求美國政府協助」，由美國政府在常設委員會提出邀請「中華民國」的提案。一旦通過邀請「中華民國」參加一案，往後是否可提案阻止國府獲邀，則非中國政府可決定。若出現這番提案，也會使邀請國府參與的議論再起，最終恐導致邀請「中華民國」參與。【104】

另一方面，國府始終追求以「中華民國」身分取得代表權，並極力推動美國政府協助。得知這番動作後，中國外交部也研擬方針，以對應常設委員會提議邀請「中華民國」的情況，並決定一、當美國政府提出之邀請「中華民國」一案通過時便發表抗議聲明並返國；二、但若僅通過邀請「福爾摩沙」時則可出席大會，並判斷是否可請求大會取消對「福爾摩沙」的邀請。【105】實際上，十月二十六日舉辦的常設委員會中，就如中國政府所警戒的，美國代表雖提議邀請「中華民國」參加，但常設委員會僅通過「福爾摩沙」一案。因此，中國代表團依循上述方針留在會場，並決定備戰美國政府在大會中再次提出邀請「中華民國」的提議。[106]

從常設委員會的會議過程中，中國外交部判斷美國政府必定會於第十九屆紅十字國際會議中提案邀請「中華民國」參與，遂指示代表團修改用於大會的發言稿，並在不提及其他國際政治上的問題下，僅集中反對「兩個中國」論。[107]此外，又得知國府預計派遣杭立武作爲代表前往新德里的情報，中國外交部考量杭立武出現於會場的時機，針對邀請「中華民國」一案的表決再次擬定對策。中國將對美國政府的攻擊視爲最重要事項，若國府代表出席，且未掛上名牌時可留在會場，並不批評常設委員會的決議、會長凱爾及印度政府。[108]第十九屆紅十字國際會議開幕後，隨著大會的進行，表決邀請「中華民國」一案的可能性極高，但凱爾會長仍表明一旦「中華民國」一案通過便辭職。因此，中國外交部又進一步考量凱爾辭職的時機，向代表團針對退出會議場地的方式提出詳細指令，決定若美國代表團提出的「中華民國」一案通過時便退席，並在退出後召開記者招待會。[109]

最後，十一月七日舉行的紅十字國際會議中，美國政府所提出的「中華民國」邀請案以六十二票對四十四票通過，除了中國外，蘇聯、東歐各國、北韓、北越等東方國家代表一同退席，凱爾也因不服此決議而退席。[110]中國代表團依照預定計畫自會場退席，並由代表潘自力在記者會上發表下列抗議聲明：

> 不少人也許以爲這次邀請的是「福摩薩政府」，而不是早已被六億中國人民推翻、失去任何代表性的所謂「中華民國政府」，因而不會構成「兩個中國」。現在，事實證明，這個觀點是極端錯誤的。（中略）二者必居其一，中間的道路是沒有的。[111]

如上所述，第十九屆國際紅十字大會常設委員會決定以「福爾摩沙」名義邀請國府時，中國政府及代表團並未明確決定如何對應此問題。不過，經長時間與美國、國府及相關國家交涉，中國代表團最後的應對，包括退出會議，並發表上述聲明等，可見其極爲強硬且嚴厲的態度。在此事件之後，一九五七年至一九五八年間，對於可能出現「兩個中國」同時加盟的國際機構，中國政府則毫不猶豫地拒絕參加或退出組織。例如一九五八年，對於勸告國府以「福爾摩沙」名義參加的國際奧委會，中國政府也表達抗議，並宣告退出國際奧委會。

小結

本章聚焦美中大使級會談及中國對台灣宣傳工作，針對第一次台灣海峽危機至第二次台灣海峽危機這將近三年期間，分析中國領導層如何準備「解放」金門、馬祖。此外，隨著中國對台灣海峽的分裂逐漸定型有所自覺，本章也論述中國領導層開始認知到，國際間的「兩個中國」論是一個嚴重的問題。針對上述幾項問題，本章在考察後可統整出以下三點結論：

第一，延續第一次台灣海峽危機時以來的政策目標，中國政府認爲須透過交涉，要求美國政府促使國軍自金門、馬祖撤退，並召開美中大使級會談。從大使級會談的紀錄及官方主張可知，中國政府乍看之下追求的是「美軍自台灣及台灣海峽地區撤退」，但其認爲可能實現的政策目標則是國軍自金門、馬祖撤軍。不過，中國政府要求的是比照大陳島撤退的無條件撤退，故交涉並未成立。美國政府向中國政府要求公開承認美國在台灣海峽的個別及集體自衛權，但對於反對「兩個中國」，且不承認國府擁有國際主權的中國政府來說，是難以接受的條件。

第二，對國府的「和平解放」及「第三次國共合作」呼籲，爲中國意圖離間美國與台灣，且有利於與美交涉的宣傳戰意味濃厚。此外，這些呼籲也是爲了保持國內外對其「解放台灣」主張的正當性。也就是說，對美國政府提出高級會談的要求，以及對國府持續提出「第三次國共合作」的呼籲，即使實現的可能性極低，從對外展現中國政府希望和平交涉的觀點來看，也絕非白費力氣。

第三，隨著中國政府隔著台灣海峽與國府爭鬥時間延長，就有越多時候須面臨「兩個中國」問題，而其中又以國際組織內中國代表權問題爲主。中國領導層因希望參與各國際機構，故在盡可能認清該機構與美國、台灣的關係後，再決定處理方針。此時一貫的做法除了不與國府代表並列於同一場合外，也包括不讓外界察覺中國希望參與這些國際機構的姿態。這是因爲他們認爲，若其希望參與的心態遭外界察覺，可能不利於反對「兩個中國」的外交談判。

透過美中大使級會談及呼籲國府「第三次國共合作」等動作，中國領導層挑戰台灣海峽在第一次台海危機過程中形成的分裂線，嘗試使國府自金門、馬祖無條件撤軍。不過，美國圍堵中國的政策，比中共領導層所預想的更加頑強，因此難以離間美國與台灣之間的關係。杜勒斯在美中大使級會談中，對於台灣、澎湖群島的個別及集體自衛權堅決不退讓，而蔣介石也不回應「國共合作」的呼籲。

除此之外，對於「兩個中國」問題，中國政府並未事先預想各種情況的應對方案，僅關注美國、台灣的態度及國際輿論，再一一決定採取的應對方案。挑戰台灣海峽分裂現狀觸礁，加上隨之而來的「兩個中國」問題更加顯著，以及「反右派」鬥爭之後國內政治明顯產生急速變化，中國的對台政策再次恢復為強調以武力為主的強硬鬥爭路線。

註解

【1】Zhang Baijia and Jia Qingguo, "Steering Wheel, Shock Absorber, and Diplomatic Probe in Confrontation: Sino-American Ambassadorial Talks Seen from Chinese Perspective,"; Steven M. Goldstein, 'Dialogue of the Deaf?: The Sino-American Ambassadorial-Level Talks, 1955-1970," in Robert S. Ross and Jiang Changbin eds., *Re-examining the Cold War: U.S.- China Diplomacy, 1954-1973* (Cambridge: Harvard University Press, 2001), pp. 173-199 and pp. 200-237; Yafeng Xia, *Negotiating with the Enemy, U.S. China Talks during the Cold War, 1949-1972*, (Bloomington: Indiana University Press, 2006), pp. 76-134. 日本的研究則包括山極晃《米中関係の歷史的展開—一九四一年—一九七九年》（研文出版，一九九七年）二八一—二九八頁，但這是在相關公文書信尚未公開之前，於一九六九年因美中大使級會談重啟而撰寫之文獻。

【2】賀之軍〈五〇年代中期「和平解放台灣戰略」形成初探〉《台灣研究集刊》一九九六年第三期，三八—四二頁；劉守仁〈對中共爭取和平解放台灣方針的歷史考察〉《軍事歷史》一九九五年第一期，二四—二八頁、三九頁等。

【3】黃修榮《國共關係七十年紀實》（重慶：重慶出版社，一九九四年）、蔡世山編《兩岸關係祕聞錄》（香港：香港文匯出版社，一九九六年）、尹家民《兩岸驚濤中的毛澤東和蔣介石》（北京：中共中央黨校出版社，二〇〇一年）。

【4】松田康博〈中国の台湾政策—「解放」時期を中心に〉《新防衛論集》第二三巻第三號（一九九六年一月）三二—四八頁。

【5】平松茂雄《台湾問題》（勁草書房，二〇〇五年）三六—九九頁。

【6】清水麗〈オリンピック参加をめぐる台湾—中台関係における名称問題の一考察〉《国士舘大学二一世紀アジア学会紀要》第一號（二〇〇三年）五—二二頁。

【7】Chinese Communist Intentions in Formosa Area, Apr. 23, 1955, *Department of State Bulletin*, May 2, 1955.

【8】Possibilities of Cease-Fire in Formosa Strait, Apr. 26, 1955, *Department of State Bulletin*, May 9, 1955.

【9】Goldstein, "Dialogue of the Deaf?" Ross ed., *Re-examining the Cold War*, pp. 203-204; Xia, *Negotiating with the Enemy*, pp. 85-86.

【10】〈關於中美雙方大使級代表在日內瓦會談的方案（日期不明，推測爲七月十三日至十七日之間）〉中國外交部檔案（檔號一一一—〇〇〇〇九—〇二，北京：中華人民共和國外交部檔案館）。

【11】〈關於中美雙方大使級代表在日內瓦會談的補充請示（引用者註：或爲「指示」之誤用，一九五五年七月二十六日）〉中國外交部檔案（檔號一一一—〇〇〇〇九—〇四）。

【12】〈關於中美大使級代表在日內瓦會談的指示（一九五五年七月三十日）〉中國外交部檔案（檔號一一一—〇〇〇〇九—〇一）。
【13】〈中美會談就雙方平民回國問題達成協議〉《人民日報》一九五五年九月十二日。
【14】Goldstein, "Dialogue of the Deaf ?" pp. 200-211; Xia, *Negotiating with the Enemy*, pp. 92-95.
【15】Telegram from Johnson to DoS, Nov. 8, 1955, Telegram from Dulles to Johnson, Jan. 9, 1956 and Telegram from Johnson to DoS, Apr. 19, 1956, *FRUS, 1955-1957*, Vol. III, (Washington D. C.: U.S. Government Printing Office, 1986), p. 165, pp. 256-258 and pp. 353-354.
【16】Telegram from Johnson to DoS, Oct.27, Dec. 1, 1955 and May 11, 1956, *FRUS, 1955-1957*, Vol. III, pp. 145-156, pp. 193-198 and pp. 357-358.
【17】〈美國應該立即停止拖延中美會談〉《人民日報》一九五六年一月二十日。
【18】Ambassadorial Talks at Geneva with Chinese Communists, Jan. 21, 1956, *Department of State Bulletin*, Jan. 30, 1956.
【19】《蔣介石日記》一九五六年一月二十六日（Stanford: Hoover Institution, Stanford University）.
【20】〈我國外交部就中美會談狀況發表聲明〉《人民日報》一九五六年六月十三日。
【21】Ambassadorial Talks at Geneva with Chinese Communists, Jun. 12, 1956, *Department of State Bulletin*, Jun. 25, 1956.
【22】王炳南《中美會談九年回顧》（北京：世界知識出版社，一九八五年）五七頁。
【23】山極晃《米中関係の歴史的展開一九四一年—一九七九年》（研文出版，一九九七年）二八六—二八七頁。

【24】中共中央文獻研究室《周恩來年譜一九四九—一九七六》上卷（北京：中央文獻出版社，一九九七年）四三〇頁。

【25】〈告台灣蔣賊統治下的官兵〉《人民日報》一九五五年一月一日。

【26】〈告台灣同胞〉《人民日報》一九五五年二月三日、〈告台灣袍澤朋友書〉《人民日報》一九五五年三月十七日。毛澤東對衛立煌公告的指示刊載於〈對發表衛立煌《告台灣袍澤朋友書》的批語（一九五五年三月十三日）〉中共中央文獻研究室、中國人民解放軍軍事科學院《建國以來毛澤東軍事文稿》中卷（北京：軍事科學出版社，中央文獻出版社，二〇〇九年）二六三頁。衛立煌於一九四七年底因東北地區落入共產黨手中而遭到究責，並被軟禁於南京至一九四九年。一九四九年獲釋後，於香港擔任民主戰鬥同盟的軍事委員會主席，但民主戰鬥同盟於一九五五年三月其前往北京途中因內部紛爭而解散。（松田康博〈衛立煌〉山田辰雄編《近代中國人名辭典》八六六—八六七頁）。

【27】〈目前國際形勢和我國外交政策—一九五五年七月三十日在第一屆全國人民代表大會第二次會議上的發言〉《人民日報》一九五五年七月三十一日。

【28】原文爲「愛國一家、不分先後、以誠相見、來去自由」，黃修榮《國共關係七十年紀實》一〇五七頁、尹家民《兩岸驚濤中的毛澤東與蔣介石》二〇一頁。

【29】〈政治報告〉《人民日報》一九五六年一月三十一日。

【30】〈爲爭取和平解放台灣而奮鬥〉《人民日報》一九五六年二月四日。

【31】〈中央關於目前時事宣傳的通知（一九五六年二月十八日）〉福建省檔案館（檔號一〇一—五—八一四）。

【32】〈關於解放台灣問題的宣傳（一九五六年二月二十一日）〉福建省檔案館（檔號一〇一－五－八一四）。

【33】〈關於對台灣宣傳工作的基本狀況和改進意見的報告（一九五六年二月二十五日）〉福建省檔案館（檔號一〇一－五－八一四，此爲二月二十五日中共中央轉寄至福建省委員會後，於三月三日轉寄至省內各相關機構之文件）。

【34】〈中央關於台灣人民「二二八」起義九周年紀念辦法的通知（一九五六年二月二十日）〉中共中央宣傳部辦公廳，中央檔案館編研部編《中國共產黨宣傳工作文獻選編》第三卷（北京：學習出版社，一九九六年）一〇八一－一〇八二頁。

【35】例如〈陳東生、沈荀玉等人希望在台灣的親友回祖國大陸〉《內部參考》第十九期（一九五六年二月六日）。

【36】〈福建政協研究台灣軍政人員家屬工作〉《內部參考》第一九九七期（一九五六年九月十九日）。

【37】〈中共中央關於爭取住在大陸的蔣方人員家屬和親友的工作的指示（一九五六年十月十五日）〉福建省檔案館（檔號一〇一－五－八一四）。

【38】例如〈福州市台灣軍政人員家屬取消了憂慮〉《內部參考》第二〇〇四期（一九五六年九月二十六日）。

【39】〈全國人民代表大會繼續舉行全體會議 周恩來總理兼外長作了重要發言〉《人民日報》一九五六年六月二十九日。

【40】〈關於加強和平解放台灣工作的指示（一九五六年七月二十九日）〉福建省檔案館（檔號一〇

一一五一八一四）。

【41】戴天昭《台湾戦後国際政治史》（行人社，二〇〇一年）二五六—二五七頁。

【42】Nancy B. Tucker, *Taiwan, Hong Kong and the United States, 1945-1992: Uncertain Friendship* (New York: Twayne Publishers, 1994), p. 76.

【43】例如〈国府・中共和平交涉の內幕〉《朝日新聞》一九五七年二月二十二日。

【44】如：尹家民《兩岸驚濤中的毛澤東和蔣介石》、黃修榮《國共關係七十年紀實》、蔡世山編《兩岸關係祕聞錄》等。

【45】CIA, Peking-Taipei Contacts; The Question of a Possible "Chinese Solution", Dec. 1971, POLO XLVI, Central Intelligence Agency, Freedom of Information Act Reading Room (hereafter FOIA, http://www.foia.cia.gov/CPE/POLO/polo-34.pdf, Accessed on Dec.10, 2010) 以及〈国共紛争関係一件—和平交涉関係（一九四九年二月—一九六二年八月）〉第二十回外交記録公開（A'7.1.0.3-6、東京：外務省外交史料館）。此外，與這些公開史料相關之解說可參照〈CIA密件接露國共接觸蔣經國主動告美〉《中國時報》二〇〇八年二月十四日、〈国共和平交涉　香港総領事館、活発な情報収集〉《朝日新聞》二〇〇七年八月三十日等文獻。

【46】曹聚仁爲蔣經國擔任江西省第四區縣長時代機關報《新贛南報（之後的正氣日報）》的主編（蔣經國任社長），當時則爲《南洋商報》記者，於香港活動（〈国府・中共和平交涉の內幕〉《朝日新聞》一九五七年二月二十二日、戸張東夫〈蔣經國〉山田辰雄編《近代中国人名事典》（霞山會，一九九五年）三四一頁）。

【47】CIA, Peking-Taipei Contacts; The Question of a Possible "Chinese Solution," pp. 4-5.

【48】中共中央文獻研究室編《周恩來年譜一九四九—一九七六》上卷，五九八頁及六二三頁。張治中、邵力子、屈武等人過去皆爲國府高官，在抗日戰爭後國共交涉中與蔣介石訣別，直到中華人民共和國成立後，於中國大陸擔任全國人民代表大會及政治協商會議的要角。國民黨革命委員會是由前國民黨民主派人士所組成的民主黨派。張治中則是被稱爲「國民黨內民主派」的軍人及政治家，曾任國府軍事委員會要職，也曾擔任過湖南省政府主席（一九三七年十一月—），據說與周恩來及葉劍英十分親近。抗日戰爭後國共兩黨交涉時，主張持續交涉，但遭國府拒絕（菊池一隆〈張治中〉山田辰雄編《近代中国人名辞典》一一六一—一一六二頁）邵力子則是被稱爲「國民黨內民主派」的政治家兼教育家，曾擔任國府中央宣傳部長等職，更負責第二次國共合作交涉等事務。抗日戰爭後亦提議簽訂國共協定，但遭國府拒絕（菊池一隆〈邵力子〉同上，六八八—六八九頁）。而屈武原先爲國民黨員，後來加入共產黨，第二次國共合作期間就任國民黨軍要職，同時也組織統一戰線組織（小民革）。四十九年三月時更擔任行政院派遣的和平交涉代表團顧問，負責說服蔣介石（松田康博〈屈武〉同上，六六五—六六六頁）。

【49】CIA, Peking-Taipei Contacts; The Question of a Possible "Chinese Solution," p. 19.

【50】章士釗爲新聞工作者也是學者，當時爲政治協商會議常務委員及全國人民代表大會代表（田中比呂志〈章士釗〉山田辰雄編《近代中国人名辞典》一一三九—一一四〇頁）。

【51】葛書院〈國共兩黨五次秘密接觸〉蔡世山編《兩岸關係祕聞錄》一八九頁，以及尹家民《兩岸驚濤中的毛澤東和蔣介石》二一一—二一五頁。

【52】〈国府・中共和平交渉の内幕〉《朝日新聞》一九五七年二月二十二日、〈国府へ平和七条件を提示か、中共〉《朝日新聞》一九五八年十月二十六日。

【53】《蔣介石日記》一九五六年六月二十九日。
【54】戴天昭《台灣戰後國際政治史》二五八頁、Telegram from Rankin to DoS, May 24, 1957, *FRUS, 1955-1957*, Vol. III, pp. 526-527.
【55】《蔣介石日記》一九五七年五月二十五日，以及同日〈上星期反省錄〉。
【56】《蔣介石日記》一九五七年五月二十七日、Telegram from Rankin to DoS, May 26, 1957, and Memorandum of Conversation between Chiang and Rankin, May 27, 1957, *FRUS, 1955-1957*, Vol. III, pp. 535-540.
【57】Memorandum from McCanaughy to Robertson, May 24, 1957, *FRUS, 1955-1957*, Vol. III, pp. 524-526,《蔣介石日記》一九五七年五月二十九日。
【58】〈中共中央批轉中央宣傳部關於對台灣宣傳工作的情況和改進意見的報告（一九五七年七月二十九日）〉福建省檔案（檔號一〇一－一二－一六〇）。
【59】毛里和子《新版現代中国政治》（名古屋大学出版会，二〇〇四年）三七－四二頁。
【60】沈志華《中華人民共和國史 第三卷（一九五六－一九五七）思考與選擇》（香港：香港中文大學，二〇〇八年）六一七－六二八頁。
【61】〈中共上海市委關於批轉「目前上海對台灣宣傳工作情況及今後改進意見的報告」的批示（一九五七年十二月十六日）〉上海市檔案（檔號A二九－二－六八－五）。
【62】同右。
【63】〈中共中央關於爭取住在大陸的蔣方人員家族和親友的工作的指示（一九五六年十月十五日）〉福建省檔案（檔號一〇一－五－八一四）。

【64】中共中央文獻研究室編《周恩來年譜一九四九—一九七六》中卷（北京：中央文獻出版社，一九九七年）七二頁。

【65】〈關於攻打金門．馬祖的設想（一九五五年三月五日）〉粟裕文選編輯組《粟裕文選 第三卷》（北京：軍事科學出版社，二〇〇四年）一五五—一五七頁。

【66】林強、魯冰主編《葉飛傳》下卷（北京：中央文獻出版社，二〇〇七年）五九八頁。

【67】同右，五九八—五九九頁。

【68】葉飛《葉飛回憶錄》（北京：解放軍出版社，一九八八年）五〇五頁。

【69】鄧禮峰《新中國軍事活動紀實》（北京：中央黨史資料出版社，一九八九年）三六二頁。

【70】王焰主編《彭德懷年譜》（北京：人民出版社，一九九八年）六一九—六二〇頁。

【71】鄧禮峰《新中國軍事活動紀實》四〇〇頁，以及林強、魯冰主編《葉飛傳》下卷，四九一—四九二頁。

【72】王焰主編《彭德懷年譜》五八七頁。

【73】同右，五九八頁。

【74】同右，六〇三頁。

【75】王焰主編《彭德懷年譜》六〇六頁。

【76】同右，六二〇頁。

【77】同右，六二九頁。

【78】林強、魯冰主編《葉飛傳》下卷，五九九頁。

【79】〈執行對台鬥爭的軍事計畫（一九五七年七月二十二日）〉粟裕文選編纂組《粟裕文選》

二八一—二八二頁。

【80】John W. Garver, *The Sino-American Alliance: Nationalist China and American Cold War Strategy in Asia* (New York: M. E. Sharpe, 1997), p. 66.

【81】Nancy Bernkopf Tucker, *Taiwan, Hong Kong, and the United States, 1945-1992: Uncertain Friendships* (New York: Twayne Publishers, 1994), pp. 67-68.

【82】Thomas E. Stolper, *China, Taiwan, and the Offshore Island: Together with An Implication for Outer Mongolia and Sino-Soviet Relations* (New York: M. E. Sharp, 1985), p. 82; Garver, *The Sino-American Alliance*, pp. 133-136.

【83】張淑雅〈擴大衝突、操控美國、放棄反攻?從《蔣介石日記》看八二三炮戰〉呂芳上編《蔣中正與民國史研究》（台北：世界大同出版有限公司，二〇一一年）六三八—六三九頁。根據張的研究指出，一九五七年前半年的《日記》中，可見到蔣介石認為若美國持續反對「反攻大陸」，自己便辭去總統，並研擬是否實施「自主反攻」，或由繼任者與中共和談。

【84】〈反攻大陸準備工作督導委員會會議中指示摘抄（一九五七年三月第一次會議～一九五八年四月第十六次會議）〉《石叟叢書》（〇〇八—〇一〇九—〇〇六—〇七三～〇八九，台北：國史館）、〈對美國試彈反攻案之材料關於對外宣言之準備對美宣言之準備及反攻理由（一九五七年三月～六月）〉《黨政軍文卷》蔣經國總統文物（典藏號：〇〇五—〇一〇二〇五—〇〇〇〇一—〇一五，台北：國史館）。

【85】《蔣介石日記》一九五七年十二月二十一日〈上星期反省錄〉。

【86】Tucker, *Taiwan, Hong Kong, and the United States, 1945-1992*, pp. 36-38; Michael Share, "From

"Ideological Foe to Uncertain Friend: Soviet Relations with Taiwan, 1943-82," *Cold War History*, Vol. 3, No. 2 (Jan. 2003), pp. 10-11.

【87】井上正也《日中国交正常化の政治史》（名古屋大学出版会，二〇一〇年）一二三—一二八頁。

【88】〈英國對華政策（一九五六年九月四日）〉俄羅斯國立現代史文書館史料（ЦХСД，ф.5，оп. 28，д. 408，р. 5175，л. 183-190）之中文翻譯。

【89】國立政治大學國際關係研究中心顧問委員會編《中共於國際雙邊關係中對台灣地位位等問題的主張之研究》二四—二六頁。

【90】〈圖加里諾夫關於恢復中國在聯合國權利致庫爾久科夫的報告（一九五六年八月二十三日）〉俄羅斯外交政策史料館史料（АВПРФ，ф. 0100，оп. 49，п. 414，д. 51，л. 60-63）之中文翻譯。

【91】《蔣介石日記》一九五六年一月〈民國四十五年大事表〉。

【92】〈蘇聯大使龍金面交周總理的備忘錄（一九五六年四月二十四日）〉中國外交部檔案（檔號一一三—〇〇二五八—〇一）。

【93】〈關於今年聯大問題致龍金大使（日期不明，但具四月二十七日張聞天簽名與傳閱致周恩來的指示）〉中國外交部檔案（檔號一一三—〇〇二五八—〇一）。

【94】〈圖加里諾夫關於恢復中國在聯合國權利致庫爾久科夫的報告（一九五六年八月二十三日）〉同前。

【95】〈關於恢復中國在聯合國中的合法權益的草案（一九五六年八月二十五日）〉俄羅斯外交政策史料館史料（АВПРФ，ф. 0100，оп. 49，п. 414，д. 51，л. 71-73）之中文翻譯。

【96】劉志攻《中華民國在聯合國大會的參與》（台北：台灣商務印書館，一九八五年）一三八—

一三九頁。

【97】〈李德全會長致印度紅十字會主席考爾函（一九五六年一月三十一日）〉及〈印度紅十字會主席阿姆里特・考爾夫人來信（一九五六年二月十七日）〉中國外交部檔案（檔號一一三—〇〇二六四—〇一）。

【98】〈印度紅十字會主席考爾致我外長函（一九五六年五月二十二日）〉中國外交部檔案（檔號一一三—〇〇二六四—〇一）。

【99】〈關於對蔣幫被邀請參加第十九屆國際紅十字大會問題的請示摘要（一九五六年九月五日）〉中國外交部檔案（檔號一一三—〇〇二六四—〇一）。本檔案經彭眞、鄧小平、陳毅、朱德、劉少奇、毛澤東閱覽後，由周恩來於十月十二日署名表示同意。

【100】〈周總理致國際紅十字會主席函（一九五六年十一月一日）〉、〈李會長致紅十字常設委員會主席信（一九五六年十一月二日）〉、〈李德全夫人致席阿姆里特・考爾夫人信（一九五六年十一月五日）〉、〈供同印度駐華大使關於蔣幫被邀請參加第十九屆國際紅十字大會問題的談話參考（十一月初，無日期）〉皆取自中國外交部檔案（檔號一一三—〇〇二六四—〇一）。

【101】〈印度紅十字會主席致周總理函（一九五六年十一月七日）〉、〈國際紅十字常設委員會主席費朗索・龐賽（François-Poncet）來函（一九五六年十一月十二日）〉、〈艾彌爾・桑滋特朗（Emil Sandetrom）一九五六年十一月十二日來信（一九五六年十一月十二日）〉、〈席阿姆里特・考爾夫人來信（一九五六年十一月十四日）〉皆取自中國外交部檔案（檔號一一三—〇〇二六四—〇一）。

【102】〈關於參加十九屆國際紅十字大會的計畫（一九五六年十一月十七日）〉及〈參加第十九屆國際

紅十字大會計畫的請示報告（一九五六年十一月二十八日）〉中國外交部檔案（檔號一一三—〇〇二六四—〇一）。

【103】〈外交部致印度潘大使：出席紅會大會問題指示（一九五七年十月二十日）〉中國外交部檔案（檔號一一三—〇〇二六六—〇一）。

【104】〈周恩來總理接見蘇聯駐華大使尤金的談話紀要（一九五七年十月二十二日）〉中國外交部檔案（檔號一〇九—〇〇七八七—一八）。

【105】〈外交部致駐印度大使館：補充關於出席紅十字大會的指示（一九五七年十月二十五日）〉中國外交部檔案（檔號一一三—〇〇二六六—〇一）。

【106】〈外交部致駐印度大使館：對紅十字會常設委員會討論我代表權的對策（一九五七年十月二十六日）〉中國外交部檔案（檔號一一三—〇〇二六六—〇一）。

【107】〈外交部致駐印度大使館：復告紅十字大會發言內容（一九五七年十月二十七日）〉中國外交部檔案（檔號一一三—〇〇二六六—〇一）。

【108】〈外交部致駐印度大使館：關於蔣幫出席紅會的指示（一九五七年十月三十一日）〉、〈外交部致駐印度大使館：關於蔣幫出席紅會的指示（一九五七年十一月一日）〉及〈外交部致駐印度大使館：關於會內鬥爭指示（一九五七年十一月四日）〉中國外交部檔案（檔號一一三—〇〇二六六—〇一）。

【109】〈駐印度大使館致外交部：對國際紅十字大會的估計與意見（一九五七年十一月四日）〉、〈外交部致駐印度大使館：復四日電（一九五七年十一月五日）〉及〈外交部致駐印度大使館：我參加會議之對策（一九五七年十一月七日）〉中國外交部檔案（檔號一一三—〇〇二六六—〇

一）。

【110】〈インド、中共ら退場『台湾参加』案可決〉《朝日新聞》一九五七年十一月八日。

【111】〈潘自力就中國代表團退出國際紅十字大會發表談話〉《人民日報》一九五七年十一月九日。

第三章—第二次台灣海峽危機與「一個中國」論述之起源（一九五八年）

前言

本章主要分析第一次台灣海峽危機以來，中國領導層原本欲透過軍事、外交等手段追求儘早「解放」金門、馬祖，但在第二次台灣海峽危機之中，如何將目標轉換為「使金門、馬祖留在蔣介石手上」的過程。

至今有不少議論針對第二次台灣海峽危機期間，中國領導層命令解放軍砲擊金門的理由及目的加以論述。其中，作為冷戰史研究的一環討論，中國對金門作戰的研究指出，金門作戰的動機包括對美國與國府的威脅認知、對蘇不信任與因核武開發產生的中蘇摩擦、國內政治從「反右派」至「大躍進」的急速變化等複合因素。[1]這些研究檢視了以毛澤東為主的中國領導層發展至對金門作戰的背景及其原因。不過，這些研究僅針對「為什麼中國要砲擊金門、馬祖」這個問題有所論述，卻無法充分回答「為何中國不（無法）『解放』金門、馬祖」這個疑問。

就如第一章與第二章所論，是否「解放」金門、馬祖的問題，是攸關「解放台灣」的重要關鍵，在作戰過程中，領導層間也針對這個問題多方議論。有多數研究認為，第二次台海危機以後的中共，藉由金門、馬祖延續形式上的「國共內戰」，成功阻止「兩個中國」情況產生。[2]由此可見，從中國政府今日主張「一個中國」原則的觀點來看，相較於砲擊金門的動機，中國領導層決定「使金門、馬祖留在蔣介石手上」，透過持續砲擊金門、馬祖，延續形式上的「國共內戰」的重要性較高。採取這個立場的研究，將砲擊金門作戰視為一開始便是為了達到反駁「兩個中國」論這個政治目標，進而採取的手段，故砲擊金門並不具有軍事意圖，並更被將其定位於「和平解放」政策的一環。不過，在這些研究中，並未清楚描述中國放棄及早「解放」金門、馬祖的過程，也並未論及在何時、什麼背景之下，決定「使金門、馬祖留在蔣介石手上」。

基於上述的研究基礎，本章針對下列問題加以考察，分析砲擊作戰中，中國領導層如何下決定，表明短期內不「解放」金門、馬祖，又如何使該決定具備意義，以成為「一個中國」原則的前提。

第一，究竟是什麼階段，決定長期擱置「解放」金門、馬祖問題？筆者在第二章中，已闡明透過外交交涉及宣傳工作「解放」金門、馬祖的方針，逐漸遭受挫折的過程。另一方面，也論及雖然隱藏於和平攻勢之下，福建前線也急速增強軍備。一九五八年八月再次砲擊金門之前，中國領導層是否早已放棄在短期內「解放」金門、馬祖一事？或者，「解放」金門、馬祖也是一九五八年砲戰的主要目的之一呢？

第二，若「解放」金門、馬祖為砲擊作戰的主要目的，那麼是在作戰中的哪一個階段時，因為什麼樣的理由而放棄了？本章除了討論中國與美國、台灣之間鬥爭外，也會著眼於中國與社會主義國家、亞非國家間的關係，考察此問題。

第三，「使金門、馬祖留在蔣介石手上」這個決定，又如何延續至往後，並構築成「一個中國」原則的理論？也就是說，就像今日中國政府對台灣呼籲「和平統一」的內容般，除了金門、馬祖作為「紐帶」聯繫了中國大陸與台灣等觀點以外，這個決定又蘊含了什麼樣的意含呢？

為找到上述問題之答案，本章第一節主要分析韓戰休戰以來的對外方針，及軍事戰略的連續性與非連續性，並論述金門砲擊作戰的決定過程；第二節則闡明實際展開的金門砲戰作戰情形，從以軍事因素為主，轉移至以政治因素為主的過程；接著，第三節分析在封鎖金門作戰的同時，中國與美國、台灣間反覆展開的外交鬥爭，以及為了台灣海峽停戰一事，中國與包含蘇聯在內的社會主義各國、亞非各國間的外交交涉；第四節則針對這些外交交涉的結果，檢視中國領導層放棄一九五四年至五八年之間一直希望的儘早「解放」金門、馬祖目標，並決定將其連結至「一個中國」論的過程。

1. 八二三砲戰之決策

(1) 部署空軍至福建前線

自一九五五年以來，雖然毛澤東一次都沒同意部署空軍在福建前線的提案，但卻在一九五七年十二月，主動提案將空軍部署在福建前線。十二月九日，總參謀部副部長陳賡針對國軍軍機的入侵與內陸地區防空作戰一事，向中央軍事委員會提出報告。報告中指出，一九五七年之後，國軍軍機多次入侵沿岸主要都市及內陸地區，空投宣傳單或「慰問品」，帶給民衆不良影響。陳賡主張空軍及各軍區應採取積極措施，以擊落這些來犯敵機。毛澤東提出指示，認爲該報告「非常重要。請你督促空軍全力以赴，務殲入侵之敵。請考慮我空軍一九五八年進入福建的問題。」[3]

國軍軍機對中國大陸的擾亂行動，在當時應早有多次報告，但毛澤東爲什麼在這個時間點，才首次提及部署空軍在福建前線呢？其中一個理由，應是國府空軍的裝備及活動的變化。國府空軍自一九五七年起，配備了B-17G型偵察機與P2V-7型反潛機，除了轟炸大陸沿岸以外，也會至內陸地區偵查、空投宣傳物。解放軍爲了對抗這些行動，也配備MIG-17型戰鬥機，但以當時解放軍軍力來說，仍難以擊落國軍軍機。[4]

其次，則是在一九五七年底，毛澤東對國際情勢認知的變化逐漸顯著。一九五七年十一月，毛澤東出席於莫斯科舉辦的共產黨和工人黨國際會議，並發表知名演說，提出包括「東風壓倒西風」、「十五年後，蘇聯可以超過美國。我也可以講，十五年後我們可能趕上或者超過英國」、「如果打原子戰爭，死掉一半人，還有一半人，帝國主義打平了，全世界社會主義化了，再過多少年，又會有二十七億（引用者註：全世界的人口）」等言論。[5]毛澤東認爲正因社會主義陣營的勢力增強，才應加強對美國等西方國家的攻勢，因此根本不須畏懼核武戰爭，但此一想法與希望延續「和平共處」的赫魯雪夫等人想法卻是天差地遠。

毛澤東從莫斯科回國後，召集中央政治局常務委員會，針對在莫斯科並未提起的兩個問題表示意見，其中之一爲「和平共處」問題。此時，毛澤東表示，只要資本主義與社會主義的問題、社會主義各國相互關係及援助問題，以及殖民地獨立等問題仍然存在，「一個共產黨的對外關係的總路線，就不能只限於和平共處。」[6]之後，一九五八年一月起，毛澤東在陸續召開的杭州會議、南寧會議、成都會議中，嚴厲批判急速抑制國內經濟政策的「反冒進」與推進此政策的周恩來，並推動「大躍進」政策，但同時也批判由周恩來擔任主要負責人的「和平共處」外交。楊奎松的研究指出，毛澤東在南寧會議中表示，中國推進的「和平共處五項原則」和蘇聯的「和平共處」具有一樣問題，實際對外關係上必須同時重視團結及鬥爭，也須區分社會主義國家、亞洲、非洲、拉丁美洲國家與西方資本主義國家，故不能只滿足於「和平共處」。[7]之後，外交部領導層見到毛澤東對長崎國旗事件的強硬姿態，認爲周恩來所推動的和平外交方針難以逃過「右傾保守」的批判，便作出往後中國對外政策「鬥爭是絕對的，冷戰是不可避免的，而妥協則是相對的，暫時的」的結論。[8]從毛澤東之前皆以可能會刺激美國政府在內的西方國家爲理由，對空軍轉駐游移不決的情況看來，如前文所述，對西方國家「和平共處」的認知轉爲保守，並調整外交方針，應爲毛澤東轉向積極部署空軍在福建前線的重要背景。

在毛澤東的指示下，空軍先就部署在福建前線一事展開初步研究。待空軍的研究經彭德懷與毛澤東的批准後，劉亞樓上將與韓先楚上將等解放軍領導人先赴福州，向福建省委員會及福州軍區委員會的負責人傳達中央指示。一九五八年一月十五日，空軍、福建省與福州軍區負責人召開會議，研究中央的指示，判斷無論從政治觀點、國土防空作戰觀點、空軍及福建前線對敵的軍事平衡觀點，以及於福建前線對敵鬥爭的觀點看來，一九五八年將空軍部署在福建皆爲有利之舉。此外，將空軍部署至福建前線雖然不易引發國際紛爭，但與國府空軍針對福建上空制空權的戰鬥可能更加激烈，引發美國政府派遣第七艦隊的可能，故與會者也認爲必須做好周全準備。軍事領導人在研擬作戰之際所爭論的，包括遷移空軍的規模及順序，以及隨之擴大的戰鬥範圍，並假設一旦戰鬥範圍擴大，就轟炸金門、馬祖。[9]

根據空軍及福州軍區的報告，彭德懷於一月三十一日主持第一四一屆中央軍事委員會，討論部署空軍在福建前線一事。包括：一、增加國產軍機；二、戰鬥視爲空軍的演習；三、完成鷹廈鐵路建設；四、福建前線砲兵已隨時待命等幾點，皆被中央軍事委員會判斷爲「以上都是有利條件」，決議七月或八月時將空軍派遣至「第二線」，並在累積經驗後遷移至「第一線」。[10]

三月五日，彭德懷根據中央軍事委員會的討論，再次向毛澤東提議將空軍派遣至福建及廣東。彭德懷轉達會議結論爲「擬在七、八月開始行動」，並提議「準備在必要時轟炸金門、馬祖」。彭德懷也說明：「按上述布勢實現後，蔣機從汕頭、溫州竄入大陸內地就比較困難了。但是必須準備經過激烈空戰以後，我們空軍才能鞏固基地，得到機會輪番訓練，提高技術和指揮能力，地面部隊也將得到不同程度的鍛鍊。」[11]毛澤東雖同意這些意見，但仍回覆：「最後實行進入，到那時（引用者註：遷移空軍待之後）再作決定」。[12]接著，四月二十七日，韓先楚及葉飛收到總參謀部的指示，向中央報告適當時期展開砲擊、封鎖金門的作戰計畫。[13]然而，從毛澤東對彭德懷提案的回覆研判，解放軍提出部署空軍在福建前線，以及砲擊、封鎖金門等計畫是否實施，最終決定權仍在毛澤東手上，而推測一九五八年春天之際，毛澤東仍未決定是否實行作戰。

(2) 砲擊作戰的提議

金門砲擊作戰的決策，有其歷史背景，主要是黨內關於「和平共處」方針的否定。當時，韓戰休戰後以「和平共處」爲基本對外方針，以及解放軍以正規軍化及現代化爲目標而展開的軍事建設皆遭受批判，指導前者的周恩來，以及指導後者的彭德懷等人在黨內被迫自我批評。從一九五四年夏天中共提出「解放台灣」宣傳方針，是以「和平共處」對外方針與和平國際環境下推進軍事建設爲前提的角度來看，在毛澤東批判這些方針之下所提出的金門砲擊作戰，也可解釋爲是調整一九五四年以來的「解放台灣」方針。不過，在砲戰實施、台海危機爆發、危機持續過程中，主導中國對外政策者仍爲周恩來，指揮軍事作戰者則爲彭德懷，從其鬥爭策略中隨處可見與一九五四年以來「解放台灣」政策的連續性。

在一九五八年三月的成都會議中，周恩來對一九五四年至一九五八年的對外政策展開自我批評。該年二月，外交部長由陳毅接續周恩來擔任，故此時周恩來已非外交部長。周恩來則針對外交問題，提出自我批評內容如：「對日本潛在的帝國主義力量有時還宣傳不夠」、

「同民族主義國家的關係，我們過去是又團結又鬥爭，求同存異，但現在要防止它挑撥」、「同蘇聯和東歐社會主義國家的關係，我們應該加強團結，但要防止盲從」等。[14]此外，毛澤東在一九五六年的中共八大一次會議中僅在開幕之際致詞，但在一九五八年五月初召開的中共八大二次會議中，自任主席，「毛強烈批判黨的分裂」勢力。[15]該會議中，周恩來也再次被迫對「反冒進」展開自我批判。

毛澤東對解放軍的狀況也抱持著危機意識。成都會議中，毛澤東表示「自一九五三年朝鮮停戰後，（引用者註：我自己）沒有管軍事工作」，並表明決心，認爲「今年要回過頭來搞點軍事工作。軍隊要整風。」[16]此外，在五月二十七日起舉辦的中央軍事委員會擴大會議中，彭德懷推動解放軍正規軍化及現代化的方針，被批判爲「教條主義」。毛澤東透過中央軍事委員會秘書長黃克誠傳達「教條主義」的「重要指示」後，這就一舉成爲會議的核心主題。[17]六月二十一日，毛澤東出席該會議，表示雖然「我多年沒有管軍事。不管軍事，四年於斯矣」，但這四年間的解放軍建設「有缺點、錯誤」，「擔責任的是彭德懷同志，但不能完成怪他一個人」、「講責任，第一是我、第二是彭德懷」。[18]

如前段所述，一九五八年上半年，周恩來與彭德懷在黨內都受到批判，這些批判皆爲重新檢視一九五四年以來軍事、外交基本方針所致。中共八大二次會議之後，周恩來對中央提出是否適合繼續擔任國務院總理的問題，彭德懷也提出「不擔任國防部長工作」一事。不過，毛澤東在六月二十二日舉辦的政治局常委會中討論周恩來及彭德懷的提議，並做出「他們應該繼續擔任現在的工作，沒有必要加以改變」的結論。[19]

自此時起，毛澤東開始積極主導對美政策與金門砲戰的準備作業。六月十六日，毛澤東在中南海召集政治局常務委員、部分政治局委員、外交部相關負責人及大使等人展開會議，討論外交問題。毛澤東在會議中表示：「和美國接觸的問題，在日內瓦會議時我也說過，可以有所接觸。實際上美國也不一定願意接觸。同美國鬧成僵局二十年，對我們有利。一定要美國梳妝打扮後送上門來，使他們對中國感到出於意外。你不承認，總有一天你會承認的。」在與美國的鬥爭一事，則決定採取「以文對文、以武對武，先禮後兵」的方針。[20]

根據此一方針，中國政府於六月三十日發表《關於中美大使級會談的聲明》。聲明中針對大使級會談中斷已半年一事，主張「中國政府不同意片面變更中美大使級會談層級，且無論何種行政上的原因，都不可中斷會談」，並宣告美國必須於十五日內派遣大使級代表重新展開會談，否則視為美國意圖使大使級會談破裂。[21]對此，杜勒斯發表聲明表示：美國政府雖然不接受「十五日的最後通牒」，但只要中國同意改變會談舉辦地至華沙，就可指定駐波蘭大使比姆（Jacob D. Beam）擔任大使級會談代表。[22]

就在中國政府聲明的同日，國際間因中東情勢引發的危機逐漸高漲。七月十三日伊拉克革命勝利，並成立伊拉克共和國，該月十五日，美國便決定派兵至黎巴嫩；十七日英國則決議派兵至約旦。中國與蘇聯共同承認伊拉克共和國，另一方面則批評美國派兵至黎巴嫩為「干涉內政」。[23]接著，七月十五日至十八日，毛澤東召開會議研擬伊拉克革命之對策，並在一連串會議中提到，為了「支援阿拉伯人民的反侵略鬥爭」、「懲罰國民黨軍」，並「牽制美帝國主義」，決定實施對金門的砲擊作戰。[24]

七月十八日晚間，毛澤東召集中央軍事委員會、總參謀部、空軍、海軍，以及陸軍砲兵部隊等單位負責人，表達實行金門砲戰的決定。毛澤東所提出的作戰內容為：「地面砲兵第一次打十萬至二十萬發，以後每天打一千發，準備打兩、三個月。空軍兩個師在砲擊的同時，或在砲擊之後，移動至汕頭及連城。」[25]同日，彭德懷召集中央軍事委員會，並訂立具體計畫為：「空軍要在二十七日轉場，砲兵準備於二十五日砲擊金門蔣軍船艦、封鎖港口、斷其海上交通。」[26]

根據毛澤東的指示，福州軍區前司令員葉飛擔任金門作戰的前線司令官，葉飛則任命福州軍區副司令員張翼翔擔任前線司令部參謀長。葉飛與張翼翔立即前往廈門，並在可眺望金門的雲頂岩設置前線司令部，更為了奇襲，暗自著手砲擊準備。同年七月的福建沿海遭遇三十年罕見的暴風雨襲擊，作戰準備極為艱困，但七月二十三日當天，便已預估再一日即可完成準備。[27]

根據該日葉飛向中央軍事委員會提出的報告可見，陸、海軍砲兵三〇個營的兵力已在廈門地區（包含大小嶝島及蓮荷圍頭地區）做好攻擊大小金門島的準備，陸海砲兵三個營兩個連則於黃岐半島做好攻擊馬祖的準備，雖仍有彈藥及物資在運送途中，但報告預計所有部隊可於二十四日黎明就待命位置。作戰計畫由前線部隊主要砲擊金門，同時對馬祖展開突擊砲擊，之後進入空戰，封鎖敵軍港口及空軍基地，並攻擊砲兵等敵軍兵力。[28]翌日二十四日，福建前線再次遭受暴風雨襲擊，葉飛等人為了在中央指示的二十五日前完成作戰準備耗盡全力，雖然未能完全將空軍部署至前線，但二十五日下午後即進入待命展開作戰的狀態。[29]

(3) 砲擊作戰延期

一九五八年七月二十五日夜，中央軍事委員會一度命令前線砲兵部隊就砲擊位置，但卻中止了砲擊。除了因天候惡劣、前線兵力派遣延誤，加上空軍需要時間才能獲得制空權等軍事上判斷外，目前須暫時觀察國際情勢的變化等原因，使得毛澤東決定中止砲擊。下達此決定同時，毛澤東及彭德懷得知近期台灣與金門、馬祖的國軍即將移防的情報，遂準備鎖定移防時期砲擊，而展開砲擊時機則委由福建前線決定。[30]

之後，葉飛於前線負責作戰準備，同時也觀察國軍在金門的移防狀況，並向黨中央報告。不過，七月二十七日，毛澤東表示「睡不著覺，想了一下。打金門停止若干天似較適宜。目前不打，看一看形勢，彼方換防不打，不換防也不打。等彼方無理進攻，再行反攻」，指示暫緩先發制人的攻擊策略。毛澤東向彭德懷及黃克誠指出：「中東解決，要有時間，我們是有時間的，何必急呢？暫時不打，總有打之一日。彼方如攻漳、汕、福州、杭州，那就最妙了。」並要求葉飛也一同考慮此提議。[31]葉飛、張翼翔等前線領導者也考量空軍尚未部署完成等狀況，判斷「準備工作做得充分些再進行炮擊，較有把握」，因而聽從該指示。[32]

毛澤東之所以改變心意，除了前線的惡劣天候、作戰準備延誤，以及中東情勢變化等原因外，研判也可能受到與蘇聯針對支援中國海軍一事的交涉所影響。中國要求蘇聯提供核子動力潛艇製造技術，但蘇聯對此要求則提出將中蘇的預警雷達建設於中國沿海地區，並建立聯合艦隊。[33]針對此問題，尤金在七月二十一日、二十二日，赫魯雪夫則在七月三十一日至八月三日期間，分別與毛澤東爲首的中國領導層會晤。一連串會談後，中國領導層正式拒絕中蘇聯合艦隊提案，同時也撤回請蘇聯提供技術支援的要求。[34]

這段期間，中國領導層是否曾事先通知蘇聯領導層金門作戰一事，長期以來都是中蘇關係史研究的論點。《毛澤東傳》寫道，七月二十一日、二十二日兩日與尤金的會談，是七月二十七日決定砲擊延期的一大原因，而在赫魯雪夫訪中期間「隻字未提砲擊金門的計畫」。[35]毛澤東與赫魯雪夫舉辦的四次官方會面中，蘇聯對七月三十一日與八月三日會談的記錄已公開。不過，八月一日、二日的會談記錄並未公開，也無法確認是否曾有非官方會談。[36]然而，根據七月三十一日及八月三日會談中毫無提及金門砲戰的跡象，以及隔年一九五九年九月三十日與十月二日毛澤東、赫魯雪夫會談時的記錄判斷，毛澤東並未事先告知赫魯雪夫金門砲擊計畫是近期最有力的說法。[37]

赫魯雪夫訪中一事雖爲極度機密，但在四次會談結束，赫魯雪夫返國後即公開訪中行程，並發表中蘇共同聲明。該聲明不僅歌頌中蘇兩國的團結，也確認兩國在促進「和平共處」之外，也堅決與西方國家對抗。[38]根據吳冷西的回憶，提議公開赫魯雪夫訪中行程，並發表共同聲明者，便是毛澤東。[39]雖不清楚毛澤東的本意，但因該聲明提及中蘇對遠東情勢意見一致，以及兩國國防部長同樣名列會談成員等情況，讓美國政府及國府在金門砲擊展開後，認爲此攻擊出自中蘇共同的決定。[40]

這段期間，爲掌握前線區域制空權，進而砲擊金門，福建前線司令部持續在前線部署空軍，並與國府空軍展開空戰。七月二十九日，解放軍的MIG-17型戰鬥機擊落兩架國府空軍的F84-G型戰鬥機。之後，解放軍空軍與國府空軍於八月七日、十三日、十四日，三度

圖3-1 蔣介石造訪金門太武山。其身後可見刻上蔣介石所提之「毋忘在莒」文字（1958年6月14日，金門：國史館館藏，典藏號002-050101-00032-063）。

展開大規模空戰，解放軍花了半個多月終於掌握福建前線的制空權。[41]此外，利用作戰延期期間，海軍艦艇部隊及沿岸砲擊部隊更加強部署，做好砲擊金門的準備。[42]

隨著空戰展開與中蘇共同聲明的發表，駐守於金門、馬祖的國軍與美軍事顧問團的緊張感也持續升高。國府認為若解放軍近期在台灣海峽展開攻擊，便是中蘇的共謀，並要求美國提供支援，同時也準備研擬反擊及宣傳方針。[43]八月中旬，蔣介石、蔣經國父子除了去金門島外，也視察了高登島、小金門島等福建沿海所有小島，訓示前線部隊，並鼓勵部隊以做好應戰準備。[44]

(4) 實行作戰的最終決定

八月十七日至三十日間，在北戴河舉辦的中共中央政治局擴大會議中，毛澤東下達砲擊金門的最終決定，並指揮砲擊作戰。如前節所述，此時福建前線的攻擊準備已幾乎完成，空軍也獲得了前線的制空權。在國際上，考量到伊拉克新政權，美國也正值明確宣示「不承認中共政權」的時機。在決定砲擊前的最後階段，如何看待美國介入國府防禦金門一事則成了此時期的爭論點。

首先，八月十八日，毛澤東向彭德懷發出信件，提及於廣東軍區深圳舉辦軍事演習一事，指出「準備打金門，直接對蔣，間接對美」的行動，故指示「不要在廣東深圳方面進行演習了，不要去驚動英國人」。此時，毛澤東亦命令「台灣方面可能出動大編隊空軍向我反擊，奪回金、馬的制空權。因此，我應迅即準備以大編隊擊敗之。追擊不要越過金、馬線。」[45]根據《毛澤東傳》所指，發出該指示的當下，毛澤東早已下定決心，在不久後實行金門砲擊作戰。[46]

接著，八月二十日，毛澤東舉辦了砲擊金門相關會議。《毛澤東傳》與《周恩來年譜》中，記載列席該會議者包括周恩來、鄧小平、副主席林彪、黃克誠、葉飛、海軍司令官蕭勁光等人，但並未提及彭德懷名字。[47]不過，《彭德懷年譜》中，則寫道彭德懷當天除了與蕭勁光、王尚榮、空軍副司令官王秉璋等人召開對國軍空軍追擊作戰的會議外，也因毛澤東命其參與金門砲擊作戰會議而出席。[48]關於這個情況，可能原因包括如之後所述，因對美軍介入一事見解不同，加上彭德懷在隔年廬山會議下台，導致其名字從記錄中刪除；或者也可能因實際上作戰會議分成多次舉行，每一次會議出席者皆不同。

《葉飛回顧錄》及《葉飛傳》中提及，葉飛被召至北戴河，並在八月二十一日及二十二日出席作戰會議，而毛澤東、彭德懷、林彪與王尚榮皆出席該會議。毛澤東針對與美軍直接衝突的可能性，認為是否無法避免攻擊駐守於金門的美軍事顧問團。[49]對於如何迴避與美軍直接衝突這個問題，參加會議的軍事領導人之間，似乎也存在著不同見解。翌年，一九五九年中央軍事委員會擴大會議中，林彪提出「金門打炮，毛主席在北戴河會議研究，彭德懷只提了美國不協防金門、馬祖，並未提出方案」、「黨中央決定打砲，是與彭的意見相反的」等意見，批評彭德懷。[50]彭德懷在這之前，也曾對毛澤東提出的「他們（引用者註：國軍）炸福州，我們就炸台北」說法，應該要炸金門，以及「如果他們炸上海、杭州，我們非炸台北不可」。[51]從這些發言可解釋爲，彭德懷認爲只要於沿海島嶼作戰，引發美軍介入的可能性就較低。相對於此，林彪曾提議透過美中大使級會談管道，事先將預計攻擊一事告知美國，但此提議並未通過。[52]

二十二日，毛澤東針對此問題再考慮了一晚時間，決定在八月二十三日突然砲擊金門。不過，毛澤東也再次向葉飛提出包括減少砲彈數量、不攻擊敵方指揮機構、不攻擊美國軍艦與美國人等方針。對於此提議，彭德懷強調「估計美軍不會參加」，主張福建前線可依據指示實行作戰。在彭德懷的推波助瀾下，毛澤東終於決定展開作戰。[53]

八月二十日會議後，在軍事領導人針對作戰展開最後討論的同時，周恩來、外交部副部長章漢夫、喬冠華等外交領導人，則著手準備發表《中華人民共和國政府關於領海的聲明》。[54]從當時預計在砲擊金門之前發表聲明，以及前文曾提及毛澤東的顧慮等情況可推測，該聲明目的也包含警告美國軍艦在內的外國船艦，以免受金門砲擊所影響。不過，至預計展開攻擊的八月二十三日爲止，《關於領海的聲明》仍未完成，彭德懷不待該聲明的發表，便命令前線依照計畫，於八月二十三日十七點三十分展開砲擊。[55]

一九五八年八月前，解放軍所研擬的金門砲擊作戰，應爲從國防觀點出發，奪回福建沿海制空權，並攻下國軍擾亂大陸作戰據點金門、馬祖的計畫。不過，透過上述過程可知，在決定實行作戰的最後階段，雖然不否定「解放」金門、馬祖一事，但卻轉爲更具政治意涵的

表3-1 解放軍與國軍軍事平衡（1958年）

		解放軍	國軍
陸上兵力	陸上兵力	2,575,000人	450,000人
	裝甲部隊	6,000人×3個師 重型戰車10輛 中型戰車80輛 自走砲8門	省略
	野戰砲兵部隊 火箭炮部隊	5,500人×13個師 152mm榴彈砲106門 3,300×2個師 132mm多管火箭砲72門	省略
海上戰力	艦艇	驅逐艦4艘 護衛驅逐艦4艘 巡邏艇110艘 獵潛艦25艘 潛艇16艘 佈雷艇31艘 登陸艦54艘	驅逐艦4艘 護衛艦4艘 巡邏艇7艘 獵潛艦16艘 機雷戰艦艇9艘 登陸艇39艘
航空戰力	戰機	2,410架	826架
	噴射戰機	1,855架 ＊每款數量不明 J-2（Mig15） J-5（Mig17） J-6（Mig19）	450架 F84G 245架 F86F,D 269架

表3-2 大陸沿岸各島之國軍兵力（1958年8月）

馬祖（總兵力約23,000人）	
南竿島	11,500人
北竿島	5,000人
高登島	700人
西犬島（今西莒島）	3,300人
東犬島（今東莒島）	2,300人
東引島	（人數不定）3,000人

金門（總兵力 86,000人）	
金門島	74,100人
小金門島	10,450人
大膽島	1,300人
二膽島	250人
東碇鄉	（最多）60人
烏坵島	（人數不定）500人

資料來源：筆者依據National Intelligence Estimate (NIE-13-58): Communist China, 13 May 1958, National Intelligence Council, *Tracking the Dragon: National Intelligence Estimate on China during the Era of Mao, 1948-1976*, (Washington D.C.: Government Printing Office, 2004), pp. 155-157, 以及：Special National Intelligence Estimate (SNIE100-9-58): Probable Developments in the Taiwan Strait Area, 26 August 1958, *Ibid.,* pp. 174-176與Memorandum from Lutkins to Parsons, Aug. 28, 1958, RG59, RA-ROC Files, Lot67D567, 71D517, Box2, (MD: National Archives)等資料製作而成。

作戰計畫，會議中並未討論登陸金門作戰。推測其原因，爲中國領導層並不清楚美國介入金門、馬祖防禦的程度。在實行作戰之際，毛澤東所提「直接對蔣，間接對美」的鬥爭方針，則可視作其作戰原則爲避免陷入與美國直接對戰的情況。

2. 八二三砲戰之展開

(1) 砲擊作戰的意圖

預計展開砲擊作戰的八月二十三日上午，彭德懷主持作戰前最後一場會議。彭德懷於該會議中，向前線領導者傳達以下方針：一、首先小規模砲擊敵艦，敵人反

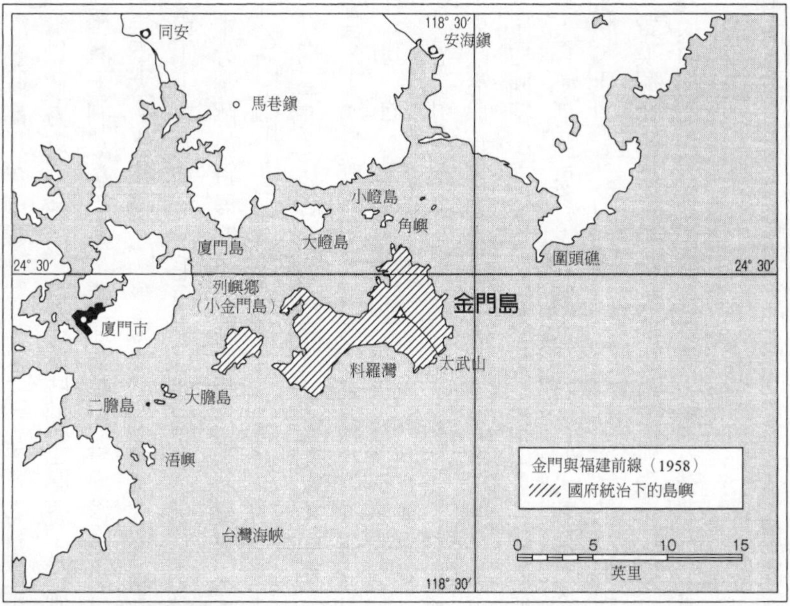

圖3-2　金門與福建前線

資料來源：Central Intelligence Agency: The Chinese Offshore Islands, Sep. 8, 1954, *DDEOF, 1953-1961*, [microform], Part 2: International Series, Reel 6，由筆者整理而成。

擊再展開大規模砲擊；二、等待敵方大型艦隊出現再砲擊；三、未來兩年不考量是否解決金門、馬祖問題。葉飛了解彭德懷向來主張以武力攻下金門，但在此時期也察覺，作戰僅限於砲擊，可能不實施登陸作戰。下午，料羅灣上的敵艦不多，福建前線司令部遂向中央報告，即使當天展開砲擊，對敵軍造成的打擊也不大。儘管如此，彭德懷仍下達命令，表示：「我同意按福建前指意見，按時炮擊，估計美軍不會參加」。毛澤東也同意此命令。【56】

如上所述，八月二十三日十七點三十分，解放軍展開了金門砲擊作戰。根據《葉飛傳》指出，解放軍將設置在福建前線的四五〇門大砲，一口氣發射至大金門島、小金門島、大膽島、二膽島等島嶼。解放軍的砲擊分爲三波，耗時約兩小時，共發射了超過三萬發砲彈。【57】根據國府所獲得的速報，解放軍在二十三日發射約三萬五千發砲彈，落在金門島及周邊各島嶼，並造成國軍逾五百名死傷者。【58】不過，國府對於二十三日落於金門島與周邊各島嶼的砲彈數量，可能有所誇大，日後ＣＩＡ的報告則指出，估算砲彈共約兩萬發左右。【59】

該日傍晚，毛澤東在北戴河主持中央政治局常務委員會，確認情勢。根據參加會議的新華社社長（兼《人民日報》總編輯）吳冷西回憶，毛澤東在該會議上指出：「我們要求是美軍從台灣撤退，蔣軍從金門、馬祖撤退。你不撤我就打。台灣太遠打不到，我就打金、馬。這肯定會引起國際震動，不僅美國人震動，亞洲人震動，歐洲人也震動。」毛澤東指示吳冷西透過新華社、人民日報、國營廣播電台喚醒國際對世界大戰的恐慌，並表示：「這次砲擊金門，老實說是我們爲了支援阿拉伯人民而採取的行動，就是要整美國人一下」，清楚呈現其意圖。【60】

二十四日十八點十五分起，解放軍砲兵與海軍艦艇對金門展開第二次大規模砲擊。橫

圖3-3 因解放軍砲擊而毀損的金門當地國小（1958年9月5日，金門：中央通訊社）

跨兩天的砲擊，使得國軍對金門的補給也遭到中斷。[61]確實，《蔣介石日記》中也指出，解放軍在傍晚開始砲擊大膽島、東碇島與大武山的司令部等地，並在轟炸古寧頭的基地後，於夜間派出魚雷艇攻擊國府海軍的登陸艦。蔣介石察覺，解放軍的作戰目標並非攻下金門、馬祖，認爲需要重新研擬對策。[62]

二十五日，毛澤東再次主持中央政治局常務委員會，並針對登陸金門作戰提出以下想法：

> 其實，我們向金門打了幾萬發砲彈，是火力偵察。我們不說一定登陸金門，也不說不登陸。我們相機行事，慎之又慎，三思而行。因爲登陸金門不是一件小事，而是關係重大。問題不在於那裡有九萬五千的蔣軍，這個好辦，而在於美國政府的態度。美國同國民黨訂了共同防禦條約，防禦範圍是否包括金門、馬祖在內沒有明確規定。美國是否把這兩個包袱也背上，還得觀察。[63]

如上可見，毛澤東對於金門登陸作戰導致美軍介入的可能性，仍採取極其謹慎態度。

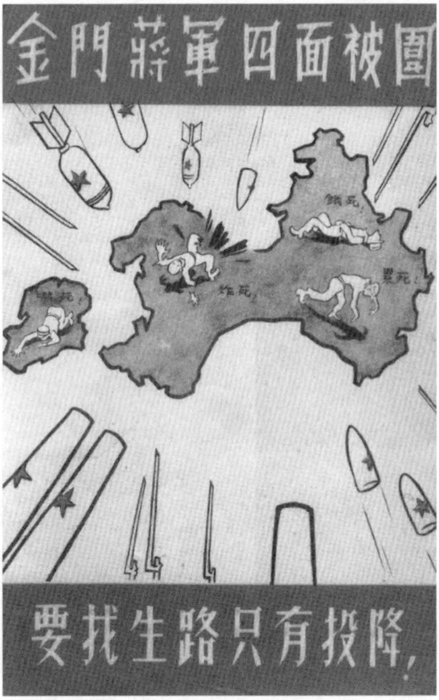

圖3-4 1950年代自大陸投向金門的宣傳單。宣傳單主要呼籲金門國軍投降（泰風老照片館提供）。

杜勒斯收到解放軍砲擊金門的速報後，認爲攻擊僅限沿海島嶼，現階段無法確認是否有無登陸意圖。杜勒斯認爲，對於身處此一情況的美國來說，重要的是制止國軍反擊中國大陸，避免出現美中之間爆發戰爭等情況。[64]因此，八月二十五日與二十九日，白宮召開的會議中，除了論及發表美國政府對砲擊立場的聲明外，也討論到護衛國軍對金門的補給行動，以及支援國府對中國大陸有限度的轟炸等。不過，艾森豪政府考量，國府主張「反攻大陸」，爲了反擊可能會要求美國提供支援，反而會導致美國捲入國府與中國的戰爭，故並未告知國府美國曾討論到的支援內容。[65]

蔣介石在八月二十四日與駐華大使莊萊德（Everett F. Drumright）會晤，表明金門、馬祖的防禦，以及台灣、澎湖群島的防禦本爲一體，爲增強駐守金門的國軍軍力，希望美國政府派遣美軍前往，提供直接軍事支援。蔣介石也主張，若「長期處於『挨打』地位」，對台灣人心與士氣會造成立即性的影響，國府無法維持太久。[66]此外，蔣介石在八月二十七日，向艾森豪送出信件，強調金門正瀕臨淪陷，要求艾森豪以美國總統身分發表聲明，再次要其支援反擊。[67]一九五四年，簽訂《中美共同防禦條約》之際，杜勒斯、葉公超的交換公文中提及「除了明顯行使固有自衛權的情況，如具緊急性質的行動以外」，而對大陸的攻擊則已在事前協議完成，獲雙方共同同意。因此，蔣介石強調砲擊展開後，其所有統治地區所承受的內心打擊及事態緊急性，希望美國政府認可國府對中國大陸的反擊。[68]

八月二十七日以後，解放軍總政治部以福建前線司令部的名義，催促國軍解除武裝，並反覆播放警告「對金門的登陸進攻已經迫在眉睫」的廣播。[69]根據《葉飛傳》指出，八月二十七日後，福建前線司令部將砲擊目標從島嶼改變爲國府海軍的補給路線，並命令集中攻擊國府運輸艦。但攻擊時，爲了避免攻擊美國軍艦，福州軍區空軍在廈門最前線基地裝設探照燈，縝密監視往金門的海上補給路線。[70]從這些行動可見，福建前線司令部希望藉由維持金門的封鎖狀態，促使國軍自主撤退。

不過，毛澤東提及前線司令部發向金門的投降勸告，批判其違反作戰相關指示由中央「集中統一原則」，命中央軍事委員會製作《關於對台灣與沿海島嶼鬥爭的指示》。該指示主要貫徹以下四點：一、持續封鎖，目前不實施登陸作戰；二、封鎖作戰中須同時觀察情勢與實行攻擊；三、海軍、空軍不在公海作戰，國軍軍機若未攻擊大陸，我方則不攻擊金門、馬祖，若國府攻擊大陸，我方則攻擊金門、馬祖，但不攻擊台灣；四、美軍不入侵我領海與領空，則不先行攻擊。[71]

綜上所述，從砲戰初期毛澤東的言行與作戰實施方式中，可窺見其爲了避免敵方掌握作戰意圖及規模而十分苦惱。在不清楚美國政府對於防禦金門、馬祖一事採取何種態度，狀況不透明之下，砲擊作戰一方面必須對美國政府帶來衝擊，但領導層在另一方面，也須十分留意，避免與美軍產生正面衝突。

(2) 轉為封鎖作戰

因持續砲擊與收到解放軍發出的投降勸告，杜勒斯仍對解放軍登陸金門的意圖感到懷疑，並認爲在確認登陸作戰的意圖之前，都應僅針對國軍軍隊補給金門提供支援。[72]九月四日與艾森豪的協議中，也提到在此情況下對中國反擊無法獲得國內外的支持，並決定一方面持續提供國府非攻擊性質的支援，另一方面與解放軍交涉停戰。[73]在與艾森豪協議後，杜勒斯發表聲明宣示美國政府立場，並指出美國總統認爲「爲確保及守衛金門、馬祖等相關地區，准許運用合衆國軍隊」，也提及「金門、馬祖的防禦與台灣的防禦關係更加緊密」等認知。相較於一九五五年發表《台灣決議案》之際，這番發言顯示了美軍對防衛金門、馬祖的參與程度。此外，對於反擊中國大陸的可能性，杜勒斯在非公開談話的條件下，提到若解放軍轟炸金門或展開登陸作戰，便實施反擊。不過，杜勒斯在其他場合，則表明希望延續日內瓦的大使級會談至今的「持續努力」。[74]

同日，毛澤東召開中央政治局常務委員會，分析杜勒斯的聲明，並針對往後軍事作戰方針與美中大使級會談重啓展開討論。參與該會議的中央領導層則對杜勒斯的聲明判斷如下：「他們想守住台灣，是否也固守金金門、馬祖尚未下決心」、「美國人還是怕打仗，未必敢在金門、馬祖同我們幹起來」。因此，領導層同意現階段不登陸金門、馬祖，並尋求機會，把台灣如「絞索」般利用，以對美國施加壓力等方針。該會議中也爲了持續軍事鬥爭，決定發表以周恩來爲主所起草的《關於領海的聲明》，並防止美國艦隊接近金門。不過，毛澤東指示即使美軍艦艇入侵這片「領海」，也不應立即攻擊。毛澤東也在該會議中提議爲因應美中大使級會談重啓，必須「以外交鬥爭配合」福建前線的軍事鬥爭。[75]

遵從在政治局常務委員會的這個決議，周恩來在九月四日發表《關於領海的聲明》，並宣告中國領海寬度爲十二海浬。接著，周恩來又於九月六日發表《關於台灣海峽地區情勢的聲明》，宣示中國政府在台海緊張情勢中的立場。値得注意的一點是，該聲明將台灣、澎湖群島與金門、馬祖完全區分開來，並對美國政府表達抗議。周恩來集中批判，自中東事件以來，國軍以金門、馬祖爲據點，對大陸的擾亂活動日益活躍，而美國政府「企圖利用這種狀況」。除了展開這番批判外，該聲明也對杜勒斯聲明所表達的想法表示尊重，並呼籲重啓美中大使級會談。[76]

杜勒斯聲明發表後，美國政府立場相對明確，至今保持沉默的蘇共中央也開始動作。八月二十三日金門砲戰開始後，中國政府在八月二十六日對蘇聯政府發出簡單通知，指出「解放這些島嶼是中國的內部事務，美國人未必會參與這一地區的衝突」。[77]之後，蘇聯除了在《眞理報》刊載文章，表明原則上支持中國以外，未見其他動作。九月五日，蘇聯駐北京大使館參事蘇達里柯夫（N. G. Sudarikov）求見周恩來，告知蘇聯政府欲派遣外交部長葛羅米柯（Andrei A. Gromyko）至北京，說明對台灣海峽情勢的見解。蘇聯政府正在起草致艾森豪與台海情勢相關的信件，欲與中國政府事先交換意見。[78]對於此事，周恩來基本上同意，並對台灣海峽情勢提出中國方面的見解，指出「中國砲擊金門、馬祖並不是就要武力解放台灣，只是要懲罰國民黨部隊，阻止美國搞『兩個中國』」，以及「如果打出亂子，中國自己承擔後果，不拖蘇聯下水」。[79]

六天後，葛羅米柯秘密訪中，分別與毛澤東及周恩來會晤，但相關會談記錄至今仍未公開。葛羅米柯抵達北京後，周恩來便對其再次傳達先前已對蘇達里柯夫說明過的中國政府立場，並提出標記當日日期的台海情勢相關聲明文。對於此事，葛羅米柯對中國政府的立場表達同意，並交換致信艾森豪的信件草稿。此外，葛羅米柯也對毛澤東提及，蘇共中央對中共中央的立場表示同意一事。[80]

毛澤東對這份信件草稿大致感到滿意，認爲「肯定正確部分占百分之九〇，可商量部分只占少數」，並命周恩來詳細檢視草案，若可能的話將意見書交予葛羅米柯。[81]九月七日赫魯雪夫致信艾森豪的信件，則以蘇聯核保護傘保護中國，並威嚇美國。[82]從九月十日《人民日報》以〈侵犯中國就是侵犯蘇聯〉標題刊載該信件全文動作可見，中國領導層從蘇聯公開以核保護傘保障中國一事，發現極大價值。[83]

這段期間，九月五日至八日間，中共中央召開了第十五屆最高國務會議。該會議原本是以討論第二次五年計畫與人民公社問題等名義召開，但毛澤東將大量時間撥至討論國際問題上。五日，毛澤東表示「美國現在在我們這裡來了個『大包乾』制度，把金門、馬祖，還有些什麼大膽島、二膽島、東碇島一切包乾，我看他就舒服了。他上了我們的絞索（中略）台灣也是絞索，不過要隔得遠一點。把金門這一套包括進去，那它的頭更接近我們。」，再次提到「絞索」理論。[84]另一方面，毛澤東也說：「我們並不要登那個什麼金門、馬祖。你登它幹什麼？它的工事相當堅固。就是嚇它一下。但是，金門、馬祖並不是一定不打，一有機會，我們就機鑽上去，相機而行。」顯示其對登陸作戰仍採謹慎態度，並不改尋找攻下金門機會的想法。[85]

此外，在這場最高國務會議期間，中國領導層也察覺，杜勒斯聲明已宣告美國介入金門、馬祖防禦，但未必獲得同盟國的支持。對杜勒斯聲明表示支持的，只有韓國的李承晚政府，菲律賓甚至還表示除非國內美軍基地遭受攻擊，否則不參與反擊。至於英國及日本則對表明支持防禦金門、馬祖採取謹慎態度（後述），故看起來「美國很孤立」。[86]這麼一來，毛澤東一面強調「絞索」理論，一面期待美國對金門、馬祖採「脫身」政策，甚至可能要求國軍撤退。最高國務會議最終日，毛澤東再次提到「絞索」，並指出「金門、馬祖據我看也套上了（引用者註：在美國政府的防禦範圍內）」。不過，毛澤東也說到「要解脫也可以」，以及「他們那一班子實在想脫身，而且輿論上也要求脫身」。[87]

最高國務會議閉幕的九月八日當天，解放軍繼八月二十三日、二十四日後，第三次對金門實施大規模砲擊。毛澤東自九月四日起停止砲擊三天，並觀察敵方態度，但因美軍艦隊再次護衛國軍軍艦隊，故決定再次展開大規模砲擊。毛澤東表示「必須懲罰美國人」，但砲擊對象仍鎖定國軍軍艦，貫徹不攻擊美國軍艦的方針。[88]此外，毛澤東更決定將最高國務會議中提及的「絞索」政策對外公開。判斷該舉動目標是以「絞索」理論對美國政府施加壓力，促使其放棄金門、馬祖的共同防禦。九月九日的《人民日報》刊載〈毛澤東在最高國務會議上論目前形勢〉，記述毛澤東談話內容為在「東風壓倒西風」的國際情勢下，台灣及黎巴嫩等「都是套在美帝國主義脖子上的絞索」，宣傳其「絞索」理論。[89]

此外，在對美宣傳的同時，中共在「反右派」鬥爭後早已中斷對國民黨和平交涉的呼籲，也在此時重啓。周恩來於九月八日與十日共兩度與至北京採訪的曹聚仁會面，告知金門、馬祖的國軍共有三個選擇：一、與島嶼共同滅亡；二、所有士兵自主撤退，而原本國軍約有三分之一軍力駐守於金門、馬祖，撤退一事可成為對美交涉條件；三、要求美軍協助撤退時的護衛，但面子想必掛不住。因此，建議國軍採取二、自主撤退。不僅如此，周恩來也讓曹聚仁返回香港後轉告國民黨高層，會給予國軍七天時間考慮，並呼籲國府若欲回應中共的交涉，則在沒有美軍護衛下補給金門。[90]就如上所述，解放軍對金門的作戰由砲擊轉向封鎖，同時中國也對美國與台灣施加政治上壓力，促使國軍自金門、馬祖撤退。

(3) 呼應周恩來聲明之群眾動員

中共中央呼應並支持九月六日的周恩來聲明，更決定動員群眾反對「美帝國主義」的軍事威脅，如「對全國人民進行一次廣泛的深刻的政治教育，方法包括遊行示威、大會小會、報紙廣播、標語漫畫等等」，以及「這個運動的規模，應該比反對美軍登陸黎巴嫩的運動更大」。動員運動結合生產活動、人民公社、全民武裝等行動，並由中共中央對各地發出指令，自翌日起須配合下列標語迅速展開動員。

一、擁護周總理的聲明
二、反對美帝國主義干涉我國內政
三、反對美帝國主義的軍事挑釁與戰爭威脅！
四、反對美帝國主義威脅遠東和世界和平
五、一定要解放金門、馬祖
六、一定要解放台灣
七、美軍軍隊從台灣地區滾出去

八、向英勇的福建前線將士致敬！英勇的人民解放軍萬歲！
九、中華人民共和國萬歲
十、以蘇爲首的社會主義陣營萬歲
十一、亞洲、非洲、拉丁美洲的民族獨立運動萬歲
十二、世界和平萬歲！【91】

即使到了此時，「解放」金門、馬祖與「解放」台灣仍各自列爲獨立項目，但相較於台灣的「解放」，金門、馬祖的「解放」列爲較優先順序，則引人深思。

遵循上述中央指示，九月六日晚間廣播播放周恩來的聲明後，各地以都市地區爲中心，召開動員群衆的示威及集會。各地黨組織及新華社收集各階層人民在動員活動中的反應，並向中央報告。當時的《內部參考》中，記載了一部分內容。《內部參考》分成：一、中央與地方都市幹部與群衆；二、地方都市的「右派份子」，以及三、前線民衆與「敵方特務」等三類，收集各項情報。

中央及地方幹部積極擁護周恩來的聲明，舉辦示威活動及座談會。在座談會中，幹部們主要著眼於目前情勢發展成戰爭的可能性、戰爭發生時哪一方較有利，以及如何對戰等問題討論。【92】《內部參考》中除了中央各機構外，也報告了北京市、上海市、重慶市、天津市等地幹部與民衆參與座談會的狀況，其中有兩個共通點如下：第一，不管在哪座城市，金門、馬祖的「解放」與「解放台灣」往往被各自獨立談論，人民對「解放」金門、馬祖多感到樂觀，認爲「馬上成功」、「已成熟的時候」等；對於「解放台灣」則認爲是長期目標，必須

圖3-5　推測爲1958年國民黨散布至中國大陸的宣傳單。內容諷刺毛澤東，指出「以前大家都可祈求發財，但在共產黨的統治下，只有共產黨才能賺大錢」（1958年：秦風老照片館提供）。

持續努力。第二，多數城市皆有「一些模糊、錯誤的認識」，也就是台灣海峽的軍事緊張情勢恐發展成世界大戰，一旦演變至此，可能造成「大躍進」的阻礙。[93]

另一方面，在先前「反右派」鬥爭中被認定爲「右派」者有什麼反應，也受到中央所矚目。這些人的認知，會比一般民衆更加謹慎。舉例來說，北京市的「右派份子」中，雖然也有部分人認爲「解放」台灣之際，會對「右派」較爲寬容，若戰爭爆發，「右派」則會遭受嚴重攻擊，但也有不少人不願輕易表態。上海市及廣州市的「右派份子」反應更加「反動」，甚至還出現歡迎國府「反攻大陸」，以及期待美國進攻中國大陸等聲音。[94]若著重收集這些情報，則中央也會較爲警戒在「反右派」鬥爭中被認定爲「右派」者，以免這些人在台海危機中呼應美國與台灣。

此外，進入九月中下旬，如後文所述，台灣海峽戰況轉爲對國軍較爲有利，《內部參考》則刊載了福建前線「特務」及「壞份子」相關情報。潛伏於福建前線的「特務」，自金門砲戰開始後，便於前線地區流傳「謠言邪說」，破壞生產活動。這些人製造第三次世界大戰爆發與蔣介石「反攻大陸」等謠言，意圖使前線人心產生混亂，或煽動壟斷市場等行爲。[95]即使並非「特務」，福建前線有不少居民家屬身在台灣，在一九五八年這個階段，「反革命份子」及「壞份子」仍被認爲「暗藏」其中。趁著台灣海峽軍事緊張情勢升高，這些人可能會展開「破壞行動」，或組織「反革命團體」。根據福建省公安部門的調查，所謂「地、富、反、壞、右五類份子」對黨的態度，在前線各地區皆有惡化傾向。[96]在《內部參考》中，除了這些前線反動動向以外，也記錄許多國府加強中國大陸特務工作的情報。[97]

第二次台灣海峽危機相關過去的研究中，有些研究主張中共過度重視與金門砲戰同時展開的國內民衆動員，爲動員大衆促進大躍進政策，才決定砲擊金門。[98]然而，只要注意其動員時機、手法，以及因應動員所收集的情報，就可發現爲「解放台灣」展開的群衆動員並非這麼單純的行動。第二次台灣海峽危機時因「解放台灣」而開始的群衆動員行動，主要因應金門砲戰，且並非於砲戰後立即展開，而是配合九月六日周恩來聲明發表後才指示動員並於之後展開。此外，當時喊出的口號內容，也呼應了周恩來聲明的內容。至於與動員同時展開的座談會及情報收集，相較於中東情勢及「大躍進」政策，反而與「反右派」鬥爭時中斷的對台宣傳工作更具關連性。這種群衆動員及宣傳工作，不僅可支援中國政府的外交鬥爭，更可將其解釋爲具有防患國內呼應美國、台灣反擊勢力出現等意義。

3. 政治軍事鬥爭之極限

(1) 美中大使級會談重啟

最高國務會議閉幕後，毛澤東委由周恩來統籌台海危機相關的外交鬥爭，自己在九月十日至二十八日間走訪湖北省、安徽省、江蘇省、上海市等地，視察「大躍進」與「人民公社」的狀況。自北京出發前的九月八日與九日，毛澤東於中南海召集劉少奇、周恩來、鄧小平、彭眞、外交部副部長張聞天、黃克誠、王炳南與喬冠華等人，研擬美中大使級會談相關對策。[99]根據王炳南的回憶，毛澤東與王炳南單獨會面，指示大使級會談中避免刺激美國代表，以類似說服般的措辭呼籲對話。[100]

九月十三日，毛澤東自武昌致信周恩來及黃克誠，指示軍事上不分晝夜，鎖定料羅灣起三海里以內區域施放空包彈，以及「華沙談判，三四天或者一週以內，實行偵察戰，不要和盤托出」。周恩來立即召集彭德懷、黃克誠，以及其他軍事外交相關幹部，將空包彈相關指令告知前線司令部，並決定在大使級會談中「估計美國可能先提停火，再提沿海島嶼非軍事化，已預告王炳南予以駁斥」。[101]

外交部針對王炳南於第七十四屆美中大使級會談中的發言稿，以及向美國政府提案的共同聲明研究、推敲。這些多可見到周恩來過目，並加註指示的痕跡。發言稿的關鍵，包含分別抗議美國占領台灣，以及國府占領金門、馬祖，以及只要國軍自主撤離金門、馬祖，便明確表明解放軍不會追擊。[102]共同聲明案也反映上述兩個關鍵，對中國來說已有不少讓步。推測外交部打算於重啓後的第一場會談時提出聲明案，藉此掌握會談主導權。外交部製作的美國政府共同聲明案如下所示：

爲了和緩和消除台灣地區的緊張局勢，爲了保障遠東和世界的和平，王炳南大使代表中華人民共和國政府，比姆大使代表美利堅合眾國政府，協議聲明；雙方保證通過和平談判解決他們兩國之間在台灣地區和遠東其他地區的爭端而不訴諸威脅或者武力，並且對以下各點達成協議；

一、中華人民共和國政府聲明，台灣和澎湖列島是中國的領土，金門、馬祖等沿海島嶼是中國大陸的內海島嶼，中華人民共和國政府完全有採取一切適當的方法，在適當的時候，解放中國的這些領土。這是中國的內政，不容許外國干涉。

二、美利堅合眾國政府（在規定的時期內）保證從台灣、澎湖列島和台灣海峽撤出它的一切武裝力量。

三、中華人民共和國政府聲明，爲了消除對中國廈門、福州海口的直接威脅，逼近廈門、福州兩海口的、爲國民黨軍隊所占據（盤據）的金門、馬祖等沿海島嶼，必須收復。如果國民黨軍隊願意主動地從這些島嶼撤走，中華人民共和國政府將不予追擊。

四、中華人民共和國政府聲明，在收復金門、馬祖等沿海島嶼以後，將爭取用和平方法解放台灣和澎湖列島。並且在一定的時期內避免使用武力（和平方法以外的方法）實現台灣和澎湖列島的解放。

五、中華人民共和國政府和美利堅合衆國政府一致認爲，在台灣海峽公海和公海上空的航行和飛行的自由和安全，必須受到保證。[103]（引用者註：底線文字爲外交部修正過程中添加，括號內文字則爲刪減或取代之字詞。）

上述草案應經過多次修正，而從公開的修正稿中可看出，修正過程中，逐漸強調收復金門、馬祖的重要性。對於此點，包括美軍自台灣、澎湖群島撤退，以及「解放」這些地區等部分，中國仍未明確定出妥協程度。直到最後仍留有爭論痕跡的部分，則是要設定多少時間供美軍考慮自台灣撤軍，以及「解放」台灣、澎湖群島的手段是否限制至何種程度等問題。外交部所得出的結論爲，前者不加註考慮時間，後者則明示放棄武力手段，王炳南遂帶著這些內容參與大使級會談。

美國參與會談時之目標爲，盡可能維持金門、馬祖，並爲了迴避與中國的戰爭，希望獲得中國承諾不因這些島嶼引發紛爭。美國國務院針對與中國的大使級會談召開會議，其中杜勒斯提議國府繼續占領金門、馬祖的問題，以及國府利用這些島嶼作爲「反攻大陸」據點，與大陸作戰的問題，是否可區分開來討論。也就是說，杜勒斯認爲只要金門、馬祖不再是國府向大陸展開軍事挑釁的據點，中國政府就能安心，而國府可持續占領金門、馬祖，並與中國政府達成非軍事化的權宜妥協（modus vivendi）。[104]

大使級會談前一日，除了以國務卿身分發的電報外，杜勒斯亦以個人身分發電報予比姆大使，指出「將沿海島嶼送至共產黨手中」以外，美國政府皆可爲「結束自這些島嶼挑釁大陸的行爲」，具有思考「各種措施」的空間。[105]在此認知下，美國希望以一、停止解放軍軍事行動；二、不觸及各自主張島嶼領土權下達成非正式停戰（informal cease-fire）；三、停止以這些島嶼爲據點的挑釁行爲，與緩和台灣海峽之緊張情勢等順序展開交涉。[106]

經歷上述過程，九月十五日在第七十四屆美中大使級會談中，王炳南照著外交部所擬文稿發言，並提出共同聲明案。對此，美國僅止於要求中國停止在台灣海峽的軍事行動，並未具體提出共同聲明及停戰協定。[107]根據比姆大使的報告，王炳南對於美國政府並未提出具體提議感到失望。中國的聲明案則是爲了取得中立國在內的國際輿論支持所擬，王炳南則受到強烈壓力，無法脫離黨的立場。[108]對於此問題，美國政府立場爲，只要該地區持續軍事行動，無論何種撤退方式都無法交涉。不過，比姆接獲指示，須告知中方，只要雙方對解放軍停止攻擊便不行使武力這點達成共識，便準備於次回會談時討論自金門大規模撤兵一事。[109]

接著，九月十八日舉辦的第七十五屆的美中大使級會談上，比姆先說明不接受上一次中國所提出的共同聲明案，並指出因美國具防禦台灣與澎湖群島的義務，故無法同意該聲明，但只要中國停止攻擊，就同意放棄行使武力，並大幅縮小該地區美軍編制。比姆更表示，在美中雙方「不牴觸集體及個別自衛權的情況下，放棄於金門、馬祖行使武力」的前提下，可提出持續交涉削減該地區軍備及兵力的聲明。[110]不過，王炳南主張比姆的提議「荒唐無稽」，不予理會。這是因爲在放棄在金門、馬祖行使武力這一點，還加上了「不牴觸集體及個別自衛權」條件所致。根據美國國務院的記錄，王炳南「態度較前次會談更加強硬、拒絕妥協」，且「受限於拒絕停止軍事行爲的強烈命令，不僅不提出官方聲明，看起來對於實際上的停戰提議也毫不關心」。因此，比姆判斷「王雖主張沿海地區的危機以及立即解決的必要性，但實際交涉時並未感受到迫切之情」。[111]

周恩來推測美中大使級會談爲「關於停火和撤軍的鬥爭，估計會進行幾個回合。在三四次會議後，可看出美方究竟有無意思要蔣軍從沿海島嶼撤走」。[112]因此，周恩來在九月十八日召集黨副主席（兼副總理）陳雲、中央書記處書記彭眞、外交副部長張聞天與廖承志等人，開會討論具體方針，以反駁美國政府提出的停止戰鬥要求，並譴責美軍介入台灣海峽。周恩來向毛澤東報告會議決定的新方針如下五點：一、準備外交部長聲明，以反駁杜勒斯於聯合國的演說；二、發表聲明動員各地媒體、各黨派及人民團體支持；三、將我方鬥爭方針告知赫魯雪夫及葛羅米柯，請蘇聯及其他同盟國家統一步調；四、以周恩來名義致信柬埔寨首相施亞努（Norodom Sihanouk），說明美國停止戰爭要求的陰謀與我方立場；五、將記載相同內容的備忘錄遞交至社會主義各國、亞非各國以及北歐各國政府。毛澤東認爲這些新策略「是主動的、積極的和有理的」，因而表示歡迎。[113]

之後，九月二十二日舉辦的第七十六屆美中使級會談中，中國再次提出的聲明案，較第七十四屆提出的內容大幅讓步，以「尊重彼此領土完整與主權，並在不干涉內政的原則下」延續中美兩國交涉，而對美國的目標僅列出「自台灣地區撤離一切武力」。[114]收到該提案後，艾森豪與杜勒斯在九月二十三日會晤，並認爲「美中大使級會談有極高可能無法達到任何結果」。[115]

對於上述美中大使級會談的展開，國府表達其一貫不滿的立場。對國府來說，戰略價値極高的金門、馬祖遭搶奪固然爲一大問題，但更嚴重的問題則是「民主國家無決心來阻止共產勢力的擴張」。[116]莊萊德也向美國回報，國府並非同意金門、馬祖的凍結，以及中立化、撤軍等要求，而是認爲「美國對於緩和緊張情勢的努力，是否也化爲烏有」。隨著解放軍封鎖長期化，國府加強對政府威嚴不容挑戰與軍隊士氣下降等問題，並向美國政府要求美軍須於領海外護衛國軍補給船，許可國軍反擊中國大陸，美軍也須提供支援。[117]

不過，九月中旬之後，國軍對金門的補給雖少，但也變得較為順利。雖然此情況仍持續變動，但艾森豪與杜勒斯推測，只要持續成功補給金門，中國對金門的攻擊應有機會結束。艾森豪與杜勒斯也認為，這樣的話，變更現狀的需求性也因而降低，即使不縮小金門的軍備，也可獲得西歐與亞洲同盟國的支持。如此一來，對美國政府來說，最需要注意的問題，便從與中國的交涉轉移至蔣介石可能的軍事行動，也就是說，美國政府轉向制止「反攻大陸」一事。[118]

另一方面，福建前線司令部在此時期向中央提案對金門：一、加強砲擊；二、藉由轟炸加強壓力；三、並派海軍、空軍與砲兵共同攻擊。根據《周恩來傳》，這是為了「配合華沙談判鬥爭」，並讓金門作戰「全面開花」。[119]不過，有鑑於當時前線的戰況，這有可能是因金門的封鎖持續被破解而產生之對應方式。即使前線有此提議，但周恩來仍將「打而不登，斷而不死」列為往後的作戰方針，決定不轟炸金門，也不展開海空軍的共同作戰。[120]九月二十二日，周恩來向仍在視察地方的毛澤東說明此決定如下：

> 在目前形勢下對金門作戰方針，仍以打而不登，斷而不死，使敵晝夜驚慌不得安寧妥協。海空炮聯合作戰確不易配合很好，且有觸及美艦美空軍的可能。我實施對金門轟炸更不適宜，因這樣做，恰好給蔣介石空軍以轟炸我大陸的機會。目前，美軍還在控制蔣幫空軍不許其轟炸我大陸，其原因是摸不透我空軍會炸何地：金門還是台灣？既然美方還摸不清我方

空炸動向，我就以不促成蔣空軍向我大陸轟炸爲有利。如蔣轟炸大陸，而我只炸金門，反而示弱，所見對否，請示！[121]

如同周恩來所提，在解放軍的攻擊仍限於砲擊金門的情況下，美國政府也強烈制止國軍對中國大陸的反擊。一旦美國政府爲金門、馬祖支援國府的反擊，美國海內外對艾森豪政府的批判必定會更加尖銳。[122]實際上，艾森豪政府的內部爲制止國府「反攻大陸」，已開始研擬如何讓國軍自金門、馬祖撤退。[123]

(2) 在聯合國大會的外交鬥爭

如艾森豪與杜勒斯所擔心的，美國海內外的輿論大多不希望美國因中國大陸沿海島嶼捲入與中國的戰爭，也對艾森豪政府增強第七艦隊，並加強對中國軍事威嚇的政策加以批判。舉例來說，九月初美國新聞署（United States Information Agency）對美國國民舉辦的電話民調指出，接受民調者中共有百分之九十一認爲，美國政府在軍事介入金門、馬祖之前，應委由聯合國解決該問題。[124]九月下旬《紐約時報》更報導，這幾週內國務院收到超過五千封的信件，其中有百分之八〇皆反對艾森豪對金門的政策。[125]

同盟國的政府雖然對解放軍的攻擊維持團結，但若提及金門、馬祖的防禦，各國就不一定與美國政府站在同樣立場。其中英國的麥米倫（Harold Macmillan）政府，便延續了第一次台灣海峽危機時的立場。其立場就如一九五五年二月艾登與邱吉爾所示，雖反對解放軍在台灣海峽行使武力，卻認同中國政府具金門、馬祖之主權。[126]從這樣的立場可見，因美國政府的姿態相較於一九五五年時，對金門、馬祖防禦的介入更加明確，使得英國政府產生危機意識。[127]此外，日本外務省雖被請求支持國府立場，但也予以拒絕，僅表明希望和平解決紛爭。[128]

從中立的各國之間，也出現欲協調各國、緩和軍事緊張情勢的領導者。柬埔寨首相施亞努表明欲擔任美中協調者的想法，便在造訪紐約出席聯合國大會時，與遠東事務助理國務卿羅伯森會談，說明毛澤東、周恩來與陳毅等人僅是擔憂金門、馬祖成為攻擊大陸的據點，並說服其讓中國參與國際社會，這些問題仍有餘地可透過交涉解決。[129]此外，挪威政府也支持聯合國秘書長哈馬紹，欲展開讓金門、馬祖中立化的倡議。挪威外長朗格（Halvard Lange）也在紐約與羅伯森會晤，提議為緩和台灣海峽軍事緊張情勢，可委託聯合國秘書長，以聯合國為中心，達到金門、馬祖中立化的目標。[130]

第十三屆聯合國大會在九月十六日開始後，台灣海峽的軍事緊張情勢問題勢必會被提起，而此問題也會影響到聯合國中國代表權緩議案的表決。雖然聯合國大會在九月二十三日的緩議案表決中，以贊成票占多數通過，但其贊成率為歷屆最低，各國代表的演講中，也沒有任何國家支持美國在沿海島嶼防禦上的立場。美國駐聯合國大使小亨利・卡伯特・洛奇（Henry Cabot Lodge Jr.）對杜勒斯報告聯合國大會的狀況，如目前美國政府對沿海島嶼防禦的介入「讓各國代表感到為難」，美國政府正在引發「被捲入不符合國家利益的政策」之憂慮等。[131]為了拉攏這些國際輿論，杜勒斯在九月十八日聯合國大會的演說中，提到中共政權於這九年間，未曾實質統治過台灣、澎湖群島，以及金門、馬祖的事實。除此之外，杜勒斯也強調中共欲以武力壓制這些地區的不正義。杜勒斯極力避開在西方國家與中立國家間不

斷爭論的國府防禦金門、馬祖一事，僅聚焦在解放軍行使武力上，批判中國及社會主義陣營。【132】

如前段所述，中國政府不具出席聯合國大會的權利，便由外交部長陳毅獨自發表聲明，並透過外交途徑呼籲社會主義國家、亞非各國及北歐國家表達支持與支援，以對抗杜勒斯在聯合國大會的發言。九月二十日，外交部長陳毅發表聲明以對抗杜勒斯的演說也指出：「中美之間沒有打仗，根本談不上什麼『停火』。（中略）中國人民為了解放自己的領土，不論用和平方式還是用武裝鬥爭的方式，都是中國人民自己的事情。（中略）美國武裝力量一天不撤退，台灣海峽地區的緊張局勢就一天不能消除。」。【133】

在同一天，外交部也對各駐外使館發出《關於國際活動中揭露和打擊美帝國主義的所謂「停火」陰謀的通知》。該《通知》指出，美國政府的停戰要求是為了「束縛我國的手腳」，且「目前，英國和日本正在不同程度上以不同方式配合和支持美國這一陰謀」。此外，列出陳毅聲明的重點後，該通知也將往後立場上之原則列出如下：

在揭露和打擊美國這一陰謀的同時，對配合和追隨美國這一陰謀的英國和日本也必須根據情況，加以必要的揭露和打擊，但應該和美國區別開來，以免造成四面出擊，分散了對美國的鬥爭。外國有些人士雖然承認我國有權利解放我國領土台灣、澎湖列島和收復金門、馬祖等沿海島嶼，但由於他們害怕戰爭，或者對我國解放台灣的立場缺乏正確的理解，因而片面地、盲目地主張和平解決台灣和沿海島嶼問題。對於這些人物態度應該同對美帝的態度加以區別，根據不同情況向他們進行必要的解釋和說服工作，使他們認識到要消除台灣海峽地區的緊張局勢，就必須使美國撤出台灣海峽地區，停止干涉中國內政。

此外，過去外交部的通知多指示須觀察情勢，避免先行表明自身態度，但該《通知》則一改過去態度，指示須在相關國際機構與國際會議中積極表明中國政府立場。[134]

翌日，外交部向北京各國使館遞交台灣海峽地區相關《備忘錄》，重複陳毅聲明的內容，反駁美國政府提出的停戰要求。[135]周恩來也親自與印度、緬甸、斯里蘭卡大使，以及柬埔寨經濟代表團副團長會晤，反駁停戰要求。[136]此外，周恩來在二十日致信施亞努的信件中，除了感謝施亞努支持恢復金門、馬祖以外，也告知「自從你離開中國以後，台灣海峽地區的嚴重局勢又進一步惡化」，並提及美國政府對金門、馬祖防禦的軍事介入，指控美國對停戰的呼籲，是擾亂國際輿論的「政治陰謀」。[137]

中國政府在當時，對挪威的居中協調並無任何反應。九月二十四日，朗格與中國住挪威大使徐以新會談，雖同意中國外交部的《備忘錄》，但也表示若有意和平交涉，就須停止軍事行動，如此一來，便會安排哈馬紹出面調停。[138]三日後，挪威外交部告知中國，九月二十九日，朗格與杜勒斯預計展開會談，催促中國回覆先前的提案。[139]不過，中國外交部在聯合國「尚未驅逐蔣介石集團的非法代表和恢復中華人民共和國的合法席位」，故無法接受聯合國的調停立場下，僅再次向挪威表達《備忘錄》的立場，實際上拒絕了挪威政府的調停。[140]

九月下旬，在國軍開始成功補給金門，解放軍也未展開新一波攻擊的情況下，台灣海峽的軍事緊張情勢逐漸緩和。這麼一來，大英國協各國也開始加強批判美國政府介入國府防禦金門、馬祖一事。從駐英代理大使宦鄉的報告獲得極高評價一事，可確認毛澤東與周恩來相當關注上述大英國協的動向。宦鄉接獲指示，針對美英因台灣海峽情勢而起的「矛盾」報告道：英國政府採取「兩面政策」，表面上支持美國政府的「侵華立場」，但對於「解決」金門、馬祖問題的方法，卻採取不同立場。隨著美英間的「矛盾」日益鮮明，宦鄉也建議不回應任何調停，只要「以靜待動」，直到攻擊對象鎖定於美國政府。【141】

(3) 蘇聯的停戰勸告

中國在美中大使級會談及聯合國展開外交鬥爭期間，赫魯雪夫擔心台灣海峽軍事緊張情勢持續，便思索是否再次寄送信件致艾森豪。九月十八日，周恩來與蘇聯駐中國代理大使安托諾夫（S. Antonov）會談，針對美中大使級會談狀況及中國政府立場說明如下：

> 目前的中心問題是美國應當把它的軍隊撤離台灣和台灣地區。（中略）針對美國的停火建議，我們提出撤軍的反建議。（中略）美國不願捲入戰爭，我們也不願同美國作戰。在這方面我們同美國一致的。（中略）蔣介石卻盡量想把美國拖下水。（中略）他想擴大軍事行動，我們也可以擴大軍事行動。在這方面，我們同蔣介石也是一致的。除兄弟國家以外，我們還要向亞非國家進行工作。這些亞非國家中有二種要求。第一，要求停火，這符合美國人的意思，第二，蔣軍撤離沿海島嶼，這符合我們的意見。這兩種意見有可能會形成一種運動。如果美國擔保蔣軍在一個月內撤離沿海島嶼，那我們可以同意讓蔣軍和平地撤離這些地方。可是現在美國不會同意這種做法。因此，美國要求先停火，我們就要求先撤軍。在這個

問題上，我們有三個戰場，華沙、紐約和金馬前線來用談、罵、打三種方法，這三種戰場與三種方法都是密切地相關連著的。（左線爲引用者加註）[142]

如上所述，說明中國政府的立場之外，周恩來也向安托諾夫要求，希望聯合國大會中論及台灣海峽情勢時，蘇聯代表也一同出席，以支援中國。該會談中，安托諾夫也將赫魯雪夫寫給艾森豪的第二封信件草稿交予周恩來。信件中強調中蘇團結，強硬譴責美國政府的對華政策，中國領導層除了幾句文句外，也稱讚該信件內容。[143]九月十九日赫魯雪夫發出該信件，但遭到美國政府拒絕接受。[144]在第二封信件遭到拒絕，大使級會談中美中交涉也未有結論，就連在聯合國中也未見解決方案，擔憂此事的蘇聯，便對中國提議展開相關十國的首腦會議。九月二十七日，周恩來與安托諾夫會晤。在這前兩天舉辦的中美大使級會談中，中國所主張的國軍自金門、馬祖撤退，以及美國所主張的停戰要求成了無交集的平行線，但周恩來向安托諾夫說明，中國政府並不著急。對於周恩來的說明，安托諾夫交予一份備忘錄，內容爲蘇聯爲解決問題所準備的措施，並尋求中國的意見。[145]該備忘錄中也提案舉辦相關十國首腦會議，以解決問題。蘇聯所提出的十國，包含中國、蘇聯、美國、印度、印尼、緬甸、斯里蘭卡、柬埔寨、巴基斯坦及泰國，有別於第一次台灣海峽危機時預計邀請的英國及法國，改爲邀請柬埔寨及泰國。雖然當時也考量是否邀請日本，但因「由美國軍隊占領的日本在國際政策方面目前不可能、也並未採取獨立的立場」的原因遭排除。蘇聯提議邀請這些國家首腦聚集至印度德里，針對台灣海峽情勢商討。[146]

根據俄羅斯研究者Zubok之研究，其實除了該備忘錄之外，另有蘇共中央致中共中央的信件，在九月二十七日送至中國。該信件中提到葛羅米柯訪中後，以及赫魯雪夫致信艾森豪的第一封信件，確認中國受到蘇聯核保護傘所守護。此外，除了評論中國透過自身努力緩和核戰危機，也傳達「不希望我們的團結受到懷疑」及中蘇團結的重要性。[147]從公開的中國外交部檔案中雖未見到該文件，該信件是否是經安托諾夫交予周恩來？若先前的備忘錄及該信件在同時機遞交至中國，即可推測蘇聯提供中國核保護傘，相對地也要求中國回應舉辦台灣問題的國際會議。從蘇聯的立場看來，台灣海峽問題常有將蘇聯捲入美中戰爭的危險，蘇聯以此危機爲契機，試圖降低台灣海峽出現戰爭的可能性。

不過，中國對蘇聯所提議的國際會議反應消極。九月二十八日至二十九日間，中國統整了對蘇聯提案的意見。中國根據「目前在中美關係上，我們處於十分主動而美國處於十分被動的地位。（中略）在經過一個時期的拖延以後，轉而不得不迫使蔣軍逐步撤退。拖下去，對美國不利，對我們有利」的認知，認爲「我們不著急而讓美國提出妥協的方案」，對拒絕蘇聯提案決定說明如下：

> 蘇聯除公開表示支持我國以外，幾乎不必忙於提出什麼具體建議（中略）這樣，可以使蘇聯在目前的局勢中保持比較主動的地位。蘇聯目前提出的這一召開十國最高級會議談論台灣問題的建議的內容有值得研究的地方，更主要的是現在提出這類建議還爲時過早。因爲這類建議目前還缺乏現實的條件，宣傳效果也不大，而且反而可能在國際輿論上造成一種錯覺，幾乎我們急於解決問題。這是我們不利的。[148]（左線爲引用者加註）

翌日二十九日，赫魯雪夫遞送兩封新的機密信件予周恩來。[149]信件推測為赫魯雪夫回覆周恩來先前的信件，但其內容並未公開。

接著，九月三十日，周恩來與臨時大使安托諾夫會談，說明中共中央對台灣海峽情勢的見解，並對赫魯雪夫與蘇共中央提出多點要求。在會談的記錄中，周恩來的說明與要求內容雖遭省略，但周恩來曾於二十八日至二十九日間，彙整黨內意見以告知蘇聯。不過，蘇聯也向中國出示赫魯雪夫致信艾森豪的第三份信件草稿。[150]此信件的主要內容，則是舉辦十國首腦會談討論台灣海峽情勢的提議。赫魯雪夫向艾森豪說明，台灣海峽情勢可能成為捲入美國、中國與蘇聯等大國的世界戰爭導火線，就這一點看來，即使中國的聯合國代表權尚未恢復，但與遠東地區和平相關的國家仍須取得共識。[151]

對於這份第三信件，中國領導層暫時保持沉默。這段期間，毛澤東於十月二日與保加利亞、阿爾巴尼亞、羅馬尼亞、蒙古、蘇聯與波蘭等六國代表團會晤，表示現階段之所以使用了武力這個最後手段，持續對金門砲擊的原因非常難以解釋，但仍說明如下：

這是眞打，基本上還是文打。我們沒有跟任何外國人開戰。美國人要我們停火，每天都要我們停火。我們沒有跟你打仗麼？為什麼停火？我們中國就沒有跟你美國人開過戰，就沒有打槍，（笑聲）只有我們跟我們的蔣委員長，蔣總統，我們這個國家有一個總統叫蔣介石，也是我們的老朋友，這個仗可打得久了，打了三十一年，一九二七年打起，還要打多少年，我也不知道，可能還要打七十年吧，合起來就是百年戰爭。[152]

翌日，安托諾夫與陳毅會談，並告知對於第十三屆聯合國大會中，有多個國家欲將台灣海峽情勢列入大會議題一事，蘇聯所抱持的態度。根據當時提出的備忘錄指出，美國等國希望在聯合國大會與安理會中討論台灣情勢，但蘇聯不僅反對此事，還會代爲表示中國在台灣問題上的立場。另一方面，安托諾夫也對於前日談話中，毛澤東所說的運用「文打」一事表示贊成，並提出若戰爭爆發時也會共同參戰，但也表示「必須盡力避免戰爭的發生」，說明核戰的威脅。此外，安托諾夫也叮嚀道，赫魯雪夫對於突發事件引發戰爭的危險性相當警戒。就像這樣，蘇聯提供中國核保護傘協助，並在聯合國支持其立場；相對的，也持續對中國施加壓力，以緩和台灣海峽的軍事緊張情勢，避免造成與美國的戰爭。對於安托諾夫的這番發言，陳毅僅重申至今的立場，並表示「目前狀況對我們有利，對美國不利」。[153]

4.「解放」金門、馬祖之長期擱置

(1) 停止砲擊的決定

九月下旬，蘇聯增強要求中國停戰的壓力，而美國政府與國府之間，則爲了縮小金門、馬祖軍備及反擊中國大陸等事產生嚴重齟齬。

艾森豪政府內部為阻止國府反擊中國大陸，正開始研討縮小金門、馬祖的國軍軍備之際，國府為延續美國政府對金門、馬祖防禦的支援，在主張「反攻大陸」之際，相較於軍事手段，更強調政治手段。九月二十八日，以副總統陳誠名義對大陸播出的廣播「並肩攜手爭取最後順利」，則號召苦於「人民公社」等中共壓迫的「大陸同胞」，展開「反攻戰爭」，獲取「人民的自由」。[154]不過，之後陳誠在與莊萊德與台灣防衛司令部指揮官史慕德（Roland N. Smoot）會談時，表達並不希望大戰爆發，且「我們認為反共大業，政治重於軍事」。[155]蔣介石也在二十九日的記者會上，被問及「中華民國政府是否以金馬諸島為反攻大陸的基地」時，回答「我們反攻大陸共匪的基地，是全在大陸之上，而大陸上整個民心的歸向」，顯示其在「反攻大陸」時重視政治手段的姿態。[156]

然而，國府在「反攻大陸」上開始強調政治手段，但對於金門、馬祖的防禦及是否讓部隊持續駐守等問題，則堅決不讓步。在與莊萊德、史慕德的會談上，陳誠則以自大陳島撤軍時已約定增強金門、馬祖的防禦力，以及國軍現代化程度及海軍軍力皆未達到一定水準等理由，主張部署於金門、馬祖的兵力規模合理。[157]

對於國府的這些主張，華府的領導層陸續表明國府應縮小部署於金門的軍力，也終於讓兩者之間因金門、馬祖防禦引發的齟齬浮上檯面。繼九月二十九日赫脫表明國府「病態地」堅持於中國大陸沿海島嶼之後，三十日杜勒斯也表示，在這些島嶼部署大量軍力相當「愚蠢」。[158]接著，十月一日艾森豪也指出，在大陸沿海島嶼部署現在這麼大量的軍力，「並不適當」。[159]

受到美國領導層冷淡態度對待的蔣介石，在十月一日與美國記者會談，提及杜勒斯批判金門、馬祖部署大量軍力的意圖是「要求共匪停戰，那完全是如意算盤」，並從容不迫地表示「假定杜勒斯先生眞的說了那句話，那亦只是單面的聲明，我國政府並無接受的義務」。[160]不過，蔣介石在檯面下，對於美國政府公開表明金門、馬祖應縮小軍備一事，表達更強硬的抗議。蔣介石於十月二日與莊萊德、史慕德會晤，抗議赫脫、杜勒斯以及艾森豪的發言強烈打擊中華民國民心與士氣，儼然是要將金門、馬祖送給中國。接著，更表示「中華民國不以金馬爲反攻之基地」已經是「我方所能做之最大讓步」，主張不接受縮小島嶼軍備或撤軍要求。[161]

中國領導層觀察了這些狀況後，在十月三日與四日的中央政治局常務委員會上，分析台灣海峽與對美鬥爭的狀況，並研擬往後的對策。周恩來指出，杜勒斯的發言及美中大使級會談上美國的主張「顯示美國想藉此機會創造『兩個中國』」，並分析這是「交易金門、馬祖與台灣、澎湖群島的政策」。毛澤東聽聞後，在會議總結時提議「偵查任務已經完成，問題是下一步棋怎麼走。可以設想，讓金、馬留在蔣介石手裡如何？這樣做的好處是金、馬離大陸很近，我們可以通過這裡同國民黨保持接觸，什麼時候需要就什麼時候打砲，什麼時候需要緊張一點就把絞索拉緊一點，什麼時候需要緩和一下就把絞索放鬆一下，可以作爲對付美國人的一個手段。」[162]

考量至今的過程，推測在十月三日及四日的中央政治局常務委員會上，應已討論過中立國家與蘇聯提出的停戰與和平交涉提議，也對上述決定有一定的影響。五日，周恩來與安托諾夫會談，告知前日決定的停止砲擊方針。而周恩來則將其原因說明如下：

現在，整個形勢已發生了變化，杜勒斯雖然沒有那麼明確，但他仍含糊地表明了，如果中國方面實行停火，可以讓蔣軍撤離島嶼。昨晚印度大使急於告我稱，梅農認爲目前局勢發生的變化已促成一種趨勢，因此他打算在聯大作一個一般性的發言，其中建議蔣軍撤離島嶼並要求我們不打它。過去英國想過問，我們拒絕了，聯合國的哈馬舍爾德透過挪威想過問，我們也拒絕了。梅農提出這個建議後，達到聯合國內各國的贊成，也得到其他各國的贊成，這樣就可以藉聯合國來壓蔣介石並要求我讓步。我們估計美國手中有三張牌：㈠防衛金馬；㈡兩個中國；㈢凍結台灣海峽。根據上述情況，昨天我告印度大使，我們不要梅農提這個建議，我們不能只談金馬來換取美國占領台灣的合法化，不能用以來換取所謂兩個中國的存在。此外，近日亞非國家正在醞釀由八國委員會起草一份有關台灣局勢的聲明。我們也不贊成這個聲明。另外，今天早晨陳毅同志接見了同我建交的八個有關的亞非各國的駐華使節並就醞釀發表上述聲明的事情，表明了我國政府的立場和作了解釋。正如九月三十日我向你談過，我們本來準備分兩步走；第一步是收復沿海島嶼；第二步是解放台灣。可是，現在經過黨中央討論後我們還是認爲，最好把蔣介石繼續留在金門馬祖沿海島嶼上。爲此，我們決定由我們國防部長發表一個告台灣同胞書（引用者摘錄）。

除了上述說明外，周恩來也正式拒絕蘇聯所提出，包括舉辦十國首腦會議，以及向美國發出致信艾森豪的第三信件等提議。[163]

經歷這些過程，毛澤東在十月五日清晨，向彭德懷與黃克誠發出命令，要求福建前線部隊停止砲擊，並於六日與七日兩天觀察狀況。原本毛澤東預計這兩日不發表聲明，僅停止砲

擊，但六日清晨毛澤東改變想法，改命令在《告台灣同胞書》發布後再停止砲擊。【164】

同日，《告台灣同胞書》也以國防部長彭德懷名義，透過福建前線的廣播電台朝對岸反覆播放。【165】《告台灣同胞書》向對岸呼籲「台、澎、金、馬是中國的一部分，不是另一個國家。世界上只有一個中國，沒有兩個中國」，並宣告自十月六日起暫停砲擊七日。接著，又強調「這是中國內部貴我兩方有關的問題，不是中美兩國有關的問題」，並提及「你們與我們的戰爭，三十年了，尚未結束，這是不好的。建議舉行談判，實行和平解決。」【166】

(2) 持續暫停砲擊與蔣介石、杜勒斯會談

在《告台灣同胞書》發表後，中國嚴厲批評美國「占領」台灣海峽一事，並對國府再次展開「第三次國共合作」的呼籲。

得知《告台灣同胞書》的發表，艾森豪政府決定在不確定中國意圖前不發表聲明，且在中國暫停砲擊期間，美軍也暫停護衛國軍軍艦，以緩和緊張情勢。【167】對於此情況，國府主張發表《告台灣同胞書》的意圖爲離間美國、台灣，若美國政府在此時縮小對國府的軍事支援，就會讓國內外產生美國、台灣同意中國聲明的印象，並要求持續護衛國軍軍艦。【168】然而，在確認解放軍暫停砲擊後，美國政府便中斷護衛，並加強對金門、馬祖撤軍的要求。十月七日，羅伯森與國府駐美大使葉公超會晤，告知「美國政府已改變對國府沿海島嶼軍力部署的政策」。【169】此外，在政府內部，也基於艾森豪認爲蔣介石應將所有（或幾乎所有）軍隊自金門、馬祖撤離的判斷，決定由杜勒斯自行訪台，與蔣介石交涉往後沿海島嶼的政策。【170】

十月十三日，中國國防部宣告再暫停砲擊兩週時間。由毛澤東起草的該命令相關聲明指

出：「在台灣國民黨沒有同我們舉行和平談判並且合理解決以前，內戰依然存在」，並告知「台、澎、金、馬整個地收復回來，完成祖國統一」的重要性。[171]接續此呼籲，毛澤東、周恩來再次與曹聚仁會晤，表示「只要不同美國搞在一起，台、澎、金、馬要整個回來，金、馬部隊不要起義」、「希望台灣的小三角（指蔣介石、陳誠、蔣經國）團結起來」。此外，十四日，也有記錄顯示周恩來與章士釗會談。[172]

不同於「和平解放」時期，此時期與「密使」相關的史料指出，周恩來等中共領導層的訊息皆可確實傳至蔣介石手中。一九五八年九月三十日的《蔣介石日記》寫道，「昨日少谷又接曹聚仁要求和談來信（粗字爲引用者所加）」，顯示曹聚仁寄出多封信件，並實際送到蔣介石手中。[173]此外，第二章也曾提過的ＣＩＡ關於「國共合作」報告中，也曾記載一九五八年十月，章士釗透過吳忠信寄出信件予蔣介石，要其留意美國政府在台灣海峽危機中，可能將金門、馬祖與台灣海峽停戰作爲交換條件。這封信件爲美國政府所掌握的資訊中，最早確認確實傳至蔣介石面前的信件，故ＣＩＡ認爲，章士釗是比曹聚仁更能獲得中共信賴的密使。[174]不過，無論如何，蔣介石對這些信件的反應也與以往相同，認爲中共的目的是爲了離間美國與台灣，不是置之不理，就是展開宣傳工作與之對抗。

得知砲擊再次暫停兩週消息，艾森豪政府認爲中國欲結束台灣海峽危機，其政府內部大多認爲，危機結束後須再次研討對沿海島嶼的政策。而國府則依舊表示，該聲明爲「中共與國際共產主義的策略」，主張完全不打算回應中國所提出的國共交涉呼籲。不過，國府爲獲得美國國內及國際輿論支持，不得不因此縮小金門、馬祖的軍力。最後，國府一方面接受杜勒斯訪台，另一方面則以縮小金門、馬祖兵力爲交換條件，要求美國政府在適當時期讓美國與國府的軍事合作更加緊密。[175]

中國政府宣告暫停砲擊後，於十月十日與十五日召開美中大使級會談。在這兩場大使級會談中，比姆大使一方面要求國府自沿海島嶼撤軍，另一方面則持續交涉，希望中國可正式發出停戰聲明。同時，美國政府利用亞、非各國對行使武力的批評，試著重啓原本已停滯的對中政府交涉。[176]此外，對於在「互惠的基準下」停止對金門、馬祖的挑釁行爲一事，美國準備即使沒有國府的同意，也會與中國政府達成協議。[177]然而，在這個階段，中國僅批評美國政府「占領台灣」與意圖創造「兩個中國」，並不期望交涉有具體進展。[178]

十月十七日，周恩來撰文《中共中央關於當前對美鬥爭形式的通知》，主要告知結束砲擊一事，並對中央相關機構黨委員會、外交部、各駐外使館，以及各省、市、自治區的黨委員會通告後段四點內容。該通知僅由地區委員會以上的幹部口頭轉達，並不以文件方式公告，屬於機密等級通告。

一、彭德懷十月六日的文告和十月十三日的命令，截然劃清了國際和國內兩類問題的界限，徹底粉碎了美國的停火陰謀，堵住了國際干涉的道路，並且擴大和加深了美蔣矛盾。

二、這場鬥爭進一步暴露了美國紙老虎的本質，測驗出它目前還不敢冒大戰的危險。美國從金門、馬祖脱身，爲的是永占台、澎，便於進行「兩個中國」的陰謀。我們堅持台、澎、金、馬必須全面解放，反對美國用金、馬換台、澎的陰謀。

三、我們現在的一切做法，都是爲了擴大美蔣矛盾，並且利用蔣不肯撤出金、馬，來拖住美國，我們寧可使台、澎、金、馬多留在蔣手上一個時期，決不能讓美國拿去。

四、解放台、澎、金、馬是一個長期、複雜的鬥爭。[179]

之後，解放軍雖於十月二十日舉辦大規模砲擊，這是爲了抗議國軍在美國軍艦的護衛之下自金門撤退，並將這一波砲擊定位爲宣示「聯蔣抗美」態度而發動。[180]

隨著中國再次展開砲擊，國務院也考慮中止杜勒斯訪台計畫，但也做出結論認爲，重啓砲擊「政治意圖較軍事意圖更重」，金門的補給狀況沒有問題。杜勒斯按照計畫於十月二十一日造訪台北，與蔣介石等國府首腦會談。[181]根據事前的準備資料顯示，杜勒斯對國府表示，若國際輿論的批評聲浪持續升高，美國便無法延續支持國府的政策，並說服國府與其在台灣強化軍力以因應國共內戰，不如試圖取得國際的支持，建構可繼承中國文化與傳統、共享自由世界與價值的「中國」。爲了上述目標，美國也預計要求國府放棄「反攻大陸」、與中國停戰，並停止在大陸的游擊戰、達到金門及馬祖非軍事化、國軍轉型爲防禦台灣用途等。[182]

杜勒斯在台北與蔣介石總共進行了四次會談，二十一日舉辦的第一次會談中並提出具體方案，僅提出台灣海峽危機相關國際輿論與美國國內輿論，指出金門才是國府引發世界大戰擔憂的根源。蔣介石對此重申，其本來並未打算引發世界大戰，且失去金門攸關台灣整體士氣的立場。[183]翌日的第二次會談中，杜勒斯說明「中華民國」在自由世界的角色，提出已準備好的具體提議。不過，蔣介石認爲解放軍二十日的砲擊太過分，堅持在現今情況下無法縮小金門軍備的立場。[184]在此會談後，杜勒斯與史慕德、美軍軍事援助顧問團團長杜安（L. L. Doan）等人會晤，討論提供約十二門二四〇毫米榴彈砲，換取一萬五千至兩萬兵自金門撤

退的提案。【185】

接著，在二十二日舉辦的第三次會談上，蔣介石的主張也並未改變。蔣介石主張，中國現在暫停砲擊並非「停戰」，而是混合「交涉（談）」與「攻擊（打）」的戰術，爲對抗此一戰術，只能增強金門的軍備。蔣介石雖答應杜勒斯對縮小金門軍備的要求，美國政府主張必須再研討問題的軍事層面。【186】在二十三日舉辦的最後一場會談上，並未提及停戰問題，僅論及金門防禦問題。在杜勒斯說明「自由中國」堅持在明顯位居不利地點的小島相當不合理之後，蔣介石僅重申國府失去金門，就可能會失去台灣的既有主張，美國政府與國府的主張無法再往前靠近。至於事先提出的撤離一萬五千至兩萬兵力一事，蔣介石則對在中國重啓砲擊情況下，此撤退案是否仍有效表示疑問。杜勒斯到最後都未獲得蔣介石確定撤軍的回應。【187】

杜勒斯對蔣介石表示，「反攻大陸」的解釋即使出現「雙重標準」，爲使美國海內外的輿論安心，必須發表共同聲明。結果，蔣介石與杜勒斯於十月二十三日所發表的共同聲明中，提及國府的「反攻大陸」時，指出「中華民國政府認爲恢復大陸人民之自由乃其神聖使命」，但也表明「達成此一使命之主要途徑，爲實行孫中山先生之三民主義，而非憑藉武力」。【188】不過，杜勒斯以迅速發表聲明爲優先，對於國軍自金門撤退的具體交涉則延至聲明發表之後進行，即使美國政府與國府對「反攻大陸」立場不同，其「主要途徑」僅止於「非憑藉武力」一段文字，交涉實際上進入擱置狀態。【189】

杜勒斯返國後，美國政府與國府之間，又針對重整金門駐軍軍備一事展開交涉。發表共同聲明後，蔣介石獨自策劃「反攻大陸」的計畫，利用金門軍力重整的機會，摸索如何強化兵力以實行計畫。十月二十八日，蔣介石對參謀總長王叔銘指出，不得變更在台灣海峽危機之前的計畫如在金門、馬祖部署七千人的步兵，並加強其裝備、建構兼顧前哨基地等內容，且欲透過與美國的交涉提升金門的砲擊能力、提升金門的顧問團，但不能被中國察覺。[190]接著，蔣介石命令王叔銘偵查福建省南部的漳浦、詔安周邊港灣地形及敵情，並開始研擬以廈門、福州爲主次要目標的戰略，以展開獨立「反攻」行動。[191]

再來，蔣介石在十一月十四日與史慕德、杜安會談，說明即使未來國軍撤退，在砲擊持續期間，就必須進一步提升金門、馬祖的防禦能力，並要求提供更多大砲與戰車，比當初和杜勒斯達成共識的數量更多。杜安因而提議，提供金門十二門二四〇毫米榴彈砲、十二門一五五毫米砲；提供馬祖四門以上的二四〇毫米榴彈砲，以及一個一五五毫米砲大隊；甚至在台灣本島引進M-41輕型坦克，並將原本台灣本島的M-24輕型坦克運往金門。[192]十一月十七日，杜安與王叔銘交換對金門、馬祖軍事支援與國府撤軍相關備忘錄，國軍須在隔年六月前撤離一萬五千名以上的兵力，交換杜安所提議的武器供給。[193]

提及「反攻大陸」的手段與金門、馬祖的定位，杜勒斯對自己訪台行程評爲「最重要的，便是與國府的共同聲明中，宣告以政治手段解放中國大陸人民，而非使用武力」。[194]不過，國府對共同聲明的評價則與美國政府相反，國府極力削弱「放棄武力」這點，並強調持續「反攻大陸」的目標。國府認爲英文版共同聲明中，將中華民國形容成“Free China”代表的部分爲「不必要的強調」，更抗議「其主要途徑，而非憑藉武力」的意義也遭到曲解。[195]對於此意見，美國同意將英文版共同聲明中的“Free China”改爲“free China”，但對於強調「非憑藉武力」的意義，則認爲這就是共同聲明的眞意，雙方並未達到共識。[196]

(3)作戰總結與「一個中國」論

對於蔣介石、杜勒斯發表的共同聲明，毛澤東則起草《再告台灣同胞書》，並於十月二十五日以國防部長彭德懷的名義發表。中共將蔣介石、杜勒斯的共同聲明視為「美國人迫於形勢，改變了政策」，批評美國欲創造「兩個中國」的野心浮上檯面。此外，對於「沒有兩個中國」這一點「我們是一致的」，並對國府呼籲，「美國人強迫製造兩個中國的伎倆是「絕對不容許其實現的」。且為了顯示對「台灣同胞」的「善意」，宣告偶數日不砲擊金門機場、料羅灣港口、海岸及船舶，讓金門的「軍民同胞都得到充分的供應」。[197]

接著，十月三十日的《人民日報》中，中共也表明「一切愛國的中國人，都反對『兩個中國』」。廣大的海外僑胞反對『兩個中國』」。因此，內文更引用十月二十四日蔣介石演說的其中一節：「台灣和大陸本屬一體，骨肉相關，休戚與共」，主張「全體中國人團結起來」。[198]毛澤東在同日雖未特別發表聲明，但決定擴大偶數日不砲擊的區域，不限於機場與港口。[199]除此之外，毛澤東宣告偶數日不砲擊金門所有區域，並起草呼籲國民黨和平交涉的《三告台灣同胞書》，但最後並未發表此聲明。[200]

進入十一月後，共產黨內針對八月下旬起持續兩個月的金門砲戰加以總結。其中，除了提到為了防止「兩個中國」遂不「解放」金門、馬祖的邏輯外，更強調帝國主義為「紙老虎」，而美國正是現代的帝國主義。「帝國主義和一切的反動派都是紙老虎」這句話，則是毛澤東在一九四六年所說，其於一九五七年在莫斯科的演說中提及此理論後，《世界知識》以此文句為主，再加入毛澤東的言論，統整成批判美帝國主義的文章。十月二十日，《光明日報》轉載此文章後，毛澤東在該文章增添文字，並指示以〈毛澤東同志論帝國主義和一切反動派都是紙老虎〉爲題，刊載在《人民日報》等媒體。[201]

人民出版社更進一步在該文章以外，加上與台灣海峽情勢相關的重要文件，以及在《人民日報》與《紅旗》所發表的文章，製作成小冊子《帝國主義和一切反動派都是紙老虎》。[202]中共中央在十一月八日，指示各地幹部須學習此冊子及十月十七日發出的通知，並向大衆展開宣傳。[203]接著，十一月十日，周恩來在中央宣傳部主辦的報告會上，提出《關於目前台灣海峽地區的鬥爭形勢與我們的任務的報告》，但此報告的目的也是學習《帝國主義和一切的反動派都是紙老虎》。周恩來在報告會上，說明帝國主義各國爲「紙老虎」的事例後，再進一步論及八月以後台灣海峽的「鬥爭」相關之「戰略和策略」，證明美國在這兩個月內皆未發動戰爭符合「紙老虎」論，並總結美國一貫居於「被動」立場。周恩來也強調「鬥爭」的成果，並表示讓金門、馬祖留在蔣介石手中，即使美國讓蔣介石自金門、馬祖撤軍，不管是創造「兩個中國」，還是讓中國政府與國府同時加入聯合國、在台灣建立「傀儡政權」，甚至是託管台灣等都無法成功。[204]

小結

本章透過一九五八年金門八二三砲戰的準備過程與作戰發展，分析中國領導層在台灣海峽的方針從及早「解放」金門、馬祖，轉變爲「留在蔣介石手上」的過程。在這過程中，也著眼於究竟哪個階段決定將金門、馬祖「留在蔣介石手上」？原因又是什麼？該決定與「一個中國」理論有什麼關係？展開考察。其結論可統整爲下列三點：

第一，將金門、馬祖「留在蔣介石手上」的方針，是在中國領導層體認到實際上要美國與國府無條件地自金門、馬祖撤退並不可能的過程中，所逐漸形成的。經歷第一次台海危機、美中大使級會談與對台灣宣傳工作的挫敗後，中國領導層仍將金門、馬祖列於台灣、澎湖群島之前，目標在數年內「解放」。確實，在一九五八年的八二三砲戰中，毛澤東相當謹愼看待金門的登陸作戰。話雖如此，這也僅是因爲難以窺知美國政府對金門、馬祖防禦的態度，並非一開始就決定不「解放」金門、馬祖。此外，解放軍在封鎖金門後，中國在重啓的美中大使級會談中，以及對台宣傳上，都勸告國軍自金門、馬祖撤退。

「解放」金門、馬祖的方針開始轉變，是在一九五八年十月上旬。周恩來在九月下旬仍主張持續「打而不登，斷而不死」的方針，最後提議「解放」金門、馬祖一事，與台灣、澎湖群島相同，實際上進入擱置狀態。接著，十月三日及四日的中央政治局常務委員會中，決定採用周恩來所提議的方針。對於此政策的決議，毛澤東於翌年九月回顧道：雖然「要把金門、馬祖搞回來」，但「形勢不對了，金門、馬祖還是留給蔣委員長比較好，台、澎、金、馬都給他」。【205】

第二，周恩來提議將「解放」金門、馬祖列爲長期目標，毛澤東之所以會同意，本章將原因整理如下幾點：首先，解放軍雖實施軍事威嚇，但中國領導層認知到，要美國政府不加上停戰等交換條件，就讓國軍自金門、馬祖無條件撤退的可能性微乎其微。加上隨著台灣海峽軍事緊張情勢長期化，以聯合國爲主的國際社會，對於台灣海峽停戰的相關爭論再次活躍起來。尤其提供中國核保護傘的蘇聯對中國提出停戰勸告，以印度爲主的亞非友好國家對停戰的要求也逐漸升高，確實對中國領導層在決定政策時產生了一定的壓力。

第三，綜合上述兩點，潛藏在金門、馬祖「留在蔣介石手上」決定內的邏輯，相較於過往說明，可透過更多元的視角掌握。其中，是否可「解放」金門、馬祖的問題，始終受限於美國政府的對台政策。中國領導層在作戰初期，無法決定是否登陸金門，也忠實呈現出作戰的成功與否，必須受到美國政府反應所左右等實際情況。作戰展開後，在美國政府不斷示意其介入金門、馬祖防禦的情況下，任何領導人都無法對暫停登陸金門作戰一事表達強烈反對。

另一方面，透過將金門、馬祖「留在蔣介石手上」的決定，中國可以強烈顯示不管在什麼場合，都無法接受停戰交涉、協定等，可能會讓國際承認國府主權的行爲。期待期盼台海停戰的國際輿論迫使美國與國府自金門撤軍，中國領導層則展開有限制的砲擊作戰。不過，國際輿論也同樣批判中國政府，且此壓力比第一次台灣海峽危機時的停戰要求更加強烈。因此，中國政府爲解決自身引發的軍事緊張情勢，並爲了明確拒絕可能導致「兩個中國」狀況成爲常態的停戰交涉，才決定將「解放」金門、馬祖列爲長期目標，並公開此決定。

如上所述，在金門砲戰與因其產生的外交鬥爭過程中，決定將金門、馬祖「留在蔣介石手上」，放棄及早「解放」在中國大陸的安全上至關重要的金門、馬祖，是爲了以堅持不承認國府在國際上主權一事爲優先，因而下達的決議。在此決定下達之後，中國領導層對國府的和平交涉呼籲再次活躍化，則可解釋成是爲了讓國際社會產生國共關係屬於中國內政的印象，以及避免因拒絕國際停戰交涉所產生的道義責任，開展一種宣傳工作。

在將金門、馬祖「留在蔣介石手上」的決定下達之前，中國政府對國際社會的「兩個中國」論，幾乎未有可展開有效反駁的理論。不過，透過第二次台灣海峽危機的過程，因有這個決定，讓起自金門、馬祖的武力紛爭在短期內不會再次發生，也使中國可得以反駁，證明國際性的停戰協議並不必要。此外，也可藉由金門、馬祖與國軍演出有限度的砲戰，證明國共內戰仍在持續，讓中國也得以反駁國際間將中國政府與國府各自視爲國際主體，並在台灣海峽畫出明確停戰線等理論。綜上所述，透過將金門、馬祖「留在蔣介石手上」的決定，持續形式上的內戰狀態，此舉可能意味，其成爲中國政府日後建構「一個中國」論的重要理論基礎。

註解

【1】認爲動員大眾展開「大躍進」爲主要因素之Thomas J. Christensen, *Useful Adversaries: Grand Strategy, Domestic Mobilization, and Sino-American Conflict, 1947-1958* (Princeton: Princeton University Press, 1996), pp. 194-241：著重於毛澤東意識形態，分析中國對外認知及內政變化，並以其脈絡說明金門作戰的Chen Jian, *Mao's China and the Cold War* (Chapel Hill: University of North Carolina Press, 2001), pp. 163-204：指出毛澤東不信任蘇聯及中蘇因核武開發引發的摩擦爲主要因素之泉川泰博〈第二次台湾海峡危機の再検証─二超大国の狭間の中国外交〉《國際政治》第一三四號（二〇〇三年十一月）二六─四一頁等，每項研究指出的因素皆不相同，但每項

研究皆認為金門作戰為這些因素的主要背景，並展開其各自主張。

【2】張亞斌、劉健美、王耕南〈五〇、六〇年代中共和平解放台灣的可貴探索〉《延邊大學學報，社會科學版》一九九九年第二期，二二一二七頁，賀之軍〈五〇年代中期「和平解放台灣戰略」形勢初探〉《台灣研究集刊》一九九六年第三期，三八—四三頁，田克勤、孫成武〈從「和平解放台灣」到「一國兩制」〉《社會科學戰線》一九九五年第三期，一三四—一四一頁等。

【3】〈空軍要全力以赴務殲入侵之敵（一九五七年十二月十八日）〉軍事科學出版社、中央文獻出版社《建國以來毛澤東軍事文稿》中卷（北京：軍事科學出版社、中央文獻出版社，二〇〇九年）三七〇頁，以及王焰主編《彭德懷年譜》（北京：人民出版社，一九九八年）六六七頁。

【4】當代中國叢書編輯委員會編《當代中國軍隊的軍事工作（上）》（北京：中國社會科學院出版社，一九八九年）三六三—三六四頁。

【5】〈國際形成到了一個新的轉折點〉中華人民共和國外交部、中共中央文獻研究室編《毛澤東外交文選》（北京：中央文獻出版社、世界知識出版社，一九九三年）二九一—三〇〇頁。

【6】吳冷西《十年論戰》上卷（北京：中央文獻出版社，一九九九年）一五二頁。

【7】楊奎松〈毛澤東與兩次台海危機—二十世紀五〇年代中後期中國對美政策變動原因及趨向（續）〉《史學月刊》二〇〇三年第三期，四八頁。

【8】同右，以及張聞天文集編輯組《張聞天文集》第四卷（北京：中共黨史出版社，一九九五年）二九七—三一八頁。

【9】〈葉飛致彭德懷並軍委信（一九五八年一月十六日）〉福建省檔案（檔號一〇一—一二—二二一）。

【10】王焰主編《彭德懷年譜》六七二頁。

【11】同右，六七五頁。

【12】〈對彭德懷關於空軍進入福建問題的報告的批語（一九五八年三月八日）〉中共中央文獻研究室編《建國以來毛澤東文稿》第七卷（北京：中央文獻出版社，一九九二年）一〇七頁。

【13】福建省地方志編纂委員會《福建省志・軍事志》（北京：新華出版社，一九九五年）二八〇頁。

【14】金冲及主編《周恩來傳　一八九八—一九七六》第三卷（北京：中央文獻出版社，二〇〇八年），一三八二—一三八三頁。二月十一日第一屆人大第五次會議中，外交部長從周恩來轉爲陳毅（同書，一三七〇頁）。

【15】〈社會主義建設的總路線制定了〉《人民日報》一九五八年五月二十五日。翌年在廬山會議上，毛澤東批判彭德懷：「去年說黨的分裂這件事，就是對著你所說。」（王焰主編《彭德懷年譜》六八〇頁）。不過，毛澤東當時這番發言，是因爲預設對象爲彭德懷才說，還是因爲彭德懷對「大躍進」持不同意見所說，仍未確定。

【16】王焰主編《彭德懷年譜》六七六頁。

【17】當代中國人物傳記叢書編輯部編《彭德懷傳》（北京：當代中國出版社，一九九三年）五五三頁。

【18】王焰主編《彭德懷年譜》六八九頁。

【19】金冲及主編《周恩來傳　一八九八—一九七六》第三卷，一三九六頁。

【20】中共中央文獻研究室編（逄先知、金冲及主編）《毛澤東傳　一九四九—一九七六》上卷（北京：中央文獻出版社，二〇〇三年）八五一頁。

【21】〈中米大使級会談再開に関する中華人民共和國政府声明（一九五八年六月三十日）〉日本國際問題研究所現代中國研究部会編《中國大躍進政策の展開 資料と解説》上卷，一五六—一五八頁。

【22】Secretary Dulles's News Conference, Jul. 1, 1958, *Department of State Bulletin*, Jul. 21, 1958.

【23】〈全世界人民行動起來制止美國侵略〉《人民日報》一九五八年七月十七日。

【24】中共中央文獻研究室編《毛澤東傳一九四九—一九七六》上卷，八五三頁。

【25】軍事科學院軍事歷史部《中國人民解放軍的七十年》（北京：軍事科學出版社，一九九七年）三一七—三一八頁，王焰主編《彭德懷年譜》六九二頁。

【26】王焰主編《彭德懷年譜》六九二頁。

【27】林強、魯冰主編《葉飛傳》下卷（北京：中央文獻出版社，二〇〇七年）五九一—五九二頁。根據該書所敘，一九五七年九月福州軍區司令員由葉飛轉為韓先楚，故中央要求葉飛在前線負責指揮時，葉飛感到非常訝異。此外，葉飛是在七月十七日獲命至前線指揮。

【28】同右，五九三—五九四頁。該報告刊登內容疑似直接引用葉飛致毛澤東與軍事委員會的電報形式，但該書並未載明其出處。

【29】同右，五九四—五九五頁。

【30】同右，五九五—五九六頁，該部分引用自王尚榮〈持續二十一年的砲戰—砲擊金門的決策經過〉《共和國要事口述史》（長沙：湖南人民出版社，一九九九年）二五五—二五六頁。

【31】〈關於把握打金門時期給彭德懷、黃克誠的信（一九五八年七月二十七日）〉中共中央文獻研究室編《建國以來毛澤東文稿》第七卷，三二六—三二七頁。

【32】林強、魯冰主編《葉飛傳》下卷，五九七—五九八頁。

【33】下斗米伸夫《アジア冷戦史》（中央公論新社，二〇〇四年）一〇九—一一〇頁。

【34】七月二十一日的政治局常務委員會中，毛澤東、劉少奇、周恩來、朱德、陳雲、鄧小平、彭德懷與陳毅等高層齊聚一堂，與蘇聯尤金大使會面，而隔日二十二日的會議上更加入了林彪與王稼祥（中共中央文獻研究室編《周恩來年譜　一九四九—一九七六》中卷〈北京：中央文獻出版社，一九九七年〉一五四頁）。拒絕聯合艦隊的原因爲「若我方將全部海岸皆交給你們，你們便不會只占領旅順、大連，還會擴大占領範圍吧。我們自行建造艦隊較好」（吳冷西《十年論戰》上卷〈北京：中央文獻出版社，一九九九年〉一六〇—一六一頁）。在與赫魯雪夫、馬利諾夫斯基的會談上，同樣由參與政治局常務委員會的領導層出席，並在此正式拒絕聯合艦隊要求（中共中央文獻研究室編《周恩來年譜一九四九—一九七六》中卷，一五九頁）。

【35】中共中央文獻研究室編《毛澤東傳一九四九—一九七六》上卷，八五四頁。

【36】Vladislav M. Zubok, 'The Mao-Khrushchev Conversations, 31 July-3 August 1958 and 2 October 1959,' *Cold War International History Project Bulletin*, Issue 12/13 (Fall/Winter 2001), pp. 244-272. 根據赫魯雪夫的回憶錄指出，赫魯雪夫曾於泳池旁一面接受日光浴，一面與毛澤東針對政治問題展開非官方談話（尼基塔・赫魯雪夫〈佐藤亮一譯〉《フルシチョフ最後の遺言（上）》〈河出書房新社，一九七五年〉二七二頁）。

【37】這番見解與至今的爭論等關係，詳見沈志華〈一九五八年砲擊金門前中國是否告知蘇聯？〉沈志華、李丹慧《戰後中蘇關係若干問題研究》（北京：人民出版社，二〇〇六年）三九九—四一〇頁。此外，沈志華在日後論文中，分析其檢視所有會談記錄後，確認毛澤東確實無題

及金門砲擊的跡象（沈志華〈炮擊金門—蘇聯的應對與中蘇分岐〉《歷史教學問題》二〇一〇年第一期，四—二二頁）。而一九五九年十月二日毛澤東、赫魯雪夫會談內容，蘇聯端的紀錄也已公開（Memorandum of Conversation between N. S. Khrushchev and Mao Zedong, Beijing, 2 October 1959, in Vladislav Zubok, 'The Mao-Khrushchev Conversations, 31 July-3 August 1958 and 2 October 1959,' *CWIHP Bulletin*, 12-13, pp. 262-270）但九月三十日會談內容僅部分獲引用至《毛澤東傳》（中共中央文獻研究室編《毛澤東傳一九四九—一九七六》上卷，八五五—八五六頁）。

【38】〈毛澤東和赫魯曉夫會談公報〉《人民日報》一九五八年八月四日。

【39】吳冷西《十年論戰》一七二—一七三頁。

【40】沈志華《炮擊金門》八頁。

【41】福建省地方志編纂委員會《福建省志．軍事志》二八二頁；林強、魯冰主編《葉飛傳》下卷，五九九—六〇〇頁。

【42】林強、魯冰主編《葉飛傳》下卷，五九九—六〇〇頁。

【43】〈針對赫毛匪會談陰謀當前海外工作應有之措置（一九五八年八月二十日）〉中國國民黨第八屆中央委員會常務委員會（下稱中常會）第七十五次會議記錄（台北：國民黨黨史館）。

【44】〈蔣委員經國報告（一九五八年九月二十二日）〉中國國民黨第八屆中常會第八十三次會議記錄。

【45】〈關於停止在深圳方面的演習準備打金門的批語（一九五八年八月十八日）〉中共中央文獻研究室編《建國以來毛澤東文稿》第七卷，三四八頁。

【46】中共中央文獻研究室編《毛澤東傳一九四九—一九七六》上卷，八五七頁。

【47】中共中央文獻研究室編《周恩來年譜一九四九—一九七六》中卷，一六二頁以及中共中央文獻研究室編《毛澤東傳一九四九—一九七六》上卷，八五七—八五八頁。

【48】王焰主編《彭德懷年譜》六九七頁。

【49】葉飛《葉飛回憶錄》（北京：解放軍出版社，二〇〇七年）五一五—五一六頁；林強、魯冰主編《葉飛傳》下卷，六〇一—六〇二頁。

【50】王焰主編《彭德懷年譜》六九七頁。

【51】同右，六九四頁。

【52】林強、魯冰主編《葉飛傳》下卷，六〇二頁。

【53】楊奎松《毛澤東與兩次台海危機—二十世紀五〇年代中後期中國對美政策變動原因及趨向（續）》五〇頁。

【54】中共中央文獻研究室編《周恩來年譜一九四九—一九七六》中卷，一六三頁。

【55】林強、魯冰主編《葉飛傳》下卷，六〇三頁。

【56】同右，六〇四—六〇五頁。

【57】同右，六〇五頁。

【58】Telegram from Drumright to DoS, Aug. 24, 1958, *FRUS, 1958-1960*, Vol. XIX (Washington, D.C.: U.S. Government Printing Office, 1996), pp. 70-72；《蔣介石日記》一九五八年八月二十三日〈上星期反省錄〉（Standford: Hoover Institution, Standford University）。

【59】Editorial Note, *FRUS, 1958-1960*, Vol. XIX, p. 86.

【60】吳冷西《憶毛主席》（北京：新華出版社，一九九五年）七四－七五頁。
【61】中共中央文獻研究室編《葉飛傳一九一四－一九九九》下卷，六〇七頁。
【62】《蔣介石日記》一九五八年八月二十五日。
【63】吳冷西《憶毛主席》七六頁。
【64】Memorandum from Dulles to Herter and Robertson, Aug. 23, 1958, *FRUS, 1958-1960,* Vol. XIX, pp. 69-70.
【65】Summary of Meeting at White House, Aug. 24 and 29, 1958, *FRUS, 1958-1960,* Vol. XIX, pp.73-75 and 96-97.
【66】〈總統接見美駐華大使莊萊德大使晤談之節要記錄（陳副總統在座，一九五八年八月二十四日）〉《石叟叢書》陳誠副總統文物（典藏號：〇〇八－〇一〇一〇九－〇〇〇七－〇五〇，台北：國史館）；Telegram from Drumright to DoS, Aug. 24, 1958, *FRUS, 1958-1960,* Vol. XIX, pp. 70-73.
【67】Telegram from Drumright to DoS, Aug. 27, 1958, FRUS, 1958-1960, Vol. XIX, pp. 83-86.
【68】Telegram from Drumright to DoS, Aug. 31 and Sep. 1, *FRUS, 1958-1960,* Vol. XIX, pp. 107-108, 109-111 and 111-113.
【69】中共中央文獻研究室編《毛澤東傳一九四九－一九七六》上卷，八五九頁。
【70】中共中央文獻研究室編《葉飛傳一九一四－一九九九》下卷，六〇八頁。
【71】中共中央文獻研究室編《毛澤東傳一九四九－一九七六》上卷，八五九－八六〇頁。
【72】Memorandum of Conversation among State offficals, Sep. 3, 1958, *FRUS, 1958-1960,* Vol. XIX, pp.

125-127.

【73】Memorandum of Conference with President Eisenhower, Sep. 4, 1958, *FRUS, 1958-1960*, Vol. XIX, pp. 130-131.

【74】Text of Dulles Statement on the Far East, *New York Times*, Sep. 5, 1958.

【75】吳冷西《憶毛主席》七八—八〇頁，以及金冲及主編《周恩來傳一八九八—一九七六》第三卷，一四二五頁。

【76】〈周總理關於台灣海峽地區局勢的聲明〉《人民日報》一九五八年九月七日。

【77】沈志華主編《中蘇關係史綱　一九一七—一九九一》（北京：新華出版社，二〇〇七年）二三五頁。

【78】〈周恩來同志接見蘇聯大使館參贊蘇達利科夫同志談話記要（一九五八年九月五日）〉中國外交部檔案（檔號一〇九—〇〇八三三—〇四，北京：中華人民共和國外交部檔案館）。

【79】中共中央文獻研究室編《周恩來年譜一九四九—一九七六》中卷，一六六頁。

【80】魏史言〈葛羅米柯關於台灣局勢同毛澤東主席談話的回憶與事實不符〉外交部外交史編輯室編《新中國外交風雲》第一輯（北京：世界知識出版社，一九八九年）一三五—一三八頁。

【81】〈關於研究赫魯曉夫給艾森豪威爾的信稿的批語（一九五八年九月七日）〉中共中央文獻研究室編《建國以來毛澤東文稿》第七卷，四〇四—四〇五頁。

【82】〈フルシチョフ・ソ連閣僚会議議長のアイゼンハワー大統領宛信件（一九五八年九月七日）〉日本國際問題研究所中國部会編《中國大躍進政策の展開》上卷，二八四—二九〇頁；Telegram from the Embassy in Soviet Union to the Department of State, Sep.7, 1958, *FRUS, 1958-1960*, Vol. XIX, pp. 145-153. 該信件在日後中蘇交惡期間，被中國批評爲「當時，台灣海峽情勢雖然緊張，

但無核戰爆發的可能性，蘇聯不須支援中國核武。蘇聯領導層則是在判別這番情勢後才首次表明支援中國」、「蘇聯就連中國人民於一九五八年在台灣海峽粉碎美帝國主義的武力挑釁，都可歸功於蘇聯的核武所致」（〈中國政府發言人聲明〉《人民日報》一九六三年九月一日）。

【83】〈赫魯曉夫寫信警告艾森豪威爾　侵犯中國就是侵犯蘇聯〉《人民日報》一九五八年九月十日。

【84】中共中央文獻研究室編《毛澤東傳一九四九—一九七六》上卷，八六二—八六三頁，以及〈在最高國務會議上的第一次講話（一九五八年九月五日）〉中共中央文獻研究室編《建國以來毛澤東文稿》第七卷，三七八—三九一頁。

【85】中共中央文獻研究室編《毛澤東傳一九四九—一九七六》上卷，八六二—八六三頁。該書中此部分引用自〈毛澤東在最高國務會議第十五次會議上的講話記錄〉，但刊載於《建國以來毛澤東文稿》的記錄卻省略了此部分。

【86】中共中央文獻研究室編《毛澤東傳一九四九—一九七六》上卷，八六四頁。

【87】〈在最高國務會議上的第二次講話（一九五八年九月八日）〉中共中央文獻研究室編《建國以來毛澤東文稿》第七卷，三九一—三九六頁。

【88】林強、魯冰主編《葉飛傳》下卷，六一二—六一三頁。

【89】〈毛澤東在最高國務會議上論目前形勢〉《人民日報》一九五八年九月九日。

【90】中共中央文獻研究室編《周恩來年譜》中卷，一六八頁。

【91】〈中央關於開展反對美國軍事威脅運動的指示（一九五八年九月六日）〉福建省檔案館（檔號一〇一—五—一〇七九）六八—六九頁。

【92】〈中央國家機關幹部對台灣海峽地區局勢的反應〉《內部參考》第二五七七期（一九五八年九月

八日）。

【93】同右、〈重慶市幹部、職工對周總理關於台灣海峽地區局勢聲明的反應〉《內部參考》第二五七七期（一九五八年九月八日）、〈北京市部分群眾對周總理關於台灣海峽地區局勢聲明的反應〉《內部參考》第二五七八期（一九五八年九月九日）、〈上海市各界人民紛紛以實際行動擁護周總理聲明〉《內部參考》二五七八期（一九五八年九月九日）、〈上海市民主人士對周總理聲明的反應〉《內部參考》第二五七八期（一九五八年九月九日）、〈天津市各界人士對周總理聲明的反應〉《內部參考》第二五七八期（一九五八年九月九日）。

【94】〈北京、上海等地地富反壞右五類分子蠢蠢欲動〉《內部參考》第二五八一期（一九五八年九月十二日）、〈上海市右派頭面人物王造時、徐鑄成等對台灣海峽局勢的反應〉《內部參考》第二五八一期（一九五八年九月十二日）。

【95】〈福建地區敵特製造謠語邪說破壞我支前、生產運動〉《內部參考》第二五八五期（一九五八年九月十七日）。

【96】〈福建前線地區暗藏反革命分子和壞分子加緊破壞活動〉《內部參考》第二五九六期（一九五八年九月三十日）。

【97】〈香港大公報、文匯報揭露美蔣特務分子策畫製造暴亂事件的陰謀〉《內部參考》第二五八四期（一九五八年九月十六日）、〈美蔣特務機關在金馬地區整頓和強化特務組織〉《內部參考》第二五九五號（一九五八年九月二十九日）。

【98】Christensen, *Useful Adversaries* 爲採取該立場的先行研究之代表，而Michael Szonyi, *Cold War Island: Quemoy on the Front Line* (London: Cambridge University Press, 2008)等文獻，則全面採用

該研究的見解。

【99】中共中央文獻研究室編《毛澤東傳一九四九－一九七六》上卷，八七〇頁。

【100】王炳南《中美會談九年回顧》（北京：世界知識出版社，一九八五年）七二－七三頁。

【101】中共中央文獻研究室編《周恩來年譜》中卷，一六九頁。

【102】《中美大使級第七四次會談發言要點》中國外交部檔案（檔號一一一－〇〇一四六－〇一）。

【103】《中美雙方關於和緩消除台灣地區緊張局勢的協議聲明（草案）》中國外交部檔案（檔號一一一－〇〇一四六－〇一）。此外，檔案中該資料亦公布三種版本的修正稿，並透過此稿件判斷修正過程中新增、刪除、改寫的部分。

【104】Memorandum of Conversation among Dulles et al., Sep. 8, 1958, *FRUS, 1958-1960,* Vol. XIX, pp. 155-159.

【105】Telegram from Dulles to Beam, Sep. 13, 1958, *FRUS, 1958-1960,* Vol. XIX, p. 187.

【106】Telegram from Dulles to Beam, Sep. 13, 1958, *FRUS, 1958-1960,* Vol. XIX, p. 186.

【107】《毛澤東傳　一九四九－一九七六》中針對第一次會談指出「因為中國代表早已提出自身提案，讓美國政府產生中國急於解放金門、馬祖的『錯覺』，導致美國代表提升其要求，並產生強硬態度」（中共中央文獻研究室編《毛澤東傳一九四九－一九七六》上卷，八七二頁）。

【108】Telegram from Beam to DoS, Sep. 15, 1958, *FRUS, 1958-1960,* Vol. XIX, pp. 195-196.

【109】Telegram from Herter to Beam, Sep. 16, 1958, *FRUS, 1958-1960,* Vol. XIX, pp. 198-199.

【110】Telegram from Herter to Beam, Sep. 16, 1958, *FRUS, 1958-1960,* Vol. XIX, p. 200.

【111】Telegram from Beam to DoS, Sep. 18, 1958, *FRUS, 1958-1960,* Vol. XIX, p. 218.

【112】中共中央文獻研究室編《周恩來年譜》中卷，一七〇—一七一頁。
【113】中共中央文獻研究室編《毛澤東傳一九四九—一九七六》上卷，八七三頁。
【114】〈中美兩國政府關於和緩和消除台灣海峽地區緊張局勢的協議聲明（草案）〉中國外交部檔案（檔號一一一—〇〇一四七—〇一）。
【115】Memorandum of Conversation between Eisenhower and Dulles, Sep. 23, 1958, *FRUS, 1958-1960,* Vol. XIX, pp. 266-267.
【116】〈立法院二十二會期第一次會議（行政院施政報告，一九五八年九月十六日）〉《石叟叢書》陳誠副總統文物（典藏號：〇〇八—〇一〇一〇九—〇〇〇〇五—〇〇二）。
【117】Telegram from Drumright to DoS, Sep. 19, 20, and 23, 1958, *FRUS, 1958-1960,* Vol. XIX, pp. 226-228, pp. 239-240, and pp. 265-266.
【118】Memorandum of Conversation between Eisenhower and Dulles, Sep. 23, 1958, *FRUS, 1958-1960,* Vol. XIX, pp. 266-267.
【119】中共中央文獻研究室編《周恩來傳一八九八—一九七六》第三卷，一四二九—一四三〇頁。
【120】吳冷西《憶毛主席》八二頁。
【121】中共中央文獻研究室編《周恩來年譜》中卷，一七三頁。
【122】Telegram from Herter to Drumright, Sep. 25, 1958, *FRUS*, 1958-1960, Vol. XIX, pp. 274-275.
【123】Memorandum of Conference with President Eisenhower, Sep. 29, 1958, *FRUS, 1958-1960,* Vol. XIX, pp. 296-297.
【124】Gallup Pretest of Question on Quemoy and Matsu, Sep. 6, 1958：國立金門大學《光華圈—心戰文

化園區結案報告》（金門：國立金門大學，二〇一二年）附八三—九三頁。

【125】U.S. China Policy Losing Mail 'Vote,' *New York Times*, Sep. 27, 1958.

【126】Memorandum of Conversation between Herter and Hood, Aug. 30, 1958, *FRUS, 1958-1960*, Vol. XIX, pp. 102-105.

【127】Letter for Dulles to Macmillan, Sep. 4, 1958, Message from Macmillan to Dulles, undated, Message from Eisenhower to Macmillan, Sep. 6, 1958, *FRUS, 1958-1960*, Vol. XIX, pp. 136-142 and 144.

【128】〈『國府支持の表明を』外務省断る〉《朝日新聞》，一九五八年九月六日，以及〈『台灣』に重大関心〉同九月十八日。

【129】Memorandum of Conversation between Sihanouk and Robertson, Sep. 16, 1958, *FRUS, 1958-1960*, Vol. XIX, pp. 201-203.

【130】Memorandum from Barco to Dulles, Sep. 25, 1958, *FRUS, 1958-1960*, Vol. XIX, pp. 275-278.

【131】Robert Accinelli, "A Thorn in the Side of Peace: The Eisenhower Administration and the 1958 Offshore Islands Crisis," Ross and Jiang eds., *Re-examining the Cold War*, p. 125.

【132】Text of Dulles' Speech to U.N. Assembly and Excerpts from Gromyko's Address, *New York Times*, Sep. 19, 1958.

【133】劉樹發《陳毅年譜》下卷（北京：人民出版社，一九九五年）七四九頁，以及〈陳毅外長發表聲明嚴正警告杜勒斯〉《人民日報》一九五八年九月二十一日。

【134】〈關於國際活動中揭露和打擊美帝國主義的所謂「停火」陰謀的通知（一九五八年九月二十日）〉中國外交部檔案（檔號一一〇—〇〇四二一—〇一）。

【135】〈備忘錄（一九五八年九月二十一日）〉與〈外交部辦公廳致各駐外使館、代辦處（一九五八年九月二十二日）〉中國外交部檔案（檔號一〇二—〇〇〇六—〇五）。

【136】中共中央文獻研究室編《周恩來年譜》中卷，一七二—一七三頁。

【137】〈周總理致西哈努克首相的信（一九五八年九月二十日）〉中國外交部檔案（檔號一〇六—〇〇一二九—〇一）。

【138】〈挪威政府對台灣海峽形勢表示關切並徵詢對哈舍爾德斡旋意見（一九五八年九月二十四日）〉中國外交部檔案（檔號一一一—〇〇一九五—〇一）。

【139】〈挪威外交部催詢我方反應（一九五八年九月二十七日）〉中國外交部檔案（檔號一一一—〇〇一九五—〇一）。

【140】〈外交部致徐大使並王大使（一九五八年十月三日）〉中國外交部檔案（檔號一一〇—〇〇三四〇—〇一）。

【141】〈關於利用美英矛盾問題（一九五八年九月二十六日）〉與〈美英設想中的關於沿海島嶼的幾個方案（一九五八年九月二十七日）〉中國外交部檔案（檔號一一〇—〇〇四二一—〇五）

【142】〈周總理接見蘇聯駐華使館臨時代辦安東諾夫談話記錄（一九五八年九月十八日二三時）〉中國外交部檔案（檔號一〇九—〇〇八三三—〇一）。

【143】〈張聞天副部長接見蘇聯駐華使館臨時代辦安東諾夫談話記錄（一九五八年九月十九日）〉中國外交部檔案（檔號一〇九—〇〇八三三—〇一）。

【144】Telegram from the Embassy in Soviet Union to the DoS, Sep. 19, 1958, *FRUS, 1958-1960,* Vol. XIX, pp. 231-238.

【145】〈周總理接見蘇聯駐華臨時代辦安東諾夫談話記錄（一九五八年九月二十七日）〉中國外交部檔案（檔號一〇九—〇〇八三三—〇二）。

【146】〈一九五八年九月二十七日蘇駐華臨時代辦面交周總理的備忘錄（一九五八年九月二十七日）〉中國外交部檔案（檔號一〇九—〇〇八三三—〇二）。

【147】Vladislav M. Zubok, "Khrushchev's Nuclear Promise to Beijing During the 1958 Crisis," *CWIHP Bulletin*, 6-7, p. 218 and pp. 225-226.

【148】〈對於蘇聯召會台灣問題十國最高級會議建議的意見（一九五八年九月二十八日）〉中國外交部檔案（檔號一〇九—〇〇八三三—〇二）。該文件上具有張聞天及陳毅簽名，並可見到轉傳至周恩來的跡象。

【149】〈王雨田司長接見蘇聯大使館參贊蘇達利科夫同志談話記錄（一九五八年九月二十九日）〉中國外交部檔案（檔號一一一—〇〇二六七—〇一）。

【150】〈周總理接見蘇聯駐華臨時代辦安東諾夫談話記錄（一九五八年九月三十日）〉中國外交部檔案（檔號一〇九—〇〇八三三—〇二）。

【151】〈赫魯雪夫致艾森豪的信件草稿（原文爲俄羅斯文）〉中國外交部檔案（檔號一〇九—〇〇八三三—〇二）。具有說明其爲九月三十日安托諾夫交予周恩來的註記。本文件是由岡田美保（財團法人日本國際問題研究所軍縮・不擴散促進中心研究員）翻譯而成。

【152】〈毛澤東接見六個兄弟國家的來賓的談話記錄（一九五八年十月二日）〉中國外交部檔案（檔號一〇九—〇〇八二二—一六）。

【153】〈陳部長接見蘇聯駐華臨時代辦安東諾夫談話記錄（一九五八年十月三日）〉及〈蘇聯代辦安

東諾夫面交陳毅外長的備忘錄（一九五八年十月三日）〉中國外交部檔案（檔號一〇九—〇〇八三三—〇三）。

【154】〈並肩攜手爭取最後勝利—於台北對大陸廣播（一九五八年九月二十八日）〉《石叟叢書》陳誠副總統文物（典藏號：〇〇八—〇一〇一〇二—〇〇〇二八—〇二一）。

【155】〈行政院陳院長（陳誠）接見美駐華莊萊德大使及美軍台灣協防司令史慕德將軍之談話記錄（一九五八年九月三十日）〉《石叟叢書》陳誠副總統文物（典藏號：〇〇八—〇一〇一〇九—〇〇〇〇七—〇五三）：Telegram from Drumright to DoS, Sep. 30, 1958, *FRUS, 1958-1960*, Vol. XIX, pp. 299-300.

【156】〈金門保衛戰的勝利—招待內外記者答問（一九五八年九月二十九日）〉秦孝儀編《先總統蔣公思想言論總集》卷三十九（台北：中國國民黨中央委員會黨史委員會，一九八四年）一二二頁。

【157】〈行政院陳院長（陳誠）接見美駐華莊萊德大使及美軍台灣協防司令史慕德將軍之談話記錄（一九五八年九月三十日）〉《石叟叢書》陳誠副總統文物（典藏號：〇〇八—〇一〇一〇九—〇〇〇〇七—〇五三）、Telegram from Drumright to DoS, Sep. 30, 1958, *FRUS, 1958-1960*, Vol. XIX, pp. 299-300.

【158】"Herter Questions Quemoy Defense," *New York Times*, Sep. 30, 1958; Secretary Dulles's News Conference of September 30, 1958, *The Papers of John Foster Dulls* [microform] (Princeton: Princeton University Library, 1976) Box 128 (Reel 50).

【159】"Eisenhower Bars Yielding to Force," *New York Times*, Oct. 2, 1958.

【160】〈堅守金馬外島的決心—接見美聯社記者談話（一九五八年十月一日）〉秦孝儀編《先總統蔣公

思想言論總集》卷三十九，一三三頁。

【161】〈總統接見美國駐華大使莊萊德之談話記錄（陳誠副總統在座，一九五八年十月二日）〉《石叟叢書》陳誠副總統文物（典藏號：〇〇八—〇一〇一〇九—〇〇〇〇七—〇五五）；Telegram from Drumright to DoS, Oct. 2, 1958, *FRUS, 1958-1960,* Vol. XIX, pp. 319-321.

【162】中共中央文獻研究室編《周恩來年譜》中卷，一七七—一七八頁。

【163】〈周總理接見蘇聯駐華臨時代辦安東諾夫談話記錄（一九五八年十月五日）〉中國外交部檔案（檔號一〇九—〇〇八三三—〇二）。

【164】〈關於暫停砲擊和發表「告台灣同胞書」給彭德懷、黃克誠的信（一九五八年十月五日、六日）〉中共中央文獻研究室編《建國以來毛澤東文稿》第七卷，四三七—四三八頁。

【165】中共中央文獻研究室編《毛澤東傳一九四九—一九七六》上卷，八七五頁。

【166】〈告台灣同胞書（一九五八年十月六日）〉中共中央文獻研究室編《建國以來毛澤東文稿》第七卷，四三九—四四一頁。

【167】Memorandum of Conversation among Herter, Allen Dulles, et al, Oct. 5, 1958, *FRUS, 1958-1960,* Vol. XIX, pp. 329-330.

【168】Telegram 545 and 548 from Drumright to DoS, Oct. 6, 1958, *FRUS, 1958-1960,* Vol. XIX, pp. 330-331 and pp. 332-334.

【169】Memorandum of Conversation between Robertson and Yeh, Oct.7, 1958, *FRUS, 1958-1960,* Vol. XIX, pp. 343-345.

【170】Memorandum from Eisenhower to Dulles, Oct. 7, 1958; Memorandum of Conversation between

Dulles and Yeh, Oct.10, 1958, *FRUS, 1958-1960, Vol. XIX*, pp. 346-347 and pp. 359-362.

【171】〈中華人民共和國國防部命令（一九五八年十月十三日）〉中共中央文獻研究室編《建國以來毛澤東文稿》第七卷，四五四－四五六頁。同時期，毛澤東也起草《再告台灣同胞書》，準備一同發表，但最後並未發表此聲明。十月二十五日發表的《再告台灣同胞書》則是另行撰寫而成（同書，四五七－四六一頁）。

【172】中共中央文獻研究室編《周恩來年譜》中卷，一八二頁。

【173】《蔣介石日記》一九五八年九月三十日。

【174】CIA, Peking-Taipei Contacts; The Question of Possible 'Chinese Solution,' Dec. 1971 POLO XLVI, Central Intelligence Agency, FOIA (https://www.cia.gov/library/readingroom/docs/polo-34.pdf).

【175】Memorandum of Conversation between Dulles and Yeh, and Telegram from Drumright to DoS, Oct.12, 1958, *FRUS, 1958-1960,* Vol. XIX, pp. 382-388 and pp. 389-390.

【176】Telegram from Dulles to Beam, Oct.13, 1958, *FRUS, 1958-1960,* Vol. XIX, pp. 397-398.

【177】Telegram from Dulles to Beam, Oct.14, 1958, *FRUS, 1958-1960,* Vol. XIX, pp. 405-406.

【178】Telegram from Beam to DoS, Oct.15, 1958, *FRUS, 1958-1960,* Vol. XIX, pp. 406-407.

【179】中共中央文獻研究室編《周恩來年譜》中卷，一八三頁，以及〈中共中央關於當前對美鬥爭形勢的通知（一九八五年十月十七日）〉福建省檔案（檔號一〇一－一二－一六〇）。

【180】王焰主編《彭德懷年譜》七〇六頁。

【181】Telegram from Dulles to Eisenhower, Oct. 21, 1958, *FRUS, 1958-1960*, Vol. XIX, pp. 420-421 and Telegram from Herter to Beam, Oct. 22, 1958, *FRUS, 1958-1960,* Vol. XIX, pp. 433-437.

【182】Talking Paper Presented by Secretary of State Dulles, Oct. 21, 1958, *FRUS, 1958-1960*, Vol. XIX, pp. 413-417.

【183】Memorandum of Conversation between Dulles and Chang, Oct. 21, 1958, *FRUS, 1958-1960*, Vol. XIX, pp. 418-419.

【184】Memorandum of Conversation among Dulles, Chang, et al., Oct. 22, 1958, *FRUS, 1958-1960*, Vol. XIX, pp. 421-423.

【185】Summary Record of Meeting among Dulles, Smoot, et al., Oct. 22, 1958, *FRUS, 1958-1960*, Vol. XIX, pp. 426-427.

【186】Memorandum of Conversation among Dulles, Chang, et al., Oct. 22, 1958, *FRUS, 1958-1960*, Vol. XIX, pp. 430-433.

【187】Memorandum of Conversation between Dulles and Chang, Oct. 23, 1958, *FRUS, 1958-1960*, Vol. XIX, pp. 438-440.

【188】〈蔣介石・ダレス共同コミュニケ〉日本國際問題研究所中國部会編《中國大躍進政策の展開資料と解説》上卷，三二八—三二九頁。

【189】Memorandum of Conversation Between Dulles and Eisenhower, Oct. 24, 1958, *FRUS, 1958-1960*, Vol. XIX, p. 445.

【190】〈蔣中正指示王叔銘俞大維加強外島等步兵師裝備與金門防衛問題（一九五八年十月二十八日）〉《籌筆》蔣中正總統文物（典藏號：〇〇二—〇一〇四〇〇—〇〇〇三〇—〇〇三，台北：國史館）。

【191】〈蔣中正令王叔銘詳察漳浦等四個登陸地形與敵情（一九五八年十月二十九日）〉與〈蔣中正指示王叔銘獨立反攻行動第一期作戰與目標（一九五八年十月三十日）〉《籌筆》蔣中正總統文物（典藏號：〇〇二—〇一〇四〇〇—〇〇〇三〇—〇〇四與〇〇二—〇一〇四〇〇—〇〇〇三〇—〇〇五）。

【192】Telegram from Drumright to DoS, Nov. 14, 1958, *FRUS, 1958-1960*, Vol. XIX, pp. 484-486;〈蔣中正電葉公超轉告杜勒斯勞勃生希如數核戰車以增強金門火力（一九五八年十一月十五日）〉《籌筆》蔣中正總統文物（典藏號：〇〇二—〇八〇二〇〇—〇〇三五四—〇〇八）。

【193】〈王叔銘與杜安簽署金門及馬祖群之軍事防御協議書（一九五八年十一月十七日）〉《特交檔案》蔣介石總統文物（典藏號：〇〇二—〇八〇一〇六—〇〇〇五一—〇一二）。

【194】Telegram from Dulles to Eisenhower, Oct. 23, 1958, *FRUS, 1958-1960*, Vol. XIX, p. 444.

【195】Telegram from Drumright to DoS, Oct. 29, 1958, *FRUS, 1958-1960*, Vol. XIX, pp. 461-462. 原文中斜體部分已加上底線。

【196】Telegram from Dulles to Taipei, Oct. 31, *FRUS, 1958-1960*, Vol. XIX, pp. 475-476.

【197】〈中華人民共和國國防部再告台灣同胞書〉中共中央文獻研究室編《建國以來毛澤東文稿》第七卷，四六八—四七〇頁。

【198】〈評蔣杜會談〉《人民日報》一九五八年十月三十日。

【199】〈對金門逢雙日一律不打炮（一九五八年十月三十日）〉軍事科學出版社、中共中央文獻出版社編《建國以來毛澤東軍事文稿》中卷，四五〇頁。

【200】〈中華人民共和國國防部三告台灣同胞書稿（一九五八年十一月）〉軍事科學出版社、中共中央

【201】文獻出版社編《建國以來毛澤東軍事文稿》中卷，四五八—四五九頁。〈關於轉載「毛澤東同志論帝國主義和一切反動派都是紙老虎」的批語和對《人民日報》編者按的修改（一九五八年十月）〉中共中央文獻研究室編《建國以來毛澤東文稿》第七卷，四八〇—四八二頁。

【202】人民出版社編輯部《帝國主義和一切反動派都是紙老虎》（廣東人民出版社，一九五八年）。筆者所取得的版本爲一九五八年十一月六日人民出版社（北京）出版後，該月月中由廣東人民出版社重新再版而成（國立政治大學圖書館所藏）。

【203】〈中央關於學習毛澤東論帝國主義和一切反動派都是紙老虎等文件的通知（一九五八年十一月八日）〉中共中央宣傳部辦公廳、中央檔案館編研部編《中國共產黨宣傳工作文獻選編》第四卷（北京：學習出版社，一九九八年）一二六頁。

【204】〈周總理關於目前台灣海峽地區的鬥爭形勢與我們的任務的報告（一九五八年十一月十日）〉吉林省檔案館（檔號一—一四—九四）。

【205】中共中央文獻研究室編《毛澤東傳一九四九—一九七六》上卷，八七八—八七九頁。

第四章 中蘇交惡與「一個中國」論述之動搖（一九五八—一九六一年）

前言

在前一章中，已透過一九五八年的金門八二三砲戰，以及伴隨而來的外交鬥爭，分析中國領導層決定將金門、馬祖「留在蔣介石手上」，不在台灣、澎湖群島之前先行「解放」的過程。中國領導層以事實上放棄了及早「解放」金門、馬祖一事，嚴正拒絕在國際上與國府談判停戰或簽訂協定。接著，更藉由強調金門、馬祖落在國府手中，以主張台灣海峽的紛爭屬於內戰。這個決定意味著，中國開始運用「一個中國」理論，以反駁「兩個中國」論的停戰提議，包括美國欲以金門、馬祖換取中國承認《中美共同防禦條約》一案，以及各國提出中國政府與國府以對等主體形式參與多國交涉的停戰案。

不過，站在同時代的史觀看來，這個「一個中國」論，則是立足於相當脆弱的基礎上。最大的問題，便是將金門、馬祖「留在蔣介石手上」一事，只是中國共產黨內部的決議，既非國際間的協議，也非共同認知。就如前田直樹的研究所論，引發第二次台灣海峽危機的軍事緊張情勢穩定後，美國政府內部也曾檢視是否放棄金門、馬祖。[1]根據Zubok提出之一九五九年十月中蘇首腦會談記錄所示，赫魯雪夫也曾對毛澤東批評中國決定砲擊金門、馬祖，延續內戰的方針。[2]對美、蘇兩國的領導層來說，放棄金門、馬祖確實爲冷戰中的退步，但是否有必要不惜引發核戰而只爲了防禦、攻下這些島嶼，則抱持著疑問。

此外，因第二次台灣海峽危機已經讓國際上產生中國與台灣分裂的強烈印象，中國領導層也以越來越明確的形式，抨擊與國際機構代表權、各國承認中國有關的「兩個中國」問題。針對艾森豪政府末期至甘迺迪（John F. Kennedy）政府初期，對於「兩個中國」的政策爭論，已有詳細研究。這些研究指出，潛藏於美國對華政策的「兩個中國」論，從此時期起已明確成爲「兩個中國」政策。[3]不過，至今仍未有研究論述中國政府採取何種方式應對。

此時期正值中蘇交惡，台灣問題也是中蘇爭論的一大議題。隨著蘇聯的外交文件公開，幾乎可確定，一九五八年台灣海峽危機產生的齟齬成爲中蘇關係惡化的一項關鍵因素，也影響至一九五九年毛澤東與赫魯雪夫的爭論，以及六〇年代的中蘇交惡。[4]不過，這些論述頂多著重在台灣問題爲中蘇關係惡化的因素之一，並未將目光擺在蘇聯的金門、馬祖放棄論，以及「兩個中國」論，讓中國外交在台灣問題上產生什麼影響等部分。對於此問題，已有研究探討蘇聯在一九六一年聯合國代表權問題上採取「兩個中國」政策一事。[5]然而，幾乎沒有研究論及，在反對「兩個中國」的外交鬥爭上，已無法仰賴蘇聯之際，中國領導層採取何種方針。

在檢視過上述過去的研究的狀況後，本章欲藉由討論下列問題，考察第二次台灣海峽危機後的「解放」金門、馬祖，以及面對「兩個中國」問題的中國外交。

第一，對於美蘇雙方所提出，不在金門、馬祖行使武力的停戰案，中國政府有什麼反應？在第二次台灣海峽危機期間，雖然中國領導層決定將金門、馬祖「留在蔣介石手上」，之後也不斷提及此決定，但爲什麼仍然拒絕公開承認台灣海峽的停戰狀態及停戰線呢？

第二，在西方國家與亞非國家「兩個中國」論持續擴散之際，中蘇關係在「兩個中國」問題上又有什麼樣的發展呢？因中蘇雙方對「兩個中國」問題的官方立場並不一致，至今也較少研究探討其微妙差異及爭論。本章則著重於中蘇領導層對國際情勢認知的不同，探究中國領導層在「兩個中國」問題上逐漸失去蘇聯協助的過程。

第三，就如上述兩大問題所呈現的，中國與蘇聯在此時期，在官方立場上並不一致，而實際上對台灣問題的步調也並未統一。這個情形又對往後中國外交在處理台灣問題時造成什麼影響呢？

爲研究這些問題，本章預計以下列順序加以論述。第一節主要論述第二次台灣海峽危機後，美台之間展開金門、馬祖防禦及「自由中國」相關議論，而中國對此有何認知及如何應對。第二節則針對第二次台灣海峽危機後引發中蘇爭論的金門、馬祖行使武力問題，及在反對「兩個中國」鬥爭時社會主義陣營的團結問題加以論述。接著，第三節預計以一九六一年聯合國中國代表權問題為中心，探討中國政府被迫更積極對應美國政府的「兩個中國」政策，與蘇聯、亞非各國提出的「兩個中國」論之過程。

透過以上各節之考察，本章預計探究「一個中國」論的立場在第二次台灣海峽危機時立基後，中國領導層堅持立場，並為了將之定案而做出的各種外交努力。

1. 第二次台海危機後之對台工作

(1) 金門砲擊形式化與對台工作之重啓

毛澤東在一九五八年十一月起草的《三告台灣同胞書》雖然並未發表，但在台灣海峽危機後的對台政策，卻是依據該內容所進行。[6]也就是說，進入一九五九年以後，解放軍便每逢偶數日克制砲擊金門的所有標的，中共也利用各種管道，重啓對國民黨的和平交涉呼籲。解放軍雖然持續加強以大砲為主的福建前線戰力，但對於金門的砲擊則逐漸形式化，作戰重點則轉為心理戰，除了廣播外，砲彈內也改塞宣傳單而非火藥。根據國軍當時整理的情報指出，解放軍在一九五九年這一年間，以金門為目標的大砲從五七〇門增加至七三二門，合計向金門發射了五萬六千九百五十六發砲彈（其中包括五千六百一十一發宣傳彈）。不過，除了一月七日集中發射了三萬三千四百零一發以外，奇數日僅發射零星砲彈。[7]此外，根據中國官方史料可見，一月七日之所以展開大規模砲擊，是爲了報復國軍對大嶝島的突擊，之後則遵循中央軍事委員會的指示「今後逢單日不一定都打砲」，逐漸減少砲擊次數。[8]

國府在蔣介石、杜勒斯共同聲明中指出，收復中國大陸的「主要途徑爲實行孫中山先生之三民主義，而非憑藉武力」。[9]然而，蔣介石也強調並非完全否定「反攻大陸」的目標以及武力手段，並加速相關準備，以獨立完成「反攻」。此外，該年十一月，王叔銘與杜恩交換的金門、馬祖防禦相關備忘錄中，一方面雖決定提供金門新型大砲及戰車，另一方面對於金門的兵力，卻決定「減少不少於一萬五千人」，但具體減少的兵力則並未達到共識。[10]之後，國府在「穩定前線」、「控制海峽」、「加強戰力」、「待機反攻」等方針下，準備重新設立金門、馬祖的防禦體制。就這樣，一九五九年一年間，國軍爲了「妨害其陸海交通，及破壞其各種設施」，共向中國大陸發射了二萬三千五百七十七發砲彈（其中包含四千三百九十七發宣傳彈）。[11]

針對於此，第二次台灣海峽危機後的艾森豪政府也不斷摸索，希望將蔣介石、杜勒斯共同聲明與中國政府《告台灣同胞書》所象徵的實質停戰狀態，找出更確實的方法。根據前田直樹的研究，艾森豪政府末期的國家安全會議及國務院雖也審視國軍自金門、馬祖撤軍一事，但考量政府內部紛爭、國府強硬的反對姿態、可能失去亞洲同盟國對美國的信賴等結果，美國並未向國府提出撤軍案。相較於此，該政府反而希望維持金門、馬祖，並持續「實質停戰」狀態，國府則以「自由中國」而非「反攻大陸」爲號召，加強經濟發展、穩固在台灣的統治基礎。[12]艾氏政府直到執政末期，仍未明確提出採取「兩個中國」政策的方針，但從上述立場看來，也可視作實質上的「兩個中國」政策。[13]

表4-1 金門、馬祖的砲擊兵力（1959年3月）

人民解放軍		國軍	
金門地區			
152毫米口徑砲	108門	8英吋榴彈砲	11門
122毫米口徑砲	264門	155毫米口徑砲	20門
76、75、57毫米口徑砲	237門	155毫米榴彈砲	84門
		105毫米榴彈砲	122門
		75毫米榴彈砲	80門
合計	609門	合計	317門
馬祖地區			
152毫米口徑砲	2門	155毫米砲	8門
122毫米口徑砲	88門	105毫米榴彈砲	60門
76 又は57毫米口徑砲	15門	75毫米榴彈砲	12門
合計	105門	合計	80門

*中共勢力推算部署約47,600人部隊於福州地區，與駐守於馬祖約23,000名國軍對峙；而在廈門地區，中共勢力推算部署86,900人地上兵力，與駐守於金門約86,000名的國軍對峙。

*1958年11月王叔銘與杜恩交換的備忘錄上，雙方合意於金門部署12門240毫米口徑砲與15門155毫米口徑砲；於馬祖部署4門240毫米口徑砲與裝備一個營的155毫米口徑砲。相關裝備已處於可部署狀態，但此階段並未部署（於該年內部署完成）。

資料來源：SNIE100-4-59 Chinese Communist Intentions and Probable Courses of Action in the Taiwan Strait Area, 13 March 1959, *Tracking the Dragon: National Intelligence Estimate on China during the Era of Mao, 1948-1976* (Washington D.C.: U.S. Government Printing Office, 2004), p. 202.

圖4-1　金門前線士兵正將端午節禮物綁上氣球，欲自金門放向對岸。禮物包括肥皂、牙膏、高粱酒等（1963年，金門：中央通訊社）。

圖4-2　推測爲1960年代初期，中共於金門、馬祖散布的宣傳單。內容強調1950年代向解放軍投降的前國軍士兵已在大陸成立家庭，並參加人民公社，變得更加幸福（1960年代初期：秦風老照片館提供）。

另一方面，第二次台灣海峽危機後，中共領導層窮於處理一九五八年底至一九五九年三月間加劇的西藏拉薩武裝衝突。所謂拉薩武裝衝突，爲一九四九年以來，在中國大陸首次出現對中共的正面起義，故蔣介石期待衝突可擴及中國西北、西南各省，並發表《告西藏同胞書》，以顯示響應西藏衝突的意志。[14]不過，解放軍在隔月便徹底鎮壓拉薩衝突。在拉薩暴動，以及「大躍進」僵局逐漸浮上檯面之際，毛澤東於四月的第二屆全國人民代表大會第一次會議上，將國家主席交給劉少奇。[15]

在這樣的狀況下，中共重啓了自「反右派」鬥爭後，便實質上暫停的對台宣傳工作。一九五七年以前的對台工作，與一九五九年重啓的對台工作兩者間最大差異，便在於一九五七年前的對台工作主要訴求「解放台灣」，相對的，一九五九年後對台工作則強調

「解放台、澎、金、馬是一個長期、複雜的鬥爭」。除此之外，中共也「利用」美國與國府之間在第二次台灣海峽危機過程中逐漸浮上檯面的齟齬，透過「支持」國府防禦金門、馬祖一事，強調反對「兩個中國」的理論。

四月十五日，在毛澤東以國家主席身分召集之最後一場最高國務會議，也就是第十六屆最高國務會議上，指出「從去年八月起，現在是四月，這八個月裡頭出了兩件事，都與我們有關。一個是台灣問題，一個是西藏問題」，並針對這兩個問題發表講話。毛澤東回顧前一年八月的危機帶給美國與國府的「打擊」表示，雖然「我們就是這兩塊地方沒有改革」，但「（引用者註：西藏與）台灣的性質就不同的，台灣跟美國人訂了條約」。根據毛澤東的理論可知，因無法妥善控制解放軍金門砲擊行動，導致美國共和黨在前一年十一月的中期選舉敗給了民主黨。[16]

隔月，毛澤東在與東德人民議會議員會面時，表示「現在西藏問題好解決了」，可是「台灣問題暫時不能解決，問題是霸占著」。此外，更提出「我們（引用者註：去年）打金、馬，是爲了幫助蔣介石。因爲美國想把金、馬讓給我們，自己占據台灣。我們放棄金、馬，都給蔣介石。蔣介石有困難，我們就打金、馬，美國就可以讓蔣介石繼續做總統」，明確顯示其欲持續對金門有限制的砲擊，支持蔣介石留任總統的立場。在台灣，一九五八年底，在蔣介石開始表示欲第三度參選總統後，因憲法禁止總統第三度連任，在一九六〇年國民大會上，便針對是否允許蔣介石三次連任總統而有所爭論。對於此一問題，除了胡適、王世杰等自由派學者透過《自由中國》等媒體表達此舉違憲而反對以外，陳誠也對於修改憲法一事表達反對。[17]對此情況，毛澤東認爲「他（引用者註：指蔣介石）是親美派，但他還想自

已統治」，但「另一批人也是親美派，但想完全投降美國」，故較希望蔣介石連任總統。【18】

基於對上述狀況的認知，中共中央對上海局與各省、市、自治區的黨委員會，以及西藏工作委員會發布對台工作相關通知。該通知認爲一九五六年七月與「和平解放」相關「指示」以後的工作（參照第二章）發揮了「一定的作用」，並判斷目前「美蔣間裂痕正在加深，台灣內部民族愛國情緒日漸高漲」的情況，「對我們很有利」。但另一方面，與對台工作相關的謹慎看法也比先前文件更加明確，如「美帝還不會從台灣地區撤兵，蔣介石也不會立即接受和談。解放台、澎、金、馬是一個長期複雜的鬥爭」、「隨著國內外階級鬥爭形勢的變化，鬥爭是會有起伏的」等。因此，中共中央欲「健全」各地原有的對台工作組織，指示對國民黨人員的呼籲，以及對其居住於大陸的家人、親友相關工作必須持續下去。【19】

接著，到了一九五九年秋天，中共在對台工作上做出了新的嘗試，也就是釋放國共內戰所捉拿的國民黨俘虜。九月十四日，毛澤東在全國人民代表會常務委員會祝賀中華人民共和國成立十周年之際，提出對於「已經改惡從善的部分戰犯」的「特赦」。【20】翌日，十五日當天，毛澤東在與各民主黨派負責人的座談會中，說明「特赦」這些「戰犯」一事，並詳細說明去年十月原本欲「解放」金門、馬祖的方針，轉變成「台、澎、金、馬是一起的，現在全部歸蔣介石總統管」的過程，表示「這樣，我們就不會變成杜勒斯的部下了，不然他就是我們的領導者，就是以金、馬交換台、澎，蔣介石不做總統」。即使對民主人士，也利用「使金門、馬祖留在蔣介石手上」，明示其支持蔣介石三次連任總統的立場。【21】一九五九年之後，此「特赦」便分爲一九六〇年十一月、一九六一年十二月、一九六三年三月、一九六四年十二月與一九六六年三月，共六次實施，釋放合計二六三名俘虜。【22】

如上所述，第二次台灣海峽危機後的對台工作，雖然階段性的重啓，但就算參閱《內部參考》，也不見如一九五四年至一九五七年間，各地頻繁舉辦對台工作相關座談會等活動，並收集各階層反應等相關情報的蹤跡。其最大原因，可能是經過「和平解放」的推動與挫折、台灣海峽危機等一連串過程後，中國的對台工作實際上陷入僵局所致。此外，也包括第二次台灣海峽危機後，美台關係呈現微妙局面，中國領導層對台灣工作變得更加謹慎等因素。一九五九年底，中央對台工作小組總結這半年間的活動，因在「總統選舉」前的國民黨正處「比較困難時期」，對台工作必須貫徹「加強蔣核心集團的工作，促使其內部團結，抵住美國」的方針謹慎進行。從這樣的觀點看來，釋放國民黨俘虜一事，也會直接對台灣及國際社會加以宣傳。[23]

(2) 反對「兩個中國」與支持蔣介石

一九六〇年三月，蔣介石在第一屆第三次國民大會中，修正《動員戡亂時期臨時條款》，以迴避修憲的方式讓總統三度連任「合法化」，追求總統連任。[24]雖然台灣內外皆出現應使國民黨在台灣一黨獨裁的情況自由化之聲浪，但美國與台灣之間因此問題而起的摩擦，卻沒有中共所主張的那麼嚴重。就如多項台灣政治史及美台關係史的研究指出的，當時美國政府非常清楚，其與國府共同提出的「自由中國」號召虛有其表，但也並未尋找取代蔣介石掌握台灣政權的領導者，也並不打算實現政治自由化。[25]同年九月，當《自由中國》刊物發行人雷震因叛亂煽動罪遭當局逮捕，而引發政治事件之際，美國政府也僅透過外交管道要求將雷震減刑，並未公開發表批判國府的聲明。[26]

根據中國官方史料指出，蔣介石追求總統連任之際，中共透過民主人士，加強對蔣介石和平交涉的呼籲。周恩來在國民大會結束後的三月三十日會晤章士釗，告知「美國的『兩個中國』搞不通，但是它還是要搞」。[27]此外，五月二十日蔣介石就職第三任總統後，周恩來「爲使蔣介石了解中共對台政策」，而與張治中等民主人士會面，轉交致信蔣介石、蔣經國的信件。此時周恩來表示「台灣寧可放在蔣氏父子手裡，不能落到美國人手中」，除了傳達台灣必定會與中國統一的原則（「一綱」），也提出了「四目」，包括：一、台灣統一於祖國後，除外交上必須統一於中央外，台灣之所有軍政大權、人事安排等悉委於蔣介石，並由蔣介石、陳誠、蔣經國負責領導；二、台灣費用不足之數，悉由中央政府撥付；三、台灣的社會改革可以從緩，俟其條件成熟，並尊重蔣之意見後進行；四、雙方互不派特務，不做破壞對方團結之舉。[28]這些政策之後在中國稱爲「一綱四目」，現在則被定位爲「毛澤東等人爲祖國統一大業繪製的一幅藍圖」。[29]

共產黨對國民黨的這些呼籲，就和先前的和平交涉呼籲一樣，究竟傳達多少至國府的領導層仍屬不明。不過，就如中國出版的史料及內部史料也承認，這次的呼籲與之前相同，並未見到國府做出積極反應。[30]在該年六月艾森豪訪台之前，蔣介石反而更歡迎艾森豪，極力強調美國、台灣同盟關係的緊密程度。因日美安保條約修改，日本國內反美情緒高漲，不得不放棄訪問日本的艾森豪，在台北則受到三十萬民衆熱烈歡迎。[31]此時，蔣介石與艾森豪會談中避談金門、馬祖防禦問題等協議，蔣介石要求美國協助對大陸空降作戰，而艾森豪則表示欲提供C-130B型長距離運輸機及F-104型戰鬥機一個中隊的配置。[32]

對於這個狀況，中共決定配合艾森豪訪台時程，集中砲擊金門，以對美國、台灣展開宣傳攻勢。但因一九五九年以後，解放軍僅在奇數日砲擊金門已成慣例，中央軍事委員會考量此慣例，決定於六月十七日與十九日砲擊大小金門島，兩天合計施放六萬八千發砲彈。[33]配合砲擊計畫，福建前線司令部更於六月十七日發表《告台澎金馬祖軍民同胞書》，透過廣播向對岸高呼「一年多以前，杜勒斯到你們那裡去，對你們施加壓力，要你們服從美國製造『兩個中國』的計畫，把台灣完全淪為美國的殖民地」，但是「當時，我們打了炮，你們抵抗了美國人」，以拒絕「兩個中國」，現在則為了顯示出「偉大的中國人民對艾森豪威爾的蔑視和鄙視」而展開砲擊。[34]此外，中國國內更以艾森豪訪台與台灣海峽中立化十周年（六月二十七日）等名目，抗議「美帝國主義」與其「兩個中國」的「陰謀」，展開「一定要解放台灣」的運動。[35]

(3) 對甘迺迪政府「兩個中國」政策的擔憂

進入一九六〇年後，美國總統選戰白熱化，為了同時能夠保全台灣，又須研擬政策以有效抑制日漸抬頭的中國，甘迺迪陣營提出放棄防禦金門、馬祖的論點。如同Noam A. Kochavi的研究所指出，一九六〇年的總統選戰中，持續防禦台灣、圍堵中國的政策本身已非主要論點，而防禦金門、馬祖的問題才成為爭論之處。[36]

其實，第二次台灣海峽危機後，美國國內對於艾森豪政府提出建言，希望從更接近自由主義的立場調整對華政策。一九五九年十一月，美國參議院外交委員會委託康隆協會調查亞洲政策的報告，也就是所謂的《康隆報告》出爐。這份由加州大學教授施樂伯（Robert A. Scalapino）為中心撰寫的東北亞相關報告，從如何應對核武開發等中國對外擴張意圖的觀點分析，一方面主張必須承認中國政府的聯合國代表權，另一方面則提議承認台灣爲「台灣共和國」，並將其置於美國的保護之下。

一九五二年與一九五六年的民主黨總統候選人阿德萊・史蒂文森二世（Adlai E. Stevenson，在甘迺迪政府期間擔任駐聯合國大使）在《外交》雜誌一九六〇年一月號中，論及甘迺迪政府所提出的外交政策，由於中國在核裁軍及亞洲冷戰所擁有的影響力擴張，提議不妨礙中國政府取得聯合國代表權，並自金門、馬祖撤軍，台灣的地位則應在聯合國監視下舉辦公投決定。[37]此外，甘迺迪政府的國務次卿鮑爾斯（Chester A. Bowles）則在同雜誌的一九六〇年四月號中，以〈再次思考中國問題〉爲題刊載論文，提出「獨立的中・台共和國」（An independent Sino-Formosan nation），與「列寧、史達林、毛澤東意識形態」所支配的大陸中國相對。也就是應達到現代化目標，創建非共產主義的新國家。鮑爾斯也主張，爲此應撤軍，使金門、馬祖「中立化」，並提升台灣、澎湖群島的防禦能力。[38]

而不僅是身邊親信，就連民主黨總統候選人甘迺迪本身，也在一九五九年九月奧克拉荷馬的演講中，以及一九六〇年七月英國《星期日泰晤士報》的訪談、該年九月與共和黨候選人尼克森（Richard M. Nixon）的公開辯論等各個場合上，都提出將金門、馬祖由聯合國託管，或使其非武裝化、中立化等意見。統整其論點，可知其認爲金門、馬祖的防禦不僅不可行，對於台灣、澎湖群島的防禦又不是至關生死的關鍵，若爲了防禦金門、馬祖，須冒上捲入世界大戰的危險，實非明智之舉。另一方面，甘迺迪也強調台灣防禦的重要性，甚至表示「可承認台灣爲一獨立國家」。[39]

就如第三節所論，中國正式針對甘迺迪與其親信的對華政策展開批判，是在甘迺迪就職總統後，聯合國代表權問題白熱化的一九六一年夏季之後。[40]因此，可顯現當時中國領導層認知的史料不多，但一九六〇年十月，愛德加・史諾爲採訪而造訪中國，毛澤東、周恩來在與其的訪談中，也發表自己對美國總統選舉的見解。史諾提出疑問，想了解毛、周在美國總統選舉中，對金門、馬祖防禦相關論述的想法，毛澤東指責甘迺迪及尼克森僅是爲了選戰才利用金門、馬祖防禦的議論，並提出下列想法：

> 我們對這個問題有過公開聲明，就是讓蔣介石守住這兩個島嶼。我們也不切斷他們的給養。如果他們給養不夠，我們還可以接濟他們。我們要的是整個台灣地區，是台灣和澎湖列島，包括金門和馬祖，這都是中國的領土。[41]

毛澤東確實充分了解，其對史諾所說的話一定會傳至美國內外。[42]上述發言則明確顯示，毛並無在台灣、澎湖群島之前先「解放」金門、馬祖的意圖，而這番言論也用在拒絕甘迺迪陣營所提出包括金門、馬祖交由聯合國託管、非武裝化、中立化等提議。

蔣介石、國府也對於康隆報告，以及美國總統選舉期間提到的金門、馬祖撤軍及中立化等言論加以警戒，避免該議論持續擴大。一九六〇年十月，國府發言人針對尼克森與甘迺迪的公開辯論，批判「儘管是在激烈的競選期間，居然不負責任地大慷他人之慨，而將另一個國家的領土隨便處置了，實在是一件不可思議的事」，蔣介石也再次表明「外島是中華民國不可分割的一部分，因此即使戰至最後一人，我們亦必防衛到底」的態度。[43]

2. 中蘇對於台灣問題之爭論

(1) 持續提供在台灣海峽的援助

在一九五八年台灣海峽危機期間，中國的軍事行動引發危機，可能導致中美產生核戰，讓蘇聯對中國的不信任感顯著升高。這是因爲中國的行動不只是中蘇兩國間的問題，更挑戰了蘇聯在社會主義陣營的領導地位，以及蘇聯欲緩和對美緊張情勢的行動。[44]其實，此時期中國與蘇聯領導層對美國的認知有極大的隔閡。相較於蘇聯領導層認爲對美國的緊張情勢有緩和的傾向，中國領導層則認爲：第二次台海危機後，美國更加強化對中的圍堵政策。

一九五九年夏天，赫魯雪夫決定訪美一事，則再次加深了兩國人之間的隔閡。赫魯雪夫訪美行程中最大的爭議，乃在於柏林問題。去年十一月，赫魯雪夫突然對美、英、法等國宣布，若不在六個月內同意將柏林轉爲非武裝的「自由都市」，便將柏林管轄權轉交給主張驅逐西柏林之西方勢力的東德政府（烏布利希政府）。藉由赫魯雪夫的強硬宣言，可看出其欲使西方陣營對柏林問題讓步，但西方陣營並未讓步，過了六個月的期限，赫魯雪夫也並未展開行動。[45]在這番背景下，赫魯雪夫以接受艾森豪邀請的形式，決定出訪美國。

蘇聯政府透過外交途徑通知中國政府赫魯雪夫訪美一事，並確認中國政府有否期望討論的議題。赫魯雪夫在八月三日發表訪美計畫，到了八月七日，才終於送出主旨爲訪美一事的信件給毛澤東。[46]八月九日，安托諾夫將已談定首腦會談的艾森豪與赫魯雪夫往來信件交予陳毅，正式告知赫魯雪夫訪美計畫。[47]對於此事，毛澤東在回覆赫魯雪夫的信件上提到，「美國在被迫的情況下不得不邀請您去訪問」，並認爲「我深信，即將到來的您對美國的訪問必將使美國處於更加被動的地位」，對赫魯雪夫訪美提出肯定意見。[48]不過，八月二十五日，陳毅與安托諾夫會談，提供毛澤東的信件時，則將中國共產黨的立場補充如下：

> 我們感謝蘇聯同志的關心。你們把同赫魯曉夫同志有關的同美國總統間的來往信件和其他資料給了我們。在對當前重大國際問題的看法上，中蘇兩國的觀點是完全一致的。我國在反對「兩個中國」問題、台灣問題、西藏問題、在聯合國中合法地位等問題上的立場，蘇共中央和政府是清楚的。同時，目前在索非亞召開的兄弟國家副外長會議上，我們又向蘇聯和其他兄弟國家的代表說明了我們對上述各問題的態度。現在我們對這些問題的立場沒有什麼改變。[49]

此處提及索菲亞的會談，應爲該年八月六日至八日間，社會主義國家爲準備第十四屆聯合國大會所舉辦的會議。該會議中，中國主張包括聯合國代表權問題、「兩個中國」問題，以及西藏問題皆爲聯合國大會中的「重要問題」。[50]也就是說，爲了避免赫魯雪夫在訪美時針對這些問題與美國交涉，陳毅藉此事先囑咐安托諾夫。

在赫魯雪夫與艾森豪在大衛營舉辦的首腦會談中，提到台灣問題一事，則是在最後一日的九月二十七日當天。根據美國國務院的紀錄，赫魯雪夫在確認美蘇對核裁軍的共同見解後，便詢問美國政府往後對中政策的規劃。對於此一問題，艾森豪與美國國務卿赫脫

（Christian A. Herter）指出台灣海峽的軍事挑釁行爲仍在持續，對中政策是否變更則視中國政府的態度而定。因此，赫魯雪夫則主張，美國政府必須改變對中政策，而美國政府對台灣的援助，尤其是軍事援助，以及將中國排除於聯合國之外等行爲不切實際。關於台灣問題（The question of Taiwan），赫魯雪夫指出，蘇聯贊同中國的見解，認爲台灣爲中國的一省，蔣介石政府就如同俄國的克倫斯基政府。對艾森豪來說，這些主張並無討論空間。[51]

在美蘇首腦會談中，兩國首腦僅再次確認了美蘇對於台灣問題的不同立場。赫脫也參與了九月二十七日的會談，對美蘇首腦間並未就台灣問題展開有建設性的協議感到擔憂，希望赫魯雪夫在訪問中國之前，能再次理解美國的立場。赫脫起草艾森豪致信赫魯雪夫的信件，並於九月二十九日發出。該信件提出，從「世界和平這個我們的共同利益」觀點看來，中國問題（The China Questions）非常重要，尤其「包含美國在內的四十五個國家承認中華民國爲中國合法政府（legitimate government）」，對於赫魯雪夫主張此屬「國內問題」，不得不表達異議。此外，也指出赫魯雪夫對德國問題的主張與對中國問題的主張有所矛盾，中國問題和德國問題相同，可透過美蘇合作解決，或者須連結至裁軍問題與中國放棄行使武力等問題。[52]

(2) 因金門、馬祖而起的齟齬

九月三十日，赫魯雪夫在訪美後直接前往北京，並參加十月一日舉辦的中華人民共和國成立十周年紀念典禮。Lorenz M.及張少書依據當時報導所分析，赫魯雪夫抵達後至國慶日典禮之間，強調與艾森豪的「和平共處」，並指責中國在台灣海峽及中印國界間的激進對外政策。毛澤東因此心情不佳，中蘇領導者之間的氣氛相當緊張。[53]在這樣的氣氛中，毛澤東與赫魯雪夫在十月二日展開首腦會談。

十月二日午後，毛澤東與赫魯雪夫預計召開會談，而葛羅米柯卻緊急提出欲與陳毅會談，並轉交艾森豪致信赫魯雪夫的信件。葛羅米柯提出希望以該信件爲前提參與毛澤東的會談，陳毅遂直接翻譯信件，並答應在會談前讓毛澤東看過。雖然該會談的記錄並未附上此信件內容，但從葛羅米柯對陳毅所說「此信是赫艾會談中意見的繼續」可推測，應爲赫脫所起草，於九月二十九日發出的信件。[54]

當日下午，毛澤東與赫魯雪夫的官方會談依照預定計畫舉行，兩位領導者針對艾森豪發出的信件交換意見。信件中提及毛澤東，並針對「台灣問題爲什麼不能與德國問題相提並論」一問，統整一九五五年以來，以台灣問題爲主的美中關係後，描述如下：

台灣與德國的差異，除了台灣人口大幅少於中國以外，中國也不是第二次世界大戰的戰敗國，而是戰勝國。不僅是德國，就連朝鮮半島、中南半島都有分裂協定，但並未有針對台灣問題召開的國際會議。這是因爲不僅社會主義國家，就連英國、美國國內，以及其他國家都不支持美國介入台灣問題。

此後，毛澤東也再主張：「台灣問題相當明確。不僅是台灣，我們在十年、二十年，甚至是三十年後，也不會觸及沿海島嶼」。

對於此主張，赫魯雪夫則表達其憂慮：「我們在檯面下說不會在台灣海峽開戰，但檯面上若因台灣問題引發戰爭時，蘇聯已宣告保護中國，故可能引發危機狀況（pre-war situation）」。此外，也提及列寧曾迴避與日本直接爭鋒相對，並承認遠東共和國獨立一例，表示「雖然不知道如何解決台灣問題較佳，但希望能先緩和緊張情勢」，希望台灣海峽的軍事緊張情勢可避免招致美蘇間的衝突。赫魯雪夫更提出「雖然也有些今日第一次聽見的中國領導層方針（引用者註：從前後文研判爲「不觸及沿海島嶼」這一點），但只要跟台灣問題有關，可能將身爲同盟國的我國捲入等所有狀況，都希望能向我方報告」，批評去年夏天中國並未事先通知金門砲擊一事，表示往後必須經中蘇協議。

然而，對於赫魯雪夫的批評，除了反駁金門砲擊「早在一個月前就通告」，毛澤東也提出下列主張：

> 對美問題與對蔣介石問題並不相同。對於美國，可堅持不懈地與其交涉，但對於蔣介石則屬國內問題，除了交涉以外，仍有其他手段可行。以遠東共和國的例子，以及拉脫維亞、立陶宛、愛沙尼亞等例子看來便知道，只要沒有外國干涉，（引用者註：承認獨立後又可再次整合）就可行。

關於情報交換的要求，毛澤東也認爲，並不會與美國產生戰爭，故不須交換情報，也就是說，毛澤東僅不斷重複對蔣介石的攻擊屬國內問題，不須向蘇聯提供情報等理論。[55]

在國慶日前後，除了赫魯雪夫外，毛澤東也積極向其他社會主義國家代表團傳達中國對台灣問題的新立場。這些談話則與赫魯雪夫的談話相同，首先指出台灣問題既是國際問題也是國內問題，國際問題僅能以和平手段解決，但國內問題則須運用和平手段與武力手段解決。因此，第二項主張爲，雖然不能完全否定行使武力的可能性，但對「解放」台灣、澎湖、金門、馬祖不須操之過急。接著，毛澤東在第三點則提及，中國爲戰勝國，和德國不同，因此不承認「兩個中國」，而在台灣的蔣介石政府也與中國意見一致。中國在這些立場上，希望獲得社會主義各國的理解與認同。[56]

十月四日，赫魯雪夫離開北京。根據Lüthi的研究指出，赫魯雪夫對於在北京的會談雖感到不滿，但仍裝出一副「這是一場發自內心感到友好的會談」的樣子，舉辦回國後的記者會。[57]之後，赫魯雪夫雖向艾森豪承認了前一封信件的回信內容，但對於台灣問題的主張，仍表示與在大衛營的主張相同。也就是說，赫魯雪夫向艾森豪表明，「台灣爲中國的一省，台灣回歸中國一事受到美國在內的多數國家所認可，也載明於開羅宣言與波茨坦宣言上，故無法將中國視爲分裂國家」、「難以將台灣問題與裁軍問題連結」，並將此內容轉寄至中國。[58]

赫魯雪夫確實對毛澤東在台灣海峽採取挑釁行動採批判立場，但對於台灣的地位，儘管未與中國取得共識，但也不打算向美國政府靠近。對於赫魯雪夫來說，最在意的便是不要捲入因台灣海峽而起的戰爭中，也對毛澤東強烈主張此意見。毛澤東對於此主張，除了強調砲擊金門的正當性，也闡明「恐怕未來三十年都不會觸及沿海島嶼」的方針。不過，赫魯雪夫對毛澤東的不信任與危機意識已根深柢固，並在隔年一九六〇年下定決心，中止對中國的核能開發支援，並撤回軍事顧問團。

如同赫魯雪夫對毛澤東感到不悅，據稱毛澤東內心也對赫魯雪夫訪美及訪中時的態度感到不快。話雖如此，十月十四日，安托諾夫將赫魯雪夫訪美相關機密情報交予毛澤東時，毛澤東卻表示「中共完全贊同蘇共對外政策的步調（引用者註：意指赫魯雪夫訪美一事）」。該會面中，毛澤東也再次提及「赫魯雪夫在與艾森豪會談中，堅持其對台灣問題的正確立場」，並指出「中國不打算因台灣問題與美國開戰，不管十年、二十年、三十年還是四十年都願意等」。不過，毛仍提到「去年的砲擊中，已證實美國也不打算因沿海島嶼而開戰」，正當化去年的砲擊金門行動，毫無反省之意。【59】

(3) 關於「兩個中國」問題的備忘錄

對於「兩個中國」問題，蘇聯政府官方主張支持中國政府的立場，也就是在國際上僅存在中華人民共和國所代表的「中國」，國府並無參與國際機構、國際會議的資格。不過，一九五〇年代中期以來，當中國政府與國府在許多國際機構、國際會議上出現代表權問題時，蘇聯也曾從社會主義陣營盟主的立場，要求中國政府對代表權問題須採取更理性、軟性的姿態。這可對應至五〇年代中期過後，中國反對「兩個中國」論時，日益強硬的姿態。【60】

第三章曾提及，第十九屆紅十字國際會議中衍生的中國代表權問題，其實可謂為讓中蘇之間對「兩個中國」產生不信任感的時間點。當時，蘇聯紅十字會會長主張「即使有台灣代表參加，中國仍以參加為宜，可在會上與蘇聯等國一起進行鬥爭，否則會使自己和蘇聯等國處於被動地位」，更支持以「福爾摩沙」名義邀請台灣參加紅十字常設委員的提案。【61】對於此事，周恩來及中國外交部對蘇聯表達抗議立場，蘇聯雖然並未反駁，最後也與中國採取相同步調，但中國政府從此之後，便對蘇聯在反對「兩個中國」的合作上抱持猜忌之心。

經歷了紅十字國際會議上的教訓，以及同年中國退出國際奧林匹克委員會等事件，一九五八年八月九日，隸屬於蘇聯對外文化聯絡委員會的茹可夫（K. A. Churugikov）交予中國駐蘇聯大使劉曉一份備忘錄。[62]備忘錄中提及，該委員會召集各國際機構代表，說明中國政府在「兩個中國」問題的立場，而參與者提出了許多疑問。參與的國際機構包括：國際自動控制聯合會、國際科學理事會、世界能源理事會、國際天文學聯合會及國際地理聯合會等，範圍極廣。[63]蘇聯欲事先掌握國際間將中國與國府視爲「兩個中國」的基準，而中國對外文化聯絡委員會則將該備忘錄轉寄至外交部及科學部等單位，著手準備製作備忘錄，以回覆茹可夫。[64]

外交部國際司接收到對外文化聯絡委員會的通知後，決定與對外文化聯絡委員會分開，直接寄送對於「兩個中國」問題相關立場的備忘錄至蘇共對外文化聯絡委員會及社會主義各國相關部門。[65]九月四日，中國外交部將反對「兩個中國」相關鬥爭備忘錄送至蘇聯外交部，內容如下所示：

一、國際社會上，要拒絕承認中國，或將中國排除於國際組織之外，已日益困難。而美國爲了突破先前障礙，則打算實現「兩個中國」。

二、中國政府對抗「兩個中國」陰謀的方法爲：

a.如同第十九屆國際紅十字會、國際奧委會時般，拒絕蔣幫參與國際組織及會議，未能成功便自行退出。

b.不參與實際上已接受「兩個中國」的組織或會議，如國際法協會。

c.蔣幫早已加入的組織或會議，便在其退出後才加入。

三、聯合國受美國所控制，故以蔣介石爲代表，阻礙中國加入。而對抗此情況的方法則包括：

a.中國不派遣任何代表至聯合國。

b.中國不提供聯合國任何資源、資金。

c.議題或委員會若與中國相關、無法不參與時，則依個別狀況應對。

四、僅將中國參與國際機構或會議視爲加深與他國關係的手段之一，但不參與這些組織，並不會妨礙中國與社會主義陣營各國及部分友好國家的關係。[66]

由此備忘錄可見，相較於一九五六年第十一屆聯合國大會及隔年第十九屆紅十字國際會議時，中國政府對「兩個中國」問題的立場顯得更無妥協餘地。

這段期間，蘇聯對外文化聯絡委員會製作以《中華人民共和國政府對西方國家企圖於國際組織中創造「兩個中國」的立場》爲題的備忘錄（下稱《中華人民共和國的立場》），準備通告國內各相關機構。[67]中國對外文化聯絡委員會因中國駐蘇聯大使館催促其提出對茹可夫備忘錄的回覆，遂於九月十一日再次召集中共中央對外聯絡部、外交部、文化部、科學院等相關部門，準備撰寫備忘錄致信茹可夫，以反對「兩個中國」。[68]最後，該備忘錄由陳毅負責統整，經周恩來及中共中央的批准後，由駐蘇聯大使館發給蘇聯對外文化聯絡委員會。[69]此外，外交部也另外要求修正《中華人民共和國的立場》中數處，並指示駐蘇聯大使館將九月四日外交部備忘錄的立場再次告知茹可夫。[70]

之後，駐蘇聯大使劉曉接收到對外文化聯絡委員會及外交部的指示後，在十月二十一日與茹可夫會面，轉交對外文化聯絡委員會的備忘錄之際，也同時轉達了外交部的意見。[71]根據劉曉的報告指出，茹可夫「完全了解」中國政府的立場，也表示蘇聯政府「也加強了在國際會議和國際組織中反對這一陰謀的鬥爭」。此外，外交部九月四日提出的備忘錄中，也表示已轉達各相關部會，「有助於糾正過去所犯的那些嚴重錯誤」，並表達謝意。[72]

如上所示，從第十九屆紅十字國際會議至交換「兩個中國」問題相關備忘錄等中蘇交涉的過程中可知，即使中蘇兩國對於「兩個中國」問題的原則及立場一致，但對於具體處理問題的方式，並未經過充分溝通。蘇聯和中國共同的立場爲，中華人民共和國政府是「代表中國的唯一合法政府」，國府並不具該資格。不過，對於蘇聯領導層及各國際機構負責人來說，在與國府爭奪正統「中國」的戰術上，中國對「兩個中國」問題的態度，也過於強硬且僵化。

(4)因「兩個中國」問題而生的齟齬

綜上所述，中國政府與蘇聯政府之間，因對在國際機構中反對「兩個中國」的態度產生一致方向。不過，之後在反對「兩個中國」的外交鬥爭中，中國卻難以和其他社會主義國家採取完全相同的立場。在國際奧委會的代表權問題上更呈現出其困難處。

一九五二年的赫爾辛基奧運上，國府的奧委會抗議中國籍選手的出場，抵制參與大會。因此，不僅國際奧委會不承認中國的奧委會，也僅有一名中國籍選手得以出席大會。之後，在一九五四年召開的第五十屆國際奧委會上，卻發生了國府奧委會獲承認的同時，中國的奧委會（中華人民共和國體育運動委員會）也獲承認的情況。對於此問題，中國代表要求解除國府代表的會員資格，但當時的國際奧委會主席駁回此要求。接著，在一九五六年的墨爾本奧運時，國際奧委會立場為中台雙方的奧委會都具有讓選手出賽的權利。中國為抗議此一決定，遂抵制參加墨爾本奧運，並在一九五八年宣告退出國際奧委會。[73]

不過，進入一九五九年後，義大利奧委會詢問中華人民共和國體育運動委員會，是否有意願參與隔年一九六〇年於羅馬展開的第十七屆奧運。義大利奧委會的這個照會舉動，對中國籍選手參賽的態度便具肯定意味。[74]然而，體育運動委員會及外交部則相當警戒，認為西方國家可能會用「奧運並非政治行為」為由，提出讓「福爾摩沙代表」出賽的建議。因此，中國決定：一、在嚴正反對「兩個中國」，並不協助具此態度的奧委會前提下；二、在國際奧委會上主張中國代表權的問題。[75]

一九五九年五月下旬召開的國際奧委會第五十五屆會議中，國府代表的名稱問題也成為議題之一。會議中提出的疑問包括，是否該給予位於台北的奧委會一個看似可代表全中國的名稱，以及中台雙方是否為了主張其政治立場才利用了奧運賽事等。最後，國際奧委會對台灣奧委會的處理方式決議如下：一、在其無法統籌全中國體育活動的情況下，不承認其使用可代表中國的名稱，並於正式名單中刪除；二、但若以不同名義申請便可考慮。

蘇聯奧委會將上述國際奧委會第五十五屆會議的決議告知中國，並指出「奧委會取消蔣幫代表資格」，催促中國回歸奧委會。[76]不過，中國外交部、對外文化聯絡委員會及體育運動委員會對此情報的態度相當謹慎，決定在收集更詳細的情報後，再向蘇聯奧委會表明中國的態度。[77]之後，蘇聯奧委會在提供更多情報之際，也告知「蔣幫已遭除名」的認知，提議中國在申請加盟時可宣告「吸收台灣選手參加」等意見，並誘導國府拒絕即可。[78]政治介入體育領域使得國際形象受損，故蘇聯希望中國向奧委會表明欲回歸委員會，並將問題轉嫁給國府與美國政府。

然而，中國的態度非常頑強。審視過上述各點後，外交部於一九五九年七月六日向各駐外使館發出《外交通報第六六期》，指出國際奧委會的決議雖然「這個決議本身仍是一個『兩個中國』的具體步驟還不完全吻合」，「但歸根結底仍是一個『兩個中國』的圈套」，顯示出其警戒心，並對社會主義各國對此問題的團結分析如下：

本來我們很可以利用決議中對我有利之點和美、蔣與國際奧委會之間的矛盾痛整美國，徹底揭露美國和國際奧委會製造「兩個中國」的陰謀。但是問題在於兄弟國家對此決議都投了贊成票。他們的想法是：第一步，驅逐蔣幫；第二步，我重新進去；第三步，不讓蔣幫再進去。因此，兄弟國家普遍認爲國際奧運會通過這個決議是我方鬥爭的勝利，而不了解這樣做實際上陷入了一個新的「兩個中國」的圈套。兄弟國家所以那樣做也完全是出於好意，但結果不是他們今後在國際奧運會中進行反對「兩個中國」的鬥爭時處於被動和無力的地位，而且使我們採取行動時也不能不照顧兄弟國家的困難。（左線爲引用者所加註）[79]

在這樣的認知之下，中國決定先行窺探國府準備以什麼名稱申請加入奧委會，並於表決時動員社會主義國家。中國外交部也指示駐外使館，各國問及立場時，首先須感謝對方支持中國，並陳述無論如何都反對「兩個中國」的態度。[80]

在北京，外交部副部長曾湧泉則召集社會主義各國外交使節，說明《外交通報第六六期》的立場。曾副部長對各使節表示，此決議本身並未與「兩個中國」的具體階段完全符合，但卻是新的「兩個中國」，以喚起衆人之注意，並說明：發表支持該決議的聲明或申請加入等行爲並不適當，並且要求：若國府代表以新名稱提出申請，則表明「研擬中」（under consideration），並反對其加入。此外，也說明以中國政府的角度，必須表明對新「兩個中國」論的抗議，但考量可能引發中立國家的嫌惡，不應當面表明自身態度。【81】

另一方面，國府主張以「中華民國」名稱申請再次加入國際奧委會，但國際奧委會則要求其以「福爾摩沙」之名申請。在知此情況後，在第五十六屆國際奧委會召開前的一九五九年十二月，中國外交部確立方針爲「在國際奧委會撤銷對蔣幫的承認，並不准其用任何名義入會以前，我不與之合作，亦不參加奧運會」。【82】

最後，第五十六屆國際奧委會上，並未解決「中華民國」與「福爾摩沙」的名稱問題，但也決議台灣選手參加羅馬奧運一事。對於此決議，中國體育運動委員會透過新華社發表談話，並表達抗議。【83】該談話將國際奧委會所做的決議視爲「使蔣介石集團的體育組織參加奧運會成爲既成事實」的「兩個中國」之「陰謀」，並指出其爲「在美國官方的指使下進行的」。該談話也主張，無論什麼名稱、什麼形式，絕不允許台灣單獨參與國際性體育組織，或於相關組織活動。【84】

該談話發表後，中國體育運動委員會也製作了「關於國際體育組織中的工作問題」相關報告。從內容可見，該報告明確列出欲參加國際體育組織的社會主義國家要求，以及反對「兩個國家」鬥爭時如何解決困難等方針。該報告回顧一九五八年，爲反對「兩個中國」而退出十個體育組織的過程，也提出在維持此立場下，增加可參與組織的方式，並分爲：一、已退出的組織；二、只有中國政府參加的組織；三、只有國府參加的組織；及四、兩者皆未參加的組織進一步研擬。此外，該報告中提及社會主義國家的合作部分，則指出：各兄弟國家不斷交換意見，原則上支持我方立場鬥爭，但因身處狀況及檢視問題的角度不同，可能產生無法徹底理解我方狀況，並對鬥爭戰略抱持不同意見的情形，可見中國對現狀感到憂慮，並惦記著社會主義各國對「兩個中國」問題的立場。[85]像這樣，在反對「兩個中國」鬥爭中產生的意見歧異，隨著中蘇對立而逐漸浮上檯面，對中國外交形成了嚴重問題。

3. 第十六屆聯合國大會之中國代表權問題

(1) 西方國家提案中的「兩個中國」問題

自一九五六年第十一屆聯合國大會（參照第二章）至一九五九年間，對聯合國中國代表權問題緩議表決的贊成率有逐漸下降的傾向，但至少仍維持在半數以上。不過，隨著非洲等新興獨立國家的加入，一九六〇年第十五屆聯合國大會中，對緩議的贊成率已減少至四十二％（贊成四十二票、反對三十四票、棄權二十二票）。一九五一年，聯合國會員國共六十國，到了一九六〇年已增加至九十八國，其中有四十五國爲亞洲、非洲國家。尤其在一九六〇年加入聯合國的十六個非洲新興獨立國家，皆在緩議案投了棄權票。[86]在緩議案投了贊成票的西方國家中，又以英國、澳洲、加拿大等國深刻體認到此趨勢，便向美國政府要求，希望在第十六屆聯合國大會有關聯合國中國代表權問題的表決上，找出新的對策。

接獲第十五屆聯合國大會的結果，一九六〇年十月十二日，《人民日報》在頭版刊載社論〈越來越孤立的不是中國，而是美國〉，其主張：「以蘇聯為首的社會主義陣營各國是同我國永遠站在一起的，在廣大亞洲、非洲、拉丁美洲和全世界一切愛好和平的國家中，將會有越來越多的國家支持中國，越來越多的人認識到當前國際上的任何重大問題，沒有中國參加是解決不了的。」【87】

不過，前段所述欲重新檢視緩議案的論點，並不完全是排斥國府，且保證中國政府可加入聯合國的路線。亞、非各國所投的棄權票，不僅是這些國家的中立主義理念，也顯示這些國家在冷戰國際格局中身處的微妙立場。英國、澳洲及加拿大等國所主張的重新檢視論點，雖然也替中國政府加入聯合國開了一條道路，但其前提卻是確保國府或者台灣在聯合國的席位。

一九六一年起執政的美國甘迺迪政府在第十六屆聯合國大會前夕，也研擬方案，以有效維持國府的席位，並阻止中國政府加入。根據石川誠人的研究指出，甘迺迪政府初期曾考慮過「雙重代表方案」，意即國府為代表台灣與其實質支配離島的政府，而中國政府則代表中國大陸其他地區加入聯合國。該方式將中國政府與國府各自視為中華民國的「繼承國」，認同雙方皆具加入聯合國的權利。甘迺迪政府看穿中國會拒絕此提案的用意，那就是讓中國更可能地加入聯合國。【88】

此外，根據井上正也的研究指出，日本的池田勇人政府也因聯合國代表權問題，開始注視是否須重新檢視對中政策，並摸索與西方國家合作的方式。六月二十日，池田在華盛頓與甘迺迪展開首腦會談，雖然並未就對中政策展開具體談話，但在日本外長小坂善太郎與美國國務卿魯斯克（Dean Rusk）的外長會談中，雙方對於台灣在聯合國法律歸屬問題上，一致認爲須推動西方各國間的協議。接著，池田與小坂造訪加拿大，也確認日本與加拿大的立場都爲同意「兩個中國皆加入」。之後，小坂又於七月初訪歐，與英國、法國間就聯合國的中國代表權問題展開政策協調。然而，英國和法國領導人對於中國政府與國府雙方構成的「兩個中國」採取反對姿態，在中國代表權問題上取得提案權一事也態度消極。[89]

對於這些西方國家的動作，國府堅持自己代表中華民國憲法所規範的領域，表示「漢賊不兩立」，強烈反對「雙重代表方式」。除此之外，當年的聯合國大會上，蒙古與茅利塔尼亞一併向聯合國安理會申請加入，美國與台灣之間也因蒙古加入產生不少爭論。國府主張蒙古也屬於中華民國領土，不能接受蒙古加入，但若阻止茅利塔尼亞加入聯合國，要在中國代表權問題上獲得布拉柴爾德集團國家的支持則會產生困難。[90]

中國領導層雖然靜觀情況變化，但進入七月後，便加強宣傳攻勢，反駁西方國家所尋求的繼承國提案。七月上旬，中央宣傳部向涉及對台宣傳工作的機構發出通知，加強宣傳以反對美國政府的「兩個中國」。中央宣傳部認爲，美國政府採取的「繼承國方式」爲「兩個中國」的「新陰謀」，並在池田訪美之際顯露而出。爲了反駁這個「新的陰謀」，必須強化宣傳工作，向聯合國批評美國政府的「兩個中國」，但目前須避免接觸蒙古加入問題，也須留意，宣傳內容不得超出《人民日報》社論所提出的範圍。[91]

打響中國政府宣傳攻勢第一炮的是：七月十四日刊載於《人民日報》頭版的三千字長篇

社論〈只有一個中國沒有兩個中國〉。其指責美國政府在聯合國代表權問題上所轉換的方針，屬「兩個中國」政策，而繼承國的理論便爲其根據。從下列社論的批判可知，對中國領導層來說，甘迺迪政府的「兩個中國」政策比艾森豪政府的「兩個中國」政策更加嚴重，但也可看出，實際上僅能仰賴統治領域及人口多少作爲反駁的根據。

在艾森豪威爾和杜勒斯執政的前期，他們根本不承認中華人民共和國的存在；到了後期，他們把台灣國民黨集團看作是一個「獨立的政治實體」，也就是想把它封爲一個小中國，從而造成一個大中國和一個小中國並存的局面。現在，肯尼迪又想在聯合國裡把國民黨集團封爲中國的一個「繼承國」，從而造成兩個對等的中國並存的局面。（中略）所不同的是，肯尼迪的前任者是用「二一添作五」的除法，把中國一分爲二；肯尼迪則是用「二一得二」的乘法，把一個中國變成兩個中國。肯尼迪也許自以爲比他的前任者高明一些，但是，實際上，他的主張更加荒謬。究竟什麼時候從天上突然掉下來了又一個中國，使地球上憑空增加了九百六十萬平方公里的土地和六億五千萬人口呢？這不是白日說夢嗎？[92]

此外，此社論更指出「美國製造『兩個中國』的陰謀，不但是包括台灣人民在內的全體中國人民所堅決反對的，而且也引起了台灣當局的強烈反應」，強調美國與台灣之間因聯合國代表權問題所產生的齟齬。[93]如此情況所示，不具聯合國代表權的中國政府，除了透過宣傳攻勢主張其立場外，實際能阻止聯合國出現「兩個中國」的具體方案並不多。聯合國是否會出現「兩個中國」，攸關於國府是否能抵抗得了美國政府的說服。

七月底，在陳誠副總統訪美前，甘迺迪政府為突破困境，對國府提議，將中國代表權問題指定為聯合國憲章第十八條第二項的「重要事項」，如此一來，與中國代表權變更相關的決議就成為「重要事項指定決議案」，必須在大會獲得三分之二同意票才能通過。此外，美國政府也向國府保證不承認蒙古政府，以說服國府在蒙古政府加入聯合國一案不行使否決權。[94]這些是在考量過國府若對蒙古加入行使否決權時，西方陣營在中國代表權表決上可能失敗，因而得出的讓步方案。[95]不過，國府卻強硬主張，即使失去聯合國代表權，也不能接受蒙古加入聯合國。因為對國府來說，蒙古原本應為待收復的本國領土，若承認其加入聯合國，就等於否定自己「反攻大陸」的正統性。最後，美國政府與國府在蒙古加入問題上無法達成共識，就這樣迎來九月十八日起的第十六屆聯合國大會。[96]

聯合國大會開幕後，美國與台灣之間仍針對蒙古加入問題持續交涉。國府強調若承認蒙古的加入，國府在台灣的威望也會下滑等問題，希望獲得明確保證，確保國府未來仍能擁有聯合國代表權。也就是說，蔣介石希望以默認蒙古加入一事，換取甘迺迪政府發表聲明，支持國府在聯合國的代表權，必要時即使行使否決權也要阻止中國政府加入。[97]不過，甘迺迪政府對此要求表示為難，認為若發表行使否決權也要阻止中國政府加入的聲明，便會被質疑其道義立場，也難以在重要事項指定決議案時催票成功。[98]美國、台灣交涉在十月中旬到達重要關頭，最終定案為，美國向國府保證發表聲明，不在蒙古加入聯合國一案投贊成票，並支持國府在聯合國的代表權，更透過外交途徑阻止中國加入聯合國，而國府則默認（棄權）蒙古加入聯合國。[99]交涉過程中，蔣介石甚至以對美國政府妥協為由召回並免職駐美大使葉公超大使，以獲取美國政府對國府保證維持聯合國代表權、阻止中國加入等承諾。[100]

(2)蘇聯提案中的「兩個中國」問題

除了宣傳攻勢以外，中國政府還可以做的，便是利用以蘇聯爲盟主的社會主義國家，或是亞、非各國的團結，在聯合國大會表決時發揮影響力。不過，就如Lüthi的研究所示，自從一九五九年毛澤東與赫魯雪夫出現爭論以來，即使中蘇在對外政策上的關係惡化已稍微和緩，但也未見改善。一九五九年十月的首腦會談中，赫魯雪夫親眼見到毛澤東在核武以及對西方國家的關係上採激進主張，他也越來越傾向於東西兩陣營的和平共處與實現全面裁軍。[101]一九六〇年五月後，美、英、法、蘇四國原本有意舉辦四國首腦會談，雖因U-2擊墜事件中止，但中國領導層卻批判蘇聯對此類會談的姿態爲「修正主義」。同年四月，中國共產黨在列寧誕辰九十周年時，發表三篇紀念論文，並在其中批評赫魯雪夫。此外，六月在布加勒斯特舉辦的羅馬尼亞共產黨第三屆大會上，中國共產黨與蘇聯共產黨代表激烈相互批判，隔月，蘇聯共產黨便召回所有派遣至中國的專家。[102]

中蘇對立就如上所述般地漸漸浮上檯面，而在一九六〇年第十五屆聯合國大會中，蘇聯代表團爲提出中國政府加入聯合國、國府退出聯合國一案的提案國。一九五六年之後，原本印度政府提議將中國加盟案列入大會議題，但因中印國界紛爭的出現，在聯合國代表權問題上，印度已無法主導支持中國加入聯合國。以一九五九年的西藏騷亂爲始，中印國界地區便持續軍事緊張情勢，兩國政府間對國界的交涉最後也以決裂告終。[103]

赫魯雪夫以第十六屆聯合國大會蘇聯代表團團長身分造訪紐約，其目的除了讓中國加入聯合國一事獲得認可外，同時也想藉著主張使中國參與裁軍，讓U-2擊墜事件以來停滯的裁軍交涉重回正軌。赫魯雪夫在聯合國大會上主張聯合國逐出國府、恢復中國政府代表權，更表示將中國政府置於聯合國之外，可能引發「危險的戰爭」。[104]

蘇聯將聯合國的中國代表權問題，作爲裁軍交涉的籌碼，固然讓中國感到不悅，但在一九六〇年的階段，中方也並未明確抗議。第十五屆聯合國大會中，赫魯雪夫的演說結束後，中國外交部對各駐外使館指示，在代表權問題上，必須主動提及並宣揚包括感謝各國對中國的支持，以及中國不忘支持對「世界和平」的努力等。外交部認爲，對於赫魯雪夫提出的裁軍「不作無條件的反對，且作有條件的支持」，而「表現同兄弟國家的團結一致」非常重要。[105]然而，駐日內瓦領事館觀察聯合國大會的情況後，對外交部報告幾點擔憂。也就是說，赫魯雪夫的演說及記者會上對中國代表權的支持程度，對比去年，力道相對較弱，且蘇聯似乎不再公開支持其「朋友」開發核武。從中國在聯合國的外交策略的角度來看，這些動向都是下一次聯合國大會必須警戒的。[106]

第十五屆聯合國大會中，蘇聯重視的裁軍相關表決陷入困難，東西兩大陣營僅決議將表決緩議至隔年大會。因此，一九六一年甘迺迪在美國執政後，對赫魯雪夫來說，便是中國問題作爲外交籌碼的價值大幅躍升的一年。這是因爲甘迺迪上台之際，也主張推進裁軍交涉，並讓中國加入裁軍。一九六一年六月初，美蘇首腦會談於維也納舉辦，甘迺迪對赫魯雪夫提出聯合國中國代表權問題。不過，根據美國的會談記錄，赫魯雪夫指出，只要美國仍占領台灣，就無法改善與中國的關係，而蔣介石政府繼續留在聯合國，中國就不會加入聯合國。因此，赫魯雪夫主張「美國政府可採取的最實際政策，便是承認中國，並認同其聯合國代表權」。此外，和一九五九年與艾森豪會談時相同，赫魯雪夫也表明蘇聯與中國政府立場相同，表示「蔣介石與毛澤東的關係爲中國國內問題，蘇聯和美國都無法介入」。[107]蘇聯如此強硬姿態，則讓甘迺迪大失所望。

不過，在對甘迺迪表現強硬姿態的另一面，赫魯雪夫也向毛澤東尋求妥協的可能性。進入九月後，向聯合國大會提出議題的期限接近，蘇共遂向中共提議，結合裁軍及聯合國中國代表權問題一同提案。中蘇之間針對該問題有過哪些討論，難以找出其完整內容。不過，在中國外交部檔案中，曾有紀錄顯示：九月十七日，陳毅與蘇聯駐中國大使契爾沃年科（Stepan V. Chervonenko）會晤時，中共中央曾交予蘇共中央一封回覆書信，而契爾沃年科也交給陳毅兩封書信。契爾沃年科交予陳毅的其中一封信件，爲美國政府針對裁軍問題致信蘇聯政府的抄譯，另一封則是蘇共中央針對裁軍問題致信中共中央的信件。信件中提及，蘇聯預計於第十六屆聯合國大會提出擴大裁軍交涉國案，其中交涉裁軍的國家由原本的十國增加到十六國，也包含了中華人民共和國。若將該提案與中國代表權問題共同提出，便會對西方國家造成壓力，蘇聯的提案指出：「既有利於廣大人民群衆爭取和平和裁軍的鬥爭，又有利於爭取恢復中華人民共和國的合法權利和從聯合國趕走蔣介石分子的鬥爭」。[108]

對於蘇聯的這些信件，中共中央由周恩來統籌回覆，針對聯合國代表權問題主張如下，並強烈反對將代表權問題與其他問題連結。

> 中國代表權問題，必須所謂一個單獨問題來解決，而不應該同其他問題糾纏在一起，使這個問題本身的是非模糊不清。美國企圖把中國代表權問題同擴大安理會和經社理事會的成員問題聯繫起來，正是爲了模糊中國代表權問題的是非，便於他欺騙輿論，進行拖延。美國

的這種陰險手法，必須可以揭露，使之不能得逞。（中略）總之，我們認爲，在中國代表權問題上，不怕暫時處於少數，而怕問題的是非模糊不清，不利於將來的鬥爭。【109】

而對於代表權問題與裁軍問題連結提案，中國則反駁如下：

把恢復中國合法權利問題同中國參加裁軍談判的問題聯繫起來解決，那就很不適當。美國很可能按照前述的預定策略，建議把這兩個問題連在一起交給小組委員會研究，以便達到它的拖延目的。這樣，中國的合法權利沒有恢復，蔣介石集團的代表仍然留在聯合國內，而我們卻處於某種被動地位，因爲我們如果反對美國的這種建議，美國就可以反過來指責中國不願意參加裁軍談判。這種情況顯然對我們不利。【110】

根據隔年中國外交部爲聯合國大會製作的文件可知，之後蘇聯便放棄將中國代表權問題與裁軍交涉連結，並依照慣例提出聯合國代表權問題表決提案，但並未提出在裁軍交涉國加入中國的提案。不過，外交部直到隔年仍認爲「蘇方實際上並沒有放棄這種想法（引用者註：連結中國代表權問題與裁軍交涉）」，並再次向蘇聯表示「我代表權問題必須單獨解決，不能與其他問題糾纏一起」的想法。【111】

一九六一年九月二十五日，聯合國大會會議上，由紐西蘭所提出的「聯合國中國代表權問題」，以及蘇聯所提出的「中華人民共和國於聯合國合法權利之恢復」等兩大議題，正式通過表決，並於十二月一日至十五日間，針對聯合國代表權問題展開一般性討論。【112】期間，中國政府則展開第二波批判美國政府的宣傳攻勢，不斷指責將重要事項指定決議案，爲美國企圖製造「兩個中國」的「新陰謀」。[113]

(3) 亞非三國提案中的「兩個中國」問題

除了社會主義國家外，對中國來說，若要阻止「兩個中國」，在聯合國外交上可助其一臂之力的勢力便是亞洲、非洲各國。實際上，第十五屆聯合國大會中，亞非各國的席位增加，以及這些國家在大會中的投票行動，讓緩議案陷入困境。

第十六屆聯合國大會上，亞非國家之中，印尼取代印度主導，並與斯里蘭卡、柬埔寨等國對蘇聯提案提出修正案。印尼總統蘇卡諾主張，五〇年代之後，中國政府便展開「鬥爭」，不等國府退出就加入聯合國，並逐出國府。[114]第十五屆聯合國大會中，緩議案的贊成率顯著下降，印尼便積極從事聯合國中國代表權問題相關的外交活動。一九六一年三月，印尼駐中國大使與周恩來會晤，表示美國的政策已失去支持，中國應加入聯合國，更提出中國可先加入聯合國，再一同驅逐蔣介石等論點。[115]此外，蘇卡諾更在六月與毛澤東會談時表示「關於中國進入聯合國的問題，目前外界有兩種主張：一種主張是中國大陸同台灣成爲整體，作爲一個國家進入聯合國；另一種主張認爲中國可以先進聯合國，然後在聯合國裡同朋友一道進行鬥爭，使得在聯合國中只有中國，把蔣介石的代表驅逐出聯合國」，探詢中國是否可依循蘇聯與烏克蘭，以兩個代表權方式獲得認可。[116]

對於這些主張，周恩來及毛澤東皆表示：聯合國僅認可一個中國的席位，原則上只要蔣介石的代表擁有席位，中國就不加入聯合國。結果，印尼雖與斯里蘭卡、柬埔寨一同對蘇聯案提出修正案，但其爲「中華人民共和國於聯合國的合法權利」聲明之延續，對於蘇聯原本提案之「議決立即從聯合國各機關撤除非法占據中國在聯合國各席位之『蔣介石集團』代表，邀請『中華人民共和國』政府遣派代表參加聯合國及其各機關之工作」內容，修正爲「議決按照以上述聲明，『中華人民共和國』政府的代表應出席聯合國及所有機構（左線爲引用者所加註）」，讓提案在剝奪國府代表權的意圖變得更薄弱。[117]因此，該修正案雖然未明載「驅逐蔣介石集團」，但其意圖則與蘇聯提案相同，被視爲排斥國府參與聯合國，並未對各國的投票行爲產生較大影響。

最後，第十六屆聯合國大會上對中國代表權問題的相關表決，共有下列三個決議案提出：一、重要事項指定決議案（澳洲、日本等五國提案）；二、驅逐國府、邀請中國政府一案（蘇聯提案）；以及三、邀請中國政府的修正案（柬埔寨、印尼、斯里蘭卡等三國提案）。這些提案於十二月十五日表決，其中重要事項指定決議案獲得六十一票贊成、三十四票反對、七票棄權，表決通過；蘇聯案獲得三十六票贊成、四十八票反對、二十票棄權（之後挪威變更爲棄權）遭到否決。此外，三國提出的修正案中，「依據上述聲明」的部分獲得二十三票贊成、四十一票反對、三十九票棄權；「所有機構」的部分則獲得三十票贊成、四十五票反對、二十九票棄權，皆遭到否決。[118]

對於這個表決結果，並無公開史料直接顯示中共領導層有何評論。對於該結果，中國外交部的聲明指出：一、指責美國提出重要問題指定決議案的「陰謀」與「爲美國的陰謀奔走效勞」的日本等國；二、感謝蘇聯提案及贊成之國家；三、雖然對於受制於「美國的壓力」，導致一些國家在重要問題決議案投贊成票，感到「遺憾」，但能了解其立場。[119]另一方面，蔣介石則將此投票結果定位爲「我國之重大勝利」，並爲了「（對重要問題決議案的）比預期贊成者增多六票」，「最後對俄提案贊成者僅卅六國，尚不及對共匪承認者卅七國」一事感到喜悅。尤其是重要事項指定決議案共獲得六十一票贊成，蔣介石也認爲「此一年來對友（引用者註：美國）對敵（引用者註：蘇聯）之惡戰苦鬥之經過至此稍得安息，自覺欣慰」。【120】

中國政府後續欲取得亞、非各國的支持，並在聯合國大會的投票中與美國、台灣展開外交鬥爭之際的問題，便是如何取得亞非各國對「兩個中國」問題的理解。第十六屆聯合國大會中，印尼的行動與三國修正案的提出，代表這些國家並未正確理解「驅逐蔣介石集團」的重要性。聯合國大會針對中國代表權問題的表決結束後，周恩來對印尼、斯里蘭卡、柬埔寨各國的大使館與日內瓦的代表團發出處理三國修正案的相關指示。周恩來表示：相關國家的態度正確這點很好，但爲了防止明年再出現這番局面，對此事不再繼續追究。此時，周恩來認爲這些國家仍有「妥協思想」及「糊塗想法」，才會發生這些問題。【121】然而，如同第六章所詳述，在中國政府與非洲國家建立外交關係、獲取這些國家在聯合國大會支持中國代表權的過程中，才發現此問題相當嚴重。

小結

本章首先論述在金門、馬祖的問題與「兩個中國」的問題上，美國與國府、中國與蘇聯間各自產生的齟齬，再進一步考察這些齟齬在什麼問題上產生了多重嚴重的隔閡。接著，又從中蘇之間因台灣問題而出現的齟齬，在對美鬥爭中造成了多大影響等觀點，論述面臨一九六一年聯合國代表權問題的中國外交。經過本章考察後所得的結論整理如下列三點：

第一，中蘇兩國在台灣問題看法上的差異，經金門、馬祖問題變得更加明確。一九五九年秋天的中蘇首腦會談中，赫魯雪夫嚴正批評毛澤東，認爲攸關台灣海峽的安全一事竟未事先與蘇聯商討，更持續如金門砲擊等，引發軍事緊張情勢的方針。不過，就如毛澤東所反駁，中國領導層將砲擊金門行動定義爲「內戰」，對中國來說，赫魯雪夫的批評反而不合理。但另一方面，赫魯雪夫雖不滿毛澤東的反應，從團結社會主義陣營的觀點看來，又持續支持中國立場，認爲台灣爲中國的一部分，美國政府須改正圍堵中國政策。雖然美蘇冷戰的緊張情勢有緩和傾向，但仍屬冷戰期間，台灣問題與其他分裂國家的問題，也就是影響到蘇聯在社會主義陣營中的信賴度問題。

第二，中蘇之間對於「兩個中國」問題的應對，雖然並未流於政治問題，但研判中國領導層時常因蘇聯對此問題的「毫無理解」而感到不滿。對於「兩個中國」問題，蘇聯也曾努力了解中國的方針。這些努力，則可透過一九五八年的備忘錄往來，以及一九六一年聯合國代表權問題相關的書信往返得知。不過，蘇聯領導層是從東西冷戰的角度處理此問題，在台灣問題上，也相當重視社會主義陣營的團結與強化，以及如何維持蘇聯在社會主義陣營的信賴度等層面。相對於此，中國領導層始終堅持此為台灣海峽內戰的主張，任何可能導致國府在國際上主權或承認的妥協行為，都遭到中國的持續反對。對於中國政府在台灣問題上的主張，有時與蘇聯領導層的合理判斷不符，也無法獲得蘇聯的全然理解。

第三，隨著中蘇關係持續惡化，上述兩項與台灣問題有關的差異逐漸浮上檯面。當差異更加顯著，中國也面臨必須尋找可取代蘇聯的新合作對象，以共同應對台灣問題。讓中國領導層發覺此問題的契機，便是一九六一年因聯合國中國代表權問題所產生的一連串外交交涉。在聯合國中國代表權問題中，中國必須尋找可取代蘇聯及印度的合作國家，在中國無法參與的表決中，避免在打開中國加入的路徑同時，又延續了國府的席位。然而，可能成為中國外交新合作國的亞非國家實在太不可靠，對於「兩個中國」問題的理解也過於曖昧不明。

綜上所述，中國領導層在第二次台灣海峽危機中決定採取的方式，為「將台灣、澎湖、金門、馬祖留在蔣介石手上」，並持續對金門、馬祖形式上的砲擊，以反對「兩個中國」。不過，諷刺的是，之後中國遭遇的，竟是美蘇雙方各自提出的金門、馬祖放棄論，以及較第二次台灣海峽危機前更加明確的「兩個中國」論。然而，眼見國際社會的「兩個中國」論持續加強，喪失蘇聯這個後盾後，中國領導層可採取的對策極為有限。其結果便是，中國為了擴大外交空間，並從自身的「一個中國」論建構成「一個中國」原則，同時也須尋求對策，要求交涉對象公開支持此條件。

註解

【1】前田直樹〈「反共」から『自由中国』へ—末期アイゼンハワー政権の台湾政策の変化〉《日本台湾学会報》第六號（二〇〇四年五月）九三—一〇六頁。

【2】Memorandum of Conversation between N. S. Khrushchev and Mao Zedong, Beijing, Oct. 2, 1959, Vladislav M. Zubok, "The Mao-Khrushchev Conversations, 31 July-3 August 1958 and 2 October 1959," *CWIHP Bulletin*, 12-13, pp. 262-270.

【3】Nancy B. Tucker, "John Foster Dulles and the Taiwan Roots of the 'Two China' Policy," Richard H. Immerman ed., *John Foster Dulles and Diplomacy of the Cold War* (Princeton: Princeton University Press, 1990), pp. 235-262; Nancy B. Tucker, *Taiwan, Hong Kong, and the United States, 1945-1992: Uncertain Friendships*, (New York: Twayne Publishers, 1994), pp. 26-51; Noam A Kochavi, *Conflict Perpetuated: China Policy during the Kennedy Years* (Westport: Praeger, 2002), pp. 25-94.

【4】Gordon H. Chang, *Friends and Enemies: The United States, China and the Soviet Union, 1948-1972* (Stanford: Stanford University Press, 1990), pp. 203-227, Lorenz M. Luthi, *The Sino-Soviet Split: Cold War in the Communist World*, (Princeton: Princeton University Press, 2008), pp. 80-156, 沈志華編《中蘇關係史綱》（北京：新華出版社，二〇〇七年）二二二—二九五頁。

【5】Michael Share, "From Ideological Foe to Uncertain Friend: Soviet Relations with Taiwan, 1943-82," *Cold War History*, Vol. 3, No. 2 (January. 2003), pp. 9-17.

【6】〈中華人民共和國國防部三告台灣同胞書稿（一九五八年十一月）〉軍事科學出版社、中共中央文獻出版社編《建國以來毛澤東軍事文稿》中卷（北京：軍事科學出版社、中共中央文獻出版

社，二〇〇九年）四五八—四五九頁。

【7】〈國軍一年來外島作戰及備戰之檢討（一九五九年十二月三十一日）〉《特交檔案》蔣介石總統文物（典藏號：〇〇二—〇八〇一〇二—〇〇〇一〇〇—〇一九，台北：國史館）。

【8】福建省地方志編纂委員會《福建省志・軍事志》（北京：新華出版社，一九九五年）二八九—二九〇頁。

【9】〈蔣介石・ダレス共同コミュニケ（一九五八年十月二十三日）〉日本国際問題研究所現代中国研究部会編《中国大躍進政策の展開　資料と解説》上卷（日本国際問題研究所，一九七三年）三二八—三二九頁。

【10】〈王叔銘與杜安簽署金門及馬祖群之軍事防御協議書（一九五八年十一月十七日）〉《特交檔案》蔣介石總統文物（典藏號：〇〇二—〇八〇一〇六—〇〇〇五一—〇一一）。

【11】〈國軍一年來外島作戰及備戰之檢討（一九五九年十二月三十一日）〉《特交檔案》蔣介石總統文物（典藏號：〇〇二—〇八〇一〇二—〇〇一〇〇—〇一九）。

【12】前田直樹《「反共」から「自由中国」へ》九三—一〇六頁。不過，前田指出，艾森豪政府在此階段對國府要求的「自由中國」，指的是在經濟體制上成爲與中國相對稱的存在，但對於台灣的政治自由化則較爲謹愼。

【13】Tucker, "John Foster Dulles and the 'Two China' Policy," pp. 235-262.

【14】〈總統書致西藏同胞書（一九五九年三月二十六日）〉《聯合報》一九五九年三月二十七日。

【15】中共中央文獻研究室編（逄先知、金冲及主編）《毛澤東傳一九四九—一九七六》下卷（北京：中央文獻出版社，二〇〇三年）九四二頁。

【16】〈毛主席在第十六次最高國務會議上的講話紀要（一九五九年四月十五日）〉福建省檔案（檔號一〇一—一二—一一六）。

【17】Jay Taylor, *The Generalissimo: Chiang Kai-shek and the Struggle for Modern China* (Cambridge: Belknap Press of Harvard University Press, 2009), p. 503.

【18】〈關於西藏問題和台灣問題（一九五九年五月十日）〉中央文獻研究室《毛澤東文集》第八卷（北京：人民出版社，一九九九年）六一—六五頁。

【19】〈中央關於對台工作的幾項通知（一九五九年五月二十七日）〉福建省檔案（檔號一〇一—一二—一六〇）。

【20】尹家民《兩岸驚濤中的毛澤東和蔣介石》（北京：中共中央黨校出版社，二〇〇一年）三一〇—三一一頁。

【21】中央文獻研究室編《毛澤東傳一九四九—一九七六》上卷，八七八—八七九頁。

【22】黃修榮《國共關係史》下卷（廣州：廣東教育出版社，二〇〇二年）二〇八七—二〇九三頁。根據該書指出，一九七五年第七次的「特赦」中共釋放了二九三人，「所有戰犯已處理完畢」。

【23】〈中央對台小組關於第十次會議情況向中央的報告（一九六〇年一月十日）〉福建省檔案（檔號一〇一—一二—一六〇）。另外，筆者無法取得該小組其他會議記錄。

【24】松田康博《台湾における一党独裁体制の成立》（慶應義塾大学出版会，二〇〇六年）一二三—一二六頁。

【25】例如Tucker, *Taiwan, Hong Kong and the United States, 1945-1992*, pp. 72-78.

【26】前田直樹《「反共」から「自由中国」へ》一〇一頁。

【27】中共中央文獻研究室編《周恩來年譜一九四九—一九七六》中卷（北京：中央文獻出版社，一九九七年），三〇〇—三〇一頁。

【28】同右，三一一頁。

【29】黃修榮《國共關係史》下卷，二〇八六頁。

【30】同右，二〇八六頁。

【31】Taylor, *The Generalissimo*, p. 508.

【32】Ibid., pp. 508-509.

【33】黃修榮《國共關係史》下卷，二〇四六—二〇四七頁；福建省地方志編纂委員會《福建省志・軍事志》二九〇頁。

【34】〈福建前線指令部發表告台澎金馬軍民同胞書〉《人民日報》一九六〇年六月十七日。

【35】中共中央文獻研究室編《周恩來年譜一九四九—一九七六》中卷，三二六—三二七頁；〈祖國英雄兒女的堅強意志〉《人民日報》一九六〇年六月二十八日。

【36】Kochavi, *Conflict Perpetuated*, p. 41.

【37】Adlai E. Stevenson, “Putting First Things First; A Democratic View,” *Foreign Affairs*, Vol. 38, No. 2 (Jan. 1960), p. 203.

【38】Chester Bowles, “The ‘China Problem’ Reconsidered,” *Foreign Affairs*, Vol. 38, No. 3, (Apr. 1960), pp. 480-481.

【39】戴天昭《台湾法的地位の史的研究》（行人社，二〇〇五年）一九八—一九頁，以及Kochavi, *Conflict Perpetuated*, p. 41.

【40】〈美國玩弄「兩個中國」的陰謀的前前後後〉《人民日報》一九六一年八月七日。

【41】〈同斯諾談台灣問題及其他（一九六〇年十月二十二日）〉中華人民共和國外交部、中共中央文獻研究室《毛澤東外交文選》（北京：中央文獻出版社、世界知識出版社，一九九五年）四四八—四五四頁。

【42】以此時採訪內容撰成的書籍爲Edgar Snow, *The Other Side of the River: Red China Today*, (New York: Random House, 1961)。

【43】〈蔣總統堅定告美記者〉《聯合報》一九六〇年十月十四日、〈外交部發言人聲明〉同一九六〇年十月十五日。

【44】Lüthi, *The Sino-Soviet Split*, pp. 95-104.

【45】John Lewis Gaddis《歴史としての冷戦—力と平和の追求》（慶應義塾大学出版会，二〇〇四年）二二四—二三一頁。

【46】史達林寄出的信件內容並未公開。日期則根據〈代毛主席擬覆赫魯曉夫同志的信（一九五九年八月二十四日）〉中國外交部檔案（檔號一〇九—〇〇八七四—〇一，北京：中華人民共和國外交部檔案館）。

【47】〈安東諾夫臨時代辦向陳副總理轉交赫魯曉夫和艾森豪威爾關於互相訪問的信件等材料（一九五九年八月九日）〉中國外交部檔案（檔號一〇九—〇〇八七四—〇二）。

【48】〈代毛主席擬覆赫魯曉夫同志的信（一九五九年八月二十四日）〉中國外交部檔案（檔號一〇九—〇〇八七四—〇一）。該文件中雖記載了暫定日期「八月二十四日」，實際上並不能確認爲何日所寄出。不過，從次項註解所示，透過八月二十五日陳毅與安托諾夫的會談記錄可知，此書

信在八月二十五日由陳毅交予安托諾夫。刊載於中共中央文獻研究室《建國以來毛澤東文稿》第八卷（北京：中央文獻出版社，一九九三年）四五九－四六〇頁的該文件（〈給赫魯曉夫信〉）的日期則爲「八月二十一日」，但可推測此爲暫訂日期。此外，根據該書指出，此書信的文字已於八月十七日完成，當天毛澤東也指示「請（周恩來）總理由陳毅轉交（至蘇聯）」（同右）。

【49】〈陳毅副總理接見蘇聯駐華臨時代辦安東諾夫談話記錄（一九五九年八月二十五日）〉中國外交部檔案（檔號一〇九－〇〇八七四－〇一）。

【50】〈外交部致各兄弟國家（一九五九年七月二十七日）〉中國外交部檔案（檔號一〇九－〇一九〇四－〇一）。

【51】Memorandum of Conversation with Khrushchev, Sep. 27, 1959, *FRUS, 1958-60*, Vol. XIX (Washington D.C.: U.S. Government Printing Office, 1996), pp. 595-599.

【52】Chang, *Friends and Enemies*, pp. 211-212; Letter from Eisenhower to Khrushchev, Sep. 29, 1959, *FRUS, 1958-60*, Vol. XIX, pp. 600-601.

【53】Luthi, *The Sino-Soviet Split*, p. 148; Chang, *Friends and Enemies*, pp. 212-213.

【54】〈陳毅副總理接見葛羅米柯談話記錄（一九五九年十月二日）〉中國外交部檔案（檔號一〇九－〇〇八七三－一八）。

【55】Memorandum of Conversation between N. S. Khrushchev and Mao Zedong, Beijing, Oct. 2 1959, in Vladislav M. Zubok, "The Mao-Khrushchev Conversations, 31 July-3 August 1958 and 2 October 1959," *CWIHP Bulletin*, 12-13, pp. 262-270.

【56】〈反對美國推行「兩個中國」的政策（一九五九年十月一日）〉《建國以來毛澤東軍事文稿》下

卷，五七—五九頁、〈不能把台灣問題上的國際問題同國內問題混淆起來（一九五九年十月五日）〉《毛澤東文集》第八卷，八九—九〇頁。

【57】Lüthi, *The Sino-Soviet Split*, pp. 149-150.

【58】Letter from Khrushchev to Eisenhower, Oct.12, 1959, *FRUS, 1958-1960*, Vol. XIX, pp. 606-609、〈赫魯曉夫同志一九五九年十月十二日艾森豪威爾的覆信（一九五九年十月十六日）〉中國外交部檔案（檔號一〇九—〇〇八七三—一九）這封書信於十月十六日轉交，但十月十四日安托諾夫會談中轉交的也可能爲此封書信。

【59】Summary of a Conversation with the Chairman of the Central Committee Communist Party of China Mao-Tse Tung on 14 October 1959, *CWIHP Bulletin*, 3, pp. 56-58.

【60】Share, "From Ideological Foe to Uncertain Friend," pp. 9-17.

【61】〈蘇聯使館致外交部：蘇聯紅十字及紅新月協會主席米捷列夫與劉大使談有關我參加國際紅十字會的問題（一九五七年九月十日）〉中國外交部檔案（檔號一一三—〇〇二六五—〇一）、〈周恩來總理椄見蘇聯駐華大使尤金的談話紀要（一九五七年十月二十二日）〉中國外交部檔案（檔號一〇九—〇〇七八七—一八）。

【62】〈蘇聯使館致外交部（一九五八年八月十一日）〉中國外交部檔案（檔號一一三—〇〇三一三—〇二）。

【63】〈蘇聯對外文委致劉曉大使的備忘錄（一九五八年八月九日）〉中國外交部檔案（檔號一一三—〇〇三一三—〇二）。

【64】〈關於擬覆蘇聯茹可夫同志八月九日備忘錄的意見請定稿事（一九五八年八月，日期不明）〉中

國外交部檔案（檔號一一三—〇〇三一三—〇二）。

【65】〈報告草稿（日期不明，但有喬冠華於一九五八年九月一日的批註）〉中國外交部檔案（檔號一一三—〇〇三一三—〇二）。

【66】本備忘錄除了隨附於上述文件外，九月四日轉交給蘇聯的備忘錄則英譯如下：Memo, PRC Ministry of Foreign Affairs to the Soviet Embassy in China, 4 September 1958, *CWIHP Bulletin*, 6-7, pp. 161-163.

【67】〈駐蘇聯大使館致外交部（一九五八年九月六日）〉中國外交部檔案（檔號一一三—〇〇三一三—〇二）。

【68】〈請出席會議商討答覆蘇聯對外文委了解我國對參加國際組織的意見事（一九五八年九月九日）〉中國外交部檔案（檔號一一三—〇〇三一三—〇二）。

【69】〈請轉致我委覆蘇聯對外文委茹可夫同志函（一九五八年九月）〉中國外交部檔案（檔號一一三—〇〇三一三—〇二），因為沒有日期，從前後的文書推測應在九月二十六日左右。

【70】〈外交部致駐蘇使館（一九五八年九月二十五日）〉中國外交部檔案（檔號一一三—〇〇三一三—〇二）。

【71】〈駐蘇聯大使館致外交部並對外文委：茹可夫所談情況（一九五八年十月三十一日）〉中國外交部檔案（檔號一〇九—〇一二三—一六）。此外，本史料為劉曉大使發至外交部的報告電報，並未提及劉與茹可夫會談的日期。

【72】同右。

【73】清水麗〈オリンピック参加をめぐる台湾—中台関係における名称問題の一考察〉《国士舘大学

二一世紀アジア学会紀要》第一號（二〇〇三年）七—九頁。

【74】〈中華人民共和國體育運動委員會：關於答覆義奧委會望我參加明年奧運會問題（一九五九年三月十日）〉中國外交部檔案（檔號一一三—〇〇三四八—〇一）。

【75】〈中華人民共和國外交部發電紙〉國家體育委員會致駐瑞士大使館：答覆我是否參加明年奧運會事（一九五九年三月二十三日）〉中國外交部檔案（檔號一一三—〇〇三四八—〇一）。

【76】〈駐蘇使館致外交部：奧委會取消蔣幫代表資格（一九五九年五月三十日）〉中國外交部檔案（檔號一一三—〇〇三四七—〇一）。

【77】〈外交部、對外文委、體委致駐蘇使館：請詢蘇方有關國際奧委會騙蔣事（一九五九年六月二日）〉中國外交部檔案（檔號一一三—〇〇三四七—〇一）。

【78】〈駐蘇使館致外交部：關於中國申請參加奧委會等問題（一九五九年六月十七日）〉中國外交部檔案（檔號一一三—〇〇三四七—〇一）。

【79】〈外交通報第六六期：我對國際奧委會開除蔣幫和製造「兩個中國」的對策（一九五九年七月六日）〉中國外交部檔案（檔號一一三—〇〇三四七—〇一）。

【80】同右。

【81】〈曾湧泉副部長、榮高棠副主任接見兄弟國家使節的談話記錄（一九五九年七月十四日）〉中國外交部檔案（檔號一〇九—〇〇八七〇—〇六），出席會議者包括蘇聯、保加利亞、羅馬尼亞、匈牙利、北韓、捷克、波蘭、蒙古、東德、阿爾巴尼亞及越南的外交使節。

【82】〈外交部、對外文委、國家體委致瑞士大使館：我對參加奧運會的態度（一九五九年十二月十八日）〉中國外交部檔案（檔號一一三—〇〇三四八—〇一）。

【83】〈中華人民共和國體育運動委員會關於揭露國際奧委會玩弄「兩個中國」陰謀的請示（一九六〇年二月二十三日收文）〉中國外交部檔案（檔號一一三—〇〇三四八—〇二）。

【84】〈我體育總會譴責布倫戴奇竭力使蔣幫體育組織參加奧運會〉《人民日報》一九六〇年二月二十九日。

【85】〈中華人民共和國體育運動委員會關於國際體育組織中的工作問題（一九六〇年五月十六日）〉中國外交部檔案（檔號一一三—〇〇三四八—〇四）。

【86】清水麗〈台湾における蔣介石外交—一九六一年の国連問題をめぐる原則と妥協〉《常磐国際紀要》第六號（二〇〇二年三月）七六頁。

【87】〈越來越孤立的不是中國，而是美國〉《人民日報》一九六〇年十月十二日。

【88】石川誠人〈信頼性の危機と維持—一九六一年国連中国代表権問題をめぐる米華関係〉《中国研究月報》第六一卷第十二號（二〇〇七年十二月）二三—二六頁。

【89】井上正也《日中国交正常化の政治史》（名古屋大学出版会，二〇一〇年）一八一—一八六頁。

【90】石川誠人《信頼性の危機と維持》二三—二六頁。

【91】〈抓緊時期，加強反對美國策畫「兩個中國」新陰謀的宣傳（一九六一年七月十二日）〉中國人民解放軍總政治部聯絡部《敵軍工作史料第七冊（一九五五年—一九六五年）》（昆明：雲南國防印刷廠，一九八九年）一二〇—一二一頁。

【92】〈只有一個中國　沒有兩個中國〉《人民日報》一九六一年七月十四日。

【93】同右。

【94】Memorandum of Conversation at White House, Jul. 28, 1961, *FRUS, 1961-1963*, Vol. XXII

(Washington D.C.: U.S. Government Printing Office, 1996), pp. 99-101.

【95】Telegram from Rusk to Drumright, Sep. 6, 1961, *FRUS, 1961-1963*, Vol. XXII, pp. 134-135.

【96】Telegram from Rusk to Drumright, Sep. 17, 1961, *FRUS, 1961-1963*, Vol. XXII, pp. 137-138.

【97】Telegram from Drumright to DoS, Oct. 6, 1961, *FRUS, 1961-1963*, Vol. XXII, pp. 148-149.

【98】Message from Bundy to Cline, Oct. 11, 1961, *FRUS, 1961-1963*, Vol. XXII, pp. 154-155.

【99】Message from Cline to Bundy, Oct. 14 and 16, 1961, *FRUS, 1961-1963*, Vol. XXII, pp. 156-159.

【100】《蔣介石日記》一九六一年十月九日，蔣介石對罷免葉公超的意圖則參照《蔣介石日記》一九六一年十月十四日〈上星期反省錄〉(Stanford: Hoover Institution, Stanford University)。

【101】Lüthi, *The Sino-Soviet Split*, pp. 160-163.

【102】一九六〇年中蘇對立過程可參照Lüthi, *The Sino-Soviet Split*, Chap.5、岡部達味《中国の対外戦略》（東京大学出版会，二〇〇二年）第四章。

【103】牛軍（眞水康樹譯）《冷戦期中国外交の政策決定》（千倉書房，二〇〇七年）一四二－一四七頁。

【104】Lüthi, *The Sino-Soviet Split*, p. 186.

【105】〈覆對赫在十五屆聯大發言應持的態度（一九六〇年十月十四日）〉吉林省檔案館（七七－六－一）。

【106】〈駐日內瓦領事館致外交部　蘇聯在十五屆聯大中的一些作法（一九六〇年十月二十六日）〉中國外交部檔案（檔號一一三－〇〇三三五－〇二）。

【107】Editorial Note, *FRUS, 1961-1963*, Vol. XXII, pp. 70-72.

【108】〈蘇共中央九月十五日給中共中央的信（一九六一年九月十五日）〉中國外交部檔案（檔號一一三－〇〇四四二－〇三）。

【109】〈中共中央關於我代表權問題和裁軍問題給蘇共中央的覆信（一九六一年九月二十二日）〉中國外交部檔案（檔號一一三－〇〇四四二－〇三）。

【110】同右。

【111】〈國際司關於今年我代表權問題答覆蘇聯的意見（一九六二年七月十四日）〉中國外交部檔案（檔號一〇九－〇三八〇八－〇五）。

【112】〈国際連合第十六回総会〉外務省《昭和三七年版わが外交の近況（外交青書）》（一九六二年六月）外務省官方網站（http://www.mofa.go.jp/mofaj/gaiko/bluebook/，二〇一三年一月六日檢索）。

【113】〈堅決反對美國的新陰謀〉《人民日報》一九六一年九月二十二日。

【114】〈關於回復中國在聯合國的合法席位問題（一九五六年九月三十日）〉中華人民共和國外交部、中共中央文獻研究室編《毛澤東外交文選》（北京：中央文獻出版社、世界知識出版社，一九九五年）二六三－二七四頁。

【115】〈周總理接見印尼駐華大使蘇卡尼談話記錄（一九六一年三月十三日）〉中國外交部檔案（檔號一〇五－〇一七六九－〇一）。

【116】〈中國在聯合國只能有一個代表（一九六一年六月十三日）〉中華人民共和國外交部、中共中央文獻研究室編《毛澤東外交文選》四六八－四六九頁。

【117】王正華編《中華民國與聯合國資料彙編　中國代表權》（台北：國史館，二〇〇一年）一四八

頁。

【118】同右，一六八—一七〇頁。

【119】〈就美國操縱聯合國大會通過侵犯我國主權的非法決議〉《人民日報》一九六一年十二月二十二日。

【120】《蔣介石日記》一九六一年十二月十六日。

【121】〈外交部致駐印尼、錫蘭、柬埔寨使館並抄各駐外使館、代辦處、日內瓦代表團：摘轉總理有關聯大我代表權問題指示（一九六一年十二月十八日）〉中國外交部檔案（檔號一〇五—〇一七六九—〇六）。

第五章——反對「反攻大陸」與「一個中國」論述之確認（一九五九—一九六二年）

前言

本章主要論述一九六二年六月至七月間，中國大規模動員解放軍至福建省與廣東省等中國東南沿海地區的背景、過程，以及動員的內容。分析上述內容的同時，也一併留意當時，中國領導層對於「反攻大陸」的威脅認知，是基於什麼意圖發動軍事動員，並運用於何處等問題。

第二次台灣海峽危機以後，中國領導層實際上已放棄在台灣、澎湖群島之前先行「解放」金門、馬祖一事，不僅立場轉為「解放台、澎、金、馬是一個長期、複雜的鬥爭」，更對外公開表明，只要美國政府持續顯示其介入金門、馬祖防禦，並主張對台灣、澎湖群島的集體自衛權，中國政府便會透過定期砲擊金門的行動，延續與國府間形式上的「內戰」，更利用這個「內戰」狀態，防止「兩個中國」出現。

對於此一情況，一九五八年以後，反而是蔣介石這方開始尋找改變台灣海峽現狀。蔣介石、杜勒斯在以第二次台灣海峽危機為契機發表的共同聲明中，便載明「反攻大陸」的主要手段「非憑藉武力」。[1]不過，隨著近年美台關係史研究讓其內情逐漸明確，可知一九五八年以後，國府規定「反攻大陸」須為「三分軍事、七分政治」，其「反攻」作戰前提，則為持續鼓動中國大陸民眾的反共。之後，中共在大陸推行的「大躍進」失敗，加上自然災害，造成中國全境的大饑荒及社會不安。國府認為這是「反攻大陸」的好機會，便於一九六一年至六二年間，遷台後首次具體地嘗試發動「反攻大陸」作戰。[2]

根據中國政治外交史的定論，中國政府為了「粉碎」這個「反攻大陸」作戰，在一九六二年六月，展開大規模軍事動員至福建前線地區，希望讓美國政府「表示不支持反攻大陸」，藉以讓國府「放棄大規模軍事冒險計畫」。[3]然而，對照相關研究近年闡明的國府「反攻大陸」作戰的實情、美國與台灣為此的交涉，以及中國所說明的軍事動員決議與發動過程後，發現軍事動員的時機略顯唐突。一九六一年後半至一九六二年三月間，在國府將「反攻大陸」作戰具體化，並探詢美國政府意願之際，並未見到中國領導層曾提及此事，或有任何抗議之舉。不僅如此，六月美國與台灣之間達成共識，延遲「反攻大陸」作戰的發動時機後，解放軍卻突然展開軍事動員。之後，美國政府更在六月二十七日發表聲明，該聲明更被中國認為是美國政府宣告「不支持反攻大陸」之意。不過，中國政府也並沒有在之後便結束軍事動員。這個行爲又該如何理解呢？

爲了回答上述疑問，必須詳細論述一九六二年以福建省沿海地區爲主的軍事動員，以及相關的政治過程。然而，至今以中國角度觀點說明其對「反攻大陸」的威脅認知，以及軍事動員過程等文獻並不多。其中一個原因爲，同時期中國共產黨內的權力關係相當微妙，故迄今尚未有評價當時軍事、外交政策的定論。在李捷、牛軍的研究中，曾提起一九六〇年至六二年前半年的外交政策調整，但也可見到這些調整在一九六二年後半年就遭到否定。[4]從中國內政的觀點看來，「大躍進」失敗後，爲重振而展開經濟調整，一直到毛澤東等否定其經濟調整政策的轉換期，恰與上述時期相符合。[5]總而言之，解放軍對福建前線展開軍事動員爲一九六二年夏天，正值上述中國政治、外交的轉捩點。

掌握以上過去的研究動向後，發現若以過往毛澤東是爲了「粉碎反攻大陸」而發動軍事動員的觀點來看，無法充分解釋軍事動員的目的及意義。本章將透過分析下列問題，再次考察一九六二年中國軍事動員的意義。

第一，第二次台灣海峽危機後，中國領導層對於「反攻大陸」究竟有什麼威脅認知？具體來說，領導層到底認爲哪些地區有哪樣的威脅？此外，對於自身應對這些威脅的能力，又有多少了解？

第二，若對「反攻大陸」具有威脅認知，中國領導層又爲何在此時間點展開軍事動員呢？此外，軍事動員又有何方針，以什麼樣的方式展開呢？

接著爲第三點，除了「粉碎反攻大陸」的嘗試外，是否爲其他目的而利用軍事動員呢？

本章將從軍事動員帶給中國內政及外交什麼影響的角度檢視此問題。

爲考察上述問題，本章第一節將對照近年來細節已逐漸明朗的國府「反攻大陸」計畫，分析中國領導層對國府的「反攻大陸」有何威脅意識；第二節則主要解明在毛澤東主導下展開的軍事動員過程及其內容；第三節主要分析美蘇藉由軍事動員產生的台灣海峽軍事緊張情勢，以展開外交交涉一事；最後，第四節將分析以福建前線軍隊爲主展開的「思想教育」內容，指明毛澤東欲將「蔣介石的歷史任務」利用於國內政治。

1. 對「反攻大陸」的威脅認知

(1) 雲南邊境地區的「反攻大陸」

一九五八年十月發表的蔣介石、杜勒斯共同聲明中，國府宣告爲了「恢復大陸人民之自由」，其主要手段「爲實行孫中山先生之三民主義，而非憑藉武力。」這段聲明普遍被視爲實際上放棄「反攻大陸」之意，但蔣介石與國府的認知並非如此。第二次台灣海峽危機後，國府自行約束採「三分軍事、七分政治」的限制，並較之前更專注於「反攻大陸」的計畫及作戰準備。第二次台海危機後，國府率先提出的具體「反攻大陸」計畫，選擇位於大陸西南部的雲南省特定區域展開突擊作戰，並推動當地民眾群起加入，再以此爲據點擴大作戰區域。

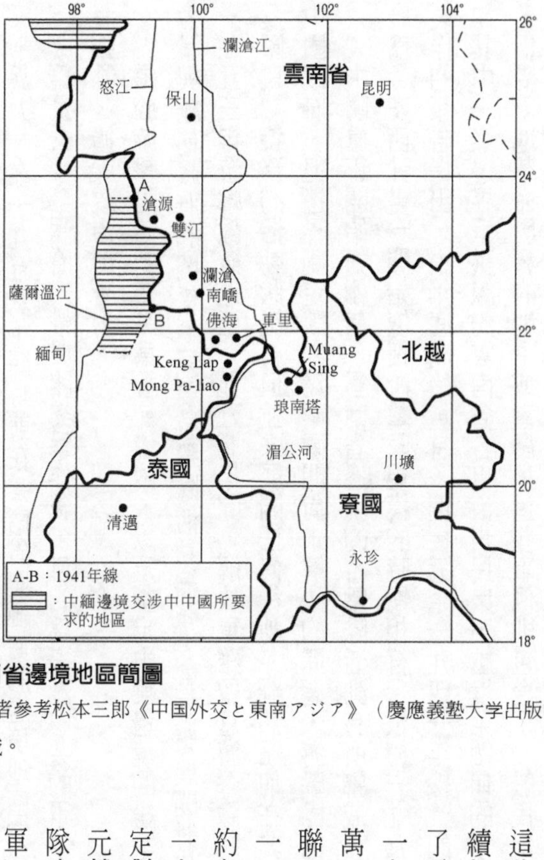

圖5-1　雲南省邊境地區簡圖

資料來源：筆者參考松本三郎《中国外交と東南アジア》（慶應義塾大学出版会，1971年）第260頁後製成。

與雲南省相連的緬甸東北地區，仍留有解放軍平定雲南省時戰敗的國軍軍隊，國府將這些兵力整編爲游擊隊，並持續加強領導。這支游擊隊吸收了雲南省的難民及當地居民，一九五一年時曾擴大規模至一萬四千人，但因緬甸政府向聯合國要求撤退游擊隊，故一九五三年至一九五四年間約有七千人撤至台灣。不過，一九五四年之後，國府對外否定對殘餘部隊的責任，任命柳元麟將軍爲部隊總司令，將部隊改稱爲「雲南人民反共志願軍」，持續提供支援。此外，進入一九五八年後，國府補充約一千八百名兵力，再加上吸收了因「大躍進」政策逃至緬甸的難民，游擊隊大致回復到一九五三年撤退前的規模。[6]

國府利用這支游擊隊，在一九五七年十二月，策畫回應西藏騷亂的「安西計畫」，並於隔年一九五八年九月，於雲南省各地展開突擊作戰。該計畫預計在柳元麟的指揮下，帶領約三千兵力，在一九五八年四月前在雲南省與緬甸的邊境地區完成作戰準備，並待命於車里（今為景洪）至瀾滄一帶展開突擊作戰，目的為搗亂中共的軍事、經濟、行政組織，以及誘發動亂、擴大政治影響力。[7]

由於游擊隊活動據點為緬甸境內，以及劃定中緬邊境的紛爭地區，故中國政府判斷必須考量與緬甸政府的關係，只要游擊隊活動縮減，就不應展開討伐游擊隊的行動。因此，在一九五三年游擊隊撤退至一九五七年間，解放軍雖留意游擊隊狀況、與緬甸政府的關係，以及國民黨特務的活動狀況，但並未展開任何行動。雖然緬甸在非共產主義國家中，率先承認中國政府，但邊界劃定談判為兩國間尚未解決的問題，游擊隊的存在更刺激了邊境問題。[8]

中國眞正開始對緬甸、雲南省邊境的游擊隊活動有所警戒，是在一九五八年以後，與國府為「安西計畫」開始恢復游擊隊規模的時期相符。根據一九五八年三月雲南省人民委員會製作的報告指出，去年底開始，有多例接近「一九四一年線」的越界事端，也就是中國與緬甸其中一條邊界爭議線的雲南省各自治州民衆，越境至緬甸的事件發生。相對於過往越境者多為受土地革命影響的地主或富農，這些事例則包含了一般民衆及基層幹部。尤其該報告書完成的前後數月，「敵方特務」從緬甸領土進入中國領土展開「策反工作」，導致越境者增加。[9]根據雲南省黨委員會六月所做的報告指出，一月至五月間越境的民衆總數提升至二萬六千二百一十九人，其中原因占最多數者為「敵方特務的煽動」。[10]

中共在這段期間，也急於透過解放軍總政治部的情報機構，掌握游擊隊正在準備的突擊作戰狀況。五月初，中國政府透過外交途徑將游擊隊活動相關情報告知緬甸政府，並要求緬甸政府留意。中國政府表示，緬甸境內游擊隊共有五千人，包含四個軍團、十一個師、七個獨立團、一個砲兵大隊與一個警備大隊，分別占領中國、緬甸、寮國、泰國的邊界，數年前起便不斷對雲南省邊境展開騷亂行動。從數個月前起，國府則自新竹及台南出動空軍軍機，不斷空投，供給這些部隊武器及彈藥。[11]

中國外交部副部長章漢夫自七月初便耗費三週時間，視察中緬邊境地區，並將雲南邊境地區狀況分析如下：

> 隨著我國社會主義建設的迅速發展，美、蔣匪特和緬甸反動派的活動有了加強，他們勾結我們境內的某些上層人物、地方頭人和反動份子進行破壞活動，沿邊地區的敵我鬥爭，十分尖銳，敵特利用各種機會製造謠言，散布戰爭空氣和變天思想。（中略）如何不斷加強政治工作，經常把生產任務和對敵鬥爭的政治人物結合起來，提高警惕，揭露敵特陰謀，以提高邊民的政治覺悟，更加迅速的提高生產，這是很重要的。同時，我們認為應該對緬境美、蔣特務對我進行破壞活動收集材料，準備在適當時機向緬提出交涉。

此外，章漢夫認為重要的是：「積極主動的開展中緬友好，邊民有好的工作，就能夠在友好的基礎上解決邊境上日常的糾紛問題，並且能夠及時揭露和粉碎境外美、蔣特務和緬甸反動派的陰謀活動。」[12]

國府的「安西計畫」在一九五八年八月進入作戰準備狀態，解放軍總參謀部察覺此事後，命昆明軍區處理，昆明軍區提出的對策爲「打擊殘匪和特務機構」，擬採取：一、強化作戰準備與情報工作；二、不留痕跡地越境攻擊敵人；三、不讓土司（引用者註：西南地區少數民族的首領並具官職者）呼應匪賊。[13]對於此對策，總參謀部指示：「請軍區嚴格掌握，在任何情況下，均不應出境作戰。」[14]

最後，九月初國府發動的游擊隊突擊作戰宣告失敗。覃怡輝根據國民黨中央委員會第二組（大陸工作委員會）檔案所做的研究指出，作戰失敗的主因爲緬甸境內據點出擊過慢，且雲南省內預計呼應的組織已受到解放軍破壞。[15]也就是說，中國政府事先壓制可能呼應游擊隊的國內勢力，避免讓中國與游擊隊的對戰造成中緬政府間的外交問題。如上所述，一九五八年夏季，中緬邊境問題仍未解決，故解放軍便全力壓制中國境內可能呼應國府游擊隊的勢力。

到了一九五九年，國府策定計畫，希望在游擊隊作爲據點的雲南省與緬甸邊境地區建設「陸上第一反攻據點」。根據石川誠人及覃怡輝的研究，國府計畫攻下車里、佛海（今勐海）、南嶠、瀾滄、滄源、雙江等地，並占據瀾滄江以西、怒江以南的地區，接著再攻下保山爲主的雲南全省，建構西南部的「反攻」據點。[16]爲了展開如此大規模的作戰，增強游擊部隊、確保武器及物資補給途徑便至關重要，國府以Keng Lap、Mong Pa-liao等柳元麟部隊的據點爲中心，增強兵力與維修機場，並於翌年一九六〇年初起正式空運物資至游擊部隊（參照圖5-1）。[17]

中共認爲，柳元麟所指揮的游擊隊新動向，便是奉蔣介石之命呼應西藏騷亂。一九五九年五月四日，毛澤東接獲黃克誠有關雲南邊界地區情報後，便下令雲南省黨委員會、昆明軍區及各相關機構注意游擊隊動向，以「準備應付可能的變亂」。[18]中央軍事委員會接獲毛澤東指示，便訂立對策，以強化在該區域的邊境防禦及對敵方的鬥爭，並派遣副總參謀長楊成武前往當地。[19]除了加強軍事警戒外，一九五九年秋季後，中國急於和緬甸達成邊界談判，遂利用雲南省黨委會與緬甸駐雲南總領事之途徑，確認是否可由緬甸軍與解放軍共同作戰，以討伐游擊隊。[20]當時，緬甸駐雲南總領事對於中緬共同作戰並無積極反應，但中國與緬甸尼溫內閣針對邊界的談判卻有所進展。一九六〇年一月緬甸總理尼溫訪中，中國便大幅讓步，提出承認大部分一九四一年線，兩國也締結邊界相關協定及友好互不侵犯條約，雙方並同意設置中緬邊界聯合委員會以締結邊界條約。[21]

一九六〇年四月，緬甸首相吳努率領總參謀長尼溫等大型訪問團訪中。當時，中國再次向吳努及尼溫提出在緬甸境內合作，共同討伐游擊隊作戰的計畫。四月十六日與尼溫的會談中，周恩來說明游擊隊在Keng Lap設置司令部，也於Mong Pa-liao建設大型機場，並經曼谷運輸至緬甸境內，呼籲緬方共同解決此問題。[22]此外，該月十八日，周恩來在與吳努的會談中，提及國府以美國軍機運輸一事，希望緬甸追擊入侵該國領空的美國軍機。[23]

同年十月一日，兩國政府在中緬邊境條約上蓋章，接著又於十一月四日針對《關於勘界警衛作戰問題的協議》達成共識。該《協議》中，決定於十一月二十二日對國府游擊隊展開共同作戰，並訂立兩國部隊的作戰分工及行動範圍等。[24]而依據該協議展開的討伐游擊隊作戰，則在中共中央及中央軍事委員會的指示下實行，由總參謀長羅瑞卿親赴昆明指揮作戰。[25]昆明軍區五個團隊，共八四〇四名兵力投入作戰，針對起自雲南省西南地區邊境二十公里內的緬甸國境地區，約二十處游擊隊據點、約八百名兵力展開作戰。[26]在台北這端，蔣介石也加派特殊部隊前往該地區指揮應戰，但不出多久，便了解中緬聯合軍壓倒性的優勢，只能對緬甸北部建設「反攻大陸基地」的計畫望洋興嘆。[27]蔣介石爲保有游擊隊據點，嘗試加派特殊部隊，並尋求與寮國右派將軍諾薩萬（Phoumi Nosavan）合作，更派遣蔣經國至當地以扭轉戰況。[28]

除此之外，中國與緬甸在第一次作戰中無法攻下游擊隊據點，遂於一九六一年一月二十二日再次對於共同作戰的「協議」達成共識，展開第二次討伐游擊隊作戰。第二次作戰範圍爲第一次作戰區域以南，也就是中國國界起一百公里內，至湄公河一帶的緬甸領土，目標擊退柳元麟所率領約三千兩百多名的兵力。[29]結果，柳元麟越過湄公河，退至寮國、泰國境內，Mong Pa-liao及Keng Lap等據點則被中緬聯合軍所占領。[30]根據中國的統計，兩次作戰中，聯合軍所消滅的游擊隊共約七四一人。[31]

部分在中緬聯合軍討伐作戰中逃亡的游擊隊，將據點轉移至緬甸、寮國與泰國邊界的山岳地區，在國府的援助下繼續活動。國府一邊窺伺與寮國右派一同作戰的機會，一邊企圖重建游擊隊，但美國政府爲避免與緬甸政府關係惡化，要求國府撤離游擊隊。[32]國府當時否定與游擊隊的關聯，但一九六一年二月，國府利用美國軍機PB4Y運輸物資給游擊隊時，在緬甸境內被虜獲，故不得不遵守美國政府的要求。[33]接著，國府於一九六一年二月二十八日，自緬甸、泰國及寮國撤離游擊隊，並表明斷絕與殘餘部隊的關係。

根據石川誠人的研究指出，三月十七日至四月三十日間，約撤離了四四〇〇多名游擊隊及其眷屬返台，但約有三千人依其自身意願不撤離，其中三百人應諾薩萬將軍的要求留在寮國，之後也以「非正規軍」身分持續以寮國及泰國爲據點活動。[34]因此，中國政府也間斷性展開宣傳，以批評游擊隊活動及游擊隊與國府的關係。此外，寮國左派份子也要求中國政府協助，以擊退據點位於雲南省及寮國邊境地區的游擊隊。對於此要求，中國政府准許寮國左派部隊可於中國境內對游擊隊展開突擊作戰，並提供寮國左派部隊軍需物資及武器、彈藥。[35]話雖如此，一九六一年三月以後，游擊隊的活動與「反攻大陸」可能性大幅下降，中國領導層對游擊隊的威脅認知也隨之降低。

(2) 東南沿海地區的「反攻大陸」

如前項所述，國府預計於雲南省展開突擊作戰，並建設「陸上第一的反攻據點」計畫，在一九六一年初便遭遇實質上的挫敗。然而，蔣介石在一九六一年至隔年一九六二年間，更積極實行「反攻大陸」行動，更試探美國政府意願，希望發動作戰，在福建省與廣東省登陸，確保軍事據點。

根據曾任蔣介石護衛長的胡炘將軍傳記，一九六一年二月十一日，國防部展開作戰會議，研議緬甸作戰計畫，並針對中國大陸大饑荒展開討論之際，蔣介石指示除了至今規劃的中長期計畫外，也須策劃短期的「反攻大陸」計畫。[36]此外，也一併研議該年四月於國防部設置「國光作業室」，由國府獨立展開「反攻大陸」作戰計畫。[37]

此時期所策劃的「反攻大陸」作戰命名爲「反攻初期戰役」，由下列三個階段所構成：一、由傘兵部隊及海上突擊部隊在福建省及廣東省沿海特定地區展開特殊作戰，以引發大陸民衆的暴動；二、透過空降部隊與海上部隊的突擊作戰，確保登陸作戰據點；三、展開登陸戰，並將戰線擴及至華南內陸地區等。實施登陸戰地區則預設為福州、廈門及潮汕等三個地區，依不同階段研擬作戰指揮系統。[38]

儘管在雲南省的「反攻」計畫受挫，蔣介石仍對「反攻大陸」態度更加積極，其原因包括：第一，中國大陸的大饑荒及中蘇對立更加嚴重等情況被視為「反攻大陸」的有利條件。隨著「大躍進」所造成的中國大陸慘況為外界逐漸獲悉，蔣介石也燃起使命感，希望「拯救」此一情況。第二，對甘迺迪政府的「兩個中國」政策感到擔憂，蔣介石更急於準備「反攻大陸」。蔣介石在第二次台灣海峽危機過程中，將單獨反擊大陸視為讓美國承認保有金門、馬祖兵力時，談判最後的「王牌」。[40]蔣介石因蒙古加入聯合國問題對美國政府的不信任感日益加深，故準備「反攻大陸」，並將試探美國政府發動作戰意願一事，視為與美交涉的資本，也是合理之舉。

一九六二年一月至三月間，蔣介石與蔣經國要求美國政府同意「反攻大陸」作戰。蔣介石首先透過CIA台北站站長克萊恩（Ray S. Cline）及CIA局長麥康（John A. McCone）等CIA途徑，強調所有行動都會向美國政府報告，不會將美國捲入戰爭，並主張發動「反攻大陸」作戰是因為「無法再事拖延」，要求與美國政府交涉。[41]甘迺迪政府雖然未明確否定「反攻大陸」，但三月派遣遠東事務助理國務卿哈里曼（W. Averell Harriman）訪台，確認一九五四年的杜勒斯與葉公超交換公文，並告知蔣介石與蔣經國，「反攻大陸」必須謹慎準備的立場。[42]之後，甘迺迪政府為了監視國府的「反攻大陸」行動並延後實行，提出七項提議，包括提供國府需要的空降作戰用C-123型運輸機，以及往後作戰研究與國府共同參與等。[43]蔣介石明確認為其意圖為「拖延」國府發動「反攻大陸」作戰，雖抱持不滿，仍接受了七項提議。[44]國府至今不斷研擬的「反攻」作戰，也在此決定後無限期延後。

對於國府的「反攻大陸」及向美國政府探詢意見等行爲，雖然至一九六二年三月間都可見到中國收集相關情報的跡象，但卻沒見到中國政府及中國共產黨有什麼反應。根據《毛澤東傳》可知，中央軍事委員會在該年四月左右，才開始眞正對蔣介石發動「反攻大陸」作戰有所警戒。[45]實際上，四月初外交部長陳毅發送英國駐北京代理大使返國時的紀錄，便可見到特地提及國府侵攻大陸的可能性，並表示中國將「誘敵深入，縱深殲敵，而非海上殲敵。」[46]

四月底，中央對台灣小組及中央宣傳部製作以《關於加強對台灣宣傳工作的若干問題的請示》爲題的文件，並向中共中央提出。對台灣小組及中央宣傳部將國府的「反攻大陸」列爲「心理作戰」，並將其對中國社會的影響分析如下：

他們的反動宣傳，當然不會有很大的市場，但在目前的形勢下，在一定的程度上，有可能在我軍隊、人民群眾和海外華僑的一部分人中發生某些消極影響，據一些部門和地方反映，近來反動謠言不時流傳，收聽敵台廣播現象顯著增加，有的地方甚至連續發生在工廠和列車有線廣播中轉播敵台廣播的時間；反革命破壞活動和與敵人通訊聯絡案件，也有逐步上升的趨勢。[47]

考量這些局部性的影響，中央對台灣工作小組及中央宣傳部在上海、江蘇、浙江、雲南等省市，提出重點性加強對台灣宣傳工作的建議。不過，該內容僅爲持續加強對台灣宣傳工作，並未針對國府的「反攻大陸」展開特殊宣傳工作。也就是說，宣傳工作選定上海及杭州「解放」十三周年、台灣的「五二四」反美暴動五周年與端午節等時機，以福建前線爲據點，對國民黨士官及士兵展開宣傳，內容除了中國的國內建設及對外政策成果、美國、台灣矛盾外，更提議強調「揭露蔣介石集團」等重點。[48]該提案於四月三十日提出，經中共中央的批准後，於五月十一日由中央宣傳部發送至中央各宣傳部，以及各省、市、自治區的黨委會宣傳部、解放軍總政治部、人民日報、新華社、廣播事業局等處，要求遵照該提案展開對台宣傳工作。[49]

五月上旬，在中央宣傳部的指示發出後，陳毅與契爾沃年科會晤，說明中國領導層對「反攻大陸」的認知。該會晤係因蘇聯對美國、台灣動向有所警戒，而要求召開。對於契爾沃年科擔憂國府是否準備展開軍事挑釁，陳毅則提出對於國府可能行動的想法。陳毅認爲，以美國、台灣共同進攻的可能性來說，「更可能的是，蔣介石不聽美國的約束，在沿海一帶試一試」。更指出，「美蔣若要來，也只能從浙江、福建、廣東東部來」，此時，因難以阻止敵方登陸，「最好的辦法是讓他深入一些，不要馬上阻止他登陸，要吸引他們深入，讓他在沿海地帶占據幾十個縣，然後大量殲滅，這樣台灣可能解放的更快一些」。不過，陳毅也提到，「這要有一個條件，那就是國內秩序不鞏固不行；如果沿海地帶被占，各處都鬧起來，那就不能採取這種辦法」。[50]

陳毅所提及對「反攻大陸」的威脅認知，與國府所計畫的「反攻大陸」作戰內容有許多共同點。陳毅認爲，國府若進攻大陸，有極高可能會於東南沿海地區登陸，而決定「反攻大陸」作戰結果的關鍵，則是在中共統治這些地區的穩定性。此外，陳毅提及須「吸引他們深入」，「然後大量殲滅」，可見此時期東南沿海地區的防禦戰略仍源自一九五〇年代的爭論。一九五〇年代起，解放軍便不斷爭論，究竟該「誘敵深入、縱深殲敵」，還是「在前沿防禦敵方登陸」，才能防禦東南沿海地區。其中，「誘敵深入、縱深殲敵」稱爲「積極防禦」戰略，一九五〇年代後期，國防部長彭德懷則依循該戰略展開東南沿海地區的軍事建設。[51]彭德懷在一九五九年廬山會議中下台，後任國防部長（兼中央軍事委員會副主席）林彪與總參謀長羅瑞卿則主掌解放軍日常業務。根據《羅瑞卿傳》指出，此時仍待策劃新戰略方向，但卻因各種理由而延遲。[52]

(3)「難民潮」與軍事動員的決定

解放軍備戰國軍攻擊時的基本方針，主要依循「誘敵深入、縱深殲敵」的「積極防禦」戰略。不過，毛澤東在五月下旬表明的認知，卻更爲悲觀。毛澤東對羅瑞卿指出，若使敵方登陸可能較不利，應阻止其占領主要都市。此外，毛澤東也表示「準備好了，國民黨軍不來也沒有壞處。如今年國民黨軍來進攻，就不讓他上來，這樣對我們比較有利。因爲我們還沒準備好，至於明年讓不讓他們上來，看情況再說」，命其作好「備戰」。[53]

毛澤東對於「反攻大陸」一戰的認知之所以轉爲悲觀，其中一個原因應爲東南沿海地區的治理問題。尤其一九六二年五月，難民經廣東省流入香港的情況漸趨嚴重，從該時間點看來，應爲中國決定在東南沿海地區展開軍事動員的關鍵因素之一。難民自廣東省逃至香港及澳門，本爲此地區既有的問題，但一九六二年春天難民流出的規模，卻是一九四九年以來最大的一次。[54]在中國領導層開始警戒「反攻大陸」，並注意到東南沿海地區的治理問題時，難民的流出數量也有所增加。對於此情況，國府將難民流出視爲「反攻大陸」的一大機會，開始向美國政府提出對支援「反攻大陸」的新要求。[55]

一九六二年的中國經濟正處復甦狀態，故並非飢餓或窮困才造成民眾逃難的單純情況。不過，廣東省盛傳，未來承認部分私有地及自由市場的調整政策可能會更加緊縮，糧食配給也會減少等流言。[56]在謠言紛擾當中，更出現新的政策，將一九五八年後流入都市的農民強制遣返回農村。根據國民黨中央委員會第二組所收集的情報指出，該政策於四月加強執行，造成許多難民陸續自廣東逃至香港，五月一日起二十天內，便有十二萬五千位難民湧入廣東與香港邊境，其中有兩萬三千人成功離境（表5-1）。[57]

國府對於此動向，決定採取「並非單純的救濟問題，亦非單純的救濟措施所能根本解決，必須從心理戰、思想戰、政治戰各方面展開整個對匪鬥爭工作」等方針，透過對中國大陸的廣播、傳單等方式，號召反人民公社、反共產主義革命。[58]五月二十日，國府發表聲明，表示願將逃至香港的難民接收至台灣。在

表5-1　前往香港的難民人數變化及強制遣返者的比例

日期（1962年）	難民數	強制遣返	強制遣返者的比例
5月1-20日	125,000名	102,000名	81.6%
5月21日	8,000名	7,500名	98.7%
5月22日	5,500名	5,200名	90.0%
5月23日	5,300名	5,000名	94.0%
5月24日	7,000名	5,400名	77.0%
5月25日	390名	390名	100.0%

資料來源：根據中央委員會第二組〈極機密大陸難民逃港事件專報（1962年6月6日）〉《八屆中央常務委員會第三七九次會議錄》中國國民黨第八屆中央委員會常務委員會會議記錄，由筆者製成（數值維持原文）。

難民流出當下，中國原本僅採取不與難民交易、不提供糧食的方針，對其出境則不干涉的消極立場。然而，在國府發表聲明後，中國的態度卻大爲改變，開始在廣州車站配置軍警，嚴格取締難民流出。[59]

當時，中國西北邊境地區也發生新疆伊犁地區居民逃往蘇聯的事件。該事件被定位爲「蘇聯修正主義者對新疆少數民族展開的顛覆活動」，也是「大躍進」失敗所造成的結果，但仍包括了中蘇關係惡化、民族問題、蘇聯移民返國等，與東南沿海地區截然不同的因素存在。[60]當時黨內絕大多數的幹部將新疆伊犁地區及中印邊境地區的緊張情勢視爲重要問題，而非東南邊境地區問題，但毛澤東仍相當重視對東南沿海地區「反攻大陸」的處理。[61]

此外，毛澤東在一九五九年這個階段，暫時退居所謂的「二線」，將經濟調整交由劉少奇、周恩來、陳雲及鄧小平等人負責。一九六二年一月的七千人大會中，毛澤東一方面承認大饑荒責任在己，並同意調整政策；但另一方面，又認爲部分接受自留地、家庭副業、自由市場及自負盈虧等「三自一包」政策，超過一定規模後，就不可化爲常規政策。即使面對前所未見的大饑荒，毛澤東仍相信「大躍進」的基本理念，對於「資本主義復辟的危險性」加以警戒。[62]從毛澤東這樣抱持如此警戒心的角度看來，東南沿海地區難民流出漸趨嚴重一事，可說是「三自一包」政策轉向緊縮後，民衆產生的抗拒。該地區的問題不同於西北、西南邊境地區問題，更與「資本主義復辟的危險性」有所連結。

2. 反制「反攻大陸」之軍事動員

(1) 公開軍事動員至福建前線

根據現在可確認的史料得知，毛澤東開始指揮軍事動員作戰，是在一九六二年五月二十九日，毛在上海視察時召來羅瑞卿，指示其加強東南沿海地區的作戰準備之際。羅瑞卿將毛澤東的指示轉告在北京的林彪與周恩來。接收指示後，翌日三十日，在北京召開軍事委員會戰略小組會議，研究東南沿海地區的作戰問題，並由林彪、陳毅發表談話。三十一日，羅瑞卿向毛澤東報告在北京的會議內容，毛澤東決定透過公開軍事動員向國府「進行政治攻勢」，並指示羅瑞卿召集華東局幹部，針對「備戰」提出報告。[63]根據《葉飛傳》指出，華東局書記處書記（兼福建省委員會第一書記、福州軍區政治委員等）葉飛於當天，自總參謀部取得國軍動向相關報告，並下令加強福州、南京、廣州軍區的作戰準備。[64]六月一日，羅瑞卿在華東局幹部會議上，針對「備戰」提出報告，之後則在北京，向林彪與中央政治局報告毛澤東的指示，連日召開作戰會議。[65]接著，六月六日的中央政治局擴大會議中，林彪則提出「關於東南沿海軍事準備問題的報告」。[66]

此外，自該年二月起，中央軍事委員會不斷討論的「整軍備戰」國防方針，在進入六月後，也受毛澤東更改爲「備戰整軍」方針。[67]原先討論的主旨爲「整軍備戰」，但解放軍受大饑荒及蘇聯中止援助的影響，僅實行「整軍」。不過，在毛澤東的領導下，國防方針調整成以「備戰」優先於「整軍」。周恩來對於此過程表示「意見紛紛，（引用者註：除了軍力編

表5-2　解放軍與國軍的軍事平衡（1961-62年）

		解放軍（1962年6月）	國軍（1961年6月）
陸上兵力	陸上兵力	2,631,000人	427,700人
	裝甲部隊	6,600人×4個師 重型戰車10輛 中型戰車80輛 自走砲14台	省略
	野戰砲兵部隊	5,500人×14個師 122-155釐米榴彈砲188門 4,000人×1個師	省略
	對空砲兵部隊	2,600人×5個師	
海上戰力	艦艇	驅逐艦4艘 護衛驅逐艦4艘 巡邏護衛艦14艘 獵潛艦24艘 潛艦25艘 佈雷艇38艘 登陸艦59艘	驅逐艦5艘 護衛艦5艘 巡邏艇17艘 獵潛艦16艘 佈雷艇11艘 登陸艦39艘
航空戰力	戰機	2,907架	608架
	噴射戰鬥機	2,035架 J-2（Mig15）735架 J-5（Mig17）1,215架 J-6（Mig19）85架	401架 F86F,D 289架 F100F,A 87架 F104A,B 25架

資料來源：National Intelligence Estimate (NIE43-61): Prospects for the Government of the Republic of China, 20 Jun. 1961, CIA Freedom of Information Act (http://www.foia.cia.gov), 以及National Intelligence Estimate (NIE13-4/1-62): Prospects for Communist China, 29 Jun. 1962, *Tracking the Dragon: National Intelligence Estimate on China during the Era of Mao, 1948-1976* (Washington, D.C.: U.S. Government Printing Office, 2004), supplement CD-ROM.筆者根據上述資料統整而成。

制）其他都沒有談」，但毛澤東在提議「備戰整軍」後，說明「這一下問題解決了，搞得快了，很快就動員起來了」。【68】

接下來，六月十日，中共中央則發出《關於準備粉碎蔣匪幫進犯東南沿海地區指示》，警告「今春以來，蔣匪幫就積極地進行各種作戰準備和軍事部署。據判斷，他們很可能在最近期間，即颱風季節前後，對我福建省和閩粵、閩浙接合部地區發動登陸作戰，作爲實行反革命復辟的立足點。」此外，該指示也提出，預計可能與國府展開的一戰，不僅是「爲了保衛我國人民革命勝利果實」，更是「偉大人民解放戰爭的繼續」。在指示中提及，軍事動員係因「從全國解放以來已經將近十三年，從抗美援朝戰爭結束以來已經九年，麻痺鬆懈的情緒有所增長」等國內情勢令人擔憂，其目的則爲「掃除幹部和群衆中的麻痺鬆懈情緒、教育青年一代、考驗我們的革命精神和工作、加強全國的團結」。【69】

這些方針決議與指示同時並進，部隊也在五月底開始逐漸自各軍區移動至福建前線地區。根據自瀋陽動員至福建前線的軍人回想，他們在五月底接獲緊急命令，並於六月五日在周恩來的送行下從瀋陽出發。不同於過往軍事動員至前線的慣例，這次動員的作戰行動及部隊編號全數公開，衆人事前便知道，這是爲了「警告蔣介石」。【70】此外，CIA也掌握情報，得知六月初起中共已開始軍事動員至福建前線，並下令一般民衆準備避難。【71】在福建前線，六月十五、十六日召開地區、市、縣的書記會議，葉飛則提出緊急動員報告，在福建前線指揮阻止登陸作戰。葉飛所指揮的「備戰」，預設爲中規模至大規模對戰，並計畫「引誘敵方十多萬、二十多萬名兵力深入後，以縱深戰術一舉殲滅」。【72】

目前並未見到中共官方的史料顯示該次軍事動員的規模，僅能以美國政府及國府的紀錄推測規模大小。西方國家眞正開始對軍事動員有所警戒，則是在六月十八日以後。[73]根據當天，美國國務院情報協調局局長希爾斯曼（Roger Jr. Hilsman）寫給國務卿魯斯克的記錄指出，六月十六日至十七日間，許多部隊集結至福建前線地區，故提升了台灣海峽情勢緊張程度。[74]因此，希爾斯曼等人統整了軍事動員相關的特別國家情報評價（SNIE13-5-62），並在六月二十日向甘迺迪總統簡報。該文件雖未解除機密性質，但可知解放軍將七個師移至福建前線地區，中途應再加入五個師，可說是韓戰以來最大規模的動員。[75]此外，透過六月二十三日國府國防部發言人所發表的意見可知，解放軍已部署約四十萬名陸軍、三百架戰鬥機、四百艘海軍小型艦艇，以及三十艘潛艦至福建前線周邊基地。[76]不過，根據七月五日的特別國家情報評價（SNIE13-5/1-62）可知，六月十七日以後又有新的師進入福州軍區。[77]綜合上述情報推測，軍事動員規模以六月十六日、十七日爲最高峰，共有七至十二師前往前線地區，數量約爲四十萬至五十萬名陸軍，並部署戰鬥機、小型艦艇、潛艦等。

(2) 對國內外展開的反「反攻大陸」宣傳工作

在軍事動員展開之際，毛澤東也指示製作宣傳稿，以「揭露蔣介石在東南沿海地區的陰謀」。毛澤東在六月十一日修改這份草稿後，召開中央常務委員會，要求劉少奇與彭眞、羅瑞卿、蕭華、陸定一、吳冷西等人一同推敲文字。此外，毛澤東也指示，將該宣傳稿以內部電報方式發至各級黨委會，要求各黨委會向幹部及大衆清楚說明宣傳稿的主旨，「使人民普遍有所準備」。[78]而該宣傳稿則於六月二十三日由新華社發出，並於翌日二十四日刊載於《人民日報》頭版，內容前半段主要提及國府的「反攻大陸」計畫及美國高官訪問台灣等事，以「揭露陰謀」，更呼籲衆人對國內外號召「努力生產，支援前線，肅清敵特，鞏固後方」。

> 美帝國主義的一箭雙鵰的如意算盤是：蔣匪幫的軍事冒險，如果僥倖得逞，美帝國主義既可以在中國大陸建立橋頭堡，打擊中華人民共和國的威信，又可以使蔣匪幫兵力分散，財政更加困難，不得不更加對美帝國主義唯命是聽。反之，如果冒險失敗，那麼，在蔣匪幫的實力大大削弱的情況下，美帝國主義就可以比較容易地實現它多年來追求的目標，這就是一腳踢開蔣介石，用新的傀儡來接管台灣，實現它的所謂「兩個中國」的陰謀。（中略）
>
> 蔣匪幫花了那麼大的勁，做了那麼多準備，要竄犯大陸沿海地區，但是，蔣匪幫的本錢實在可憐得很。從政治上說，中國人民早就領教過蔣介石匪幫二十多年的血腥統治，永遠不會忘記四大家族、地主豪紳、軍閥官僚的滔天罪行。中國人民知道蔣介石匪幫是我國歷史上最大的賣國賊，它曾經把中國的主權完全奉送給它的主子美帝國主義，叫中國人民聽任美帝國主義宰割和奴役。正因爲這樣，中國人民在十三年前推翻了蔣匪幫的統治，而且下定決心，一定要解放台灣。【79】

根據當時美國駐香港總領事葛瑞恩（Marshall Green）的分析，一九五八年，初期軍事意味濃厚的金門砲戰之際，中國政府都沒有如此具體且詳細說明過軍事動員的目的。【80】此宣傳稿除了對內可呼籲協助共產黨、打倒國民黨外，對外則宣揚自身的軍事動員屬防禦性質，更可強調國府的「反攻大陸」與美國政府對華政策的不具正當性。在宣傳稿發表之後，也印證了外交相關機構早已事先打好招呼。

六月十八日，在該宣傳稿發布前，外交部及華僑事務委員會針對向海外華僑宣傳工作一事，共同對各駐外使館發出指示。該指示內容爲，以新華社宣傳稿發布爲契機，對各國華僑展開「思想」的「宣傳教育」，並向國家報告其反應。[81]綜合各駐外使館回報的反應可見，當時中國政府對於華僑的「思想」抱持著擔憂。[82]首先，因「大躍進」造成國內百廢待舉，也使得華僑對中國政府的支持有所動搖；第二，對中國政府有所動搖後，也令人擔憂支持國府「反攻大陸」者的出現。

此外，收到國務院外事辦公室及廣東省黨委會的指示後，廣東省外事小組也訂立詳細計畫，在新華社宣傳稿發表後出現的「粉碎蔣匪幫軍事冒險期間」，展開「外事工作」。該計畫預計向居住於廣州市的外交使節及留學生等外國人仔細說明宣傳稿內容，並將這些人的行動範圍限制在廣州市及其周邊地區，同時又禁止外國人造訪廣州。[83]根據附件備忘錄指出，同樣有許多外國人居住的上海市並未研擬類似應對方式，可見當時並未預設情況可能擴及上海周邊地區。

接著，六月二十三日，在宣傳稿發布的同時，外交部也集結蘇聯、東歐社會主義六國，以及蒙古、北越、古巴、北韓、東德的外交使節，提供宣傳稿。章漢夫在負責說明之際，因北越大使詢問美國與台灣發動侵犯大陸行動的原因，遂回覆「美蔣錯誤地估計我國與社會主義陣營的情況，對人民的力量估計不足」。章漢夫主張，「中國人民是團結一致的」，更會以「堅強的信心克服這些（引用者註：「大躍進」失敗等）困難」，且「在反對美帝國主義問題上，社會主義國家和人民團結一致的」。[84]

綜上所述，在軍事動員之際，中國實行的宣傳工作主軸，以六月二十三日新華社發布的宣傳稿作爲「粉碎蔣匪幫軍事冒險期間」的開端，發布之際，相關單位也同時收集情報，了解向各方說明後產生的反應。從這些內容可推測，「粉碎蔣匪幫的軍事冒險」之際，中國預設的鬥爭範圍。中國政府透過軍事動員展開的鬥爭範圍，爲福建省及廣東省等與國府對峙的中國東南沿海地區，以及與該地區緊密相連的各國華僑。此外，中國政府也預設了與「支持蔣匪幫的美帝國主義」之外交鬥爭，在與美國展開外交鬥爭之時，則希望維持社會主義陣營的團結。

3. 對台海軍事緊張之利用

(1) 爭取美國不公開支持「反攻大陸」的外交交涉

美國政府急於掌握中國政府軍事動員的意圖及目的，希爾斯曼分析，一、軍事動員主要是爲了阻止國民黨，並備戰無法預測的狀況；二、不能排除以創造新台海危機爲目的的可能性；三、解放軍也可能利用一九五八年無法充分運用的裝備攻下金門、馬祖。尤其利用新的台灣海峽危機，從離間美國與台灣之關係、正當化國內緊縮政策、宣傳中國共產黨的權力掌握等角度看來，「對中共來說都是絕佳機會」。[85]此外，甘迺迪政府也透過：一、哈里曼與蘇聯駐美大使多勃雷寧（Anatoly Dobrynin）的管道；二、美中大使級會談管道，以及三、英國駐北京大使館等管道，分別探詢中國的意圖，並試著告知美國並不支持「反攻大陸」的態度。[86]

中國政府也透過美中大使級會談，試圖與美國政府接觸。五月十七日在華沙的美中大使級會談後，預計於七月十二日召開下一次會談。[87]根據中國代表，也就是駐華沙大使王炳南的回憶錄指出，王炳南休假返回北京時，透過周恩來及羅瑞卿，對軍事動員有一定程度的了解，但某一天，卻接獲指示，要其直接返回華沙，確認「美國的態度如何」。[88]因此，王炳南在六月十日返回華沙，並於十五日邀請美國駐波蘭大使卡伯特（John M. Cabot）前往中國大使館，展開非公開會談。[89]

原本非公開會談預計於六月十五日召開，但因中國的情況，延期至二十三日舉辦。會談延期的原因爲王炳南「生病」，但王炳南的回憶錄中清楚指出延期是因爲中央的指示。[90]雖然中央並未特別指明延後會談的原因，但推測應是爲了在會談實施同時，也發表新華社的宣傳稿。在六月二十三日的美中大使級非公開會談中，王炳南提及「在美國的鼓勵和支持下，蔣介石集團正在躍躍欲試」，並警告「蔣介石一旦挑起戰爭，其結果決不會對美國帶來任何好處」。[91]對於此意見，卡伯特一方面表明不支持國府「反攻大陸」的態度，另一方面也提及《中美共同防禦條約》與「台灣決議案」，牽制解放軍攻擊沿海島嶼。[92]接著，與會談幾乎同時，新華社的宣傳稿也對外發表，內容抨擊「美帝國主義」，主張美國支持國府的理由，是爲了以「反攻大陸」進犯中國大陸，並實現「兩個中國」政策。[93]

雖然美國政府表明其不支持「反攻大陸」的姿態，但中國政府也並未停止批評美國政府支持「反攻大陸」，更見不到其解除軍事動員的徵兆。因此，美國政府對解放軍可能攻擊沿海島嶼仍保持警戒，也不得不研擬對策，避免讓國府的「反攻大陸」招致美中軍事衝突。[94]接著，六月二十三日的美中非公開接觸雖爲秘密進行，但六月二十六日，BBC等部分媒體根據「情報來源」，報導美中非公開接觸一事，美國國務院發言人也只能發表聲明承認此事。[95]接著，甘迺迪也於二十七日發表聲明，表明美國在台灣海峽的基本立場，便是反對在該地區行使武力，而對於沿海島嶼防禦則堅守《中美共同防禦條約》與「台灣決議案」的相同立場。[96]透過此聲明也顯示，甘迺迪政府對台灣防禦的立場延續自一九五四年以來，艾森豪政府時期的態度。

如上所述，中國政府透過華沙會談等場合，表明其並無將軍事動員及宣傳擴及至與美國政府產生軍事衝突的意思，對外則持續抨擊美國政府的對華政策及國府的「反攻大陸」。這些行爲，第一是爲了擴大美國、台灣因「反攻大陸」而起的齟齬；第二則是爲了向國際社會顯示，縱使美國政府表明不支持「反攻大陸」，中國政府對於其對華政策也絕不妥協的態度。

(2) 對蘇爭取共同防禦的外交交涉

蘇聯政府在軍事動員之前，便透過契爾沃年科與中國政府接觸，了解中國對美國、台灣動向的認知與應對。[97]不過，六月二十二日，哈里曼與多勃雷寧會晤，詢問軍事動員的目的後，多勃雷寧卻回答僅知道媒體所報導的資訊。哈里曼請多勃雷寧向赫魯雪夫轉達，美國並無意協助「反攻大陸」，也在華沙的大使級會談中告知中國此事。[98]此外，哈里曼雖與蘇聯外交部副部長普希金接觸，但也僅確認多勃雷寧所顯示的蘇聯政府立場。其立場便如一九五九年美蘇首腦會談中，赫魯雪夫對艾森豪所提出的，支持中國的「台灣是中國的一部分」立場，並不打算在台灣海峽的安定上發揮積極效果。[99]

蘇聯政府對於與美國政府接觸一事，也不打算積極告知中國政府。六月二十八日，在契爾沃年科與陳毅的會談中，陳毅指出，美國在華沙表達不支持「反攻大陸」的立場，並表示「我們通過前九天的華沙談判，摸到了一些美國人的底，美國害怕承擔責任。我們今天也不需要挑起大戰，我們要搞自己的建設、社會主義陣營要搞社會主義陣營的建設，搞它個十年、二十年，可以戰勝美國人」。蘇聯在陳毅的這番發言中確認中國不行使武力的立場，六月三十日才終於將蘇聯與哈里曼談話的內容告知中國。[100]接著，七月二日，赫魯雪夫確認美中衝突的可能性極低，便在電視演說中宣告：「向中國進攻，會受到中國人民、蘇聯各民族人民，以及社會主義陣營的全體反擊」。[101]

六月二十三日，新華社發布的宣傳稿刊出後，《人民日報》陸續刊登各國首腦的談話及報導，內容主要為各國對「美蔣的罪惡陰謀」的抗議。其中最快刊登、篇幅又最大的，便是北韓及北越對「美帝國主義侵略」的抗議，而接著則依序刊登亞非各國、蘇聯及東歐各國等報導。[102]原先提及蘇聯的篇幅並不大，但隨著赫魯雪夫的談話發表後，《人民日報》便於七月四日以頭版篇幅轉載其談話。[103]從這個舉動可見，中國也必須對外強調蘇聯的支持。

在七月二日發表談話後，赫魯雪夫對劉曉表示，「我們雖然同你們有爭論，但是，我們還是同你們在一起的。爭論儘管可以爭論下去，團結還是主要的」，強調表面上維持中蘇團結的必要性。[104]另一方面，數個月後在中共八大十次會議上，周恩來評論七月二日赫魯雪夫的談話內容：「雖然他的保證是被迫的，裝樣子的，假的，但也有一點表面價值，至少叫群眾看到不能反對中國」。[105]也就是說，即使中蘇爭論漸趨嚴重，蘇聯在台灣海峽情勢緊張之際，仍代表社會主義陣營支持中國的立場。中國也藉著引出蘇聯表明態度一事，以有利自己的立場對美國與台灣展開外交鬥爭。不過，赫魯雪夫在確認美中雙方皆不行使武力後，終於表明蘇聯並無積極意圖在台灣海峽與中國共同鬥爭的立場。蘇聯的這番立場也並非此時才開始出現，在一九五八年第二次台灣海峽危機時早已顯現出來。

由此可見，透過軍事動員與發表宣傳稿展開的外交鬥爭，中國再次確認了一九五〇年代形成的台灣海峽冷戰結構。也就是說，美國基本上維持下列方針：從中國的「解放台灣」之中防禦台灣的同時，也阻止國府「反攻大陸」，對於金門、馬祖等大陸沿海島嶼的防禦也仍保持曖昧態度。另一方面，蘇聯從社會主義陣營團結的觀點支持中國「解放台灣」，但若牽扯到參與中國大陸的防禦一事，便不積極援助「解放」台灣與金門、馬祖行動，更強烈警戒，避免捲入台灣海峽的武力紛爭中。因此中國在短期之內，不要說是台灣，就連「解放」金門、馬祖也無法如願達成；但相對的，國府的「反攻大陸」計畫也受到抑制。

4. 以「一個中國」論述爲前提的反對「反攻大陸」

(1) 蔣介石的「歷史的任務」

不同於一九五八年第二次台灣海峽危機，一九六二年軍事動員之際，全國各地並未出現人民舉行的反美運動。不過，以獲命動員的部隊爲中心，東南沿海地區出現許多批判國民黨的言論，同時部隊也實施了「思想教育運動」。舉例來說，在毛澤東與中央正在研議作戰、部隊也開始移動的六月初起，《解放軍報》便陸續刊登了提醒「蔣介石罪行」的連載文章，包括〈鐵蹄下的台灣〉與〈人民公敵蔣介石〉等。其中，〈鐵蹄下的台灣〉主要描述在「蔣介石集團和美帝國主義支配下」的台灣，人民被迫過著多麼悽慘的生活。[106]此外，〈人民公敵蔣介石〉則詳細記載，大陸時代的蔣介石及國民黨以其「反動統治」，讓「舊中國人民」過了多少苦日子。[107]

在東南沿海地區展開批判國民黨的「思想教育運動」提案，推測爲六月二十二日，在毛澤東在武漢召開的會議中所提出。毛澤東在武漢接待了北韓最高人民會議代表團，也是其五月一日以來首次公開活動。[108]當時，毛澤東召及華東局第一書記柯慶施、中南局第一書記（兼廣東省第一書記）陶鑄等領導人，針對眼前情勢發表談話。[109]根據國民黨中央委員會第六組所收集的情報指出，在武漢的這場會議中，以「回憶」及「控訴」等手法「誣蔑」國民黨，並提出軍事動員的方向如「肅清敵特、鞏固後方」等。[110]

六月二十三日的新華社宣傳稿中，指出因人民不會忘記國府在統治大陸期間的腐敗及「賣國」行爲，宣告蔣介石的「軍事冒險」終究會失敗。[111]接著，就像是要呼應宣傳稿般，解放軍的「告發美蔣罪行」、「不忘記深仇大恨」等標語也陸續登場。到了二十八日，解放軍總政治部決定在所有中隊及基層單位，展開「控訴（引用者註：美蔣罪行的）思想教育運動」。而這個「控訴思想教育運動」，是由下列三個階段所構成：首先是「普遍教育，提高認識」，第二爲「發動控訴，激發仇恨」，第三則爲「通過對比教育，堅定必勝信心」。其目的除了「加強戰鬥準備」外，也包括「增強官兵團結，加強軍民團結」。[112]

七月初以後，中國政府透過外交鬥爭，確認台灣海峽冷戰結構，便持續以前線部隊爲中心，展開「控訴思想教育運動」。其第一階段，則大致於七月十六日左右完成。根據《解放軍報》指出，被指定爲運動對象的單位，所有成員必須掌握對該運動的認識，並「系統地認識美蔣罪行和階級本質」。[113]接著，七月二十日，則宣告「許多試點單位最近總結了控訴美蔣罪行教育運動的第二步」。在這個階段，各單位召開「控訴大會」，「控訴」在「解放」之前，人民遭受國民黨迫害的情況。[114]接著，在最後一個階段所推動的，便是「學習」毛澤東過往著作，到八月中爲止，多數部隊已結束思想教育運動，並「把高昂的戰鬥情緒建立在階級覺悟的基礎上」。[115]位於軍事動員最前線的解放軍福建前線部隊，也接獲中央軍事委員會及福州軍區的指示，自八月初後逐漸恢復原有部署。[116]

如上所述，一九六二年六月至八月上旬間，「控訴思想教育運動」以動員至前線的部隊爲中心舉辦，包括前線部隊、前線民衆，以及整體解放軍都強化氣「團結一致」。[117]而在這個「控訴思想教育運動」中，將蔣介石及國府統治大陸時代稱爲「帝國主義、封建主義、官僚資本主義的反動統治」，再次加以否定，並讚揚對中國解放的功蹟。

在第二次台灣海峽危機的尾聲，毛澤東對社會主義六國軍事代表團表明其想法爲：「他（引用者註：蔣介石）的歷史任務現在還沒有完結，他還在當（引用者註：負面）教員」，因此「（引用者註：在台灣）有一個蔣介石比較好」。[118]這段話不僅正當化了無法「解放」台灣、澎湖群島、金門、馬祖的情況，同時也從國內或黨內團結的觀點出發，找出蔣介石、國府仍留在這些地區的利用價值。一九六二年於東南沿海地區展開的軍事動員，可說是在政治上利用了「蔣介石的歷史的任務」，以求穩定中共在東南沿海地區的統治。「內部團結」因難民流出所產生的擔憂，透過「思想教育運動」予以「強化」，對於毛澤東來說，是軍事動員行動中相當重要的成果之一。

(2) 毛澤東革命路線的恢復

毛澤東在視察地方的同時，指揮軍事動員，並在七月六日返回北京，準備北戴河的中央工作會議與中共八大十次會議。一九六二年九月舉辦的中共八大十次會議十分重要，在中華人民共和國的歷史中可謂一大轉捩點。這是因爲在中共八大十次會議中，原本毛澤東退居「二線」後實行的經濟調整路線有所變動，毛澤東也再次提起「以階級鬥爭爲綱」路線，改變了中國政治的方向。[119]重要的是，從毛澤東在此轉捩點的發言中，可見之前他所主導的軍事動員之連續性。

一九六二年七月二十五日至八月二十四日，於北戴河舉辦的中央工作會議，是毛澤東所主導的中共八大十次會議之準備會議。[120]在這場會議上，毛澤東掌握主導權，引國府統治大陸時代爲例證，主張其對資本主義復辟的擔憂及階級鬥爭的必要性。[121]八月九日的講話中，毛澤東指出「共產黨垮了誰來？……共產黨垮了，國民黨來」，顯示對於人民中仍潛藏著資產階級、右派份子、地主及富農等階級的隱憂。此外，毛澤東也提到在廣州耳聞的流言「由北往南（引用者註：香港）像是『走向光明』，往北（引用者註：北京）開的像是『沒有希望』」，斥責中央的經濟調整政策。[122]毛澤東認爲，相對來說較晚「解放」的東南地區尚未落實革命，在這些地區的政策一旦錯誤，就可能被國民黨所顛覆。

接著，毛澤東也批判鄧子恢及陳雲的經濟調整政策爲「單幹」，相較於此，「中央有些部做得好，像軍事、外交」。甚至還說道「肯尼迪（引用者註：甘迺迪）要幹什麼也曉得，但是北京各個部，誰曉得他們幹些什麼呢」，批判主導經濟調整政策的「單幹」。[123]這番發言可解釋爲，毛澤東將經濟調整政策交由劉少奇、鄧小平等其他領導層負責，卻對此感到不悅；而毛本身掌握了外交及軍事部門，也對於這些部門實行的軍事動員及與美蘇的外交鬥爭成果極具自信。

經過八月二十三日至九月二十三日在北京召開的準備會議，在九月二十四日至二十七日舉辦的中共八大十次會議上，毛澤東反覆論述「階級鬥爭」的理論及其重要性。其內容起自美「帝國主義」及蘇聯「修正主義」等國際性階級鬥爭，並拓展至在中國社會的地主及資產階級問題，最後回歸到對黨內經濟調整政策的批判。在毛澤東不斷修正後發布的中共八大十次會議公報中，也提出警告：「國外帝國主義的壓力和國內資產階級影響的存在，是黨內產生修正主義思想的社會根源。在對國內外階級敵人進行鬥爭的同時，我們必須及時警惕和堅決反對黨內各種機會主義的思想傾向。」[124]這些內容也忠實呈現，毛澤東當時所抱持的危機意識。

從中央工作會議至中共八大十次會議中，毛澤東的言論可見其與先前在東南沿海地區展開軍事動員的相關性。在這次軍事動員中，毛澤東除了在檯面下努力避免戰爭發生外，表面上也絕不對美「帝國主義」及蘇聯「修正主義」展現妥協姿態，成功「打擊」了蔣介石的「反攻大陸」。此外，在前線地區展開的「思想教育運動」中，不僅否定了「舊中國」及當時國府在台灣的統治，也再次歌頌毛澤東過往功績，促使中國在毛澤東思想的基礎下，回歸至團結及階級鬥爭的路線。一九六二年五月下旬至八月初展開的軍事動員，以及隨之而來的外交鬥爭，加上國內的「思想教育」，都可說是中共八大十次會議上，支持毛澤東主張的根據之一。

小結

本章著眼於對「反攻大陸」的威脅認知、其與軍事動員的關係，以及軍事動員與國內外政策的關係等因素，論述一九六二年初夏展開的軍事動員過程。透過本章的考察得出之結論，可統整為下列三點：

第一，中國領導層對「反攻大陸」的威脅認知，與國府在「三分軍事、七分政治」前提下所策劃的「反攻大陸」計畫相符。國府的「反攻大陸」計畫前提，則是中國人民為呼應此號召而起的暴動。解放軍對於此計畫的基本方針爲，即使國府進攻大陸，只要國內統治狀況安穩，就可「誘敵深入、縱深殲敵」。不過，一九六二年的毛澤東對於將國軍「誘敵深入、縱深殲敵」的戰術態度消極。其原因應爲，毛澤東對於統治東南沿海地區的穩定性抱持著不安所致。該時期也正值「大躍進」失敗後轉換至經濟調整政策的不安定期間，尤其是這些地區的民心對於經濟調整政策，以及相對於此的緊縮政策間感到動搖。進入五月後，中國東南地區有多數難民流出，國府以政治意圖高呼救濟難民一事，也讓毛澤東的危機意識日益升高。

第二，基於上述威脅認知所發動的軍事動員，其目的並不是爲了攻擊金門、馬祖，而是爲了對國府的「反攻大陸」施加政治壓力，具有防禦性質。因此，中國公開部隊行動，更與軍事動員同時並進，致力於製作批判「反攻大陸」的宣傳稿。一旦解放軍在東南沿海地區的大規模動員逐漸明朗化，軍事動員的意圖便會受到矚目，台灣海峽的緊張情勢也會隨之提升。在此情況下，中國對外表明對於美國的「帝國主義」強硬姿態，又強調爲迴避與美開戰的措施。同時，中國表面上對蘇聯的「修正主義」毫不在意，實際上則期待蘇聯表明在台灣海峽支持中國的態度。最後中國也確認，金門、馬祖雖爲國府所占領，但國府欲透過「反攻大陸」拓展其占領範圍時，便會因美蘇冷戰而受到抑制。此情況也顯示了，第二次台灣海峽危機過程中，中國領導層在台灣海峽構成以「一個中國」論爲前提的冷戰結構，以及實際上的停戰線，到了一九六二年的階段依然穩固。

第三，除了對國府的政治攻勢，以及對美蘇的外交鬥爭外，中國政府在國內則利用蔣介石的「歷史的任務」展開「思想教育運動」。中共否定了蔣介石、國府在大陸時代的治理，並再次歌頌毛澤東對「解放中國」的功績。透過這運動，軍民都在毛澤東思想的基礎上更加團結，並持續階級鬥爭，而在中共官方言論中，已經可見毛澤東有意改變政治路線，這在之後的八大十次會議得致體現。此外，從中共八大十次會議前的一連串會議中毛澤東的主張，可見其延續自軍事動員過程的危機意識。此危機意識則說明了毛絕不允許國內「資本主義復辟」，更對美國「帝國主義」及蘇聯「修正主義」絕不妥協的態度。

綜上所述，一九六二年福建前線的軍事動員的其中一項意義，是爲了阻止「反攻大陸」的防禦意圖。然而，不僅如此，毛澤東更利用了台灣海峽的緊張情勢，意圖轉換國內外環境至有利於自己的方向。在國際空間，中國政府確認台灣海峽的冷戰結構不受動搖，進而展開對美國「帝國主義」對華政策更強硬的批判。此外，在憂心可能出現「資本主義復辟」的東南沿海地區，中共則利用「蔣介石的歷史的任務」展開「思想教育」，「提升」了人民的「團結」與「階級覺悟」。由此可見，一九六二年軍事動員的意義，除了確立了「一個中國」論的前提，同時也向國內外展現了中國政府治理「一個中國」的正統性。

註解

【1】〈蔣介石・ダレス共同コミュニケ（一九五八年十月二十三日）〉日本国際問題研究所現代中国研究部会編《中国大躍進政策の展開　資料と解説》上卷（日本国際問題研究所，一九七三年）三二八—三二九頁。

【2】該時期對於以「反攻大陸」爲主的美國與台灣關係相關研究，包括牛大勇〈「拴緊韁繩」與「大

陸反攻」—肯尼迪與蔣介石的戰爭之爭〉《北京大學學報「哲學社會科學版」》第四期第三七卷（二〇〇〇年）一七二—一八三頁，以及石川誠人〈国府の「大陸反攻」とケネディ政権の対応〉《国際政治》第一四八號（二〇〇七年）一一八—一三二頁、石川誠人〈雲南省反攻拠点化計画の構想と挫折—アメリカの許容下での「大陸反攻」の追求〉《日本台湾学会報》第十號（二〇〇八年五月）五五—七四頁。此外，透過該時期甘迺迪政府中與對華政策相關爭論的關係，論述一九六二年國府「反攻大陸」提案及提及中國軍事動員等研究爲Norm Kochavi, *A Conflict Perpetuated: China Policy during the Kennedy Years* (Westport: Praeger, 2002), pp. 95-135.

【3】中共中央文獻研究室編（逄先知、金冲及主編）《毛澤東傳一九四九—一九七六》下卷（北京：中央文獻出版社，二〇〇三年）一二二五—一二二八頁、劉志青〈一九六二年的第三次台海危機〉《黨史博覽》二〇〇四年第四期，九頁，以及鐘兆雲〈二十世紀六〇年代初福建前線緊急戰備始末〉《福建黨史月刊》二〇〇七年第二期，二五—二六頁等中國共產黨史研究中，評論一九六二年的軍事動員爲毛澤東正確察覺並打擊蔣介石「反攻大陸」的嘗試，是個「漂亮的戰略」。

【4】Li Jie, "Changes in China's Domestic Situation in the 1960's and Sino-U.S. Relations," Robert S. Ross and Jiang Changbin eds., *Re-examining the Cold War: U.S.- China Diplomacy, 1954-1973* (Chambridge: Harvard University Press, 2001), pp. 288-320, 牛軍〈一九六二：中國對外政策「左」轉的前夜〉《歷史研究》二〇〇三年第三期，二三—四〇頁，以及牛軍〈中國外交的革命化進程〉楊奎松主編《冷戰次期的中國對外關係》（北京：北京大學出版會，二〇〇六年）一一八—一五二頁等。這些過去的研究說明，一九六〇年，在「大躍進」雖困難但可望達成的預

測之下，中國對美、對蘇政策等對外政策也有所調整。不過，進入一九六二年後，國內經濟持續低迷，國際環境也更加惡化，故中國對外政策則再次轉為與調整內容相反的方向。一九六二年初，王稼祥透過對外政策調整的背景，向周恩來、鄧小平、陳毅等人提出再次緩和對美、對蘇政策的建議，但該年秋天，王稼祥便被批評為「三和一少（與帝國主義、修正主義及反動派和解，對民族解放運動的支援極少）」，故其提議並未實行。

【5】該時期國內政治上的轉換與共產黨內部權力關係相關研究包括：Roderick MacFarquhar, *The Origins of the Cultural Revolution, Vol.3: The Coming of the Cataclysm 1961-1966*(New York: Columbia University Press, 1997), pp. 261-296, 錢庠理《中華人民共和國史 第五卷（一九六二—一九六五）歷史的變局》（香港：香港中文大學，二〇〇八年）二六七—二八八頁。

【6】石川誠人〈雲南省反攻拠点化計画の構想と挫折〉六二—六三頁。

【7】覃怡輝《金三角國軍血淚史（一九五〇—一九八一）》（台北：中央研究院、聯經出版，二〇〇九年）二一五頁。

【8】《當代中國》叢書編輯委員會編《當代中國軍隊的軍事工作》上冊（北京：中國社會科學出版社，一九八九年）三七三—三七五頁。

【9】〈雲南省人民委員會外事處：報中緬邊境我邊民外逃狀況（一九五八年三月七日）〉中國外交部檔案（檔號一〇五—〇〇六〇四—〇一，北京：中華人民共和國外交部檔案館）。

【10】〈雲南省人民委員會外事處：續報邊民外逃狀況（一九五八年六月十二日）〉中國外交部檔案（檔號一〇五—〇〇六〇四—〇一）。根據一九五九年一月的報告指出，截至一九五八年十二月十二日，越境者總數已上升至十一萬四千八百一十人（〈雲南省人民委員會外事處關於五八年邊

民外逃狀況的報告（一九五九年一月二十四日）〉中國外交部檔案〈檔號一〇五—〇〇六〇四—〇一〉）。

【11】〈向吳努提供關於緬境蔣幫殘匪的情報（一九五八年五月七日）〉中國外交部檔案（檔號一〇五—〇〇五五四—〇三）。

【12】〈章漢夫：目前中緬邊境的形成和問題（一九五八年七月二十二日）〉中國外交部檔案（檔號一〇五—〇〇五五七—〇一）。

【13】〈昆明軍區致總參謀部、雲南省委報蔣匪動態及我之對策（一九五八年八月七日）〉中國外交部檔案（檔號一〇五—〇〇五五四—〇一）。土司指的是元朝起便存在於中國西南地區的少數民族首長，其具有世襲官職。

【14】〈總參謀部致昆明軍區：復打擊蔣殘匪意見（一九五八年八月十三日）〉中國外交部檔案（檔號一〇五—〇〇五五四—〇一）。

【15】覃怡輝《金三角國軍血淚史》二三〇頁。

【16】同右，二四二—二四四頁。

【17】石川誠人《雲南省反攻拠点化計画の構想と挫折》六三頁、〈彭孟緝謹呈蔣中正（一九六〇年七月二十七日）〉《黨政軍文卷》蔣經國總統文物（典藏號：〇〇五—〇一〇二〇六—〇〇〇五一—〇〇八，台北：國史館）。

【18】〈關於準備應付逃緬蔣軍可能在我邊境發動暴亂的批語（一九五九年五月四日）〉中共中央文獻研究室、中國人民解放軍軍事科學院《建國以來毛澤東軍事文稿》下卷（北京：軍事科學出版社、中央文獻出版社，二〇〇九年）三八頁。

【19】《當代中國》叢書編輯委員會編《當代中國軍隊的軍事工作》上冊，三七四頁。

【20】〈雲南省人民委員會外事處致外交部 報□緬□有關的幾個問題的處理經過（一九五九年十一月九日）〉中國外交部檔案（檔號一〇五—〇〇六〇四—〇二），□爲無法判讀之文字。

【21】松本三郎《中国外交と東南アジア》（慶應大学法学研究会，一九七一年）二一一—二一三頁。

【22】〈總理拜會奈溫的談話摘要（一九六〇年四月二十日）〉中國外交部檔案（檔號二〇三—〇〇〇三六—〇七）。

【23】〈周總理與吳努第三次會談的摘要（一九六〇年四月二十日）〉中國外交部檔案（檔號二〇三—〇〇〇三六—〇七）。

【24】劉開政、朱當奎《中國曾參加一場最秘密戰爭》（北京：紅旗出版社，一九九四年）一九一—一九四頁。

【25】《當代中國》叢書編輯委員會編《當代中國軍隊的軍事工作》上冊，三七六頁。

【26】人民解放軍雲南省軍區編《雲南省志・軍事志》（雲南人民出版社，一九九七年）三九七頁。

【27】《蔣介石日記》一九六〇年十一月二十五日、十二月一日、十二月二日、十二月十日〈上星期反省錄〉(Stanford: Hoover Institution, Stanford University)。

【28】《蔣介石日記》一九六〇年十二月五日、十二月二十四日〈上星期反省錄〉。

【29】石川誠人〈雲南省反攻拠点化計画の構想と挫折〉六五頁、人民解放軍雲南省軍區編《雲南省志・軍事志》三九七頁。

【30】石川誠人〈雲南省反攻拠点化計画の構想と挫折〉六五頁。

【31】人民解放軍雲南省軍區編《雲南省志・軍事志》三九七頁。

【32】Memorandum of Conversation between Rusk and Yeh, Feb. 3, 1961, *FRUS, 1961-1963*, Vol. XXII (Washington D.C.: U.S. Government Printing Office, 1996), pp. 4-8.

【33】Telegram from DOS to Taipei, Feb. 22, 1961, *FRUS, 1961-1963*, Vol. XXII, pp. 12-13,以及《蔣介石日記》一九六一年二月〈上月反省錄〉。

【34】石川誠人〈アメリカの許容下での『大陸反攻』の追求〉六七頁。

【35】〈外交部、總參謀部致越南何大使：告坎溫部隊假道我境事（一九六一年四月十五日）〉、〈越南何大使致總參謀部、外交部：貴寧問我對部隊行動的意見（一九六一年五月二日）〉中國外交部檔案（檔號一〇六—〇〇六一九—〇二）。

【36】汪士淳《漂移歲月—將軍大使胡炘的戰爭紀事》（台北：聯合文學，二〇〇六年）一七四頁，該傳記係依據胡大使日記所撰。

【37】〈朱元琮將軍訪問記錄〉國防部史政編譯室編《塵封的作戰計畫—國光計畫口述歷史》（台北：國防部史政編譯室，二〇〇五年）十一—十二頁，而朱元琮爲「國光作業室」的第一代主任。

【38】〈修正反攻作戰初期指揮體系及確定權責（一九六一年五月十二日）〉《特交檔案》蔣中正總統文物（典藏號：〇〇二—〇八〇一〇二—〇〇〇九—〇一一，國史館藏）、〈四二〇計畫概要目錄（無日期，推測應爲一九六二年五月）〉《黨政軍文卷》蔣經國總統文物（典藏號：〇〇五—〇一〇二〇二—〇〇〇八五—〇〇二）。

【39】最能顯現蔣介石此番認知的演說爲〈貫徹本黨的時代使命和革命任務—動員、革新、戰鬥（一九六一年十一月十二、十四、十六日，第八屆中央委員會第四次會議及中央評議委員第六次會議稿）〉秦孝儀主編《先總統蔣公思想言論總集》卷二十七（台北：國民黨黨史會，一九八四

年）四七五—五〇七頁。

【40】《蔣介石日記》一九五八年十月十九日〈上星期反省錄〉。

【41】〈蔣中正接見克萊恩麥康等談話紀要（一九六二年一月二十一日）〉《黨政軍文卷》蔣經國總統文物（典藏號：〇〇五—〇一〇二〇六—〇〇〇七一—〇〇一）與《蔣介石日記》一九六二年一月二十七日〈上星期反省錄〉。

【42】Draft Message from Kennedy to Harriman, Mar.9, 1962, and Telegram from Taipei to DoS, Mar. 15, 1962, *FRUS, 1961-1963*, Vol. XXII, pp. 192-193 and 195-196.

【43】Memorandum for the Record, "White House Meeting on GRC Plans," Mar. 31, 1962, and Memorandum to Cline, Mar. 31, 1962, *FRUS, 1961-1963*, Vol. XXII, pp. 204-205 and 206-207.

【44】《蔣介石日記》四月五日、六日，石川誠人〈国府の「大陸反攻」とケネディ政権の対応〉一二二頁。

【45】中共中央文獻研究室編《毛澤東傳一九四九—一九七六》下卷，一二二五頁。

【46】Memorandum from Hilsman to Harriman, Jun. 22, 1962, Box 23, National Security Files（hereafter NSF）, John F. Kennedy Library, Boston, Massachusetts (hereafter JFKL).

【47】〈關於加強對台灣宣傳工作的若干問題的請示（一九六二年四月三十日）〉上海市檔案館（檔號A二二—二—一〇二三）。

【48】同右。

【49】〈中共中央宣傳部致上海市黨委（一九六二年五月十一日）〉上海市檔案館（檔號A二二—二—一〇二三）。

【50】〈陳毅副總理接見蘇聯駐華大使契爾年科談話記錄（一九六二年五月十二日）〉中國外交部檔案（檔號一〇九－〇三八〇三－〇九）。

【51】彭德懷在國防部長時代的「積極防禦」戰略，係在抗日戰爭中毛澤東所使用的「積極防禦」概念賦予新意義的戰略方針，重視制止與延後戰爭爆發、戰爭爆發後以三－六個月將快速戰轉為持久戰，逐漸掌握發話權等能力（浅野亮〈積極防御戦略〉茅原郁生編《中国軍事用語事典》〈蒼蒼社，二〇〇六年〉二五〇－二五一頁）。而積極防禦戰略與東南沿海地區的防禦關係，則可參照當代中國人物傳記叢書編輯部編纂《彭德懷傳》（北京：當代中國出版社，二〇〇六年）三一九－三二一頁。

【52】黃瑤、張明哲《羅瑞卿傳》（北京：當代中國出版社，一九九六年）三六六頁。

【53】同右，三七〇頁。

【54】習仲勛主政廣東編委會編《習仲勛主政廣東》（北京：中共黨史出版社，二〇〇七年）六八頁。

【55】石川誠人《国府の「大陸反攻」とケネディ政権の対応》一二三頁。

【56】Ezra F. Vogel, *Canton under Communism* (Cambridge: Harvard University Press, 1980), pp. 292-296.

【57】〈中央委員會第二組：大陸難民逃港事件專報（一九六二年六月六日）〉《八屆中央常務委員會第三七九次會議錄》中國國民黨第八屆中央委員會常務委員會會議記錄（台北：國民黨中央委員會文化委員會黨史館）。

【58】〈關於大陸難胞集體逃港問題處理要點（一九六二年五月）〉《八屆中央常務委員會第三七五次會議錄》中國國民黨第八屆中央委員會常務委員會會議記錄。

【59】〈中央委員會第二組：大陸難民逃港事件專報（一九六二年六月六日）〉《八屆中央常務委員會

第三七五次會議錄》中國國民黨第八屆中央委員會常務委員會會議記錄。

【60】關於新疆伊犁地區難民流出問題，詳見沈志華、李丹慧《戰後中蘇關係若干問題研究—來自中俄雙方的檔案文獻》（北京：人民出版社，二〇〇六年）四八六—五一四頁。

【61】中共中央文獻研究室編《毛澤東傳一九四九—一九七六》下卷，一二二七—一二三八頁。

【62】陳永發《中國共產革命七十年》下卷（台北：聯經出版，一九九八年）七七〇—七七二頁、小島朋之〈毛沢東の時代—文革への道〉山田辰雄等編《現代東アジアの政治》（放送大学出版会，二〇〇四年）五三—五四頁。

【63】黃瑤、張明哲《羅瑞卿傳》三六八—三七〇頁。

【64】林強、魯冰編《葉飛傳》下卷（北京：中央文獻出版社，二〇〇七年）七三九頁。

【65】黃瑤、張明哲《羅瑞卿傳》三七〇—三七二頁。《葉飛傳》中提及五月三十一日接收的報告及命令，或許指的是六月一日羅瑞卿的報告。

【66】中共中央文獻研究室編《毛澤東傳一九四九—一九七六》下卷，一二二五—一二二六頁。

【67】軍事科學院軍事歷史研究所編《中國人民解放軍的八十年》（北京：軍事科學出版社，二〇〇七年）三七八頁。

【68】〈關於國防軍工生產的幾個問題（一九六二年六月八日）〉中共中央文獻研究室、中國人民解放軍軍事科學院編《周恩來軍事文選》第四卷（北京：人民出版社，一九九七年）四三三—四三七頁。

【69】〈中共中央關於準備粉碎蔣匪幫進犯東南沿海地區指示（一九六二年六月十日）〉中共中央文獻研究室編《建國以來重要文獻專編》第十五卷（北京：世界知識出版社，一九九七年）四八一—

四八六頁。

【70】王道文〈一次難忘的壯行〉《黨史縱橫》一九九六年第一期（瀋陽：遼寧省委黨史研究室）四四頁，以及中共中央文獻研究室編《周恩來年譜一九四九—一九七六》中卷（北京：中央文獻出版社，一九九七年）四八一頁。

【71】CIA Information Report, Jun. 19, 1962 and Jun.20, Box 25A, NSF, JFKL.

【72】林強、魯冰編《葉飛傳》下卷，七四〇—七四一頁。

【73】華盛頓郵報刊登記者Joseph Alsop報導與軍事動員相關新聞後，中國的軍事動員因而受到輿論矚目。甘迺迪總統也於當日與中情局局長麥康會談，詢問Alsop爲何可得知此情報（Memorandum for the Record "The Director's Meeting with the President," Jun. 18, 1962, *FRUS, 1961-1963*, Vol. XXII, pp. 246-247）。從該會談記錄及宣告解除機密的美國官方文件可見，ＣＩＡ早在之前便持續觀察軍事動員的動向。

【74】Memorandum from Hilsman to Rusk, Jun. 18, 1962, Box 23, NSF, JFKL.

【75】Footnote, *FRUS, 1961-1963*, Vol. XXII, p. 251.

【76】〈軍事發言人昨宣布金馬當面匪軍兵力〉《中央日報》一九六二年六月二十四日。朝日新聞則報導國府情報機構的情報，指出「過往位於台灣海峽地帶的中共軍力原約四十萬人，近期則增至四八萬人」（〈集結中共軍は四八万〉《朝日新聞》一九六二年六月二十四日）。

【77】Special National Intelligence Estimate (SNIE), 13-5/1-62, Jul. 5, 1962, *FRUS, 1961-1963*, Vol. XXII, pp. 289-291.

【78】中共中央文獻研究室編《毛澤東傳一九四九—一九七六》下卷，一二二六—一二二七頁，以及中

共中央文獻研究室編《建國以來毛澤東文稿》第十卷（北京：中央文獻出版社，一九九六年）一〇一—一〇三頁。

【79】〈美帝國主義支持蔣匪幫妄圖竄犯大陸沿海地區〉《人民日報》一九六二年六月二十四日。

【80】Telegram from Hong Kong to DoS, Jun.24, 1962, Box 25A, NSF, JFKL.

【81】〈駐加爾各答總領館：關於對台灣當局鬥爭方案的請示（一九六二年六月二十六日）〉中國外交部檔案（檔號一一八—〇一一六〇—〇一）。六月十八日的請示電報雖未公開，但在各駐外使館回覆的反應中，本電報內容最明確顯示其反應。

【82】各駐外使館（印度、東德、柬埔寨、瑞士、緬甸、印尼、丹麥）的回覆收錄於中國外交部檔案（檔號一一八—〇一一六〇—〇一—〇九），而其統整則參見〈華僑對台灣當局妄圖竄犯大陸沿海地區的反應（一九六二年七月三十一日）〉中國外交部檔案（檔號一一八—〇一一六〇—一〇）。

【83】〈關於粉碎蔣匪軍事冒險期間在外事工作方面幾項措置的報告（一九六二年六月十九日）〉中國外交部檔案（檔號一一八—〇一四二九—〇二）。

【84】〈章漢夫副部長接見各兄弟國家駐華使節談話記錄（一九六二年六月二十三日）〉中國外交部檔案（檔號一〇九—〇三七九八—〇四）。

【85】Memorandum from Hilsman to Rusk, Jun. 18, 1962, Box 23, NSF, JFKL.

【86】Memorandum from Ball to JFK, Jun.21, 1962, Box 23, NSF, JFKL, and Telegram from DoS to London, Taipei, Hong Kong, Warsaw and Rome, Jun.22, 1962, Box 25A, NSF, JFKL.

【87】Telegram from Cabot to Rusk, May 17, 1962, in Robert E. Lester, *Confidential U.S. State*

Department Central Files (Microform, hereafter Confidential), China 1960-January 1963, Foreign Affairs (Bethesda University Publications of America, 2000), Reel 3.

【88】王炳南《中美會談九年回顧》（北京：世界知識出版社，一九八五年）八七頁。

【89】Footnote, *FRUS, 1961-63*, Vol. XXII, p. 273. 此非公開會談爲中國所提議舉辦。在五月十七日的會談後，美國原先曾探詢是否可提前七月的會談。（Telegram from Rusk to Cabot, May 30, 1962, and Telegram from Cabot to Rusk, May 31 and Jun. 4, 1962, *Confidential , China 1960-January 1963, Foreign Affairs*, Reel 3）。不過，這不是爲了應對中國軍事動員，而是爲了難民流出至香港所提出的糧食之原建議（Draft Paper Prepared in the Department of State, May 28, 1962, *FRUS, 1961-1963*, Vol. XXII, pp. 231-233）。確認中國想法後，美國在六月四日的階段便已放棄提前大使級會談的念頭（Footnote 2, *FRUS, 1961-1963*, Vol. XXII, p. 233）。六月十五日的非公開會談則不同於上述背景，爲中國所提議的會談。

【90】王炳南《中美會談九年回顧》八十七頁。

【91】〈王炳南大使就台灣當局準備侵擾我沿海地區對美國大使的談話（一九六二年六月二十八日）〉中國外交部檔案（檔號一一一一〇〇四五三一〇二）。

【92】王炳南《中美會談九年回顧》八七—九〇頁、Telegram from Cabot to DoS, Jun. 23, 1962, *Confidential, China 1960-January 1963, Foreign Affairs,* Reel 3.

【93】〈美帝國主義支持蔣匪幫妄圖竄犯大陸沿海地區〉《人民日報》一九六二年六月二十四日。

【94】Memorandum for the Record of NSC Meeting, Jun. 26, 1962, *FRUS, 1961-1963*, Vol. XXII, pp. 281-282.

【95】Editorial Note, *FRUS, 1961-1963*, Vol. XXII, pp. 283-284, and Telegram from Cabot to DoS, Jun. 27, 1962, *Confidential*, *China 1960-January 1963, Foreign Affairs,* Real 3.其「情報來源」爲美國、還是中國，從史料無法得知。

【96】Editorial Note, *FRUS, 1961-1963*, Vol. XXII, pp. 283-284.

【97】〈陳毅副總理接見蘇聯駐華大使契爾年科談話記錄（一九六二年五月十二日）〉中國外交部檔案（檔號一〇九—〇三八〇三—〇九）及〈外交部副部長章漢夫向駐華使節介紹有關台灣狀況（一九六二年六月二十三日）〉中國外交部檔案（檔號一〇九—〇三七九八—〇四）。

【98】Memorandum of Conversation between Harriman and Dobrynin, Jun. 22, 1962, *FRUS, 1961-1963*, Vol. XXII, pp. 267-269.

【99】Telegram from Harriman to Rusk, Jul. 3, 1962, Box 25A, NSF, JFKL.

【100】〈台灣問題（爲中蘇兩黨會談準備，一九六三年十二月二十四日）〉中國外交部檔案（檔號一〇九—〇二五四〇—〇四）。

【101】"Khrushchev Vows Defense of China; Charges U.S. Plot," *New York Times*, Jul. 3, 1962,〈「中共攻撃には反撃」フルシチョフ演説台湾海峡に触れる〉《朝日新聞》一九六二年七月三日等。

【102】〈朝鮮和越南報紙嚴厲譴責美蔣的罪惡陰謀〉《人民日報》一九六二年六月二十七日、〈亞非國家報紙紛紛發表評論文章〉《人民日報》一九六二年六月二十八日、〈蘇緬柬報紙譴責美蔣陰謀挑釁〉《人民日報》一九六二年六月三十日等。

【103】〈赫魯曉夫譴責美國鼓勵蔣匪幫準備冒險〉《人民日報》一九六二年七月四日。

【104】〈赫魯曉夫與劉大使談話內容（一九六二年七月四日）〉中國外交部檔案（檔號一〇九—〇

三二九七—〇四）。

【105】周恩來在中共八大十次會議的發言，源自中共中央文獻研究室編《毛澤東傳一九四九—一九七六》下卷，一二二七—一二二八頁。

【106】例如〈蔣匪幫退役軍人的悲慘生活〉《解放軍報》一九六二年六月七日。

【107】〈（一）蔣介石的醜惡根底〉《解放軍報》一九六二年六月四日連載至〈（七）蔣介石是中國人民的禍根子〉《解放軍報》一九六二年六月十三日。

【108】〈毛主席在武漢接見朝鮮最高人民會議代表團〉《人民日報》一九六二年六月二十三日。

【109】**Telegram from Hong Kong (Green) to DoS, Jun. 24, 1962, Box 25A, NSF, JFKL.**

【110】中國國民黨中央委員會第六組編印《匪情專題研究　當前大陸匪情與敵我鬥爭形勢》（台北：國民黨中央委員會，一九六二年十一月）九頁。

【111】〈美帝國主義支持蔣匪幫妄圖竄犯大陸沿海地區〉《人民日報》一九六二年六月二十四日。

【112】〈開展控訴美蔣罪行教育運動〉《解放軍報》一九六二年六月二十八日。

【113】〈許多試點單位取得控訴教育第一階段經驗〉《解放軍報》一九六二年七月十六日。

【114】〈許多試點單位取得控訴教育第二階段經驗〉《解放軍報》一九六二年七月二十日。

【115】〈社論　把階級仇恨變爲戰鬥力量〉《解放軍報》一九六二年八月十三日。

【116】廈門市地方史編纂委員會編《廈門市志》（北京：方志出版社，二〇〇四年）一五四三頁。根據《葉飛傳》指出，雖做好作戰準備，但在甘迺迪聲明發表後，「預想中的大戰並未發生」。因此，在葉飛的指揮下，部隊執行了四個月的練兵。不過，訓練是針對所有動員規模所執行，還是僅在福州軍區執行則無法確認（中共中央文獻研究室編《葉飛傳》七四一頁）。

【117】〈社論　把階級仇恨變爲戰鬥力量〉《解放軍報》一九六二年八月十三日。

【118】〈毛澤東接見六個兄弟國家的來賓的談話記錄（一九五八年十月二日）〉中國外交部檔案（檔號一〇九—〇〇八二二—一六），括號內爲筆者所註。

【119】錢庠理《中華人民共和國史第五卷　歷史的變局》二六七頁。

【120】姜華宣主編《中國共產黨重要會議記事　一九二一—二〇〇六（增訂本）》（北京：中央文獻出版社，二〇〇一年）三三三—三三四頁。

【121】中共中央文獻研究室編（金冲及主編）《周恩來傳一八九八—一九七六》第四卷（北京：中央文獻出版社，一九九八年）一六四九頁、MacFarquhar, *The Origins of the Cultural Revolution*, Vol. 3, pp. 274-281.

【122】Ibid.,〈在北戴河中央工作會議上的講話（一九六二年八月九日）〉《毛澤東思想萬歲》（中國大陸發行：一九六九年八月）四二三—四二九頁，括號內爲筆者所註。

【123】同右。

【124】〈中國共產黨第八屆中央委員會第十次全體會議的公報（一九六二年九月二十七日）〉中共中央文獻研究室編《建國以來重要文獻專編》第十五卷，六四八—六五七頁。

第六章——冷戰結構之多極化與「一個中國」原則的形成（一九六二——一九六五年）

前言

綜合前幾章內容可見，一九五〇年代以後的中國外交，不僅持續與美國「帝國主義」對立，其與蘇聯「修正主義」的對立也持續加深。此外，中國因邊境紛爭而與印度「反動主義」關係惡化，也難以修復。再加上美國持續加強對中南半島反共勢力的支援，中國領導層對國家安全的危機意識也因而提升。面對這樣的國際情勢，中國也尋求擴大外交空間的新活路。這也可從一九六三年九月的中央工作會議上，毛澤東提起「兩個中間地帶」論一事窺知一二。「兩個中間地帶」中，位居第一中間地帶的包括亞洲、非洲、拉丁美洲國家；位於第二中間地帶的，則是西歐各國、加拿大、日本等國。毛澤東認為，必須維持與第一中間地帶國家的關係，並爭取與第二中間地帶國家的關係，以對抗美蘇的「霸權主義」。[1]一九六〇年代前期的中國外交以中法關係正常化為主，也體現了上述的「兩個中間地帶」論。

與其說是中國政府自行開展與「兩個中間地帶」國家的關係，不如說有極大部分是受到國際情勢變化的影響，如非洲國家一一獨立、戴高樂（Charles de Gaulle）外交等。話雖如此，外交空間是否能夠趁著情勢變化拓展，是需要高度政治決策的問題。一九五〇年代，中國政府在台灣問題上，處於可能出現「兩個中國」狀態的情況，只拒絕與第三國展開外交關係或參加國際機構，並不願意積極建立關係。不過，若想積極與「兩個中間地帶」國家展開關係，交涉對象幾乎早已與國府保有外交關係，故可了解，中國必須在此問題上摸索與其他國家的妥協之處。

本章主要檢視一九六〇年代前期，以中法關係正常化為主軸的中國，對於「兩個中間地帶」的外交工作在上述的糾葛之下，如何嘗試與其他國家交涉，又不得不選擇妥協的過程。接著，本章也討論在這番糾葛與妥協之間，中國政府如何逐漸形成「一個中國」原則。

進入一九六〇年代，在寮國內戰期間，中國與寮國聯合政府的關係，是中國在可能形成「兩個中國」的狀況下，其應對方式開始受到矚目之際。自一九五〇年代末期開始，因寮國對於中國的安全保障至關重要，遂積極支持寮國的左派勢力，但國府也加強對寮國右派勢力的支援。因此，以中立派為主的聯合政府成立之後，在日內瓦及永珍都出現了激烈的外交鬥爭。不過，論述中國對寮國危機處理方式的研究中，幾乎沒有論及寮國聯合政府成立後產生的「兩個中國」問題。[2]

與寮國問題相關的第二次日內瓦會議之後，中國窺伺與法國改善關係的機會，並在一九六四年成功達到中法關係正常化。在中法關係正常化的相關研究中，卻多強調兩國領導層的戰略性，反而忽視了法國與國府斷交時中國的讓步。特別是中國的相關人士回憶錄或過去的研究中，主要強調中法關係正常化是撼動西方國家團結的「外交核爆炸」，及其帶給美國、國府的衝擊。[3]就算在法國，論述焦點也著重在踏出承認中國第一步的戴高樂總統之外交戰略。[4]不過，在交涉過程中，中國包括：一、放棄要求讓法國與國府先行斷交；以及二、無法在台灣問題上從法國政府取得承諾等事，都不算是小讓步而已。關於這點，雖然有過去的研究指出在台灣問題上，即使法國政府不與國府斷交也可能解決，但這些研究主要著重在考察國府與法國政府斷交前的過程。[5]

此外，在中法關係正常化交涉中，中國為迴避「兩個中國」問題，於外交上的努力未達到預期的結果，又遭忽視一事，也對中非外交相關研究受到影響。眾所周知的是，一九六〇年代中國政府與國府在爭取承認的競爭上，以非洲大陸為中心。不少研究以取「原則性」及「柔軟性」等視角來分析得承認時的中國外交，而其中台灣問題則被認為是中國絕不妥協的堅決「原則」。[6]不過，在這些研究中，幾乎未論及該「原則」的內容及變化，尤其中國在對非外交上，其實對「兩個中國」問題也有許多讓步一事並未被重視。中國領導層在一連串的讓步中，又獲得了什麼樣的外交成效，相關論述並不算充足。

本章在掌握上述研究動向後，藉由下列問題的考察，論述當時中國外交所追求的「一個中國」原則的內容及其變遷。

第一，一九六〇年代中期的中國外交，是在什麼樣的機會及限制中，與早已和國府具外交關係的國家展開外交交涉？另外，在交涉中必須讓步時，又是用什麼樣的理論正當化這些讓步呢？

第二，在一九六〇年代中期的一連串交涉中，是否有可能看出中國外交的戰略思考內容及其極限？也就是說，在中國領導層讓步或不讓步的部分，是否可看出其中的一貫性及連續性呢？

第三，一連串的交涉及其結果，和中國在這之前或之後，反對「兩個中國」的外交鬥爭之關係，又可如何定位呢？

爲解析上述問題，本章預計透過下列分節展開考察。第一節主要論述對當時中國在其安全保障上重要的寮國聯合政府之外交關係中「一個中國」的原則；第二節主要說明中法關係正常化；中法關係正常化的成果爲中國與舊法屬非洲國家建立外交關係，而第三節便針對建交時的「一個中國」原則加以論述；第四節則考察中國如何以開展上述外交關係的成果爲手段，在聯合國代表權的外交紛爭中鬥爭。

透過上述各節的考察，應可了解中國政府的「一個中國」原則，在堪稱於起點的這個時期，如何在與相關國家的相互作用中，逐漸形成的過程。

1. 寮國危機與「一個中國」原則

(1) 日內瓦會議上的外交鬥爭

寮國長期處於右派政權與左派政權的鬥爭中，在一九六〇年八月，左派將軍貢勒（Kong Le）革命成功，以中立爲號召的富馬（Souvanna Phouma）政府也隨即誕生。不過，該年十二月，右派勢力再次占領首都永珍，並成立文翁（Boun Oum Na Champassak）內閣。之後，西方陣營所支持的右派文翁政府以左派革命勢力巴特寮（Pathet Lao）爲後盾，與東方陣營所支持的中立派富馬政府間之對立逐漸嚴重。中國政府表面上支持中立派政府，但也加強對巴特寮的援助。另一方面，國府則加強與文翁政府的關係，並支持反共鬥爭。

爲調停寮國的紛爭，第二次日內瓦會議於一九六一年五月十六日展開。參與該會議的國家，除了一九五四年日內瓦會議的參加國如美國、英國、蘇聯、中國、法國、寮國、柬埔寨、南北越外，還包括身爲寮國國際監察和監督委員會成員的印度、波蘭、加拿大，以及泰國、緬甸等，共十四國。第二次日內瓦會議爲中國政府睽違多時與西方國家共同出席的重要國際會議，中國政府派遣以陳毅爲團長的大型代表團至日內瓦（表6-1）。中國代表團在日內瓦會議的外交目標，則是在左派與中立派聯軍處於軍事優勢情況下，盡可能將各國對寮國紛爭的介入程度，尤其是美國政府可實施軍事介入的程度縮至最低。對於中國來說，對內才剛

表6-1　第二次日內瓦會議代表團

【代表團】	
代表團團長	陳毅（國務院副總理兼外交部長）
代表	章漢夫（外交部副部長）、姬鵬飛（外交部副部長）、喬冠華（外交部部長助理）、馮鉉（國務院副秘書長）、吳冷西（新華社社長）
秘書長	張彥（國務院外事辦公室副主任）
顧問	熊復（中共中央對外聯絡部秘書長）、陳叔亮（外交部亞洲司副司長）、龔澎（外交部新聞司司長）、雷英夫（周恩來總理軍事秘書）、曾濤（新華社夏灣拿分局長）、熊向暉（國務院外事辦公室組長）、龔普生（外交部國際司司長）、俞沛文（外交部禮賓司司長）、辛冠洁（對外文化聯絡委員會委員）、陳明（對外貿易部三局局長）、岳欣（公安部局長）、彭華（雲南省文化局副局長）、浦壽昌（總理辦公室秘書）

資料來源：筆者依據〈出席和平解決老撾問題的擴大的日內瓦會議〉《人民日報》1961年5月12日內容統整而成。

經歷「大躍進」的失敗，對外又與蘇聯、印度產生新的對立關係，在與中國相連的中南半島上，阻止美軍介入，無疑是安全保障上最重要的任務。

日內瓦會議開幕後，東西陣營便針對寮國中立性質及擔保中立之相關國際機構權限出現對立主張。不過，中國代表團在議場內的活動並不算活躍。中國代表團反而在檯面下，頻繁與寮國左派及中立派接觸，促進中國與這兩派及各國的交涉。[7]而經過交涉後，六月二十二日，寮國三派系於蘇黎世發表共同聲明。此時，寮國右派因居於軍事上的劣勢，不得不接受左派與中立派所主張的「不接受SEATO的保護」條件。接著，在「實質上討論」之際，中國代表團則主張依據共同聲明達成交涉協議，更持續強硬主張在SEATO附錄議定書中所提出的廢除寮國保護項目、撤出駐守於寮國的外國軍隊、限縮國際監察和監督委員會的權限等。[8]因此，會議陷入僵局，但最後仍在一九六一年底採定寮國中立宣言及其附錄議定書草案。中國政府雖也指出「取消東南亞集團（引用者註：其指的是SEATO）對寮國的『保護』問題，仍然有待解決」，但仍評論大抵可接受其他論點，並指出，中立宣言與議定書的採定對於縮小西方國家介入寮國紛爭程度上，實屬「一個重要的進展」。[9]

中國政府在日內瓦會議中，一方面嚴厲譴責美國政府介入寮國紛爭一事，另一方面，又在檯面下，積極尋求與美國代表團的接觸。不過，中國的意圖與其說是針對寮國紛爭展開協議，不如說是如一九五四年日內瓦會議般，以會議為手段，企圖與美國直接接觸。[10]王炳南在第一〇五屆美中大使級會談（六月三十日）後的非公開談話上，提出包括：一、若美國收回在寮國的軍事勢力及技術支援，左派巴特寮便會停止對王國政府的攻擊；二、不將諾薩萬與文翁排除於聯合政府之外，由三派別組成聯合政府等條件，並希望在日內瓦與哈里曼及美國國務院遠東事務副助理國務卿史帝夫斯（John M. Steeves）直接交涉。[11]接著，在第一〇六屆美中大使級會談（八月十六日）之後，王炳南也提出希望在不公開情況下，於日內瓦會議中，與美國代表團針對寮國問題交換意見。[12]

那麼，中國政府又在什麼樣的意圖下，希望接近美國政府呢？美國國務院從中國外交姿態之積極度與一九五四年時幾近相同一點判斷，中國可能是希望美中關係有所進展，或者希望趁著美國與台灣因聯合國代表權問題產生齟齬之際，突破國內因經濟危機及中蘇對立所造成的困境。[13]統整日內瓦會議上的協議文件看來，哈里曼向魯斯克提議以王炳南及章漢夫為窗口，與中國直接交涉。[14]然而，魯斯克反對將中國視為日內瓦會議上的協助者，更不同意直接交涉。[15]此外，十月十一日的記者會中，陳毅更公開指出，希望與魯斯克展開外長會談。不過，甘迺迪以在日內瓦及華沙與中國接觸時，未曾感受到中國政府誠意爲由，一口回絕此提議。

根據美國國務院的文件，在中國提出對美直接接觸，並在遭到拒絕的十一月以後，中國代表團對日內瓦會議待決事項的主張，比起蘇聯變得更加強硬。[16]十一月二十八日舉辦的第一〇七屆美中大使級會談中，王炳南一改先前態度，表示「美國在前次會談之後並未改變對中國的敵意，更持續在中國周邊地區展開攻擊行動」、「美國與國民黨合作，持續於沖繩周圍展開軍事演習，更在南越及寮國採取攻擊性行動」，並指責「美國妨礙中國加入聯合國，擾亂日內瓦會議」。[17]

日內瓦會議上，雖已決議寮國中立宣言及附錄議定書草案，但寮國國內卻因右派勢力的對抗姿態，導致內戰重新開始，日內瓦會議也不得不無限期延後。美國政府不僅向右派施壓，以認眞處理建立聯合政府的交涉，同時也研擬各種應對方案，如停止對右派的支援，以及以軍事力量介入等。另一方面，中國政府則以強硬姿態警告美國對寮國紛爭的軍事介入，除了擴大對巴特寮的支援外，也加強部署在中國南部邊境附近的常態兵力。

美國政府迫使文翁及諾薩萬停止內戰，否則不惜終止支援，同時也對主張繼續支援寮國右派的國府與南越加強壓力。不過，寮國的內戰並未平息，位於寮國北部的右派據點Muong Sing及琅南塔（Luang Namtha）更於一九六二年五月相繼淪陷（參照第五章圖5-1）。事到如今，美國政府也放棄支援寮國右派，不僅要求再次召開國際會議，更部署美軍至泰國，改變策略，堅持阻止泰國及南越赤化。六月十二日，寮國三派系簽訂聯合政府協定後，在七月二日重新召開的第二次日內會議中，中國代表章漢夫欲刪除SEATO附錄議定書中的寮國項目，再次主張將寮國置於SEATO的保護之外。[18]對於此意見，美國政府也終於讓步，承諾刪除SEATO附錄議定書中的寮國項目。就這樣，七月二十一日，第二次日內瓦會議中，決議了寮國中立宣言及附錄議定書內容後閉會。[19]對於中國政府來說，最大的外交成果，便是刪除SEATO附錄議定書中，對寮國相關項目，斷絕SEATO與寮國的關係。

(2) 與寮國聯合政府建交時的「兩個中國」問題

對於中國政府與國府雙方來說，與新誕生的寮國聯合政府建立外交關係，具有極其重要的意義。對中國政府來說，可藉由參與日內瓦會議增加其威信，而對國府來說，可與寮國共同對抗中南半島的共產主義擴張情況也相當重要。此外，從深度參與寮國內政的中國政府角度看來，這個聯合政府不過就是暫時性的僞裝罷了。也就是說，寮國內戰必定會再次開啓，到時爲了讓共產勢力獲得勝利，中國政府應持續參與寮國內政。與寮國聯合政府的外交關係不僅攸關本身的威信，更是與國防安全息息相關的問題。

一九六二年六月十二日，寮國聯合政府成立後，中國政府與國府便各自透過寮國的左派及右派勢力，希望與聯合政府建立外交關係。中國政府於一九六一年四月與富馬政府建立外交關係，該年十二月則於寮國北部的川壙（Xiang Khoang，參照第五章圖5-1）設置經濟文化代表處。另一方面，國府則與諾薩萬政府建立外交關係，並於永珍設置大使館。此外，一九六二年五月，文翁與諾薩萬訪台之際，也達成共識，欲將國府的領事館升格爲大使館。不過，隨著內戰情況加劇，國王也並未受理大使到任的國書。[20]六月十一日，收到寮國聯合政府設立協議已簽訂的消息，中國經濟文化代表處向外交部提議，希望儘早開始與聯合政府建立外交關係。其認知則如下所示：

今年四月，蔣幫駐萬象「總領館」已改爲「大使館」，這顯然是敵人有計畫地破壞中老關係和製造「兩個中國」，如不盡快考慮對策和採取行動，將對今後中老關係和我團地位極爲不利。我們考慮，在聯合政府成立前，似可主動向寮方說明我對「兩個中國」的一貫態度，以促其注意此問題，並盡早設法阻止國王接受蔣幫「大使」。[21]

中國經濟文化代表處提議，起初應向左派人士，也是聯合政府外長的奔舍那（Quinim Pholsena）說明中國政府對「兩個中國」的立場。外交部同意此提議，並指示也須向奔舍那以外，位居聯合政府核心的中間派、左派政治勢力傳達反對「兩個中國」的立場。[22]

在中國外交部向經濟文化代表處發出指示前，奔舍那已向經濟文化代表處處長劉春表示，寮國政府可接受中國大使。不過，若排除國府代表，也不難想像諾薩萬等右派會反對，要讓寮國三派系取得共識並不容易。[23]聯合政府成員以中立派爲主，但右派與左派各自被賦予了否決權，故重要事項必須經過三派的同意才能決定。因此，劉春接獲外交部指示後，向奔舍那與中立陣營總部說明中國政府對「兩個中國」問題的立場，雖持續尋求不讓國王受理國府大使國書的方式，但奔舍那等人對於排除國府的態度仍屬消極。於是，劉春爲了讓中立陣營總部與奔舍那，甚至是富馬有所動作，再次向國內尋求指示。[24]

劉春對寮國聯合政府在「兩個中國」問題上的立場認知如下：

但是，目前老、寮雙方待研究處理的重大問題較多，一時還顧不上此事。寮方中央對此初步反應不一。貴寧強調困難，缺少辦法，希望我方拿主意。同時，中間派甚至寮方的一些同志對我堅決反對「兩個中國」的立場，可能還不完全理解。富米肯定會利用「三方一致」原則極力阻撓。富馬懾於美國的壓力，可能會妥協動搖以至要求我諒解和承認現狀。因此，這場鬥爭是很巨的，可能要有個拖延反覆的過程。【25】

如上所示，劉春對外交部提議下列四點方案：一、持續向巴特寮與中立派說明，並說服富馬驅逐國府大使館；二、動員寮國中立派、左派及輿論，展開「驅逐」國府大使的宣傳攻勢；三、說服富馬，不將聯合政府所在地設置於國府大使館所在地永珍；四、若國府駐寮國機構改以不具外交豁免權的領事館方式留在永珍，經濟文化代表團則進駐永珍，並行使外交豁免權。【26】

外交部收到劉春提案後，決定將此次鬥爭分成兩個階段展開。其中，第一階段必須向富馬說明中國政府對「兩個中國」問題的一貫立場，除了提案在寮國聯合政府正式成立後互派大使外，也必須堅決排除國府的外交代表，要求避免「兩個中國」出現。接著，第二階段中，若富馬難以將國府外交代表逐出寮國，中國政府當下不與寮國互派大使，但此決定屬內部決議，不對外公開，直到再次下達指令前，都不告知富馬。【27】從上述指示可知，在無法掌握寮國聯合政府與國府對策的情況下，中國外交部對於派遣經濟文化代表團至國府大使館所在地永珍一事，也極其謹慎。也就是說，中國外交部在處於內戰狀態的寮國，面臨與聯合政府互派大使之際，也小心謹慎、探詢機會，以免創造出「兩個中國」的先例。

相對的，富馬對「兩個中國」問題則認爲，中立寮國希望與所有國家建立外交關係，故難以排除與國府建交的可能性。[28]收到外交部指示的隔天，劉春與富馬會談，再次向其說明，中國和南北越、南北韓或南北德等分裂國家不同，故無法同意中國和國府同時與寮國聯合政府建交，並等待國府撤退的立場。不過，富馬僅回覆聯合政府成立後會再次檢視此問題。[29]這段期間，寮國國王受右派所催促，已向聯合政府命令與國府互派大使，但劉春等人仍持續外交上的努力，以阻止國書的受理。

之後，寮國聯合政府成立，爲簽署日內瓦協定，由首相富馬作爲團長，帶領聯合政府代表團前往日內瓦。此時，聯合政府代表團團員奔舍那等人經北京前往日內瓦，並在北京與周恩來、陳毅會談，慶祝聯合政府的成立。爲了回禮，奔舍那發送電報給陳毅，表示希望聯合政府與中國政府互派大使。[30]這段期間，中國經濟文化代表團則與國府外交使節在寮國國內展開激烈的外交鬥爭。根據劉春指出，在北京與日內瓦的鬥爭已產生效果，中立派（寮方）反對「兩個中國」的態度漸趨「明確」，也提及排除國府一事。在中國政府與寮國政府建交一事，已產生就連右派也無法光明正大表達異議。[31]

另一方面，國府則持續外交努力，希望盡早向寮國國王遞交互派大使的國書。[32]國府外交部基於先前經驗，認爲一旦寮國國王承認國府大使的國書，中國政府便不會派遣外交使節至永珍。因此，國府外交部於六月二十八日任命駐泰大使杭立武兼任駐寮國大使，並在七月一日派遣杭立武至永珍。接著，七月二日，杭立武與諾薩萬會談，要求及早受理國書，並主張「我爲中華民國之合法代表，在聯合國及其他國際組織中迭挫敗中共之陰謀，我尤堅決否認兩個中國之謬說」。然而，就連諾薩萬也向杭立武表示，以眼前的局勢來說，難以拒絕與中國政府建交。[33]

(3) 永珍「驅蔣」鬥爭的展開

寮國聯合政府在七月一日，與中國、北越、東德、波蘭等東方國家建交，但也表明並不排除與國府、南越等國建交。[34]不過，國府立即表達抗議，認為無法接受聯合政府的態度。杭立武也對諾薩萬施加壓力，表示不能容忍寮國出現「兩個中國」狀態，寮國聯合政府若與中國政府建交，則不惜與寮國斷交。[35]然而，國府如此強硬的態度，才是讓寮國聯合政府與中國政府建交的關鍵因素。聯合政府以此為契機，遂以聯合政府若與中國政府建交，國府必定撤退，故中國政府不必警戒「兩個中國」狀態的出現等理論，向中國政府提出建交。[36]

在寮國聯合政府的呼籲下，中國政府也開始研擬對策的調整。七月八日，中國外交部經中共中央批准後，將與寮國政府互派大使一事改採「積極鬥爭的方針」。周恩來發電報給劉春，告知對策改為「在國王批准聯合政府同我建交、同時還沒有正式接受杭立武遞交的國書的情況下，即由你作為大使館臨時代辦帶少數人去萬象籌建使館」。在此封電報內，為了迴避「兩個中國」狀態的出現，也指示劉春到永珍後便立即召開記者會，主張「中國只有一個，我為合法代表，上一次日內瓦協議由我簽字，這次會議也是由我參加的，蔣幫『代表』不能代表中國，因而是非法的」。此外，更指示「在蔣幫『代表』被驅走以前，在一些外交場合，應視情況，有時我們可以擠走蔣幫『代表』，有時我們可以不出席，進行抵制抗議」。[37]同時，周恩來也向正在日內瓦會議的章漢夫告知此決定，並指示其通知富馬與奔舍那此決定。其目的為促使寮國國王批准與中國政府建交，並拒絕受理中華民國國書。[38]

翌日，劉春與寮國左派有力人士，也是寮國衛生部長Khamsouk Keola會談，傳達中國政府的決定，了解國王正在視時機批准與中國政府建交一事，但Keola也接受劉春不需等國王批准，就可進入永珍的提議。[39]外交部收到此報告後，便決定由陳毅親筆寫信給Keola，並由劉春帶著此封信件，於七月十一日進入永珍。[40]同一天，中國外交部也掌握到杭立武即將再次前往永珍之事，而劉春到永珍的任務也調整爲「去萬象建館，造成既成事實，對制止杭立武遞交國書和進一步擠走蔣幫有利」。[41]

就這樣，劉春於七月十一日抵達永珍，主要與左派有力人士會談，並展開積極活動，以與寮國政府建立外交關係。舉例來說，劉春在永珍舉辦外媒記者會，指責「美國正在積極唆使台灣的蔣介石集團，進行非法活動」，更表明「陰謀製造『兩個中國』的局面，並以此破壞中老兩國的有好關係，這是中國人民所絕對必能容許的」。[42]中國外交部除了記者會上的言行舉止和發言稿外，也向劉春發出各種指令。在對外場合，必須迴避與國府代表在同樣場所活動，以避免「兩個中國」狀態，並視具體狀況彈性處理問題。[43]

如上所述，在中國政府與國府展開劇烈外交鬥爭期間，富馬在八月三日自日內瓦返國。爲迎接富馬，各國大使聚集於機場，但此時劉春卻突然現身，迫使富馬與自己握手，強調自身存在，積極向富馬表態。[44]最後，寮國聯合政府召開御前會議，並得出結論爲，聯合政府不可能拒絕與同屬日內瓦會議參與國的中國建交。得知此結論後，國府決定放棄與聯合政府建交。就算聯合政府並未拒絕與國府建交，但國府仍判斷在「美匪華沙會談，以及陳匪毅在日內瓦之故作姿態，已予世界以美國與共匪可能妥協之錯誤印象」的時期，仍需阻止在國際上產生「對『兩個中國』之幻想」。[45]結果，寮國聯合政府發表宣言，與中國政府、國府及南北越在內的國家建立外交關係，在寮國國王受理中國、北越等大使的國書後，國府才發表與寮國聯合政府斷交聲明，撤離寮國。

2. 中法建交過程中之「一個中國」原則

(1) 交涉背景與「一個中國」原則的條件

在日內瓦會議中，中國政府想與美國政府展開高層級會談的嘗試雖然宣告失敗，但也因為參加這場會議，而與法國政府在外交關係上開始有所突破。一九五八年，戴高樂重新擔任總統，一九六二年阿爾及利亞自法國獨立後，中國政府對於改善中法關係的期待也隨之升高。阿爾及利亞獨立後，中國外交部甚至還向陳毅提議，招待「和戴高樂關係較密切、政治身分較高」的政治人物至中國。[46]

實際上，一九六一年六月，陳毅與法國外長德姆維爾（Maurice Couve de Murville）在日內瓦已有過會談。[47]此外，一九六二年七月，日內瓦會議中國代表團成員王炳南拜訪法國代表團，表達希望去除中法建交障礙的意願。[48]之後，因兩次會談中並未見到法國有積極反應，故外交部的提議遭到駁回，但中國仍持續透過外交部西歐司、駐瑞士大使館及駐法新華社等單位把握機會改善對法關係。也就是其外交部所言的「相機」活動。[49]

中共中央開始對上述接近法國的提案予以明確方向，約在一九六三年三月之際，以「應等待對方有一定跡象時再搞，搞早了反而（顯得）我們急」的理由，指示「對於試探建交，不宜由我採取主動」。[50]不過，周恩來同意《外交部關於開展當前對法工作的請示》，並加上「此事須看對方有無要求或暗示，不要強求」的指示，採用了「即著手邀請少數接近戴高樂而又對我友好的政界人士訪華（引用者註：此處的「華」是指中華人民共和國）」方案。[51]由此過程可見，中央雖然基本上同意與考量同法國改善政治關係，但仍認爲須視對方態度謹慎行事，不希望讓對方產生中國急於改善關係的印象。

法國前總理富爾（**Edgar Faure**）在一九五七年訪中，被認爲不僅「和戴高樂關係較密切、政治身分較高」，且爲「對我國態度較友好，一向主張承認我國，支持恢復我聯合國席位」的人物，中國外交部將其常列爲應接觸的人物代表。[52]根據駐瑞士大使館的電報指出，富爾於一九六三年八月二十日造訪駐瑞士大使館，表達希望訪中，並與中國領導層會談的意願。[53]不過，就如此電報及富爾的回顧所示，此時富爾並不了解戴高樂的想法，訪中僅爲其個人意願。[54]然而，中共中央自外交部接獲此電報相關報告後，於八月底同意在十月下旬招待富爾前往北京。[55]

九月十二日，富爾拜訪駐瑞士大使李清泉，表達自己預計以戴高樂密使的身分訪中，並告知：「如果再有新的國家承認中國，不但只承認一個中國只和一個中國建立外交關係，而且在聯合國的範圍內也應當支持中國，反對蔣介石」。不過，富爾同時也表示「英國同台灣有領事關係，可能出於僑民實際問題的考慮，他說這方面的問題可以後再研究」，顯示其與國府仍會維持某種程度的關係。[56]

戴高樂決定透過富爾私下秘密接觸中國，並要求其身兼密使任務，應為九月上旬之際。【57】戴高樂也從外交戰略層面出發，提高對於改善對中關係的注重。據稱，戴高樂之所以決定接觸中國，是因為美國在禁止部分核試驗條約與歐洲情勢上造成戴高樂的反感，加上在中南半島「中立化」提案上的態度等因素所致。【58】另一方面，在解決阿爾及利亞問題時，國府身為聯合國常任理事國的支持變得不必要，以及國府在中南半島問題上的「反共」主張，都讓法國政府與國府之間的關係越來越降溫。【59】一九六三年上半年，國府雖然在外交上做了許多努力，希望讓兩邊之間原為代理公使級的外交關係，得以提升至大使級，但法國政府的反應仍然相當冷淡。【60】

不過，戴高樂對中國政府與國府雙方的關係，是否如富爾告知中國般，「只承認一個中國，只和一個中國建立外交關係」，仍未明朗。九月二十六日，戴高樂向富爾提出接觸中國時的相關指示，在建交交涉時不承認任何前提的原則之外，更提出：一、在聯合國中國代表權問題上，承認中國政府包含安理會在內的代表權；二、與台灣國民黨政府的關係，則改派低於當時等級的官僚擔任代理大使級職位，表示法國仍希望與國府維持一定關係的立場。【61】

中國在與法國政府交涉，提及「一個中國」原則的內容時，又是用什麼樣的條件與法國政府建交呢？目前並無史料可明確檢視此問題，但從次節所探討的中法政府交涉內容中，可發現中國政府應將下列三點設定為交涉條件：一、在承認中國政府之前，必須先宣告與國府斷交；二、承認中國政府為「代表中國人民的唯一合法政府」；三、建立外交關係後，擁有外交豁免權的國府代表不得留駐法國。另一方面，史料中並未見到如一九七〇年代中日關係正常化或中美建交之際，中國相當堅持，並要求加入如「台灣是中華人民共和國領土不可分割的一部分」，或是「中國只有一個，台灣是中國的一部分」等，顯示「台灣是中國的一部分」的文字。此外，對於法國政府與國府的關係，降至領事級以下，不致成為國際法上的外交使節關係後，中國又可容許至什麼程度，也並未有明確限制。

(2) 放棄在承認中國前須先與國府斷交之意圖

富爾在一九六三年十月二十三日至十一月二日間，在其夫人陪伴下造訪中國，與毛澤東、劉少奇、周恩來、陳毅等領導層會談。富爾也安排了大同等地的小旅行後，再返回北京，與周恩來、陳毅召開改善兩國關係的會談。之後，富爾夫婦又到上海與毛澤東見面後，才踏上歸途（表6-2）。

戴高樂早已決定在與中國政府建交之際與國府斷交，並在聯合國支持中國取得代表權。[62]此外，不同於英國與荷蘭雖承認中國政府，卻並未達成大使級外交關係，法國則在交涉前期就確認欲一口氣達到關係正常化目標。[63]不過，與國府斷交的順序，以及斷交後法國政府與國府的關係，則是中法交涉時最大的爭論處。

對此問題，富爾的立場為，法國不積極介入「兩個中國」政策，但只要國府可自主撤離，便不採取強制措施，並無法保證斷交後與國府的關係。為了處理實務上的問題，富爾也表示可能與國府互派較低職位的外交使節。對於此立場，周恩來跟陳毅則主張，不介入「兩個中國」政策，就代表須與國府斷交，也就是說，不得承認派駐在法國的國府代表有任何外交地位。十月二十三日至二十五日這三天，雙方交涉皆處於平行線。[64]

富爾於十月二十六日前往大同觀光，出發前統整了欲提供給戴高樂的交涉相關報告草

表6-2　富爾訪中日程（1963年10-11月）

日期	行程
10月19日	抵達香港，在夫人陪伴下展開個人名義訪問 （以戴高樂密使身分，祕密地與中方領導層會談）
10月21日	自深圳入境，由外交學會副秘書長吳曉達與張錫昌（口譯）接待
10月22日	前往北京（住宿北京飯店）
10月23日	**11：00-13：00 與總理周恩來會談（西華廳）** 同席：外交學會會長張奚若、外交部西歐司長謝黎、外交學會副秘書長吳曉達、董寧川（口譯）、張錫昌（記錄） 「中法兩國關係改善相關議題」
10月24日	10：00 中國經濟狀況相關介紹（釣魚台） **15：00-18：00 與副總理陳毅會談（外事辦公室前廳）** 同席：謝黎、吳曉達、董寧川（口譯）、張錫昌（記錄）、朱頤婉（記錄） 「兩國關係改善相關議題」 晚：藝術鑑賞（預計）
10月25日	**16：00-20：00 與周恩來、陳毅會談（西華廳）** 同席：張奚若、謝黎、董寧川（口譯）、張錫昌（記錄）、朱頤婉（記錄） 「中法兩國關係改善相關議題」
10月 26-29日	富爾夫婦參觀地方都市 同行者：吳曉達等外交學會工作人員 26日 於北京統整提交給戴高樂的報告 27日 訪問大同市，參觀雲崗後，前往呼和浩特市 28日 參觀呼和浩特市後，前往太原市 29日 參觀太原市名勝與人民公社後，返回北京
10月30日	**15：00-17：30 與陳毅會談（釣魚台15號樓）** 同席：謝黎、吳曉達、董寧川（口譯）、張錫昌（記錄）、朱頤婉（記錄） 「恢復中國於聯合國合法權利相關議題」
10月31日	上午：參觀天壇、雍和宮、琉璃廟等地 **17：00-18：45 與周恩來、陳毅會談（釣魚台15號樓）** 同席：謝黎、吳曉達、董寧川（口譯）、張錫昌（記錄）、朱頤婉（記錄） 「階段性建交方法相關議題」 晚：欣賞中印邊境問題相關電影（預計） **21：00-22：30 夫婦一同會面國家主席劉少奇（人民大會堂江蘇廳）** 同席：周恩來、陳毅、謝黎、吳曉達、董寧川（口譯）、張錫昌（記錄）、朱頤婉（記錄）
11月1日	前往上海 **21：15-22：00 與周恩來、陳毅會談（上海和平飯店）** 同席：謝黎、吳曉達、董寧川（口譯）、張錫昌（記錄）、朱頤婉（記錄） 「直接建交方法相關議題」
11月2日	**11：00-　與周恩來會談（上海和平飯店）** 同席：謝黎、吳曉達、董寧川（口譯）、張錫昌（記錄）、朱頤婉（記錄） 「兩國直接建交相關交涉」 **17：00-　主席毛澤東接見夫妻二人（上海、地點不明）** 同席：周恩來、陳毅、謝黎、吳曉達、董寧川（口譯）、張錫昌（記錄） **20：30-22：00 與周恩來、陳毅會談（上海和平飯店）** 同席：謝黎、吳曉達、董寧川（口譯）、張錫昌（記錄）、朱頤婉（記錄） 「中印邊境紛爭相關議題」
11月3日	經緬甸、印度等地返國

資料來源：筆者依中國外交部檔案（檔號110-01167-01～03、110-01982-02～16）整理而成。

稿，並交付予留在北京的周恩來與陳毅。此時，富爾也向中國提議，反映中國意見的報告草稿完成後，就代表交涉已完成，以及比照中國與古巴的建交方式，將兩國原則上合意內容列為默契事項。[65]

富爾所提出的報告草稿共含八大項目，其中第七項內，則明確記載法國針對台灣問題可接受的最低限度條件，如下所示：

中國領導人表示（不論他們在這方面的希望如何），我們同福摩薩島上的政府斷絕現有關係是合乎邏輯的，其結果是驅逐或找回各自的代表。（中略）然而，由於他們十分贊賞目前恢復接觸所表現出來的精神，由於意圖是毫不含糊的，如同上述，他們願意不強使我們進行談判，也不顯得干預我們的行政決定。他們同意，由我們根據自己的判斷就建立正式外交關係所自動形成的法律局面產生的後果作出關於時間和具體辦法的結論。在這種情況下，一個福摩薩代表繼續留在巴黎（顯然他不能自認為是第二個中華民國的代表）和一個法國代表在福摩薩的居留（這是一個級別盡可能低的代表）將顯得是純粹的事實的安排，符合我們出於方便的考慮，沒有任何國際法的基礎。（左線為引用者加註）[66]

除此之外，富爾在對中國口頭說明時，更指出「戴高樂做事一貫不是拖泥帶水的，決不採取英國式的解決辦法」，「一旦法國承認了中國，根據國際法原則，台灣就沒有任何代表性」，並強調必須相信法國與台灣之間的代表機構也在「慢慢縮減」。[67]

收到富爾上述提案後，中國外交部對中共中央表示，為了「利用帝國主義的矛盾」，必須建立與法國政府的外交關係，並提議爲達成協議，可制定《周恩來總理談話要點（下稱「談話要點」）》。此時，外交部也提出，雖然「任何變相的『兩個中國』的形式都不能接受」，但「爲了照顧法方的困難，在驅蔣的具體方式上可以協商」。[68]受到史料上的限制，中共中央與外交部間往來過程，僅可掌握上述資訊。不過，從後續交涉過程可整理出，中國照著外交部提出的建議，制定《談話要點》草稿，並於該文件內，針對法國政府與國府斷交方式等問題著手準備讓步。

十月三十日起重啓的交涉過程中，陳毅向富爾確認了法國政府在聯合國中國代表權問題上的立場。此行爲可視爲陳毅欲判別建交可帶來的利益。富爾對此則有所保留地表示，最後仍須經戴高樂的決定，但也明確提出「如果將來就恢復（引用者註：在聯合國）中國席位問題進行表決，法國將根據承認中國的邏輯結論投票（引用者註：支持中國安全理事會的席位）」。[69]因此，十月三十一日的會談中，即使雙方在法國政府與國府的斷交方式議題上意見不一致，中國仍於十一月一日的會談中提出《談話要點》的草稿，並提議雙方完成該文書便代表完成交涉。[70]富爾則表示，受理《談話要點》須經過戴高樂的認可，法律上須先行保留，但同意該文件的主旨。[71]

周恩來獲得中共中央對《談話要點》的批准後，於十一月二日與富爾共同調整文章的最後階段。[72]該《談話要點》由三大項目所構成，第三項則列出三點默契。此階段的草稿中，第一默契事項文字原爲「法蘭西共和國政府只承認中華人民共和國政府爲代表中國人民的唯一合法政府，不再承認在台灣的所謂『中華民國』政府」，但在富爾的要求下，後半部改寫爲「這就自動地包含著這個資格不再屬於在台灣的所謂『中華民國』政府」。[73]

經過上述交涉後，富爾夫婦與毛澤東見面，並帶著《談話要點》返國。該份《談話要點》，則包含下列三項默契事項：

一、法蘭西共和國政府只承認中華人民共和國政府爲代表中國人民的唯一合法政府，這就自動地包含著這個資格不再屬於在台灣的所謂「中華民國」政府。

二、法國支持中華人民共和國在聯合國的合法權利和地位，不再支持所謂「中華民國」在聯合國的代表權。

三、中法建立外交關係後，在台灣的所謂「中華民國」政府撤回它駐在法國的「外交代表」及其機構的情況下，法國也相應地撤回它駐在台灣的外交代表及其機構。[74]

從《談話要點》的內容可見，在法國與國府的斷交方式上，仍大致維持富爾於十月二十六日所提出的條件。換個角度思考，可知中國政府認爲即使在法國政府與國府的斷交方式上有所讓步，與法國政府建交仍有極大收穫。

(3) 放棄獲得「唯一合法政府」的表態

自中國返國途中，富爾在提供戴高樂長文報告之際，也先行說明了《談話要點》的內容。該份報告中，富爾將《談話要點》定位爲「單方面且非公開，應保持其機密」的文件，主張將這些「默契」列入書面文件等表現方式雖然具有「顯著缺陷」，但《談話要點》的立場全爲妥協內容，若要讓中國政府再做出更多讓步也相當困難。此外，富爾也指出，不僅能接受中國唯一堅持的「代表中國人民的唯一合法政府」表現方式，在「將重點放在人民身上，不須在領土等具爭議之問題下決定亦可」的觀點上，對法國來說也是個好時機。[75]因此，富爾請戴高樂決定是否展開關係正常化的實際交涉。

從史料當中，無法確認戴高樂對《談話要點》及富爾的報告有什麼認知，以及如何決定展開實際交涉等問題。透過法國外交部文件僅能得知，進入十二月後，法國外長德姆維爾便指示外交部歐洲司司長德博馬歇（Jacques de Beaumarchais）須在「不接受任何前提條件」的原則下展開實際交涉。當時，德姆維爾明確表示，法國仍希望與國府之間至少能維持領事級關係，而法國政府對聯合國代表權問題則視情況決定態度。[76]不過，在中法伯恩交涉之記錄中，並未見到中國再次提起中國獲得聯合國代表權問題的跡象。在交涉期間，雙方爭論的則是法國政府是否公開提及「中國爲代表中國人民的唯一合法政府」文字，以示其承認中國政府之意。

十二月十二日，雙方在伯恩展開的第一次交涉中，德博馬歇提出以同時發表共同聲明的方式宣布兩國關係正常化，而非以交換函詢方式，並提出不含「唯一合法政府」等承認中國文字的聲明文案。[77]正處造訪非洲各國（參照次節）途中的周恩來收到此報告，以雖可接受同時發表共同聲明，但若刪除「唯一合法政府」等承認中國的文字，之後可能產生「兩個中國」爲由，向中共中央提出再次主張該文字重要性的三種方案，同時也指示瑞士大使館，向德博馬歇表示，刪除相關文字違反富爾訪中的精神，希望說服其改變意圖。[78]然而，之後周恩來與陳毅討論，並向中央提出新增的第四個讓步方案：若法國無論如何都希望刪除「代表中國人民的唯一合法政府」文字時，一、透過正式外交途徑希望法國再次表明不支持「兩個中國」的立場；二、若在共同聲明之外，也能公開表明法國認爲中國政府是「代表中國人民的唯一合法政府」的立場，也可完成交涉。[79]接著，外交部也向中共中央提出所有可能的選項，希望儘早完成交涉，並表明應讓法國政府盡速表明態度。[80]中共中央收到周恩來、陳毅及外交部的提議後，從「中法建交事以速決爲宜，在原則問題不能有任何含混」的觀點上，決定通知瑞士大使館，指示先在三項提議的範圍內持續交涉，最後不得已時，可採取第四個方案。[81]

就如中共領導層所預期的，一月二日的第二次會談中，德博馬歇仍堅持刪除「代表中國人民的唯一合法政府」文字，李清泉便提出上述的讓步方案。德博馬歇則將讓步方案先帶回母國檢視後，在一月九日第三次會談中，交涉宣告完結。經過上述交涉過程，兩國政府於一月二十七日同時發表的共同聲明全文，則如下所示般，相當簡略：[82]

> 中華人民共和國政府和法蘭西共和國政府一致決定建立外交關係。
> 兩國政府爲此商定在三個月內任命大使。

(4) 在巴黎展開的「驅蔣」鬥爭

法國政府與中國政府完成交涉後，在一九六四年一月十五日正式發出通知，承認中國政府。[83]美國政府也立即向法國政府表達抗議，而法國政府則以「與中國建交之際，中國政府並未強行要求包括台灣問題在內的任何條件」爲理由，開始說服國府勿主動與法國政府斷交。[84]美國總統詹森（Lyndon Baines Johnson）也致信國府總統蔣介石，提及因「毛澤東絕對是爲了測試貴政府，也打算逃避引發『兩個中國』狀態的責任」，故「必須謹慎，不得立即對法國政府採取報復行爲」，更表示「您的忍耐才更能折磨毛澤東」。[85]

戴高樂派遣貝志高（General Zinovi Pechkoff）將軍作爲特使訪台，並將一月十五日所寫的親筆信件委由其轉交蔣介石。[86]戴高樂的信中雖說明了與中國政府建交的決定，但卻未提及與國府的關係。[87]不過，蔣介石讀了信件後，確信戴高樂心意已決，他認爲，就如同寮國聯合政府承認中國政府時一樣，一旦法國政府承認中國政府，國府大使館在法國實質上的活動空間也會遭到剝奪，但接受「兩個中國」政策，卻會對台灣民衆士氣造成影響，故主張立刻撤回外交使節。[88]此外，在國民黨中央常務委員會中，也開始研擬斷交後與法國及歐洲各國的關係。[89]然而，國府若主動與法國斷交，這個責任就會落在國府身上，尤其美國表示，於聯合國代表權問題上無法獲得西方國家的支持，因此在說服美國前，國府無法立即做出斷交決定。[90]

這段期間，中國不僅針對與法國交涉過程檢討，也同時研擬發表共同聲明後的宣傳方針。其中引人矚目的，則是中國政府冷靜預測往後可能發生的狀況，並保留一定的空間，可默認法國政府與國府維持領事關係一事。中國外交部認爲，在美國對法國施壓，避免其與國府斷交狀況下，國府極有可能不會撤回在巴黎的大使館。外交部也會極力鬥爭，以免國府的「代表」留在法國，但若國府改以領事作爲「外交人員」留下，因領事在國際法上不屬於外交使節，故可認定爲「並不正式代表國家」，並進行「適當的鬥爭」。[91]話雖如此，中國外交部也向各宣傳機構與駐外使館通告，發表共同聲明後必須加強宣傳，宣告中國對「兩個中國」政策的反對及「台灣是中國領土不可分割的一部分」，但針對國府可能保有領事等問題，則避免回覆。[92]

接著，一月二十七日，中國政府與法國政府按照計畫發表建交公報。共同聲明就如前文所述般，相當簡潔，但基於在伯恩時的了解，中國外交部發言人在翌日二十八日時，另行發表下列內容：一、「中華人民共和國政府是作爲代表全中國人民的唯一合法政府同法蘭西共和國政府談判並且達成兩國建交協定的」；二、這是基於「承認一個國家的新政府，不言而喻地意味著不再承認被這個國家的人民所推翻的舊的統治集團」的理解所提出；三、「台灣是中國的領土，任何把台灣從中國的版圖割裂出去或者其他製造『兩個中國』的企圖，都是中國政府和中國人民絕對不能同意的」。[93]

另一方面，就如中國所預測的，國府在二十七日時，仍接受美國政府的建議，不發表與法國政府的斷交宣言，也並未召回駐法代理公使，僅發出抗議，要求法國政府撤回承認中國一事。[94]因此，中國政府便加強對法國政府的施壓，以及反對「兩個中國」的宣傳攻勢。鄧小平與毛澤東分別在一月二十九日、一月三十日與法國議員訪中團見面，並表示「若欲派遣（外交）代表，便不須效仿英國」、「若這一點不夠明確，便不（引用者註：與法國）互換大使」，顯示其強硬姿態。[95]他們不斷強調，以免在法國承認中國的問題上，又發生像英國在台灣繼續設有領事館的不利情況。[96]此外，二月三日，正在訪問非洲的周恩來，在摩加迪休與法國新聞記者見面，表示「從法國宣布同中國建交之日起，蔣介石集團在巴黎的代表就已經喪失作爲中國的外交代表的資格」。[97]

此時期，美國也派遣ＣＩＡ副局長克萊恩至台北，持續說服蔣家父子。[98]克萊恩以戴高樂因中國施壓而開始猶豫的情報爲根據，遊說蔣家父子不應與法國政府斷交，假使眞要斷交，也必須將責任全部推至法國政府身上。不過，蔣介石認爲，中國政府與法國政府關係惡化程度並不嚴重，若由法國政府主動宣告斷交，國府所承受的「打擊與侮辱」反而更加嚴重。[99]蔣家父子主動向克萊恩提出，與其著重恢復國府與法國政府的關係，不如關注美國、台灣在中南半島情勢上的合作。國府主張，法國政府與中國政府建交最大的原因，便是中南半島的「中立化」。不過，國府無法贊成此情況，更認爲美國、台灣必須更緊密合作，以支援南越以及東南亞的「反共」行動。[100]

就如蔣介石對克萊恩所說，戴高樂因中國的施壓，並無跡象顯示其欲撤回與中國政府建交的決定。戴高樂在一月三十一日舉行記者會，會中除了向蔣介石表達敬意外，也再次表明對與中國政府建交的熱忱。[101]當天，法國外交部指示駐柏林大使館，先向中國確認，是否可交換先遣小組以恢復外交關係。[102]如上所述，不僅戴高樂對與中國建交一事意志堅定，又與國府在中南半島情勢上的見解不同，讓戴高樂與蔣介石間的隔閡更深了。戴高樂在記者會上主張中南半島「中立化」，但蔣介石認爲這正是戴高樂情勢判斷錯誤之處，更極力反彈，認爲法國政府不應爲了中南半島的「中立化」，而犯下與中國政府建交之錯誤。[103]由此可見，蔣對與法國政府延續外交關係，或是探詢斷交後關係等想法相當消極。

另一方面，中國政府將戴高樂一月三十一日的記者會視爲對中國的「侮蔑」，但仍避免針對此事評論，並決定依照法國外交部的提議，派遣先遣小組至巴黎。[104]中國認爲，以先遣小組身分先行交換的臨時代理大使，必須向法國政府施壓，使其對「兩個中國」問題的態度更加明確，即使最後與英國情況相同，國府的代理公使仍留在巴黎，中國受損程度也較低。[105]

因此，這個先遣小組的具體任務，便是展開「驅蔣」鬥爭，驅逐國府留在巴黎的外交使節，並布局使整體情勢有利中法互換大使。屆時，只要國府的大使館更換爲聯合國機構代表處或領事館，這個「外交代表」鬥爭便「告一段落」，但鬥爭的最後目的，則是爲了將國府的代表降級爲一般海外僑民身分。[106]

然而，中國在巴黎展開「驅蔣」鬥爭之前，戴高樂已下定決心，告知國府斷交一事。[107]二月十日，駐華代理公使薩賚德（Pierre Salade）對國府外交部長沈昌煥表示：「一俟北京外交代表抵達巴黎，法國政府將視彼等爲中國之代表，故而中華民國之外交代表將失去其存在之理由。」[108]國府認爲該通知具有決定性意義，便於同日深夜向法國政府告知斷交決定。[109]國府在一月之後，便已做好與法國政府斷交的準備，陸續將駐巴黎大使館的資產移交至國府駐聯合國教科文組織代表處，並將駐守於該大使館內的新聞局功能轉爲「自由中國新聞中心」，做好留在巴黎的準備。[110]接著，在通知斷交的同時，國府向法國政府提議透過「自由中國新聞中心」主編陶宗玉維持實務關係，陶則以一般僑民身分在法國展開活動。[111]

綜上所述，中國政府雖然不斷讓步，急於發表與法國政府建交一事，但根據中國政府身處的國際環境看來，中國應判斷與法國建交具有極高戰略價值。不過，最後國府仍有可能不與法國政府斷交。對中國政府而言，既有方針爲法國政府與國府斷交之前，不互換大使，但中國政府又怎麼看待在國際法上不屬於外交使節的領事關係，直到最後仍曖昧不清。以結果來說，國府選擇透過一般僑民駐守的「自由中國新聞中心」負責對法實務關係。然而，即使上述狀況爲暫時的狀態，也仍讓國際社會產生中國政府對「兩個中國」政策的態度有所軟化之印象。

3. 與前法屬非洲國家建交交涉時之「一個中國」原則

(1) 對非洲外交之「兩個中國」問題與中法建交

在一九六三年以前的非洲，在成功獨立的國家中承認中國政府的，只有反帝國主義、反殖民主義色彩濃厚的卡薩布蘭卡集團國家而已。另一方面，以舊法屬非洲國家爲主的布拉柴維爾集團則較親西歐，也有不少政府承認國府。中國與獨立後便立即承認中國政府的國家之間，在建交之際並無台灣問題這個屏障。[112]反而是在建交之後，中國與這些國家才出現「兩個中國」問題。這些國家與中國建交之後，國府也積極向這些國家實施援助政策，故開始有些國家認爲，位於台灣的國府是與中國政府無關的獨立國家政府。不過，卡薩布蘭卡集團和中國具有反帝國主義、反殖民地主義等共同理念，故中國無法干涉這些國家的外交政策，強制其採取「一個中國」政策。

一九六三年五月，在非洲獨立國家首腦會議前舉辦的外長會議上，與會者針對聯合國中國代表權問題有所討論。[113]非洲國家對於中國政府加入聯合國一事毫無異議，但若其前提爲剝奪國府的代表權時，奈及利亞等部分國家便提出異議。[114]有鑑於上述現狀，中國外交部爲避免在聯合國大會中產生對中國政府不利的結果，遂透過正式外交途徑，向非洲國家送出反對「兩個中國」立場的備忘錄。[115]此時，中國外交部認爲，即使在非洲國家中立場最親中的國家，對於「兩個中國」問題的認知仍有不足，可能會將台灣視爲不同於中國的國家。[116]

如上所述，中國政府接近非洲國家的一大原因，是希望反駁聯合國大會首先出現的「兩個中國」趨勢，並讓中國獲認為「中國」正統性的政府。不過，一九六三年之前，中國對非洲外交僅限於特定國家，而包括這些國家在內，非洲各國往往將台灣視為不同於中國的一個主體。也就是說，若擴大在非洲的外交空間，最後可能反而招致國際社會承認「兩個中國」論或「一個中國、一個台灣」論的危機。在這樣的情況下，西歐的大國，就是法國更以「不造成『兩個中國』」等條件接近中國。

中國政府非常重視在與法國的關係正常化交涉中，能否及早完成交涉一事。這是因為一旦交涉時期拉長，就可能受到美國等國家妨礙，而對非洲外交的關聯性也是其一原因。為了展開對非洲外交，中國外交部內部自一九六三年上半年起，便多次提起周恩來造訪非洲國家的必要性，但都以時機尚未成熟為由遭到拖延。然而，一九六三年十一月，周恩來決定於該年年底訪問非洲各國，則是因為中國與法國政府建交一事已有頭緒所致。[117]

在訪問非洲期間，周恩來短暫訪問突尼西亞，並宣布與突尼西亞政府建交。[118]從原先中國預計在周恩來訪問突尼西亞前，便發表中法共同聲明一事可看出，中國接觸法國與接觸突尼西亞有密切關係。[119]對於此事，國府則透過美國與法國試圖說服突尼西亞政府，希望能停止承認中國，或者延遲承認時機。[120]不過，在法國之後便會承認中國政府的風聲中，國府終究無法阻止突尼西亞承認中國。[121]此外，國府外交部也與薩賚德接觸，控訴突尼西亞的立場屬於「兩個中國」，並表示國府對中法關係正常化可能造成國府對非洲外交的極大衝擊，但也毫無效果。[122]

(2) 在舊法屬非洲國家展開的「驅蔣」鬥爭

在中法建交公報發表之前，中國政府評估中法建交並研擬後續方針之際，中國外交部希望法國能促使舊法屬非洲國家及比利時、荷蘭、盧森堡等歐洲經濟共同體（EEC）國家，改爲承認中國政府，而非國府。此外，中國也希望這些國家承認中國後，還能在聯合國代表權問題上，投下贊成邀請中國政府的票，期待此議案可能達到過半數的目標。[123]不過，實際上，部分舊法屬非洲國家受到左派政權替換所致，行動僅止於從國府改爲承認中國政府。在與舊法屬非洲國家交涉時，中國政府對於這些國家宣告與國府斷交的時機，以及承認中國爲「唯一合法政府」的方式，也不得不對這些國家做出讓步。

中法共同聲明發表後，中國政府最先接觸的國家爲剛果共和國。[124]剛果雖然明確表明其不採取「兩個中國」立場的態度，但對於在共同聲明內加入與國府斷交，以及中國爲「代表中國人民的唯一合法政府」等文字，卻面有難色。因此，雙方僅在交換公文上記載承認中國爲「代表中國人民的唯一合法政府」，並與共同聲明同時對外公布。[125]然而，聲明發表後，國府大使館並未撤離剛果，而剛果政府對此的態度也並不明確。[126]於是，中國政府告知剛果舉辦記者會，主張國府已喪失「外交代表資格」，催促剛果政府儘早「驅蔣」，更加強施壓，要求剛果政府公開表明早已承認中國政府爲「代表中國人民的唯一合法政府」。[127]見到此狀況，國府也決定與剛果斷交。[128]

如上所述，中國在與剛果建交交涉時所採取的讓步，應是基於《第二〇期外交通報》所列出的方針。以剛果案例爲首，下文所論中國與舊法屬非洲國家個別交涉建交一事時，也不斷提及該文件。雖然無法自外交部檔案中找出《第二〇期外交通報》，但從其他文件可推知，該文件是一九六四年二月上半月完成，爲利用中法共同聲明的影響力，推動與其他國家建交的基本方針。

與剛果發表共同聲明後，中國外交部旋即以「做到即能堅持反對『兩個中國』的堅定立場，又能策略靈活，達到建交驅蔣的目的」的方向爲基礎，對往後與其他舊法屬非洲國家建交，提出下列三個建議：

一、由對方明確宣布同蔣幫斷絕外交關係，並決定同我建交。宣布方式可以是對方單獨發表聲明或給我電報或照會通知。

二、如對方希我主動，可由我致電文或照會對方，表示只要對方斷絕同蔣幫的外交關係，我願與之建交，對方復電或復照予以同意。

三、如對方不願在同我建交之前宣布斷絕同蔣幫的外交關係，而同意從該國同我建交之日起，蔣幫在該國人員即喪失作爲中國外交代表資格，則要對方公開確認「中華人民共和國政府是代表全體中國人民的唯一合法政府」。公開確認的方式可以是在建交聯合公報內載明，也可以用互換照會或電文加以確認，並公開發表。「剛果（布）同我建交即採取此方式」。

估計在建交談判過程中，有些國家還可能提出其他方式，只要他們不搞「兩個中國」，符合上述機種方式的基本精神，也可相機變通。對於上述第一、二種方式要積極爭取。第三種方式也可採用。如對方表示對上述三種方式均不願接受，目前建交有困難，我可表示諒解對方困難，願意等待，但繼續保持同對方的接觸，先從貿易、文化等方面發展友好往來。[129]

實際上，在一九六四年至六五年間，中國政府在與中非、達荷美、茅利塔尼亞等國交涉時，也與剛果一樣，依循第三個方式建交。[130]其中，中非將承認中國為「代表中國人民的唯一合法政府」等內容列入給予中國政府的照會，達荷美與茅利塔尼亞則在共同聲明內加上該段文字。[131]不過，不管哪個國家在與中國建交時，都未提及與國府的外交關係如何處理一事，讓駐守這些國家的國府大使館感到困惑。[132]國府一面向美國政府求援，一面指示各大使館留在當地，改善與各國的關係。然而，一旦當地政府承認中國政府後，國府大使館在當地便不具有外交使節待遇，最後往往被當地政府通知已承認中華人民共和國政府為「代表中國人民的唯一合法政府」，並與中國互派大使。[133]而在這些國家與中國互派大使之前，國府往往必須向該國通知斷交，並撤離大使館。

如上所述，在中法關係正常化後，中國與舊法屬非洲國家嘗試展開外交關係時，仍持續注重外交戰略上的判斷，即使建交國家並未先與國府斷交，也決定先行發表建交一事。不過，中國政府在與這些國家交涉期間，耗費苦心，要求對方在共同聲明、交換公文或該國發出的照會內載明承認中國政府為「代表中國人民的唯一合法政府」，在此條件上絕不讓步。此外，中國政府雖然未強力施壓交涉國提出與國府斷交宣言，但實際上在互換大使前，中國也極力展開「驅蔣」活動，貫徹確認該國與國府斷交後，才互換大使的基本方針。不過，在這樣的條件之下，可拓展的外交空間仍有限，也是不爭的事實。一九六四年二月時，中國外交部雖推測在剛果、中非、達荷美、茅利塔尼亞之外，還可與上伏塔共和國、塞內加爾、尼

日、多哥等國展開外交關係，但在舊法屬非洲國家之中，六〇年代的中國最後僅與上述四國建交。【134】

4. 「一個中國」原則的發展及其極限

(1) 研議與西方國家建交之方針

本章至前一節爲止可見，中國政府以中法關係正常化爲契機，開展與舊法屬非洲國家的關係，而且最後更成功地讓建交的政府與國府斷交。然而，中國外交部並未給予之前中法建交的方式極高評價，對於改善其他西方國家的關係仍相當謹慎。中國外交部從戰略價值觀點，將與法國政府建交一事，定位爲「特殊案例」，但往後與西方國家交涉時，不應採取相同方式。

決定與法國互換大使後，中國外交部則著手研擬《對西方未建交國家幾個政策問題的請示》。【135】雖然難以闡明該議題的全貌，但透過公開文件，可將此議題結論統整如下：首先，在與西方國家建交問題上，「原則上仍應一律不採取主動」，即使與國府具外交關係的西方國家主動詢問建交意願，也「必須對方先同蔣幫絕交」。雖然加上「若對方同美矛盾較深，同我建交影響較大，對我態度也較好者，也不排除參照中法建交方式加以運用」等保留空間，但仍強調「一般不再輕易採取中法建交方式」，對於不聲明與國府斷交就建交的方式極爲謹慎。

從上述評價可知，對中國來說，中法關係正常化具有對美國極高的戰略價值，故屬於特殊案例。中國與過往戰略夥伴蘇聯之間的合作不盡如意，而在核裁軍及中南半島情勢等問題上，中國則判斷可與法國一同向美國提出異議。此外，反對「兩個中國」的聯合國外交，也是中國領導層決定展開中法關係正常化交涉的原因之一。一九六四年第十九屆聯合國大會前，中國外交部的分析指出，法國不同於英國及北歐各國，具有明確否定「兩個中國」及國府在聯合國代表權的態度，中國也給予法國的態度極高評價。[136]實際上，一九六四年時，法國政府在世界衛生組織及國際原子能總署的表決中也顯示其上述立場，在一九六五年的第二十屆聯合國大會上，法國外長德姆維爾更主張恢復中國政府在聯合國的議席。[137]雖然法國的支持不代表可讓中國政府加入聯合國，或使國府退出聯合國，但對中國來說，法國以聯合國常任理事國之姿明確表態，才是最重要的關鍵。

話雖如此，中國在與法國交涉期間多次讓步的結果，便是無法讓法國宣告與國府斷交，更未留下任何文件承認中國爲「代表中國人民的唯一合法政府」。因此，以美國爲首的西方國家認爲國府可能不會與法國斷交，就連蘇聯也認爲中法建交爲中國的「讓步」，更將其視爲可接受「兩個中國」論的行爲。[138]中國領導層恐怕透過中法建交交涉過程，再次確認與西方國家開展外交關係比起與非洲國家建交，更能帶給國際社會強烈印象，但也因此，對「兩個中國」問題的妥協也對中國造成更大傷害。

美國政府與國府也擔心，法國以外的西方國家會因中法關係正常化，再次研議對華政策，並開始傾向與中國政府建交。[139]不過，在一九六四年的階段，義大利與奧地利與中國除了開設貿易辦事處外，並未建構新的關係。另一方面，美國的影響力雖然顯現在制止西方國家接觸中國上，中國政府也將與法國建交一事列為「特殊案例」，對非洲國家與西方國家的對策有所區分，可見中國與西方國家開展外交關係仍具有一定難度。

(2) 第十九屆聯合國大會的「一個中國」原則

如同本章第二節所述，中國之所以在「兩個中國」問題上大幅讓步，也要成功達到中法關係正常化，是因為富爾對陳毅與周恩來表示，中法關係正常化後必然的結果，便是法國政府會在聯合國中國代表權問題上支持中國政府。中國政府希望包含未與中國建交國家在內的舊法屬國家，都會受到法國改變表決方向的影響，讓中國在聯合國代表權問題上獲得過半數支持。[140]在中國達到中法關係正常化，並成功「驅蔣」後，不僅試圖展開與舊法屬非洲國家的外交關係，同時也不斷奔走，希望在聯合國代表權問題上獲得支持。

這個時期，在聯合國大會獲得過半數支持為什麼如此重要呢？一九六一年之後，西方國家不斷提出的重要事項指定表決時，必須獲得三分之二以上的支持票數，否則難以改變現狀。中國雖然達到中法關係正常化，但在一九六四年這個階段，要獲得三分之二以上的支持票，對中國政府來說仍然相當困難。仔細觀察中國政府在當時對聯合國代表權問題所做出的外交努力，就可知道中國領導層也深知此情況。因此，不如說在此時期，中國實際上的目標，是獲得過半數或接近半數的支持，而對於美國在聯合國持續重要事項指定決議的狀況表達抗議之意。

中國政府首先著手的是取得法國確實支持「一個中國」的保證。法國在聯合國代表權問題上支持中國政府，屬於《周恩來總理談話要點》中三點默契之一，但這僅爲非官方文件，並無確實履約的保證。實際上，兩邊關係正常化後，法國政府要員顧慮與西方國家的關係，以及國內的輿論，不斷發言指出台灣的地位尚屬未定。因此，是年秋，聯合國大會開幕之前，中國外交部仍評估，當年聯合國大會中，法國政府應會投票贊成中國的代表權，但同時也會表明對台灣地位採取保留態度。中國外交部考量在國際間的影響，爲了爭取法國毫無保留地支持中國代表權，遂製作題爲《外交部就聯合國我代表權問題對法國進行工作的請示》（下稱《對法工作》）的文件，加強對法國政府的說明、遊說工作。【141】

此時，聯合國教科文組織大會針對中國代表權展開表決，法國代表則在表決時棄權。【142】對此，周恩來指示外交部再次檢視《對法工作》文件。【143】《對法工作》在周恩來主掌下，由外交部再次檢視後，經鄧小平、劉少奇、毛澤東等人的批准，在十一月三日發函給駐法大使館。聯合國大會舉辦前，駐法大使黃華收到指示，須向法國外長德姆維爾提出會談要求，並提出以下四項重點：一、感謝其於世界衛生組織等機構支持中國的代表權；二、由「唯一合法政府」所構成的中法關係正常化「精神」；三、對於法國在聯合國教科文組織的投票行爲表達遺憾；四、中國在第十九屆聯合國大會的立場與對「兩個中國」的反對（批判英國）等。【144】德姆維爾與黃華會談時，表示法國政府預計反對重要問題指定決議案，但對於法國是否會在各國支持中國的議案中投下贊成票，則不明確表態。【145】

中國外交部對法國政府的言行舉止感到不安，故除了《對法工作》外，更致力於對亞、非各國的工作。中國外交部向亞非各國大使館發出《關於我聯合國代表權問題談話要點》，要求大使館向各國加強說明。這不僅是因為一九六四年的聯合國大會是一場「複雜的鬥爭」，更因為中國認為：甫建交的國家，對於中國立場及「美帝國主義的陰謀」了解並不夠，即使已向其他亞非國家說明，其理解仍不夠充足。[146]之後，在周恩來的指示之下，中國外交部將《談話要點》內容整理成備忘錄，透過駐外機構發送至各國政府。[147]接著，十二月四日，《人民日報》刊登了題為〈美國阻撓恢復中國在聯合國合法權利必將失敗〉的社論。[148]

綜上所述，中法關係正常化帶給相關國家的影響，也許低於中國領導層的期待。不過即使如此，除了剛果、中非、達荷美等自國府改為承認中國政府的國家外，塞內加爾、尚比亞等國家也與中國政府建交。此外，十月上旬，在開羅舉辦的第二次不結盟運動首腦會議中，要求中國政府恢復聯合國代表權的決議通過表決。接著，十月中旬，中國更成功完成核試驗。中國政府在這樣的有利情勢之下，自然希望其對美鬥爭成果可望成形，並給予美國政府更多打擊。

實際上，中國政府在第十九屆聯合國大會之前，為了取得更多國家的支持，稍微修正了中國代表權問題相關決議文。根據中國外交部於隔年製作的報告書指出，一九六四年考量「如何不讓法國與非洲各國採取保留態度，同時阻止美帝國主義採取階段性投票（引用者註：應是指重要事項指定決議）等方式」，發送給柬埔寨及阿爾巴尼亞的兩個決議案文並未提及「驅蔣」。案文雖然主張「蔣介石集團的代表所非法占據的中國在聯合國及其所有機構內的席位歸還給中華人民共和國政府」，但也「並不排除蔣幫用別的名義留在聯合國，這樣就給製造兩個中國的陰謀留下了可鑽的空子」。[149]

不過，一九六四年的聯合國大會上，並未針對中國代表權問題展開表決。十月二十一日，在第十九屆聯合國大會召開前，柬埔寨等九國與阿爾巴尼亞各自提案，要求將「恢復中國政府聯合國代表權」列爲議題的兩個決議案列入審議。然而，第十九屆聯合國大會中因美蘇間的預算問題有所爭論，尚未針對聯合國中國代表權問題表決，大會便已休會。對於此情況，阿爾巴尼亞及茅利塔尼亞也表達抗議，認爲「美國與蘇聯共謀，欲阻止中國政府恢復聯合國代表權」，但最後聯合國中國代表權問題仍未召開表決。[150]

(3) 第二十屆聯合國大會的「一個中國」原則

第十九屆聯合國大會閉幕後，中國政府便要求聯合國改組，否則便與亞非各國共同建立「第二個聯合國」。但這樣的主張，讓一部分相關國家感到疑惑，認爲既然如此，中國政府是否不需要恢復聯合國代表權。[151]不過，中國政府的立場仍一如往常，雖然不主動追求聯合國代表權，但仍感謝友好國家的支持，絕對不放棄恢復聯合國代表權。然而，一九六五年時，中國政府除了既有的主張外，也另行主張，中國政府可選擇不加入受大國所掌控的聯合國。[152]陳毅在九月二十九日所發表的談話中，便濃縮了一九六五年中國政府欲展開的外交鬥爭本質。

聯合國一直受美國控制，今天又成了美蘇兩大國作政治交易的場所。儘管有幾十個亞非國家和愛好和平的國家，在聯合國作了不少的努力，但是並沒有改變這個局面。這樣的聯合國，中國可以不參加。（中略）聯合國必須糾正錯誤進行徹底的改組和改造。聯合國要承認和糾正它過去的一切錯誤，包括取消譴責中國和朝鮮民主主義人民共和國是侵略者的決議，

> 並且通過決議譴責美國是侵略者；聯合國憲章要由全世界大小國家來共同重新審定，所有的獨立國家都應該包括在聯合國，帝國主義的一切傀儡都要驅逐出去。【153】

上述主張則被定位爲「分化聯合國的會員國，發動在聯合國會內會外互相配合的改勢，最大限度的孤立美帝，揭露蘇修」。【154】

中國政府除了上述主張外，也透過友好國家，在聯合國大會提出主張「恢復」中國代表權及「驅逐」國府的決議文案。十一月十五日，阿爾巴尼亞、阿爾及利亞、柬埔寨等十餘個亞非國家共同提案，其內容爲：「一、決議依照一九六四年十月五日至十日在開羅所舉行之不結盟國家元首或政府首長會議之建議，恢復中華人民共和國之所有權利，並承認其政府代表爲中國出席聯合國之唯一合法代表；二、爰決議立即驅逐蔣介石各代表，使其不得非法占據在聯合國及所有與聯合國有關組織之席位」。從該案文中，完全見不到如中國政府原先預計在第十九屆聯合國大會中提出的案文般，帶有容許、妥協性質的內容。十一月十七日的聯合國大會中，會員國在西方十一國提出的重要事項指定決議案之後，也針對亞非十二國提出的邀請中國案展開表決。投票結果，重要事項指定決議案共五十六票贊成、四十九票反對、十一票棄權、一票不參加投票，通過表決；邀請中國案則由四十七票贊成、四十七票反對、二十票棄權、三票不參加的結果而未通過表決。也就是說，一九六五年時，中國政府仍無法加入聯合國，也未成功驅逐國府。【155】

雖然無法加入聯合國，中國外交部仍認爲，第二十屆聯合國大會中，中國代表權問題的投票結果爲「一大勝利」，更有趨勢顯示支持中國的國家逐漸增多，而必須經三分之二同意的美國提案支持度則下降。此外，中國外交部也認為，此結果顯示：「儘管帝、修、反想盡種種辦法來詆毀我們、鼓勵我們，我國的國際威望卻日益增加，影響卻日益擴大」。站在上述立場，中國外交部向在聯合國大會中，對於亞非十二國提案投下贊成票的國家表達感謝，並對突尼西亞、荷蘭、達荷美、寮國、英國等無論是否與中國政府建交，卻未投下贊成票的各國個別採取抗議或保留等處理方式。[156]不過，投下贊成票的國家中，中國也並未向蘇聯、南斯拉夫、印度等國致謝。[157]由上可見，中國政府在第二十屆聯合國大會所採取的言行舉止，宛如當時中國外交的縮影。

第二十屆聯合國大會後，中國外交部也並未忘記反省，以推動對美鬥爭與「一個中國」原則。中國外交部判斷，在聯合國大會中，雖然在十二國提案的投票結果大獲勝利，但提案誕生前仍經過許多波折，故必須讓中方立場更加明確。此外，中國外交部也針對第十九屆聯合國大會中，為獲得法國及非洲國家支持而接受妥協版決議案文一事反省，並將往後方針明訂如下：

> 本次聯合國大會的投票結果顯示，聯合國代表權問題屬於對美鬥爭，而立場更加鮮明，也產生有利於中方的結果。因此，往後除了聯合國外，在其他國際會議或組織上，中國也會堅持驅逐蔣介石、恢復中國合法權利的原則及立場，絕不出現任何曖昧模糊態度。[158]

就如上述因聯合國代表權而起的外交鬥爭過程所示，一九六〇年代中期，中國得以開展的外交空間受限，但中國透過在「兩個中國」問題上有限度的讓步，試圖突破新的外交空間。最後，中國深刻檢視因讓步而獲得的利益，以及讓「兩個中國」化為慣例的危險性，並持續尋求在不創造「兩個中國」的前提下，提升中國國際地位的機會。

小結

本章主要檢視中國政府對以中法關係正常化為主的「兩個中間地帶」展開外交關係之際，如何追求「一個中國」原則的過程。其結果可統整為下列三點：

第一，一九五〇年代中期，「兩個中國」論開始出現於國際社會，而中國政府直至六〇年代初期，對此僅表達反對，並拒絕參與可能引發此狀況的事務。不過，如本章所述，中國與寮國聯合政府、法國政府、舊法屬非洲國家政府交涉時，皆有可能產生「兩個中國」狀態。儘管如此，中國政府仍決定予以挑戰，即使讓步也要與這些國家建交，是因為中國不僅與美國「帝國主義」，與蘇聯「修正主義」及印度「反動主義」的對立持續加深，如何開展新的外交關係已成為中國政府迫在眉梢的問題。不過，是否展開交涉，則是依據該國家在中國外交上的戰略重要性而定，同時也須觀察美國政府、國府的言行舉止，以及西方國家的反應，極度謹慎進行。

第二，其結果便是，中國政府實際上必須放棄過去在交涉中決不讓步的原則。其原則指的便是各國必須先與國府斷交，才能宣布承認中國政府與建交的條件。取而代之的，則是與法國交涉之後，中國政府提出過往並未提及的條件，也就是各國宣告與中國關係正常化之際，必須提及中國政府爲「代表中國人民的唯一合法政府」。然而，戴高樂以其老練的外交手法，絲毫不提及與台灣問題相關文字，故中國就連此條件也無法如願。但相較於中法建交，中國與舊法屬非洲國家交涉時居於優勢，故也成功讓各國公開表明中國政府爲「唯一合法政府」。中國與這些國家在公告建交後，便在當地展開「驅蔣」鬥爭。這是因爲中國領導層透過在賽國的外交鬥爭等經驗確認到：只要告知對方是以「合法」政府之姿建交，與中國一樣反對「兩個中國」的國府便會自行撤退。另一方面，中國對西方國家的相對地位並不如想像中來得高，展開「驅蔣」的期望也較爲薄弱。因此可推測，中國政府將中法關係正常化列爲例外案例，並再次加強對「兩個中國」政策的反駁。

第三，檢視中國在「一個中國」原則上的外交交涉及政策決定的過程，可知「一個中國」原則並非過往延續至今的台灣問題固定原則，而是在與國府、相關國家互相爭執中，所漸進形成的原則。中國政府持續關注與其談判國家以及美國、台灣的態度，以觀察究竟在國際空間內，可容許與國府並存至什麼程度，再不斷地檢視、決定政策。此外，從一連串的外交過程可知，提升中國國際地位一事，以及將原本僅爲中國單方面主張的「一個中國」論轉爲要求談判對象表態的「一個中國」原則，讓「一個中國」形成國際共識一事，並非展開外交關係或是堅守原則的單選題。相對的，中國可說是讓兩者保持著微妙的平衡，採取共同推進的戰略。因此，只要中國的國際地位提高，就可能構成「一個中國」這個國際共識；相反的，若在過程中有過多讓步，就可能讓容許「兩個中國」政策形成慣例。

綜上所述，本章主要考察一九六〇年代中期，中國外交在台灣問題上，意圖以讓步方式離間西方國家的過程。此時期則可定位為中國謹慎調整讓步程度，讓談判對象參與「一個中國」原則的起點。

註解

【1】中華人民共和國外交部、中共中央文獻研究室編《毛澤東外交文選》（北京：中央文獻出版社、世界知識出版社，一九九五年）五〇六—五〇九頁，以及王泰平主編《中華人民共和國外交史》第二卷（北京：世界知識出版社，一九九八年）六—十一頁。

【2】論述中國在寮國危機的應對等過去的研究包括：松本三郎《中国外交と東南アジア》（慶應義塾大学法学研究会，一九七一年）九四—一七六頁、Qiang Zhai, *China and the Vietnam Wars, 1950-1975* (Chapel Hill: The University of North Carolina Press, 2000), pp. 92-111.

【3】中國相關人士回憶錄包括：李清泉〈學習周總理的談判藝術和外交風格〉《外交學院學報》一九九六年第二期，一—五頁、張錫昌〈影響世界格局的「外交核爆炸」—我所親歷的中法建交〉《百年潮》二〇〇八年三月，一九—二六頁；而較能信賴的文獻為陳敦德《破冰在一九六四—中法建交實錄》（世界知識出版社，二〇〇〇年）等。日本根據這些中國公開史料所得的研究成果則包括山影統〈一九六〇年代前半の中国の対外政策—対法國政策を中心に〉《KEIO SFC JOURNAL》Vol. 8, No. 2（二〇〇八），一二一—一三三頁。對美台關係的影響等研究包含：潘敬國、張穎〈中法建交中的美台因素〉《當代中國史研究》第九卷第三期（二〇〇二年五月）九一—九七頁、唐小松〈「法國承認中國」對美國對華政策的影響〉《國際論壇》第五卷第一期

（二〇〇三年一月）三三—三八頁等。利用公開的中國外交部檔案等研究則爲姚百慧〈論美國與中法建交的關係〉《世界歷史》二〇一〇年第三期（二〇一〇年六月）六三—七七頁。

【4】法國相關人士的回憶錄包括Edgar Faure, "Reconnaissance de la China," *Espoir,* n°138 (mars 2004), pp. 17-23, (reproduction de n° 1, 1972), Etienne Manac'h, "La politique asiatique et chinoise du générql de Gaulle, " *Espoir*, n°61 (décembre 1987), pp. 34-46等。這些回憶錄中指出，戴高樂無意承認中國政府與國府，並從戰略角度與中國政府建立外交關係。而法國自一九九〇年代中期後開始公開相關文件，利用這些資料爲主的過去的研究包括：Maurice Vaïsse, *La Grandeur: Politique étrangère du général de Gaulle, 1958-1969* (Paris: Fayard, 1996); Ngo Thi Minh-Hoang, "De Gaulle et l'unité de la Chine, " *Revue d'histoire diplomatique*, n°4 (1998), pp. 391-412, 藤作健一《ドゴールによる中国承認の起源》（大東文化大学修士論文，二〇〇二年）等。這些研究中確認了戴高樂無雙重承認之意，更指出在未來與台灣維持何種關係或台灣問題的未來上，戴高樂並不希望提出任何承諾。

【5】蘇宏達〈「一個中國原則」與「兩岸國際共存」並行的可能性評估—以一九六三年到一九六四年中華民國對法國的外交政策爲例研究〉《美歐季刊》第十四卷第一期（二〇〇〇年春季）八三—一一一頁、許文堂〈建交與斷交—一九六四年台北、巴黎、北京的角力〉《戰後檔案與歷史研究（中華民國史專題論文集）》（台北：國史館，二〇〇八年）一五九—二〇〇頁、王文隆〈中法斷交與我國對非洲農技援助策略的改變〉《近代中國》第一五七號（二〇〇四年六月）一二五—一四七頁。

【6】青山瑠妙《現代中国の外交》（慶應義塾大学出版会，二〇〇七年）主要描述中國外交的「原則

性」與「柔軟性」，其中提及一九六〇年代對非洲外交時，中國對非洲國家唯一希望發揮的強制影響力，則是不可與國府建立外交關係的原則（二二四—二二五頁）。張紹鐸《国連中国代表権問題をめぐる国際関係（一九六一—一九七一）》（国際書院，二〇〇七年）論及中台對於「一個中國」原則時，各自的「柔軟性」，而中國政府在與剛果共和國政府建交時則較屬「柔軟」（九六—九八頁）。

【7】Qiang Zhai, *China and the Vietnam Wars, 1950-1975* (Chapel Hill:The University of North Carolina Press, 2000) , pp. 92-111.

【8】Telegram from Harriman to DoS, Sep. 12, Oct. 10, and Oct. 15, 1961, *FRUS, 1961-1963*, Vol. XXVI (Washington, D. C.: U.S. Government Printing Office, 1996), p. 410, pp. 461-462 and pp. 470-472.

【9】〈重要的進展〉《人民日報》一九六一年十二月十九日。

【10】Telegram from Steeves to DoS, Jul. 6, 1961, *FRUS, 1961-1963*, Vol. XXVI, p. 289.

【11】Telegram from Beam to DoS, Jun. 30, 1961, *FRUS, 1961-1963*, Vol. XXII, pp. 87-89.

【12】Telegram from Beam to DoS, Aug. 16, 1961, *FRUS, 1961-1963*, Vol. XXII, pp. 122-124.

【13】Telegram from Hilsman to McConaughy, Jul. 7, 1961, Box 22, NSF, JFKL.

【14】Telegram from Harriman to Rusk, Jul. 18, 1961, *FRUS, 1961-1963*, Vol. XXVI, p. 303.

【15】Telegram from Rusk to Harriman, Jul 21, 1961, *FRUS, 1961-1963*, Vol. XXVI, p. 306.

【16】哈里曼在一連串的會議中報告，中國到最後爲止都未對國際監察和監督委員會的權限問題有所妥協，但蘇聯的態度較中國明顯更柔軟。而在討論駐守於寮國的外國傭兵問題時，只有中國代表章漢夫強硬主張這不應爲討論議題，被視爲會議中的「不受歡迎人物」（Telegram from Harriman to DoS, Nov. 27, 1961, *FRUS, 1961-1963*, Vol. XXVI, pp. 526-527）。

【17】Telegram from Harriman to DoS, Nov. 28, 1961, *FRUS, 1961-1963*, Vol. XXII, pp. 168-169.

【18】〈章漢夫代理團長在擴大日內瓦會議上發言〉《人民日報》一九六二年七月四日。

【19】〈和平解決老撾問題擴大日內瓦會議〉《人民日報》一九六二年七月二十三日。

【20】〈寮國致外交部（一九六二年六月三十日）〉《中寮建交（二）》中央研究院近代史研究所所藏中華民國外交部檔案（下稱近史所國府外交部檔案，檔號〇一二．一，台北：中央研究院近代史研究所檔案館）。

【21】〈川壙致外交部（一九六二年六月十一日）〉中國外交部檔案（檔號一〇六－〇〇六七一－〇五，北京：中華人民共和國外交部檔案館）。

【22】〈外交部致川壙（一九六二年六月十四日）〉中國外交部檔案（檔號一〇六－〇〇六七一－〇五）。

【23】〈川壙致外交部（一九六二年六月十三日）〉中國外交部檔案（檔號一〇六－〇〇六七一－〇五）。

【24】〈川壙致外交部（一九六二年六月十五日，四五四號）〉中國外交部檔案（檔號一〇六－〇〇六七一－〇二）。

【25】〈川壙致外交部（一九六二年六月十五日，五〇二號）〉中國外交部檔案（檔號一〇六－〇〇六七一－〇二）。

【26】同右。

【27】〈外交部致川壙（一九六二年六月十七日）〉中國外交部檔案（檔號一〇六－〇〇六七一－〇

一）。

【28】〈川壙致外交部（一九六二年六月十七日）〉中國外交部檔案（檔號一〇六—〇〇六七一—〇一）。

【29】〈川壙致外交部（一九六二年六月十八日）〉中國外交部檔案（檔號一〇六—〇〇六七一—〇一）。

【30】劉樹發《陳毅年譜》下卷（北京：人民出版社，一九九五年）九二二—九二三頁以及〈貴寧・奔舍那外交大臣致電陳毅外長〉《人民日報》一九六二年六月二十九日。

【31】〈川壙致外交部（一九六二年六月二十八日）〉中國外交部檔案（檔號一〇六—〇〇六七一—〇一）。

【32】〈外交部致泰國（一九六二年六月二十九日）〉《中寮建交㈡》近史所國府外交部檔案（檔號〇二二・一）。

【33】〈泰國致外交部（一九六二年七月三日）〉《中寮建交㈡》近史所國府外交部檔案（檔號〇二二・一）。

【34】〈川壙致外交部（一九六二年七月一日）〉中國外交部檔案（檔號一〇六—〇〇六七一—〇一）、〈寮國致外交部（一九六二年七月三日）〉《中寮建交㈡》近史所國府外交部檔案（檔號〇二二・一）。

【35】〈致駐寮大使館廖代辦第三三七號去電抄件（一九六二年七月五日）〉《中寮建交㈡》近史所國府外交部檔案（檔號〇二二・一）。

【36】例如〈川壙致外交部：關於蔣幫「大使」去萬象等狀況（一九六二年七月一日）〉中國外交部檔

案（檔號一〇六—〇〇六七一—〇一）。

【37】〈外交部致川壙（一九六二年七月八日）〉中國外交部檔案（檔號一〇六—〇〇六七一—〇二）。

【38】〈外交部致日內瓦代表團、駐越使館（一九六二年七月八日）〉中國外交部檔案（檔號一〇六—〇〇六七一—〇二）。

【39】〈川壙致外交部（一九六二年七月九日）〉中國外交部檔案（檔號一〇六—〇〇六七一—〇二）。

【40】〈外交部致川壙（一九六二年七月十日）〉中國外交部檔案（檔號一〇六—〇〇六七一—〇二）。

【41】〈外交部關於立即派劉春同志去萬象建館的請示（一九六二年七月十一日）〉中國外交部檔案（檔號一〇六—〇〇六七一—〇三）。

【42】〈外交部發去劉春同志在記者招待會上的講話稿（一九六二年七月十一日）〉中國外交部檔案（檔號一〇六—〇〇六七一—〇三）以及〈我駐老撾大使館臨時代辦劉春向記者發表談話〉《人民日報》一九六二年七月十九日。

【43】〈外交部致川壙（一九六二年七月十一日）〉中國外交部檔案（檔號一〇六—〇〇六七一—〇三）。

【44】〈寮國杭立武致外交部（一九六二年八月三日、四日，五五一號、五五二號）〉《中寮建交㈣》近史所國府外交部檔案（檔號〇一二·一）。

【45】〈外交部沈昌煥簽呈（一九六二年八月十三日）〉《中寮建交㈣》近史所國府外交部檔案（檔號

○一二·一）。

【46】〈關於邀請法國前總理富爾來訪的建議（一九六二年六月十五日）〉中國外交部檔案（檔號一一○—○一九八二—一六）。

【47】〈一九六一年日內瓦會議期間陳毅副總理出席法國外長德母維爾宴會談話紀要（一九六一年六月十六日）〉中國外交部檔案（檔號一一○—○一三八九—○三）。

【48】Note de Jacques Roux, Genève, 18 juillet 1962, Ministère des Affaires étrangèrs, *Documents Diplomatiques Français* (*ci-après DDF*) (Paris : Imprimerie Nationale), 1962, Tome 2, p. 81.

【49】〈外交部關於開展當前對法工作的請示（一九六三年二月六日）〉中國外交部檔案（檔號一一○—○一九八四—○二）、〈法美矛盾和我對法工作的意見（一九六三年三月）〉中國外交部檔案（檔號一一○—○一九八四—○三），以及陳定民致陳毅信件（一九六三年一月二十二日），中國外交部檔案（檔號一一○—○一九八四—○二）。

【50】〈外交部向法國試探建交的意見（日期不明，未上報）〉記載於中國外交部檔案（檔號一一○—○一九八四—○二）的指示。與陳定民的信件列爲同一檔案公開，因記載爲三月八日之後的指示，故判斷該文件爲收到陳定民信件後，於三月八日之前撰寫完畢。引用內容中，括號內的原文有兩字無法讀取，爲筆者推測。

【51】周恩來對於前揭〈外交部關於開展當前對法工作的請示（一九六三年二月六日）〉的指示（三月八日），中國外交部檔案（檔號一一○—○一九八四—○二）。

【52】例如〈關於邀請法國前總理富爾來訪的建議（一九六二年六月十五日）〉中國外交部檔案（檔號一一○—○一九八二—一六）。

【53】〈駐瑞士使館致外交部：關於富爾訪華事（一九六三年八月二十日）〉中國外交部檔案（檔號一一〇一〇一九八二一〇一）。

【54】同右，以及Edgar Faure, "Reconnaissance de la China," p. 19.

【55】〈外交部關於邀請法國前總理富爾訪華請示（一九六三年八月二十四日，劉少奇、鄧小平、毛澤東閱後，周恩來於八月二十九日標註同意）〉中國外交部檔案（檔號一一〇一〇一九八二一一六）、〈外交部致駐瑞士使館：覆關於富爾訪華事（一九六三年八月二十九日）〉中國外交部檔案（檔號一一〇一〇一九八二一〇一）。

【56】〈駐瑞士使館致外交部：富爾夫婦請李大使夫婦吃飯時談他訪華事（一九六三年九月十四日）〉中國外交部檔案（檔號一一〇一〇一九八二一〇一），根據中國外交部的記錄，富爾與李大使接觸日期為八月二十日、三十日、九月十二日，共三次，本電報為第三次接觸時相關報告（〈駐瑞士使館致外交部：總報富爾對一些重要國際問題的看法（一九六三年九月十四日）〉中國外交部檔案（檔號一一〇一〇一九八二一〇一）。

【57】Maurice Vaïsse, La Grandeur, p. 516.

【58】對於戴高樂政府往中國靠攏一事，唐小松、潘敬國、張穎的前揭論文之立場為戴高樂對美國的反感，促使其靠往中國。Martin的前揭論文則強調，戴高樂向中國靠攏與對中南半島政策的連結。

【59】蘇宏達〈「一個中國原則」與「兩岸國際共存」並行的可能性評估〉八九－九〇頁。

【60】許文堂〈建交與斷交〉一六九－一七一頁。

【61】Instructions pour Edgar Faure, sénateur du jura, pour une première prise de contact avec la République Populaire de Chine, 29 septembre 1963; Charles de Gaulle, *Lettres*, *Notes et Carnets(ci-*

après LNC), Tome IX, 1961-1963 (Paris: Plon, 1986), pp. 374-375.

【62】同右。

【63】〈周恩來總理同法國前總理富爾第一次會談記錄（一九六三年十月二十三日）〉中國外交部檔案（檔號一一〇—〇一九八二—〇八）。

【64】同右，以及〈陳毅副總理同法國前總理富爾會談記錄（一九六三年十月二十四日）〉中國外交部檔案（檔號一一〇—〇一九八二—〇九）、〈周恩來總理、陳毅副總理同法國前總理富爾會談記錄（一九六三年十月二十五日）〉中國外交部檔案（檔號一一〇—〇一九八二—一一）。

【65】〈富爾準備向戴高樂提出的報告的補充説明（一九六三年十月二十六日）〉中國外交部檔案（檔號一一〇—〇一九八二—〇七）。至於「默契項目」，中國端的文件往後一律記載爲「默契」，而持該文件返國後，法國端的文件則會記上“un accord tacite”（默許）。根據中國的過去的研究及回憶錄，這些多被視爲兩國間交換的「密約」，但本書從富爾訪中的性質及之後交涉過程等情況看來，將「默契項目」視爲相當於中日邦交正常化時的「竹入備忘錄」較適當。

【66】〈富爾準備向戴高樂提出的報告（一九六三年十月二十六日）〉中國外交部檔案（檔號一一〇—〇一九八二—〇七）。

【67】〈富爾準備向戴高樂提出的報告的補充説明（一九六三年十月二十六日）〉中國外交部檔案（檔號一一〇—〇一九八二—〇七），括號內爲筆者所註。

【68】〈外交部關於與法國談判建立兩國外交關係的意見（一九六三年十月二十八日）〉中國外交部檔案（檔號一一〇—〇一九八二—一五）。

【69】〈陳毅副總理同法國前總理富爾會談記錄（一九六三年十月三十日）〉中國外交部檔案（檔號

一一〇一一九八二一一二）。

【70】〈周恩來總理、陳毅副總理同法國前總理富爾會談記錄（一九六三年十月三十一日）〉中國外交部檔案（檔號一一〇一〇一九八二一一三）、〈周恩來總理、陳毅副總理同法國前總理富爾會談記錄（一九六三年十一月一日）〉中國外交部檔案（檔號一一〇一〇一九八二一一〇）。

【71】不過，此階段記入草稿內的兩國貿易關係內容，因政治關係優先的立場而遭到刪除。以上出自〈周恩來總理、陳毅副總理同法國前總理富爾會談記錄（一九六三年十一月一日）〉中國外交部檔案（檔號一一〇一〇一九八二一一〇）。

【72】多次推敲《周恩來總理談話要點》的草稿後，最後由毛澤東批改。要正確掌握《談話要點》撰寫期間的推敲及討論過程相當困難，但修改稿的一部分及毛澤東的意見則包含在中國外交部檔案（檔號一一〇一〇一九八二一〇六）之中。

【73】〈周恩來總理同法國前總理富爾會談記錄（一九六三年十一月二日）〉中國外交部檔案（檔號一一〇一〇一九八二一〇三）。草稿原文為「法政府承認中華人民共和國政府為代表中國人民的唯一合法政府，不再承認在台灣的所謂『中華民國』政府」，修改後的原文（後半部分）為「這就自動地包含著這個資格不再屬於在台灣所謂『中華民國』政府」。對於此項修改，富爾在日後向戴高樂的報告中提到是為了迴避「暗示此為法國政府自發性決定」一事才要求變更（Rapport adressé au Général de Gaulle Président de la République Française par M. Edgar Faure, au sujet de sa mission en Chine, 7 novembre, 1963, Archives du Ministère des Affaires étrangers (La Courneuve, ci-après MAE), Asia-Oceanie (AO), Chine (1956-1967), 525）。

【74】關於最後默契項目的內文，主要參照〈周恩來總理同富爾達成的三點默契〉劉海成、高風主編

【75】《中法建交四十年—重要文獻彙編》（北京：世界知識出版社，二〇〇四年）九一—九二頁，富爾所帶回的法語版參照自Ministère des Affaires Etrangers, *DDF*,1963, Tome 2, pp. 458-459。Rapport adressé au Général de Gaulle Président de la République Française par M. Edgar Faure, au sujet de sa mission en Chine, 7 novembre 1963, MAE, AO, Chine (1956-1967), 525.

【76】Instructions, pour M. de Beaumarchais (11 décembre 1963), MAE, AO, 525.

【77】〈瑞士使館致外交部（一九六三年十二月十二日）〉中國外交部檔案（檔號一一〇—〇一九九七—〇六）。

【78】〈雲南黃鎮致外交部（一九六三年十二月十三日）〉中國外交部檔案（檔號一一〇—〇一九九七—〇六）。黃鎮與周恩來等人同行。

【79】〈黃鎮致阿連外交部（一九六三年十二月十三日）〉中國外交部檔案（檔號一一〇—〇一九九七—〇六）。

【80】〈外交關於同法方談判中法建交問題的補充請示（一九六三年十二月十七日）〉中國外交部檔案（檔號一一〇—〇一九九七—〇六）。

【81】〈外交部致駐瑞士使館：關於中法建交事（一九六三年十二月十九日）〉中國外交部檔案（檔號一一〇—〇一九九七—〇六）。本電報由鄧小平負責，具有經姬鵬飛、彭眞、劉少奇、毛澤東的同意後發出的跡象。

【82】〈中華人民共和國和法蘭西共和國之間建立外交關係的聯合公報（一九六四年一月二十七日）〉劉海成、高風主編《中法建交四十年—重要文獻彙編》（北京：世界知識出版社，二〇〇四年）九二頁。

【83】Telegram (3539) from DoS to Bohlen, Jan. 15, *FRUS, 1964-1968*, Vol. XXX, (Washington D.C.: U.S. Government Printing Office, 1998), pp. 1-3.

【84】Telegram (3545) from DoS to Paris, Jan. 15, 1964, and Telegram (1269) from DoS to All American Diplomatic Posts, Jan. 16, 1964, *Confidential: China, February 1963-1966*, *Foreign Affairs*, Reel 24.

【85】Telegram (587) from Rusk to Taipei, Jan. 16, 1964, *FRUS 1964-1968*, Vol. XXX, pp. 4-5.

【86】貝志高將軍為前駐重慶法國代表，也是戰後第一代法國駐華大使（吳圳義《戴高樂與現代法國》〈台北：台灣商務印書館，一九八九年〉三八四頁）。

【87】Lettre au Maréchal Tchang Kaï-chek, président de la République de Chine, Taipei (Formose), 15 janvier, 1964, *LNC*, Tome X, janvier 1964-juin 1966, (Paris: Plon, 1986) pp. 22-23, 以及蘇宏達〈「一個中國原則」與「兩岸國際共存」並行的可能性評估〉九十七頁。

【88】〈外交部沈部長接見美國駐華大使賴特談話記錄（一九六四年一月二十一日）〉、〈外交部沈部長接見美國駐華大使賴特談話記錄（一九六四年一月二十三日）〉《法匪建交　總統及部長與使節談話》國史館所藏國府外交部檔案（下稱國史館國府外交部檔案，檔號一七二・四/〇八一一，台北：國史館），以及Telegram (615, 616, 617) from Taipei to DoS, Jan. 21, 1964, and Telegram (628) from Taipei to DoS, Jan. 23, 1964, *Confidential: China, February 1963-1966*, Foreign Affairs, Reel 24.

【89】〈中央常務委員會第十三次會議（一月二十五日）修正備案（一九六四年一月二十九日）〉《法匪建交》近史所國府外交部檔案（檔號三〇五・二二/〇〇一三）。

【90】〈外交部沈部長接見美國駐華大使賴特談話記錄（一九六四年一月二十一日）〉、〈外交部沈部

長接見美國駐華大使賴特談話記錄（一九六四年一月二十三日）〉《法匪建交　總統及部長與使節談話》國史館國府外交部檔案（檔號一七二・四／〇八一一）以及Telegram (607) from DoS to Taipei, Jan. 18, 1964, *FRUS 64-68*, Vol. XXX, pp. 8-9; Telegram (620) from DoS to Taipei, Jan. 22, 1964, *Confidential: China, February 1963-1966, Foreign Affairs*, Reel 24.

【91】〈中法建交狀況和有關問題（一九六四年一月二十四日）〉中國外交部檔案（檔號一一〇—〇一九九八—〇一）。

【92】〈轉發中央關於中法建交宣傳要點的通知（一九六四年一月二十六日）〉中國外交部檔案（檔號一一〇—〇一九九八—〇三）。

【93】〈奉命就中法建交事發表聲明〉《人民日報》一九六四年一月二十九日。

【94】〈外交部抗議法國與中共建交，聲明反對兩個中國立場（一九六四年一月二十七日）〉一個中國論述史料彙編小組《一個中國論述史料彙編》上冊（台北：國史館，二〇〇〇年）一五五頁。

【95】〈鄧小平總理接見法國議員以貝爾納爲首的法國議員團談話記錄（一九六四年一月二十九日）〉中國外交部檔案（檔號一一〇—〇二〇〇五—〇一）、〈毛澤東主席接見法國議員以貝爾納爲首的法國議員團談話記錄（一九六四年一月三十日）〉中國外交部檔案（檔號一一〇—〇二〇〇五—〇二）。

【96】Télégramme de Hong Kong à Paris, 5 février 1964, MAE, AO, Chine (1956-1967), 526.

【97】〈周恩來總理答法新社記者問〉《人民日報》一九六四年二月七日，以及Télégramme de Hong Kong en Paris, 8 fevrier 1964 , MAE, AO, Chine (1956-1967), 526.

【98】Memorandum from Komer to Johnson, Jan. 25, 1964, *FRUS 1964-1968*, Vol. XXX, pp. 12-13.

【99】〈總統接見賴特大使與克萊恩先生談話記錄（一九六四年一月二十九日）〉《接待賓客》蔣經國總統文物（典藏號：〇〇五—〇一〇三〇一—〇〇〇一〇—〇一〇，台北：國史館）。

【100】同上，以及〈總統接見賴特大使與克萊恩先生談話記錄（一九六四年二月一日）〉《接待賓客》蔣經國總統文物（典藏號：〇〇五—〇一〇三〇一—〇〇〇一〇—〇一一）、Telegram (658) from Cline to DoS, Jan. 27, 1964, and Telegram (680) from Wright to DoS, Jan. 29, 1964, *FRUS 1964-1968*, Vol. XXX, pp. 13-15 & 19-21.

【101】Conférence de presse du 31 janvier 1964, Charles de Gaulle Org. (http://www.charles-de-gaulle.org).

【102】Télégramme de Paris à Berne, 31 janvier 1964, MAE, AO, Chine (1956-1967), 526.

【103】Télégramme de Taipeh à Paris, 2 février 1964, MAE, AO, Formose (1956-1967), 61.

【104】〈關於對戴高樂在記者招待會上的談話表態事（一九六四年二月三日）〉中國外交部檔案（檔號一一〇—〇二〇〇七—〇五）、〈關於法國建館先遣人員來華和我建館先遣人員赴法問題的請示（一九六四年二月三日）〉與〈鄧小平的批（一九六四年二月四日）〉中國外交部檔案（檔號一一〇—〇二〇〇〇—〇一）。

【105】〈關於法國建館先遣人員來華和我建館先遣人員赴法問題的請示（一九六四年二月三日）〉與〈鄧小平的批（一九六四年二月四日）〉，同右。

【106】〈請審批「我赴法臨時代辦的工作方針和任務」（一九六四年二月六日）〉中國外交部檔案（檔號一一〇—〇二〇〇〇—〇二）。

【107】Note pour MM. Pompidou et Couve de Murville, 6 février 1964, *LNC*, Tome X janvier 1964-juin 1966, p. 32.

【108】〈外交部沈部長接見法國駐華大使館代辦薩萊德公使談話記錄（一九六四年二月十日）〉《法匪建交 總統及部長與使節談話》國史館國府外交部檔案（檔號一七二·四／〇八一一）。

【109】〈照會（一九六四年二月十日）〉、Aide-Mémoire de la République de Chine, 10 février 1964，MAE, AO, Formose (1956-1967), 61.

【110】〈中央常務委員會第十三次會議（一月二十五日）修正備案（一九六四年一月二十九日）〉《法匪建交》近史所國府外交部檔案（檔號三〇五·二二／〇〇一三），以及〈聯教組代表團張兆致外交部（一九六四年二月八日）〉《關閉駐法大使館》近史所國府外交部檔案（檔號三一〇·一一／〇〇〇七）。

【111】Aide-Mémoire de la République de Chine, 10 février 1964，et Télégramme de Paris en Taipeh, 11 février 1964, MAE, AO, Formose (1956-1967), 61，以及〈高士銘（法國）發外交部收電（一九六四年二月十四日）〉《法匪建交》近史所國府外交部檔案（檔號三〇五·二二／〇〇一一）。

【112】截至一九六三年爲止，承認中國的非洲國家如下所示（括號內爲承認日期及舊宗主國）。埃及（五六年五月三十日，英國）、摩洛哥（五八年十一月一日，法國）、蘇丹（五九年二月四日，英國）、幾內亞（五九年十月四日，法國）、迦納（六〇年七月五日，英國）、馬利（六〇年十月二十七日，法國）、索馬利亞（六〇年十月二十七日，英／義）、剛果（六一年二月二十日，比利時）、坦干伊加（六一年十二月九日，英國）、阿爾及利亞（一九六二年七月獨立，中國自五八年十二月二十日起變承認其臨時政府，法國）、烏干達（六二年十月十八日）、尚吉巴（六三年十二月十一日，英國）、肯亞（六三年十二月十四日，英國）、蒲隆地（六三年十二月

二十一日，比利時），埃及和馬利在承認中國之前便先宣告與國府斷交（撤回承認），其他國家原本便與國府不具外交關係（國立政治大學國際関係研究中心顧問委員會編《中共於國際雙邊關係中對台灣地位等問題的主張研究（一九四九年十月—一九九六年三月）》（台北：國立政治大學國際關係研究中心，一九九六年）二四—四一頁）。

【113】〈駐坦使館致外交部並新華社：非洲首腦會議上有關我國的問題（一九六三年五月三十一日）〉中國外交部檔案（檔號一一三—〇〇四四八—〇二）。

【114】〈駐坦使館致外交部：何大使約見坦外長（一九六三年六月十二日）〉中國外交部檔案（檔號一一三—〇〇四四八—〇二）。

【115】〈非洲首腦會議上有關我國的問題（一九六三年五月三十一日）〉中國外交部檔案（檔號一一三—〇〇四四八—〇二）、〈關於開展非洲工作的建議（一九六三年七月十八日）〉中國外交部檔案（檔號一一三—〇〇四四八—〇三）。

【116】〈外交部關於向非洲國家説明我反對「兩個中國」立場的請示（一九六三年八月十二日）〉中國外交部檔案（檔號一一三—〇〇四四八—〇三）。因「我國帶給他人不急於加入聯合國的印象」，故原本備忘錄預計發至非洲三十二個獨立國家，但僅發至與中國建交的十一國（〈外交部發電：向非洲建交國家遞交關於反對「兩個中國」問題備忘錄（一九六三年八月十九日）〉中國外交部檔案（檔號一一三—〇〇四四八—〇三））。

【117】陳敦德《周恩來飛往非洲》（北京：解放軍文藝出版社，二〇〇七年）一五二—一五三頁。

【118】突尼西亞與中國、國府皆無邦交，一九六一年前皆在聯合國代表權投票上棄權，六二及六三年則支持中國的代表權（喜田昭治郎《毛沢東の外交》（法律文化社，一九九二年）一七八—一七九

頁）。

【119】〈駐阿爾巴尼亞使館致外交部：關於和法方談判建交事（一九六四年十二月二十七日）〉中國外交部檔案（檔號一一〇—〇一九九七—〇五）。

【120】〈土耳其致外交部（一九六三年十二月三十日）〉《我爭取突尼西亞》近史所國府外交部檔案（檔號二二一・一／〇〇〇二）。

【121】Telegram from Rusk to Tunis, Jan. 7, 1964; Telegram from Tunis to Rusk, Jan.9, 1964, and Telegram from Tunis to Rusk (434), Jan. 9, 1964, in *Confidential: China, February 1963-1966, Foreign Affairs*, Reel 24.

【122】〈土耳其致外交部（一九六三年十二月三十日）〉、〈楊次長約見法國駐華代辦薩萊德談話記錄（一九六四年一月四日）〉、〈楊次長爲周匪訪非事再度約見法代辦談話記錄（一九六四年一月七日）〉《我爭取突尼西亞》皆源自近史所國府外交部檔案（檔號二二一・一／〇〇〇三）。

【123】〈中法建交狀況和有關問題（一九六四年一月二十四日）〉中國外交部檔案（檔號一一〇—〇一九九八—〇一）。

【124】剛果於一九六四年二月二十二日承認中國，同年四月十七日與國府斷交（國立政治大學國際關係研究中心顧問委員會編《中共於國際雙邊關係中對台灣地位等問題的主張研究》三八—三九頁）。

【125】〈外交通報第三〇期：關於中剛（布）建交狀況（一九六四年三月七日）〉中國外交部檔案（檔號一〇八—〇一三三五—〇二）。

【126】〈要求澄清剛果（布）加納外長九日在記者招待會上的談話（一九六四年四月十三日）〉中國外

交部檔案（檔號一〇八—〇一三三七—〇一）。

【127】〈指示甘代辦舉行記者招待會（一九六四年四月十三日）〉與〈覆舉行記者招待會事（一九六四年四月十六日）〉中國外交部檔案（檔號一〇八—〇一三三七—〇一）。

【128】〈剛果（布市）致外交部（一九六四年四月十六日）〉《剛（布）匪建交》近史所國府外交部檔案（檔號二〇五．二二／〇〇〇一）。

【129】〈關於同非洲西亞國家談判建交和驅蔣的方針問題（一九六四年二月二十六日）〉中國外交部檔案（檔號一〇八—〇一三三八—〇二）。

【130】中非於一九六四年九月二十九日承認中國，同年十一月五日與國府斷交；達荷美王國於六四年十一月十二日承認中國，翌年六五年四月八日與國府斷交；茅利塔尼亞於六五年七月十九日承認中國，同年九月十一日與國府斷交（國立政治大學國際關係研究中心顧問委員會編《中共於國際雙邊關係中對台灣地位等問題的主張研究》三九—四一頁）。

【131】同右。

【132】〈中非致外交部（一九六四年九月二十九日）〉《我與中非共和國斷交（非洲司）》近史所國府外交部檔案（檔號二一二．一／〇〇〇三）、〈達荷美致外交部（一九六四年十一月十三日）〉《達荷美與匪共建交（非洲司）》近史所國府外交部檔案（檔號二〇五．二二／〇〇〇二）、〈茅利塔尼亞致外交部（一九六五年七月十六日）〉《茅匪建交（非洲司）》近史所國府外交部檔案（檔號二〇五．二二／〇〇〇一）。

【133】〈陳澤溎（中非）致外交部（一九六四年十月二十二日）〉與〈中央通信社參考消息一八〇八號（一九六四年十一月四日）〉《我與中非共和國斷交（非洲司）》近史所國府外交部檔案

（檔號二二二・一／〇〇〇三）、〈達荷美致外交部（一九六五年三月二十六日）〉《中達斷交（非洲司）》近史所國府外交部檔案（檔號二二二・一／〇〇〇四）、〈茅利塔尼亞致外交部（一九六五年九月二日）〉《茅匪建交（非洲司）》近史所國府外交部檔案（檔號二二二・一／〇〇〇二）。

【134】〈關於同非洲西亞國家談判建交和驅蔣的方針問題（一九六四年二月二十六日）〉中國外交部檔案（檔號一〇八－〇一三三八－〇二）。

【135】〈外交部對西方未建交國家幾個政策問題的請示（一九六四年三月十七日）〉中國外交部檔案（檔號一一〇－〇一九九〇－〇一）。

【136】〈外交部關於台灣問題和我國在聯合國的席位問題（一九六四年四月十日）〉中國外交部檔案（檔號一一三－〇〇四六〇－〇一）。

【137】王泰平《中華人民共和國外交史》第二卷（北京：世界知識出版社，一九九八年）三七九－三八〇頁。

【138】〈外交部關於台灣問題和我國在聯合國的席位問題（一九六四年四月十日）〉中國外交部檔案（檔號一一三－〇〇四六〇－〇一）。

【139】司法行政部調查局編印《匪情研究專報　匪法建交與世局演變》（台北：司法行政部調查局，一九六四年三月，國立政治大學國際關係研究中心資料室藏）六〇－六四頁。

【140】〈中法建交狀況和有關問題（一九六四年一月二十四日）〉中國外交部檔案（檔號一一〇－〇一九九八－〇一）。

【141】〈外交部就聯合國我代表權問題對法國進行工作的請示（一九六四年十月十七日）〉中國外交部

檔案（檔號一一〇—〇二〇〇九—〇一）。

【142】〈駐法大使館致外交部：聯合國科教文組織會議狀況（一九六四年十月二十三日）〉中國外交部檔案（檔號一一〇—〇二〇〇九—〇一）。

【143】〈關於就聯合國我代表權問題對法國進行工作的請示（一九六四年十月二十九日）〉中國外交部檔案（檔號一一〇—〇二〇〇九—〇一）。

【144】〈外交部致駐法大使館：就聯合國我代表權問題對法國進行工作（一九六四年十一月三日）〉中國外交部檔案（檔號一一〇—〇二〇〇九—〇一）。

【145】〈駐法使館致外交部（一九六四年十一月）〉中國外交部檔案（檔號一一〇—〇二〇〇九—〇一）。

【146】〈外交部致駐亞非各館：關於我聯合國代表權問題談話要點（一九六四年十一月十六日）〉中國外交部檔案（檔號一一三—〇〇四六二—一六）。

【147】〈關於就我國在聯合國代表權問題向建交國家送交備忘錄的請示（一九六四年十一月二十日）〉中國外交部檔案（檔號一一三—〇〇四六二—一六）。

【148】〈美國阻撓恢復中國在聯合國合法權利必將失敗〉《人民日報》一九六四年十二月四日。

【149】〈外交通報一七九期（一九六五年十二月四日）〉中國外交部檔案（檔號一一三—〇〇四八五—〇三）。

【150】外務省《我が国外交の近況（外交青書）》第九號（一九六五年七月，http://www.mofa.go.jp/mofaj/gaiko/bluebook/1965/s40-2-1.htm#4，二〇一二年十二月十六日檢索）。

【151】〈外交部致各駐外使館、代辦處：對我恢復在聯合國代表權問題的態度（外交通報一二二期、

一九六五年二月十九日）〉與〈外交部致各駐外使館、代辦處：對我恢復在聯合國代表權問題的態度（外交通報一二〇期，一九六五年八月十日）〉中國外交部檔案（檔號一一三—〇〇四八五—〇一）。

【152】〈聯合國往哪裡去？〉《人民日報》一九六五年二月十五日。

【153】〈陳毅副總理兼外長舉行中外記者招待會發表重要談話〉《人民日報》一九六五年十月七日。

【154】〈外交通報一六〇期（一九六五年十月十日）有關聯合國部分的節錄（日期不明）〉中國外交部檔案（檔號一一三—〇〇四八五—〇一）。

【155】王正華編《中華民國與聯合國資料彙編　中國代表權》（台北：國史館，二〇〇一年）二四九—二七六頁。

【156】〈外交部致各駐外使館、代辦處：就二十屆聯大表決我代表權問題的表態（外交通報一七一期，一九六五年十一月二十一日）〉中國外交部檔案（檔號一一三—〇〇四八五—〇一）。

【157】〈外交部致各駐外使館、代辦處：就二十屆聯大表決我代表權問題的表態（外交通報一七二期，一九六五年十一月二十二日）〉中國外交部檔案（檔號一一三—〇〇四八五—〇一）。

【158】〈外交部致各駐外使館、代辦處：關於進一步明確恢復我聯合國代表權立場事（外交通報第一七九期，一九六五年十二月四日）〉中國外交部檔案（檔號一一三—〇〇四八五—一八）。

結論 「一個中國」原則之起源及其邏輯

本書聚焦於一、「解放」金門、馬祖，以及二、反對「兩個中國」的相關爭論，論述一九五四年至一九六五年間，中國對台政策重點由軍事鬥爭轉移至政治鬥爭，並開始逐漸形成其「一個中國」原則的過程。同時也闡明這段過程中，外交手段的重要性逐漸增加的情況。

今日，「一個中國」原則爲中國對台政策中，分別對台灣及國際社會的原則，也可說是其「和平統一台灣」政策的「基礎」。因此，歷史上在解釋「一個中國」原則的形成過程時，往往過度著重在以毛澤東爲主的中共領導層，在過往政策決策之際，不斷堅持「解放台灣」這個最終目標的情況，或是強調在這些政策決策之際，中國時常處於「主動」的一面。不過，根據同一時期的史料及多國關係的角度驗證後，也了解到中共領導層在各階段的決策，主要會根據實際狀況判斷，也有不少居於「被動」的情況。

也就是說，過往對於「一個中國」原則的說明，多主張中國外交一直以來追求「完整主權」、「恢復領土」等規範（或道義），而其必然的結果，便是「一個中國」原則的形成。不過實際上，在冷戰時期嚴峻的國際環境下，中華人民共和國相對的國力與國際地位等因素也箝制了中國領導層。與其說是箝制，不如說是中國領導層常面臨到須優先考量後者才能做出決定的局面。在這些決策中，爲了讓「解放台灣」的這個最終目標，以及視國際情勢變化展開的現實主義或合理主義性行動之間互相取得平衡、調整，中國外交逐漸產生「一個中國」原則。

以下論述，首先以「解放」金門、馬祖與「兩個中國」問題的兩大脈絡爲主，統整本書所論述的「一個中國」原則形成過程。接著，再著眼於幾大要素，考察經過這些過程後，構成「一個中國」原則的理論。

1.「一個中國」論述之形成

(1)金門、馬祖的「解放」

在韓戰休戰、日內瓦會議閉幕的一九五四年階段，中共領導層認爲，只要美國持續介入，「解放台灣」就難以實現，更將是個長期的問題。不過，領導層同時也認爲，只要在數年內「解放」中國大陸沿海由國府所占領的島嶼，確保東南沿海地區的安全，就能往「解放台灣」更近一步。因此，一九五五年解放軍「解放」了大陳島等浙江省沿海島嶼，但卻無法「解放」金門、馬祖等福建省沿海島嶼。然而此時，中國領導層也僅只是希望於數年內，在「解放」台灣之前，先行「解放」金門、馬祖罷了。中共用來「解放」的手段，除了福建前線的軍事建設之外，也透過美中大使級會談與對台灣的「和平解放」呼籲等政治外交手段，創造國軍不得不自金門、馬祖撤退的狀況。在中華人民共和國成立之後，中共「解放」的大部分島嶼如海南島及大陳島等，都以國軍撤退的結果作爲「解放」成功的情況來說，會有上述想法也是極其自然。

至今美中關係史的研究中，一九五五年起展開的美中大使級會談，往往被認爲是中國政府在「和平共處」的基礎下，爲開展美中關係而積極提議舉辦。不過，只要著眼於其與第一次台海危機的連續性，就可得知，中國願意直接對美交涉的主要動機，是爲了拒絕國際欲將中國政府與國府視爲對等主體的停戰交涉，並瓦解期望變更現狀的好戰國家形象，並要求美國放棄金門、馬祖。此目的的背景，則是因爲國際輿論逐漸高漲，要求美國放棄金門、馬祖，並以台灣海峽爲中心，劃出中國政府與國府停戰線，避免美中戰爭爆發。此外，本書也確認，除了上述背景外，更存在著蘇聯希望以不破壞社會主義陣營正當性的方式解決問題，因而提出勸告等情況。話雖如此，中國政府欲透過交涉，迫使美國政府放棄金門、馬祖一事也並不容易。最大的原因不只是因爲已簽訂美國與台灣共同防禦條約，更是因爲中國政府在交涉時，以完全不承認國府在國際上的主權爲前提所致。

即使如此，中國領導層仍不放棄在「解放」台灣、澎湖群島之前，先行「解放」金門、馬祖的目標。這個意圖也顯現在一九五八年的砲擊、封鎖金門作戰上，但該作戰在軍事上宣告失敗，在政治上也難以評論中國已達成當初目的。這最主要的原因，在於中國欲透過與美國政府交涉，迫使國軍自金門、馬祖撤退前，在軍事上，對金門的封鎖就先遭到突破所致。但中國仍持續作戰，利用國際輿論，希望迫使美國放棄金門、馬祖。不過，與一九五五年時相同，要求美國政府放棄金門、馬祖的國際輿論，仍將中國政府與國府視爲對等主體，呼籲雙方展開台灣海峽停戰交涉。也就是說，中國從未有要在不簽訂以「兩個中國」爲前提的停戰協定之下，就能取得金門、馬祖的選項。因此，中國領導層便將先行「解放」金門、馬祖的方針，與「解放」台灣、澎湖群島一樣，長期束之高閣。這個決定，則與不接受台灣海峽停戰線的劃分，以及讓「兩個中國」固定並存的停戰案決議密切相關。此外，透過兩次台灣海峽危機，中國領導層也確認，國府的「反攻大陸」逐漸遭受控制。況且，「反攻大陸」並非遭受否定，而是遭到控制，正是象徵了中國政府即使拒絕停戰，其道義上的責任也會落到國府頭上，反而是個大好機會。

如上所述，至一九五八年間，中國領導層也明確認知到，台灣海峽的冷戰結構與實質停戰線等構成「一個中國」論的背景，並逐漸接受其爲「一個中國」論。構成此理論的因素，首先爲中國放棄在「解放」台灣、澎湖群島之前，先行「解放」金門、馬祖，並持續努力，希望在未來可一舉「解放」台灣、澎湖、金門、馬祖。在接受上述第一點後，第二相對的，中國也決定，不回應將國府視爲國際主體的停戰交涉，以及停戰協定的簽訂，讓「兩個中國」成爲固定局勢的要求。接著，第三點是，向國內外宣告，雖然接受國軍占領金門、馬祖，但國府所主張的「反攻大陸」不具正當性，更須遏制此行動。第二次台灣海峽危機結束後，中國開始對國際社會積極主張上述理論。

一九五八年之後的中國領導層，雖然不挑戰上述台灣海峽的冷戰結構與實質停戰線，相對地，也持續努力避免使停戰線後退。一九六二年，東南沿海地區的軍事動員即可清楚看出其努力。第二次台灣海峽危機後，美國及蘇聯國內皆開始討論，希望用金門、馬祖換取停戰。此外，也可見到蔣介石欲趁著中共「大躍進」的失敗，正式展開「反攻大陸」行動。因此，中國領導層在金門、馬祖對岸展開大規模軍事動員，在不砲擊金門、馬祖的情況下，創造台海軍事緊張情勢。此時，中國也向美國、蘇聯確認上述三點內容，尤其強調蔣介石所率領的國府並不具「反攻大陸」正當性這一點。

(2)「兩個中國」問題

在過去的研究中，台灣海峽危機所象徵的美中軍事緊張情勢，以及聯合國、國際機構上的中國代表權問題與各國承認中國等兩大問題，大多被視為個別問題，分別論述。不過，透過本書各章的考察可知，不管是從毛澤東等中共領導層的角度看來，還是從蔣介石等國民黨領導層的立場看來，上述問題都密切相關。兩大問題互相交錯、相互影響，進而形成了「一個中國」論。

中國政府在國際社會開始明確主張反對「兩個中國」成為固定事實，並對西方國家有所批判，是以第一次台灣海峽危機停戰相關討論為契機。當時，中國政府主張的理論為，中國政府不排除停戰協議，但中國並非如朝鮮或越南般屬於分裂國家，不得將國府認定為國際上的談判國。不過，由於中國政府與國府的統治區域實屬分裂狀態，故國際社會中為應對此分裂狀態，多次論及「兩個中國」論，更顯化為國際機構或中國承認問題上的「兩個中國」政策。當時，中國政府始終採取拒絕所有可能產生「兩個中國」狀況的對策。不過，該對策有時也與亞非國家、社會主義國家的認知或利益不相符合。此外，中國領導層也開始察覺，若有機會加入國際機構，尤其又是厭惡政治介入的文化或體育等領域的相關機構時，一旦拒絕參加，便有可能被譴責其自身的道義責任。

由此可見，正因此時期中國政府開始苦於應對「兩個中國」論，在第二次台海危機時，中國政府才會再次加強對「兩個中國」論的駁斥。然而，台海危機已是第二次，中國政府的意圖又有許多不明確因素，故相較於第一次台海危機時，要求停戰的國際輿論也大幅增加。其中，蘇聯比起一九五五年時，對停戰的勸告更加強烈，如此也對中國領導者決策時，造成極大的影響。不過，對於中國政府來說，幸運的是，位在台灣的國府也拒絕停戰，同時也反駁「兩個中國」論。因此，中國政府不僅擱置「解放」金門、馬祖計畫，並拒絕停戰，同時更對台灣及國際社會展開宣傳攻勢，強調中國政府也站在與國府一樣反對「兩個中國」論的立場。在這之前，中國政府對於「兩個中國」論僅不斷表示「反對兩個中國」，但從此階段起，中國也開始主張「世界上只有一個中國，沒有兩個中國」等標語，表達反對之意。

進入一九六〇年代之後，在冷戰結構邁向多極化過程中，中國政府認爲必須研擬反對「兩個中國」政策的新戰略。若像之前一樣，只是拒絕參與可能出現「兩個中國」狀態的事務，並期待國府也反駁「兩個中國」論，對策不夠充足。這是因爲，國際間於這時期出現的論點不僅要求中國政府參與國際社會，更將國府視爲與中國政府不同的主體，可藉此留在國際社會。西方國家爲使國府回應這樣的妥協提案，對國府施加的壓力也日益增強。面臨此情況，中國政府終於正式展開努力，與國府爭奪正統性。也就是說，中國政府開始動作，欲在國際社會上贏過國府，讓國際社會支持的並非國府所主張的「漢賊不兩立」，而是中國所主張的「一個中國」論，以獲取代表「中國」的正統性。中國領導層察覺若台灣與中國的分裂局勢漸趨固定，國府在自己爲「正統中國」的主張逐漸衰退的情況下可能會接受分裂現狀，因而決定讓自身所主張的「一個中國」論取得國際共識，並打算建構「一個中國」原則。

2.「一個中國」論述之內涵

「一個中國」論的形成背景如上段所述，而檢視其形成過程，究竟「一個中國」論是基於什麼樣的理論所構成呢？以下統整本書所分析的構成「一個中國」論的理論。

(1)「解放台灣」與國家安全

首先，必須得論及「解放台灣」與「一個中國」論的關係。「解放台灣」被列爲中國國家統一的最後階段，在毛澤東時期，從未放棄過「解放台灣」的目標。不過，就如毛澤東也承認的，韓戰爆發後美國政府持續實施圍堵中國政策，更與國府簽訂《中美共同防禦條約》，故「解放台灣」不得不變成長期目標。「一個中國」原則則是在不放棄「解放台灣」之下，實質上取代此目標所形成的理論。

從這個角度思考可知，「一個中國」論長期以來，蘊含著在「解放台灣」之前，優先保障國家安全的理論。若「解放台灣」純粹僅具有延續中國革命之意義，無論遇到多艱難的狀況，即使喪失部分現有資源，中國人民都須爲了「解放台灣」而戰。不過，中共領導層並未選擇這條道路。中共領導層在實質上擱置「解放台灣」議題，並極力增強眼前的國家軍事建設與經濟建設，以累積實力，得以在中長期未來以武力「解放台灣」。

(2) 國家建設與愛國主義

在中國領導層認知到「解放台灣」這個最終目標屬於長期議題後，接下來，在「解放」金門、馬祖也遭長期擱置的過程中，中共將「解放台灣」的標語利用於其目標的社會主義國家建設上，並透過強調台灣海峽對岸「敵人」存在的方式，展開提升國民愛國意識的運動。其理論及運動並非在中華人民共和國成立時就已存在，而是隨著「解放台灣、澎湖、金門、馬祖」成爲「一個長期、複雜的鬥爭」過程，反覆摸索後才逐漸形成。之所以有此情況，是因爲以「解放台灣」或「解放」金門、馬祖爲標語，但若長期無法實現，則會引發關乎中共於中國大陸威信的巨大危機。

近年，台灣海峽危機相關研究大多強調中國對金門軍事作戰與國內動員的相關性，但在中國大陸，將「解放台灣」標語向民眾展開宣傳的方針開始定型，反而應落在第二次台灣海峽危機後。中共長期不追求變更台灣海峽現狀的方針定型後，另一方面，也擔心「解放台灣」的最終目標在國內逐漸消失。此外，中國也須對抗蔣介石號召「反攻大陸」，並將大量特務送至大陸的攻勢。因此，中共將「美國帝國主義」及「人民公敵蔣介石」阻礙「解放台灣」的相關理論定爲公式，透過廣播及群眾動員，反覆「教育」國民。

(3)「中國」的國際地位及正統性

國際地位的提升，與國家安全保障及國家建設並列，被視爲在「一個中國」論中相當重要的理論。既然「解放台灣」無法在不與美國衝突下實現，中國就須取得與其相對應的國際地位。對於當時中國領導層來說，雖然精心隱瞞了這樣的想法，但推測這確實爲相當迫切的需求。在提升國際地位之際，中國更採取了逐漸拉攏美國、台灣盟友的戰略。像這樣，獲得周邊國家的支持不僅相當重要，更符合道義的正確性。其實，「一個中國」論是爲了拒絕台灣海峽停戰交涉而產生的理論，但中國仍下足功夫，欲盡可能地將其道義責任轉嫁到國府身上，這些努力更考量了中國與亞非國家的關係。

提升國際地位後，中國最終追求的，則是「中國」的正統性。當時，中國也謹愼隱藏了此意圖。就如聯合國安理會議席所象徵的，在國際社會中，大多認爲國府具有代表「中國」的正統性，中國政府則擔心被批評其身爲革命政權，卻想取代國府。不過，國府的「漢賊不兩立」與中國政府的「一個中國」論之間，最大的不同便是這個正統性的存在。站在拒絕於台灣海峽停戰、反對「兩個中國」的角度看來，「漢賊不兩立」與「一個中國」論的理論相通。不過，中國政府欲獲取國際對「一個中國」論的支持，就需要從國府手中，奪走說明什麼是「一個中國」的解釋權。

從歷史角度檢視構成「一個中國」論的理論可知，「一個中國」論是中國外交在嚴苛的政治權力中，持續採取實用主義的選擇所構成。當然，「一個中國」論並未否定「解放台灣」，而是包含「解放台灣」在內的理論。因此，持續革命的意識形態、收復失土、脫離屈辱的近代史等理論都列入「一個中國」論之旗下。然而，戰後國際政治中，中國政府累積的許多決定，多基於現實主義的情勢認知下，以實用主義角度所實施，而這些決策形成的新理論也是極為重要的一點。

3. 「一個中國」原則之起源

經過上述過程所形成的「一個中國」論，究竟在什麼樣的外交談判之下，開始構成「一個中國」原則呢？對於一九五〇年代中期，出現於國際社會的「兩個中國」論，中國政府至一九六〇年代初期僅不斷表達反對，並拒絕參與可能引發「兩個中國」狀態的事務罷了。然而，到了一九六〇年代中期後，因中國與蘇聯、印度的關係惡化，即使可能引發「兩個中國」狀態，中國政府都必須與戰略價值高的國家展開外交關係。

過往中國政府與各國談判時，皆要求其先與國府斷交，再承認中國，但在與寮國聯合政府、法國、舊法屬非洲國家開展外交關係時，中國則難以堅持過往的條件。因此，中國政府妥協於這些條件，不等對方政府與國府斷交，便明確宣告建交。相對的，中國政府則要求建交國家，須於官方文件中提及將中國政府視為「唯一合法政府」，並與其建交內容。這個方式，是基於中國政府認為，只要這些國家表明將中國政府視為「唯一的合法政府」，國府便會自行表明與該國斷交的盤算。此外，對於當時中國外交來說，這已經是對談判國最大的讓步，若讓步更多，可能會帶給國際社會錯誤訊息，認爲中國容許「兩個中國」狀態。

從上述一連串的外交過程中，可知提升中國國際地位一事，以及要求談判各國表明參與「一個中國」，以將原本僅爲中國單方面主張的「一個中國」論建構爲「一個中國」原則一事，並非僅在開展外交關係或原則之間擇一進行，而是在二者間維持巧妙平衡、共同推進。也就是說，若中國的國際地位提升，國際上對「一個中國」達成共識的可能性也升高。不過，若在此過程中做出過多讓步，也可能讓容許「兩個中國」的狀態形成慣例。諸如此般，一面離間西方國家，一面謹慎限制讓步程度，嘗試讓各國參與「一個中國」的交涉，也延續至一九六〇年代末期至一九七〇年代，中國與西方國家建交的過程。

主要參考文獻

I. 史料

未公開史料

〈中華人民共和國外交部檔案館（北京）〉
　中華人民共和國外交部檔案
〈華東師範大學冷戰研究中心（上海）〉
　沈志華編《中蘇關係：俄國檔案原文複印件匯編》全十九卷（二〇〇四年編）
〈上海市檔案館（上海）〉
　市委（上海市黨委員會）系統檔案
〈福建省檔案館（福州）〉
〈國史館（台北）〉
　蔣中正總統文物（籌筆、特交檔案、特交文電）
　蔣經國總統文物（忠勤檔案、黨政軍文卷、接待賓客）
　陳誠副總統文物（石叟叢書）
　中華民國外交部檔案

〈中央研究院近代史研究所（台北）〉
中華民國外交部檔案
〈國民黨黨史館（台北）〉
中國國民黨第七屆中央委員會常務委員會會議記錄
中國國民黨第八屆中央委員會常務委員會會議記錄
〈國防部史政編譯局（台北）〉
中華民國國防部檔案
〈政治大學國際關係研究中心（台北）〉
國防部情報局《三年來共匪派出與邀進各種代表團調查》（一九六一年）
國防部情報局《三年來匪偽重要組織人事彙編》（一九六一年）
國防部情報局《偽政權中央重要組織人事調查彙編》（一九六二年）
國防部情報局《二年來匪偽重要組織人事彙編》（一九六三年）
司法行政部調查局《最近兩年匪情概述》（一九五七年）
司法行政部調查局《從共匪統戰座談會的發言看匪區眞相》（一九五七年）
司法行政部調查局《韓戰中止後的共匪外交活動》（一九五七年）
司法行政部調查局《共匪糧食問題之研究》（一九五八年）
司法行政部調查局《現階段大陸人民的反共運動》（一九五八年）
司法行政部調查局《共匪現行外交政策及對外活動》（一九六〇年）
司法行政部調查局《共匪現階段的僑務工作》（一九六〇年）

司法行政部調查局《共匪對台陰謀活動》（一九六一年）

司法行政部調查局《共匪對外貿易之研究》（一九六二年）

司法行政部調查局《匪印衝突之全面研判》（一九六二年）

司法行政部調查局《匪法建交與世局演變》（一九六四年）

中國國民黨中央委員會第六組《匪情專題研究：匪軍被驅勞動生產的分析》（一九六〇年）

中國國民黨中央委員會第六組《匪情專題研究：匪軍內部矛盾》（一九六二年）

中國國民黨中央委員會第六組《匪情專題研究：當前大陸匪情與敵我鬥爭形勢》（一九六二年）

憲兵司令部情報處《對共匪民兵組織與運用之研究》（一九六一年）

行政院新聞局敵情研究室《共匪對外文化統戰之分析》（一九六三年）

〈Hoover Institution, Stanford University (Stanford, CA)〉

《蔣介石日記》

中國國民黨第七屆中央委員會常務委員會會議記錄

〈National Archives and Records Administration (College Park, MD)〉

Record Group 59 (RG59): General Records of the Department of State

〈John F. Kennedy Library (Boston, MA)〉

National Security Files (NSF)

President's Office Files

〈The National Archives UK (Kew, London)〉

UK Foreign Office Files 371 (FO371)

〈Archives du Ministère des Affaires étrangères (La Courneuve)〉

Asie-Oceanie, Chine 1956-1967/Formose 1956-1967

公開史料集（包含微縮膠片，網路上公開資訊）

蔡相煇主編《蔣中正先生在台灣軍事言論集》（全三冊）（台北：國民黨黨史會出版，一九九四年）

一個中國論述史料彙編小組《一個中國論述史料彙編史料文件》全二卷（台北：國史館，二〇〇〇年）

姜華宣主編《中國共產黨重要會議紀事一九二一—二〇〇六（增訂本）》（北京：中央文獻出版社，二〇〇六年）

廉正保編《解密外交文獻　中華人民共和國建交檔案一九四九—五五》（北京：中國畫報出版社，二〇〇六年）

劉海星、高風主編《中法建交四十年　重要文獻》（北京：世界知識出版社，二〇〇四年）

劉樹發《陳毅年譜》上下卷（北京：人民出版社，一九九五年）

毛澤東《毛澤東思想萬歲》（中國大陸，詳情不明，一九六九年）

彭德懷傳記編寫組《彭德懷軍事文選》（北京：中央文獻出版社，一九八八年）

秦孝儀主編《總統蔣公思想言論總集》（全四〇卷）（台北：國民黨黨史會，一九八四年）

人民出版社編輯部《帝國主義和一切反動派都是紙老虎》（廣州：廣東人民出版社，一九五八年）

邵銘煌、薛化元《蔣中正總裁批簽檔案目錄》（台北：中國國民黨黨史館、國立政治大學歷史系，二〇〇五年）

沈志華編《蘇聯歷史檔案選編》全三四卷（北京：社會科學文獻出版社，二〇〇二年）

沈志華編《朝鮮戰爭—俄國檔案敵解密文件》全三卷（台北：中央研究院近代史研究所，二〇〇三年）

粟裕文選編纂組《粟裕文選》（北京：軍事科學出版社，二〇〇四年）

王焰主編《彭德懷年譜》（北京：人民出版社，一九九八年）

王正華《中華民國與聯合國資料彙編 中國代表權》（台北：國史館，二〇〇一年）

張聞天文集編輯組《張聞天文集》第四卷（北京：中共黨史出版社，一九九五年）

中華人民共和國外交部．檔案館編《中華人民共和國外交大事記》第一—四卷（北京：世界知識出版社，二〇〇二年）

中華人民共和國外交部．檔案館《中華人民共和國外交檔案選編 一九五四年日內瓦會議》（北京：世界知識出版社，二〇〇六年）

中華人民共和國外交部．檔案館編《中華人民共和國代表團出席一九五五年亞非會議》（北京：世界知識出版社，二〇〇七年）

中華人民共和國外交部、中共中央文獻研究室《周恩來外交文選》（北京：中央文獻出版社，一九九〇年）

中華人民共和國外交部．外交史研究室《周恩來外交活動大事記 一九四九—一九七五》（北京：世界知識出版社，一九九三年）

中華人民共和國外交部、中共中央文獻研究室《毛澤東外交文選》（北京：中央文獻出版社、世界知識出版社，一九九五年）

中共中央宣傳部辦公廳、中央檔案館編研部編《中國共產黨宣傳工作文獻選編》全四卷（北京：學習出版社，一九九六年）

中共中央文獻研究室《建國以來毛澤東文稿》全十三卷（北京：中央文獻出版社，一九九〇—一九九二年）

中共中央文獻研究室編《建國以來重要文獻選編》全二十冊（北京：中央文獻出版社，一九九二年）

中共中央文獻研究室《毛澤東文集》全八卷（北京：人民出版社，一九九九年）

中共中央文獻研究室《毛澤東軍事文集》（北京：軍事科學出版社、中央文獻出版社，一九九三年）

中共中央文獻研究室《劉少奇年譜一八九八—一九六九》上下卷（北京：中央文獻出版社，一九九六年）

中共中央文獻研究室《周恩來年譜一九四九—一九七六》上中下卷（北京：中央文獻出版社，一九九七年）

中共中央文獻研究室、中國人民解放軍軍事科學院《周恩來軍事文選》全四卷（北京：人民出版社，一九九七年）

中共中央文獻研究室、中國人民解放軍軍事科學院《建國以來毛澤東軍事文稿》上中下卷（北京：軍事科學出版社、中央文獻出版社，二〇〇九年）

中國人民解放軍軍事科學院毛澤東軍事思想研究所年譜組《毛澤東軍事年譜一九二六—一九五八》（南寧：廣西人民出版社，一九九四年）

中國人民解放軍總政治部聯絡部編《敵軍工作史料（一九五五年—一九六五年）》第七冊（昆明：雲南國防印刷廠，一九八九年）

CIA, *CIA Research Reports: China, 1946-1976* (Microform) (University Publications of America)

National Intelligence Council, *Tracking the Dragon: National Intelligence Estimate on China during the Era of Mao, 1948-1976* (Washington D.C.: U.S. Government Printing Office, 2004)

U.S. Department of State, *The Department of State Bulletin* (Washington, D.C.: U.S. Government Printing Office)

U.S. Department of State, *Foreign Relations of the United States: Diplomatic Papers* (Washington, D.C.: U.S. Government Printing Office)

—1952-1954, Vol. XIV (1985)

—1955-1957, Vol. II (1986)

—1955-1957, Vol. III (1986)

—1958-1960, Vol. XIX (1996)

—1961-1963, Vol. XXII (1996)

—1961-1963, Vol. XXIV (1994)

—1964-1968, Vol. XXX (1998)

U.S. Department of State, *Confidential U.S. State Department Central Files (Microform)* (University Publications of America)

—China, 1955-1959, Foreign Affairs/Internal Affairs (Pt1 and Pt 2)

—China, 1960-January 1963, Foreign Affairs/Internal Affairs

—China, February 1963-1966, Foreign Affairs/Internal Affairs

Central Intelligence Agency, Freedom of Information Act Reading Room (http://www.foia.cia.gov/)

The Woodrow Wilson International Center for Scholars, Cold War International History Project (CWIHP): Virtual Archives (http://www.wilsoncenter.org/)

The National Security Archive (http://www.gwu.edu/~nsarchiv/NSAEBB/NSAEBB66/)

Federation of American Scientists: Presidential Directives and Executive Orders (http://fas.org/irp/offdocs/direct.htm)

de Gaulle, Charles, *Lettres, Notes et Carnets*, (Paris: Plon),

—Tome IX 1961-1963 (1986)

—Tome X janvier 1964-juin 1966 (1986)
Ministère des Affaires étrangers, *Documents Diplomatiques Français* (Paris: Imprimerie Nationale),
—1963, Tome 1 et 2 (2001)
—1964, Tome 1 et 2 (2002)
日本国際問題研究所中国部会編《新中国資料集成》全五巻（日本国際問題研究所，一九七一年）
日本国際問題研究所現代中国研究部会編《中国大躍進政策の展開資料と解説》上下巻（日本国際問題研究所，一九七三年）
毛沢東著（太田勝洪編譯）《毛沢東外交路線を語る》（現代評論社，一九七五年）

新聞、雜誌

《人民日報》
《解放軍報（內部）》
《參考消息（內部）》
《內部參考（內部）》
《世界知識》
《中央日報》
《聯合報》
《宣傳週報》

《匪情研究》
Foreign Affairs
New York Times

回憶錄、傳記、口述歷史

陳存恭等訪問（王素陳等整理）〈滇緬邊區反共遊擊隊後期戰況紀要—訪問前雲南人民反共救國志願軍總指揮柳元麟將軍談話摘記〉《軍事史評論》第二期（一九九五年六月）一一一—一二五頁
陳毅傳編寫組《陳毅傳》（北京：當代中國出版社，二〇〇六年）
當代中國人物傳記叢書編輯部編纂《彭德懷傳》（北京：當代中國出版社，一九九三年）
當代中國人物傳記叢書編輯部編纂《粟裕傳》（北京：當代中國出版社，二〇〇〇年）
國防部史政編譯室編《塵封的作戰計畫—國光計畫口述歷史》（台北：國防部史政編譯室，二〇〇五年）
黃華《親歷與見聞—黃華回憶錄》（北京：世界知識出版社，二〇〇八年）
黃瑤、張明哲《羅瑞卿傳》（北京：當代中國出版社，一九九六年）
黃鎭傳編委員會《黃鎭傳》上下卷（北京：中央文獻出版社，二〇〇七年）
李清泉〈學習周總理的談判藝術和外交風格〉《外交學院學報》一九九六年第二期，一—五頁
林強、魯冰主編《葉飛傳》上下卷（北京：中央文獻出版社，二〇〇七年）
劉樹發《陳毅年譜》上下卷（北京：人民出版社，一九九五年）
羅瑞卿《羅瑞卿軍事文選》（北京：當代中國出版社，二〇〇六年）
沈錡《我的一生—沈錡回憶錄》全十二卷（台北：聯經出版，二〇〇〇年）

師哲口述（李海文整理）《中蘇關係見證錄》（北京：當代中國出版社，二〇〇五年）
童小鵬《風雨四十年》（北京：中央文獻出版社，一九九七年）
外交部外交史編輯室編《新中國外交風雲》第一—四輯（北京：世界知識出版社，一九九〇—一九九六年）
王道文〈一次難忘的壯行〉《黨史縱橫》一九九六年第一期，四十四頁
王炳南《中美會談九年回顧》（北京：世界知識出版社，一九八五年）
吳冷西《憶毛主席》（北京：新華出版社，一九九五年）
吳冷西《十年論戰》上下卷（北京：中央文獻出版社，一九九九年）
徐則浩《王稼祥傳》（北京：當代中國出版社，二〇〇六年）
葉飛《葉飛回憶錄》（北京：解放軍出版社，二〇〇七年）
張群口述、陳香梅筆記《張岳公閒話往事》（台北：傳記文學出版社，一九八七年）
張錫昌〈影響世界格局的「外交核爆炸」—我所親歷的中法建交〉《百年潮》二〇〇八年三月，十九—二六頁
鄭文翰《秘書日記裡的彭老總》（北京：軍事科學出版社，一九八八年）
中共中央文獻研究室編（金冲及主編）《周恩來傳一八九八—一九七六》全四卷（北京：中央文獻出版社，一九九八年）
中共中央文獻研究室編（逄先知、金冲及主編）《毛澤東傳一九四九—一九七六》上下卷（北京：中央文獻出版社，二〇〇三年）
中華人民共和國外交部外交史編輯室編《新中國外交風雲》第一—四輯（北京：世界知識出版社，一九九〇—一九九六年）
Association for Diplomatic Studies and Training (ADST), *Foreign Affairs Oral History Collection* (CD-ROM)

(Washington, D.C.: Lauinger Library, Georgetown University, 2000)

Green, Marshall, John H. Holdridge, and William N. Stokes, *War and Peace with China: First-hand Experiences in the Foreign Service of the United States* (Betheda: Dacor Press, 1994)

Gromyko, Andrei, *Memoir* (New York: Doubleday, 1989) [アンドレイ・グロムイコ（読売新聞社外報部訳）《グロムイコ回想録—ソ連外交秘史》（読売新聞社，一九八九年）]

Khrushchev, Nikita, *Khrushchev Remembers* (New York: Little, Brown & Company, 1970) [ニキータ・フルシチョフ（タイムライフブックス編集部翻訳）《フルシチョフ回想録》（タイムライフインターナショナル，一九七二年）、ニキータ・フルシチョフ（佐藤亮一訳）《フルシチョフ最後の遺言》（河出書房新社，一九七五年）]

Rankin, Karl Lott, *China Assignment* (Seattle: University of Washington Press, 1964)

Rusk, Dean, *As I Saw It*, (New York: W. W. Norton, 1990)

Tucker, Nancy Bernkopf, *China Confidential: American Diplomats and Sino-American Relations, 1945-1996* (New York, Columbia University Press, 2001)

Faure, Edgar, "Reconnaissance de la China," *Espoir*, n°138 (mars 2004), pp. 17-23(reproduction de n°1, 1972)

Manac'h, Etienne, "La politique asiatique et chinoise du général de Gaulle," *Espoir*, n° 61 (décembre 1987), pp. 34-46

劉曉（毛里和子譯）〈劉曉大使のモスクワ日記—一九五五年—六二年〉《国際政治》九五號（一九九〇年）一七七—二〇四頁。

II. 辭典、事典、年表、人物錄等

天兒慧等編《現代中國事典》（岩波書店，一九九九年）
茅原郁生編《中國軍事用語辭典》（蒼蒼社，二〇〇六年）
川田侃、大畠英樹編《国際政治経済辞典》（東京書籍，一九九三年）
山田辰雄編《近代中國人名事典》（霞山会，一九九五年）

III. 研究書籍、論文

蔡世山編《兩岸關係秘聞錄》（香港：香港文匯出版社，一九九六年）
陳鴻瑜〈一九五三年緬甸在聯合國控告中華民國軍隊入侵案〉《海華與東南亞研究》第四卷第三期（二〇〇四年七月）一—三四頁
陳兼〈關於中國和國際冷戰史研究的若干問題〉《華東師範大學學報》第三三卷第六期（二〇〇一年十一月）一六—二五頁
陳敦德《新中國外交談判》（北京：中國青年出版社，二〇〇四年）
陳敦德《探路在一九六四—周恩來飛往非洲》（北京：解放軍文藝出版社，二〇〇五年）
陳敦德《破冰在一九六四—中法建交紀實》（北京：解放軍文藝出版社，二〇〇七年）

陳永發《中國共產革命七十年》上下卷（台北：聯經出版，一九九八年）

陳永發主編《兩岸分途——冷戰初期的政經發展》（台北：中央研究院近代史研究所，二〇〇六年）

陳三井〈中法斷交前的一段外交秘辛——法國專使團的艱困訪華行〉《近代中法關係史論》（台北：三民書局，一九九四年）二六三—二七四頁

陳欣之〈法國戴高樂政府與中共建立外交關係的回顧〉《問題與研究》第三六卷第七期（一九九七年七月）五九—七二頁

戴超武《敵對與危機的年代——一九九四—一九五八年的中美關係》（北京：社會科學文獻出版社，二〇〇三年）

戴萬欽〈蘇聯在一九五八年台灣海峽軍事衝突中之角色〉《淡江史學》第一四期（二〇〇三年十二月）七一—九二頁

當代中國叢書編輯委員會《當代中國軍隊的軍事工作》上下卷（北京：中國社会科學院出版社，一九八九年）

鄧禮峰《新中國軍事活動紀實》（北京：中央黨史資料出版社，一九八九年）

段承恩〈從口述歷史中滇緬邊區遊擊隊與鴉片、馬幫之關係〉《中國歷史學會史學集刊》第三六期（二〇〇四年七月）二八五—三一四頁

福建省地方志編纂委員會《福建省志．軍事史》（北京：新華出版社，一九九五年）

高朗《中華民國外交之演變》（台北：五南圖書出版，一九九三年）

高素蘭〈中共對台政策的歷史演變（一九四九—二〇〇〇）〉《國史館學術集刊》第四期（台北：國史館，二〇〇四年）一九〇—二三七頁

國立政治大學國際關係研究中心顧問委員會編《中共於國際雙邊關係中對台灣地位等問題的主張之研究》（台北：國立政治大學國際關係研究中心，一九九六年）

國立政治大學歷史學系《冷戰與台海危機》（台北：國立政治大學歷史學系，二〇一〇年）
觀鴻全《從拖延到拒絕—一九六二至一九六三年美國對國府反攻政策之演變》（嘉義：國立中正大學歷史研究所碩士論文，二〇〇一年）
宮力《毛澤東與美國》（北京：世界知識出版，一九九八年）
宮力等主編《從解凍走向建交》（北京：中央文獻出版社，二〇〇四年）
韓鋼〈近三十年來黨史史料的整理、編纂和利用〉《中共黨史研究》二〇一〇年第七期，二三—二五頁
韓念龍主編《當代中國外交》（北京：中國社會科學出版社，一九八七年）
何迪〈「台海危機」和中國對金門、馬祖政策的形成〉《美國研究》第二期（一九八八年）四〇—六五頁
賀之軍〈五〇年代中期《和平解放台灣戰略》形勢初探〉《台灣研究集刊》一九九六年第三期，三八—四三頁
胡哲峰〈周恩來與一九五八年金門炮戰〉《軍事歷史研究》一九八八年第二期，二五—三四頁
胡繩主編《中國共產黨的七十年》（北京：中共黨史出版會，一九九九年）
黃修榮《國共關係七十年紀實》（重慶：重慶出版社，一九九四年）
黃修榮《國共關係史》上下卷（廣州：廣東教育出版社，二〇〇二年）
姜長斌、羅伯德、羅斯編《從對峙走向緩和》（北京：世界知識出版社，二〇〇〇年）
姜平主編《謝雪紅與台灣民主自治同盟》（廣州：廣東人民出版社，二〇〇二年）
姜平主編《李濟深與中國國民黨革命委員會》（廣州：廣東人民出版社，二〇〇四年）
軍事科學院軍事歷史部《中國人民解放軍的七十年》（北京：軍事科學出版社，一九九七年）
軍事科學院軍事歷史研究所編《中國人民解放軍八十年大事記》（北京：軍事科學出版社，二〇〇七年）
軍事科學院軍事歷史研究所編《中國人民解放軍的八十年》（北京：軍事科學出版社，二〇〇七年）

李丹慧編《中國與印度支那戰爭》（香港：香港天地圖書有限公司，二〇〇〇年）

李福鐘〈「解放台灣」與台海危機—一九四九年以來的中國對台政策〉《現代學術研究》專刊八（台北：財團法人現代學術研究基金會，一九九七年）二二一—二五一頁

李捷〈改革開放以來中共黨史人物研究的回顧與展望〉《中共黨史研究》二〇一〇年第七期，二〇—二三頁

李俊融《中共和美國會談與台海危機關聯性之研究（一九五五—一九六三）》（台北：國立政治大學東亞研究所碩士論文，二〇〇〇年）

李曉海〈從兩次炮擊金門看毛澤東對台灣政策的變化〉《軍事歷史》二〇〇一年第三期，四五—四七頁

聯合報社編譯《蘇聯特務在台灣—魏景蒙日記中的王平檔案》（台北：聯經出版，一九九五年）

廉生保主編《中華人民共和國外交大事記》（北京：世界知識出版，二〇〇三年）

林蘊暉《中華人民共和國史第四卷（一九五八—一九六一）烏托邦運動》（香港：香港中文大學，二〇〇八年）

林曉光〈朝鮮戰爭與建國初期我國東南沿海防衛戰略的轉換〉《中國現代史》二〇〇四年第二期，一〇三—一一一頁

林正義《一九五八年台海危機期間美國對華政策》（台北：台灣商務印書館，一九八五年）

柳金財〈論五〇年代以來中華民國政府關於「一個中國論述」內涵的持續與變遷〉《近代中國》第一四二期，一一一—一四二頁

劉開政、朱當奎《中國曾參加一場最秘密戰爭》（北京：紅旗出版社，一九九四年）

劉守仁〈對中共爭取和平解放台灣方針的歷史考察〉《軍事歷史》一九九五年第一期，二四—二八頁，三九頁

劉曉鵬〈回顧一九六〇年代中華民國農技外交〉《問題與研究》第四四卷第二期（二〇〇五年三／四月）一三一—一四五頁

劉曉鵬〈從非洲維持美台聯盟—重新檢視「先鋒案」〉《台灣史研究》第一四卷第二期（二〇〇七年六月）一六一—一八一頁
劉志攻《中華民國在聯合國大會的參與》（台北：台灣商務印書館，一九八五年）
劉志青〈一九六二年的第三次台海危機〉《黨史博覽》二〇〇四年第四期，九—十二頁
羅致政、宋允文《解構「一個中國」：國際脈絡下的政策解析》（台北：台灣智庫，二〇〇七年）
牛大勇、沈志華編《冷戰與中國的周邊關係》（北京：世界知識出版社，二〇〇四年）
牛大勇〈「栓緊韁繩」與「大陸反攻」—肯尼迪與蔣介石的戰爭之爭〉《北京大學學報〈哲學社會科學版〉》二〇〇〇年第四期第三七卷（二〇〇〇年）一七二—一八三頁
牛軍〈毛澤東國際戰略思想深源〉《國際政治研究》一九九五年第一期，四—一〇頁
牛軍〈一九六二：中國對外政策「左」轉的前夜〉《歷史研究》二〇〇三年第三期，二三—四〇頁
牛軍〈三次台灣海峽軍事鬥爭決策研究〉《中國現代史》二〇〇五年第一期，一〇九—一二〇頁
牛軍〈一九五八年炮擊金門決策的再探討〉《國際政治研究》二〇〇九年第三期，一六一—一八四頁
牛軍〈三十年來當代中國外交研究〉《中共黨史研究》二〇一〇年第七期，十八—二〇頁
牛軍〈中國對外政策分析中的歷史座標〉《外交評論》二〇一〇年第四期，二七—三一頁
潘敬國、張穎〈中法建交中的美台因素〉《當代中國史研究》第九卷第三期（二〇〇二年五月）九一—九七頁
裴堅章主編《中華人民共和國外交史（第一卷）一九四九—一九五六》（北京：世界知識出版社，一九九四年）
裴默農《周恩來與新中國外交》（北京：中共中央黨校出版社，二〇〇二年）
錢江《周恩來與日內瓦會議》（北京：中共黨史出版社，二〇〇五年）
錢庠理《中華人民共和國史第五卷（一九六二—一九六五）歷史的變局》（香港：香港中文大學，二〇〇八年）

人民解放軍雲南省軍區編《雲南省志・軍事史》（昆明：雲南人民出版社，一九九七年）
邵銘煌〈快刀與黑貓─蔣中正反攻大陸的想望〉呂芳上編《蔣中正日記與民國史研究》（台北：世界大同出版有限公司，二〇一一年）五八七─六一一頁
沈志華〈一九五八年砲擊金門前中國是否告知蘇聯？─兼談冷戰史研究中史料的解讀與利用〉《中共黨史研究》二〇〇四年第三期，三五─四〇頁
沈志華、李丹慧《戰後中蘇關係若干問題研究》（北京：人民出版社，二〇〇六年）
沈志華編《中蘇關係史綱》（北京：新華出版社，二〇〇七年）
沈志華《中華人民共和國史 第三卷（一九五六─一九五七）─思考與選擇》（香港：香港中文大學，二〇〇八年）
沈志華〈炮擊金門─蘇聯的應對與中蘇分歧〉《歷史教學問題》二〇一〇年第一期，四─一二頁
蘇格《美國對華政策與台灣問題》（北京，世界知識出版社，一九九八年）
蘇宏達〈「一個中國原則」與「兩岸國際共存」並行的可能性評估─以一九六三年到一九六四年中華民國對法國的外交政策爲例研究〉《美歐季刊》第一四卷第一期（二〇〇〇年春季）八三─一一一頁
覃怡輝〈李彌部隊退入緬甸期間（一九五〇─一九五四）所引起的幾項國際事件〉《人文及社會科學集刊》第一四卷第四期（二〇〇二年），五六一─六〇四頁
覃怡輝〈李彌將軍在滇緬邊區的軍事活動〉《中華軍史學會會刊》第七期（二〇〇二年）七五─一一六頁
覃怡輝《金三角國軍血淚史（一九五〇─一九八一）》（台北：中央研究院、聯經出版，二〇〇九年）
唐小松〈「法國承認中國」對美國對華政策的影響（一九六四─一九六六）〉《國際論壇》第五卷第一期（二〇〇三年一月）三三─三八頁

陶文釗《中美關係史》（上海：上海人民出版社，一九九九年）

田克勤、孫成武〈從「和平解放台灣」到「一國兩制」〉《社會科學戰線》一九九五年第三期，一三四—一四一頁

王棟〈一九六二年台海危機與中美關係〉《中共黨史研究》二〇一〇年第七期，六〇—六九頁

王功安、毛磊主編《毛澤東與國共關係》（武漢：武漢出版社，二〇〇三年）

王國璋〈中共如何取代我國在聯合國之席位〉《問題與研究》第三二卷，第五期（一九九三年五月），一一—二三頁

王泰平主編《中華人民共和國外交史（第二卷）一九五七—一九六九》（北京：世界知識出版社，一九九八年）

王文隆《外交下鄉，農業出洋：中華民國農技援助非洲的實施和影響》（國立政治大學歷史學系，二〇〇四年）

王文隆〈中法斷交與我國對非洲農技援助策略的改變〉《近代中國》一五七（二〇〇四年六月）一二五—一四七頁

王文隆〈台海兩岸政府在達荷美的外交競逐（一九六四—一九六六）〉《國史館館刊》第二一期（二〇〇九年），一五五—一九〇頁

王文隆〈中華民國與加拿大斷交前後政府的處置（一九六八—一九七〇）〉《國立政治大學歷史學報》（二〇〇九年）二六三—三〇四頁

王正華〈蔣介石與一九六一年聯合國中國代表權問題〉《國史館館刊》第二一期（二〇〇九年）

王正華〈從《蔣中正日記》看一九六一年中華民國的對美交涉〉呂芳上編《蔣中正日記與民國史研究》（台北：世界大同出版有限公司，二〇一一年）六九五—七二一頁

汪士淳《漂移歲月—將軍大使胡炘的戰爭紀事》（台北：聯合文學，二〇〇六年）

翁台生《CIA在台活動秘辛—西方公司的故事》（台北：聯經出版，一九九一年）
翁台生《黑貓中隊—U2高空偵察機的故事》（台北：聯經出版，一九九〇年）
吳圳義《戴高樂與現代法國》（台北：台灣商務印書館，一九八九年）
習仲勛主政廣東編委會《習仲勛主政廣東》（北京：中共黨史出版社，二〇〇七年）
廈門市地方史編纂委員會編《廈門市志》（北京：方志出版社，二〇〇四年）
徐焰《毛澤東與抗美援朝戰爭》（北京：解放軍出版社，二〇〇四年）
徐焰《台海大戰》上、下卷（台北：風雲時代出版社，一九九五年）
徐焰〈五十年代中共中央在東南沿海鬥爭中的戰略方針〉《中共黨史研究》一九九二年第二期，五二—六〇頁
許文堂〈建交與斷交—一九六四年台北、巴黎、北京的角力〉《戰後檔案與歷史研究（中華民國史專題論文集）》（二〇〇八年）一五九—二〇〇頁
楊奎松《走向破裂　毛澤東與莫斯科的恩恩怨怨》（香港：三聯書局，一九九九年）
楊奎松〈毛澤東的「冷戰」觀〉《二十一世紀》第六六卷（二〇〇一年）六一—七〇頁
楊奎松〈毛澤東與兩次台海危機—二十世紀五〇年代中後期中國對美政策變動原因及趨向〉《史月月刊》二〇〇三年第一期，五二—五九頁及第二期，四八—五五頁
楊奎松主編《冷戰時期的中國對外關係》（北京：北京大學出版社，二〇〇六年）
楊奎松〈新中國的革命外交思想與實踐〉《史學月刊》二〇一〇年第二期，六二—七四頁
楊瑞春《國特風雲—中國國民黨大陸工作秘檔（一九五〇—一九九〇）》（台北：稻田出版，二〇一〇年）
姚百慧〈約翰遜政府與中國在聯合國的代表權問題—以一九六六年研究委員會提案爲中心的討論〉《首都師範大學學報（社會科學版）》二〇〇六年第六期，二四—一九頁

姚百慧〈美國與中法建交〉華東師大「第一屆國際冷戰史暑期培訓班」論文（未公開）
姚百慧〈論美國與中法建交的關係〉《世界歷史》二〇一〇年第三期，六三—七七頁
姚百慧〈中法建交談判中關於台灣問題的「三項默契」—《周恩來談話要點》形成考釋〉《當代中國史研究》二〇一二年第二期，七一—八一頁
尹家民《兩岸驚濤中的毛澤東和蔣介石》（北京：中共中央黨校出版社，二〇〇一年）
郁曼飛、林曉光〈五十年來中國共產黨對台灣政策的發展變化〉《中共黨史資料》第六九輯（一九九九年）一三七—一五九頁
曾銳生（陳淑銖記錄）〈一九五〇年代蔣中正先生反攻大陸政策〉《國史館館刊》復刊第一九期（一九九六年）一九—三二頁
章百家〈中共對外政策和新中國外交史研究的起步與發展〉《當代中國史研究》第九卷第五期（二〇〇二年九月）
章百家〈中國內政與外交—歷史思考〉《國際政治研究》二〇〇六年第一期，二—四頁
章百家〈中國外交成長歷程中的觀念變遷—從革命的、民族的視角到發展的、全球的視野〉《外交評論》二〇〇九年第三期，一—四頁
張歷歷《外交決策》（北京：世界知識出版社，二〇〇七年）
張民軍〈美國的遏制政策與第二次亞非會議的失敗〉《歷史教學問題》二〇〇七年第二期，五七—六〇頁
張淑雅〈美國對台政策的轉變的考察 一九五〇年十二月—一九五一年五月〉《中央研究院近代史研究所集刊》第一九期（一九九〇年六月）四六九—四八六頁
張淑雅〈韓戰期間美國對台軍援政策初探〉《中華民國八十年學術討論會 第二卷 國際關係史》（台北：近代

中國出版社，一九九一年十二月）

張淑雅〈安理會停火案—美國應付第一次台海危機策略之一〉《中央研究院近代史研究所集刊》第二二期（下）（一九九三年六月）六三—一〇六頁

張淑雅〈中美共同防禦條約的簽訂—一九五〇年代中美結盟過程之探討〉《歐美研究》二三：三號（一九九三年九月）五一—九九頁

張淑雅〈台海危機前美國對外島政策（一九五三—一九五四）〉《中央研究院近代史研究所集刊》第二三期（下）（一九九四年六月）二九五—三三〇頁

張淑雅〈金馬撤軍？—美國應付第一次台海危機策略之二〉《中央研究院近代史研究所集刊》第二四期（上）（一九九五年六月）四一三—四七二頁

張淑雅〈杜勒斯與對日講和中的台灣問題（一九五〇—一九五二）〉《中華民國史專題論文集第三屆討論會》（國史館，一九九六年）一〇七三—一〇九四頁

張淑雅〈文攻武嚇下的退縮—美國決定與中共舉行大使級談判的過程分析（一九五四—一九五五）〉《中央研究院近代史研究所集刊》第二五期（一九九六年六月）三八一—四二四頁

張淑雅〈藍欽大使與一九五〇年代的美國對台政策〉《歐美研究》二八：一號（一九九八年三月）一九三—二六二頁

張淑雅〈臺海危機與美國對「反攻大陸」政策的轉變〉《中央研究院近代史研究所集刊》第三六期（二〇〇一年十二月）二三一—二三三，二三五—二九七頁

張淑雅〈一九五〇年代美國對臺決策模式分析〉《中央研究院近代史研究所集刊》第四〇期（二〇〇三年六月）一—五四頁

張淑雅〈擴大衝突，操控美國，放棄反攻？—從《蔣介石日記》看八二三砲戰〉呂芳上編《蔣中正日記與民國史研究》（台北：世界大同出版有限公司，二〇一一年）六三三—六五八頁

張淑雅〈主義為前鋒，武力為後盾—八二三砲戰與「反攻大陸」宣傳的轉變〉《中央研究院近代史研究所集刊》第七〇期（二〇一一年十二月）一—四九頁

張威〈論蘇聯在第二次台灣海峽危機中的決策〉《歷史教學問題》二〇〇八年第二期，六五—六八頁

張錫昌《戰後法國外交史》（北京：世界知識出版社，一九九三年）

張亞斌、劉健美、王耕南〈五〇，六〇年代中共和平解放台灣的可貴探索〉《延邊大學學報社會科學版》一九九九年第二期，二二—二七頁

鐘兆雲〈二十世紀六〇年代初福建前線緊急戰備始末〉《福建黨史月刊》二〇〇七年第二期，二五—二七頁

鍾延麟〈中共聯合國中國代表權問題中「雙重代表」案的立場與影響〉《共黨問題研究》第二八卷第三期（二〇〇二年三月）七八—八八頁

周軍〈新中國初期人民解放軍未能遂行台灣戰役計畫原因初探〉《中共黨史研究》一九九一年第一期，六七—七四頁

卓遵宏〈從八二三砲戰的爆發論兩岸的戰爭與政治策略〉《中華軍史學會會刊》第六期（二〇〇一年八月）五四七—五七七頁

Accinelli, Robert, *Crisis and Commitment: United States Policy toward Taiwan, 1950-1955* (Chapel Hill: University of North Carolina Press, 1996)

Anderson, Benedict, *Imagined Communities: Reflections on the Origin and Spread of Nationalism* (New York:

Verso, 1983)[ベネディクト・アンダーソン（白石さや、白石隆譯）《增補　想像の共同体》]（NTT出版，一九九七年）

Armstrong, J. D., *Revolutionary Diplomacy: Chinese Foreign Policy and the United Front Doctrine* (Berkeley: University of California Press, 1977)

Chang, Gordon H., "To the Nuclear Brink: Eisenhower, Dulles, and the Quemoy-Matsu Crisis," *International Security*, Vol. 12, No. 4 (Spring, 1988), pp. 96-123.

Chang, Gordon H., *Friends and Enemies: The United States, China and the Soviet Union, 1948-1972* (California: Stanford University Press, 1990)

Chang, Gordon H. and He Di, "The Absence of War in the U.S.-China Confrontation over Quemoy and Matsu in 1954-1955: Contingency, Luck, Deterrence?," *The American Historical Review*, Vol. 98, No. 5 (Dec., 1993), pp. 1500-1524

Chang, Jung, & Jon Halliday, *Mao: The Unknown Story*(New York: Random House, 2005)[ユン・チアン（土屋京子譯）《マオ―誰も知らなかった毛沢東》上下卷（講談社，二〇〇五年）]

Chang, Su-ya, *Pragmatism and Opportunism: Truman Policy toward Taiwan, 1949-1952*, (Ph.D. dissertation, The Pennsylvania State University, 1988)

Chang, Su-ya, "The United States and the Long-Term Disposition of Taiwan in the Making of Peace with Japan, 1950-1952," *Asian Profile*, 16 (October 1988) pp. 459-470

Chang, Su-ya, "Reluctant Alliance: John Foster Dulles and the Making of the United States-Republic of China Mutual Defense Treaty of 1954," *Chinese Yearbook of International Law and Affairs*, Vol. 12, (1992-94), pp. 126-171

Chang, Su-ya, "Unleashing Chiang Kai-shek? Eisenhower and the Policy of Indecision toward Taiwan,"《中央研究院近代史研究所集刊》第二〇期（一九九一年六月）pp. 369-401

Chang, Su-ya, "The Limited War Controversy: U.S. Policy toward Chinese Communist Intervention in the Korea War, Summer 1950- Spring 1951,"《中央研究院近代史研究所集刊》第二一期（一九九二年六月）

Chen, Jian, *China's Road to the Korean War* (New York: Columbia University Press, 1994)

Chen, Jian, *Mao's China and the Cold War* (Chapel Hill: University of North Carolina Press, 2001)

Christensen, Thomas J., *Useful Adversaries: Grand Strategy, Domestic Mobilization, and Sino-American Conflict, 1947-1958* (Princeton: Princeton University Press, 1996)

Divine, Robert A., *Eisenhower and the Cold War* (Oxford: Oxford University Press, 1981)

Elman, Colin & Miriam Fendius Elmen eds., *Bridges and Boundaries: Historians, Political Scientists, and the Study of International Relations*(Cambridge: MIT Press, 2001)[コリン・エルマン、ミリアム・フェンディアス・エルマン編（渡辺昭夫監譯）《国際関係研究へのアプローチ—歴史学と政治学の対話》（東京大学出版会，二〇〇三年）]

Fairbank, John K., ed., *The China and World Order: Traditional China's Foreign Relations* (Cambridge: Harvard University Press, 1968)

Fairbank, John K., "China's Foreign Policy in Historical Perspective," *Foreign Affairs*, No. 47, Issue 3, (Apr. 1969), pp. 449-463

Foot, Rosemary, "The Search for Modus Vivendi: Anglo-American Relations and China Policy in the Eisenhower Era,"in Warren I. Cohen and Akira Iriye, eds., *The Great Powers in East Asia, 19453-1960* (New York: Columbia

University Press, 1990), pp. 143-163

Gaddis, John Lewis, *Strategies of Containment: A Critical Appraisal of Postwar American National Security Policy* (New York: Oxford University Press, 1982)

Gaddis, John Lewis, *Long Peace: Inquiries into the History of the Cold War* (New York: Oxford University Press, 1987)[ジョン・ルイス・ギャディス（五味俊樹等譯）《ロング・ピース—冷戦史の証言「核・緊張・平和」》（芦書房，二〇〇二年）]

Gaddis, John Lewis, *We Now Know: Rethinking Cold War History* (New York: Oxford University Press, 1997)[ジョン・ルイス・ギャディス（赤木完爾、斉藤祐介譯）《歴史としての冷戦—力と平和の追求》（慶應義塾大学出版会，二〇〇四年）]

Gaddis, John Lewis, *The Cold War : A New History* (New York: Penguin Press, 2005)[ジョン・L・ガディス（河合秀和、鈴木健人譯）《冷戦—その歴史と問題点》（彩流社，二〇〇七年）]

Garver, John W., *The Sino-American Alliance: Nationalist China and American Cold War Strategy in Asia* (New York: M. E. Sharpe, 1997)

Garver, John W., *China's Decision for Rapprochement with the United States, 1968-1971* (Boulder: Westview Press, 1982)

George, Alexander L., and Richard Smoke, *Deterrence in American Foreign Policy: Theory and Practice* (New York: Columbia University Press, 1974)

Goh, Evelyn, *Constructing the U.S. Rapprochement with China, 1961-1974* (New York: Cambridge University Press, 2005)

Gordon, Leonard H. D., "United States Opposition to Use of Force in the Taiwan Strait, 1954-1962," *Journal of American History*, Vol. 72, No. 3 (Dec. 1972)

Grasso, June, "The Politics of Food Aid: John F. Kennedy and Famine in China," *Diplomacy and Statecraft*, Vol. 14, No. 4, (Dec. 2003), pp. 153-178

Halle, Louis J., *The Cold War as History* (New York: Harper & Row, 1967)[ルイス・J・ハレー（太田博譯）《歴史としての冷戦—超大国時代の史的構造》（サイマル出版会，一九七〇年）]

Halperin, M. H., and Tang Tsou, "United States Policy toward the Offshore Islands," *Public Policy*, Vol. 15 (Cambridge: Harvard University Press, 1966) pp. 119-138

Harding, Harry, *A Fragile Relationship: The United States and China since 1972* (Washington, D.C.: Brookings Institution, 1992)

Harding, Harry, and Yuan Ming, eds., *Sino-American Relations, 1945-1955: A joint Reassessment of a Critical Decade* (Wilmington: Scholarly Resources, 1989)

Hershberg, James G., and Chen Jian, "Reading and Warning the Likely Enemy: China's Signals to the United States about Vietnam in 1965," *The International History Review*, XXVII. 1, (Mar. 2005), pp. 47-84

Hinton, Harold C., *China's Turbulent Quest: An Analysis of China's Foreign Relations since 1949* (Bloomington: Indiana University Press, 1972)

Jia, Qing-guo, *Unmaterialized Rapprochement: Sino-American Relations in the Mid-1950s (Ph. D. dissertation, Cornell University, 1988)*

Johnston, Alastair Iain and Robert S. Ross, *New Direction in the Study of China's Foreign Policy* (Stanford: Stanford

University Press, 2006)

Johnston, Alastair Iain, *Social States: China in International Institutions, 1980-2000* (Princeton: Princeton University Press, 2007)

Kalicki, J. H., *The Pattern of Sino-American Crisis: Political-Military Interactions in the 1950's* (New York: Cambridge University Press, 1975)

Kaufman, Victor S., "A Response to Chaos: The United States, the Great Leap Forward, and the Cultural Revolution, 1961-1968," *The Journal of American-East Asian Relations*, Vol. 7, Nos. 1-2 (1998), pp. 73-92

Kaufman, Victor S., "'Chirep': The Anglo-American Dispute over Chinese Representation in the United Nations, 1950-71," *English Historical Review*, 115/ 461 (2000), pp. 354-377

Kaufman, Victor S., "Trouble in the Golden Triangle: The United States, Taiwan and the 93rd Nationalist Division," *The China Quarterly*, 166 (2001), pp. 440-456

Kim, Samuel S. ed., *China, The United Nations and World Order* (Princeton: Princeton University Press, 1979)

Kim, Samuel S. ed., *China and The World: Chinese Foreign Policy In The Post-mao Era* (Boulder: Westview Press, 1984)

Kim, Samuel S., ed., *China and The World: Chinese Foreign Policy Faces The New Millennium* (Boulder: Westview Press, 1998)

Kochavi, Noam, "Limited Accommodation, Perpetuated Conflict: Kennedy, China, and the Laos Crisis, 1961-1963." *Diplomatic History,* Vol. 26, No. 1 (Winter 2002), pp. 95-135

Kochavi, Noam, *A Conflict Perpetuated: China Policy during the Kennedy Years Westport* (Praeger, 2002)

Lampton, David ed., *The Making of Chinese Foreign and Security Policy: In the Era of Reform* (Stanford: Stanford University Press, 2001)

Li, Xiaobing, "Chinese Intentions and the 1954-55 Offshore Islands Crisis," *Chinese Historians* 2 (January 1990) pp. 45-58

Liu, Hsiao-pong, "Planting Rice on the Roof of the UN Building: Analysing Taiwan's 'Chinese' Techniques in Africa, 1961-present," *The China Quartely*, 198 (Jun. 2009), pp. 381-400

Lüthi, Lorenz M., *The Sino-Soviet Split: Cold War in the Communist World* (Princeton University Press, 2008)

MacFarquhar, Roderick, *The Origins of the Cultural Revolution 1: Contradiction among the People 1956-1957* (New York: Columbia University Press, 1974)

MacFarquhar, Roderick, *The Origins of the Cultural Revolution 2: The great Leap Forward, 1958-1960* (New York: Columbia University Press, 1983)

MacFarquhar, Roderick, *The Origins of the Cultural Revolution 3: The Coming of the Cataclysm 1961-1966* (New York: Columbia University Press, 1999)

MacFarguhar, Roderick, Timothy Cheek, and Eugene Wu, eds., *The Secret Speeches of Chairman Mao: From the Hundred Flowers to the Great Leap Forward* (Cambridge: Harvard University Press, 1989)[ロデリック・マックファーカー、ティモシー・チーク、ユージン・ウー編（徳田教之等譯）《毛沢東の秘められた講話》上下卷（岩波書店，一九九三年）]

Mao, Lin, "China and the Escalation of the Vietnam War: The First Years of the Johnson Administration," *Journal of Cold War Studies*, Vol. 11, No. 2, (Spring, 2009), pp. 35-69

Marks, Frederick W., *Power and Peace: The Diplomacy of John Foster Dulles*, (Westport: Praeger, 1995)

Martin, Garett, "Playing the China Card?: Revisiting France's Recognition of Communist China, 1963-1964," *Journal of Cold War Studies* (Win, 2008), Vol. 10, No. 1, pp. 52-80

Mayers, David Allan, *Cracking the Monolith: U.S. Policy Against the Sino-Soviet Alliance, 1949-1955* (Baton Rouge and London: Louisiana State University Press, 1986)

Nakatsuji, Keiji, "The Short Life of the Official 'Two China' Policy: Improvisation and Postponement in 1950," *UCLA Historical Journal* , 6 (1985) pp. 33-49

Ning, Lu, *The Dynamics of Foreign Policy Decisionmaking in China* (Boulder, Westview Press, 1997)

Niu Jun, "Chinese Decision Making in Three Taiwan Strait Crisis," in Michael D. Swaine, et al., eds., *Managing Sino-American Crises: Case Studies and Analysis,* (Washington D.C.: Carnegie Endowment for International Peace, 2006)

Oksenberg, Michael, "Mao's Policy Commitments, 1921-1976," *Problems of Communism*, Vol. 25, No. 6, (Nov.-Dec., 1976), pp. 1-26

Pye, Lucian W., "Mao Tse-tung's Leadership Style," *Political Science Quarterly*, Vol. 91, No. 2, (Summer, 1976)

Quigley, Kevin, "A Lost Opportunity: A Reappraizal of the Kennedy Administration's China Policy in 1963," *Diplomacy & Statecraft*, Vol.13, No. 3, (Sep. 2002), pp. 175-198

Robinson, Thomas W. and David Shambaugh eds., *Chinese Foreign Policy*: *Theory and Practice* (Oxford: Clarendon Press, 1994)

Ross, Robert S., *Negotiating Cooperation: The United States and China, 1969-1989* (Stanford: Stanford University

Press, 1995)

Ross, Robert S. and Jiang Changbin eds., *Re-examining the Cold War: U.S.- China Diplomacy, 1954-1973* (Cambridge: Harvard University Press, 2001)

Ross, Robert S. and William C. Kirby eds., *Normalization of U.S.-China Relations: An International History* (Cambridge: Harvard University Press, 2006)

Schoenbaum, Thomas J., *Waging Peace and War: Dean Rusk in the Truman, Kennedy, and Johnson Years* (New York: Simon & Schuster, 1988)

Schwartz, Benjamin I., *Communism and China: Ideology in Flux* (Cambridge: Harvard University Press, 1968)[ベンジャミン・I・シュウォルツ（石川忠雄、小田英郎譯）《中国共産党史》（慶應通信，一九六四年）]

Shambaugh, David, *The Beautiful Imperialist: China Perspectives America, 1972-1990* (Princeton: Princeton University Press, 1993)

Share, Michael, "From Ideological Foe to Uncertain Friend: Soviet Relations with Taiwan, 1943-82," *Cold War History,* Vol. 3, No. 2 (January 2003), pp. 1-34.

Share, Michael, "The Soviet Union, Hong Kong, and the Cold War, 1945-1970" *CWIHP Working Paper,* No. 41 (Washington D.C.: Woodrow Wilson International Center for Scholars, 2003)

Shen, James C.H., *The U.S. and Free China: How the U.S. Sold Out Its Ally* (Washington D.C.: Acropolic Books, 1983)

Snow, Edgar, *The Other Side of the River: Red China Today* (New York: Random House, 1961)

Solinger, Dorothy J., *Regional Government and Political Integration in Southwest China 1949-54* (Berkley: University of California Press, 1977)

Solinger, Dorothy J. ed., *Three Visions of Chinese Socialism* (Boulder: Westview Press, 1984)

Soman, Appu Kuttan, *Double-Edged Sword: Nuclear Diplomacy in Unequal Conflicts : The United States and China, 1950-1958* (Westport: Praeger, 2000)

Stolper, Thomas E., "China, Taiwan, and the Offshore Islands," *International Journal of Politics* 15 (Spring-Summer 1985) pp. 1-162

Stolper, Thomas E., *China, Taiwan and the Offshore Islands: Together with a Implication for Outer Mongolia and Sino-Soviet Relations* (New York: M. E. Shape, 1985)

Su, Ge, *A Horrible Dilemma: The Making of the U.S.-Taiwan Mutual Defense Treaty, 1948-1955* (Ph. D. Dissertation, Brigham Young University, 1987)

Sun, Yi, "Militant Diplomacy: The Taiwan Strait Crisis and Sino-American Relations, 1954-1958," Kathryn C. Statler and Andrew L. Johns ed., *The Eisenhower Administration: the Third World, and the Globalization of the Cold War* (Lanham: Rowman & Littlefield, 2006), pp. 125-150.

Sutter, Robert G., *U.S. Policy toward China: An Introduction to the Role of Interest Groups*, (Lanham: Rowman & Littlefield Publishers, 1998)

Sutter, Robert G., *The United States and East Asia: Dynamics and Implications* (Lanham: Rowman & Littlefield, 2003)

Szonyi, Michael, *Cold War Island: Quemoy on the Front Line* (London: Cambridge University Press, 2008)

Tang, Tsou, "Mao's Limited War in the Taiwan Strait," *Orbis* 3 (Oct. 1959) pp. 332-350

Tang, Tsou, "The Quemoy Imbroglio: Chiang Kai-shek and the United States," *Western Political Quarterly*, 12 (December, 1959) pp. 1075-1091

Taylor, Jay, *The Generalissimo: Chiang Kai-shek and the Struggle for Modern China* (Cambridge: Harvard University Press, 2009)[陶涵（林添貴譯）《蔣介石與現代中國的奮鬥》（台北：時報出版，二〇一〇年）]

Thomas, John R., "The Limits of Alliance: The Quemoy Crisis of 1958," in Raymond L. Garthoff, ed., *Sino-Soviet Military Relations* (New York: Frederick A. Praeger, 1966), pp. 114-49

Tsang, Steve eds., *In the Shadow of China; Political Developments in Taiwan since 1949* (Honolulu: University of Hawaii Press, 1993)

Tucker, Nancy Bernkopf, *Patterns in the Dust: Chinese-American Relations and the Recognition Controversy, 1949-1950* (New York: Columbia University Press, 1983)

Tucker, Nancy Bernkopf, "John Foster Dulles and the Taiwan Roots of the 'Two China' Policy," in Richard H. Immerman ed., *John Foster Dulles and Diplomacy of the Cold War* (Princeton: Princeton University Press, 1990), pp. 235-262

Tucker, Nancy Bernkopf, *Taiwan, Hong Kong, and the United States, 1945-1992: Uncertain Friendships* (New York: Twayne Publishers, 1994)

Van Ness, Peter, *Revolution and Chinese Foreign Policy: Peking's Support for Wars of National Liberation* (Berkeley: University of California Press, 1970)

Vogel, Ezra F., *Canton under communism* (Cambridge: Harvard University Press, 1980)

Waltz, Kenneth N., *Man the State, and War* (New York: Columbia University Press, 1893)

Wang, Dong, "The Quarrelling Brothers: New Chinese Archives and a Reappraisal of the Sino-Soviet Split, 1959-1962," *CWIHP Working Paper,* No. 49 (Washington D.C.: Woodrow Wilson International Center for Scholars, 2006)

Wehrle, Edmund F., "'A Good Bad Deal': John F. Kennedy, W. Averll Harriman, and the Neutralization of Laos, 1961-1962," *Pacific Historical Review,*Vol. 67, No. 3, (1998), pp. 349-377

Westad, Odd Arne, ed., *Brothers in Arms: The Rise and Fall of the Sino-Soviet Alliance, 1945-1963* (Stanford: Stanford University Press, 1998)

Whiting, Allen S., *China Crosses the Yalu: The Decision to Enter the Korean War* (Stanford: Stanford University Press, 1961)

Whiting, Allen S., "Quemoy 1958: Mao's Miscalculations," *The China Quartely*, No. 62 (Jun. 1975), pp. 263-70

Whiting, Allen S., "Sino-American Detente" *The China Quarterly,* No. 82 (Jun. 1980)

Whiting, Allen S., "China's Use of Force, 1950-96, and Taiwan," *International Security*, Vol. 26, No. 2 (Fall 2001)

Wolff, David, "One Finger's Worth of Historical Events': New Russian and Chinese Evidence on the Sino-Soviet Alliance and Split, 1948-1959," *CWIHP Working Paper*, No. 30 (Washington D.C.: Woodrow Wilson International Center for Scholars, 2000)

Xia, Yafeng, *Negotiating with the Enemy, U.S.-China Talks during the Cold War, 1949-1972* (Bloomington: Indiana University Press, 2006)

Yong, Kenneth R., *Nationalist Chinese Troops in Burma: Obstacle in Burma's Foreign Relations, 1949-1961* (Ph.D. Dissertation, New York University, 1970)

Zhang, Shu Guang, *Deterrence and Strategic Culture: Chinese-American Confrontation, 1949-1958* (Ithaca: Cornell

University Press, 1992)

Zhang, Xiaoming, "China's Involvement in Laos during the Vietnam War, 1963-1975," *The Journal of Military History*, Vol. 66, No. 4, (Oct. 2002), pp. 1141-1166

Zhai, Qiang, *The Dragon, the Lion, and the Eagle: Chinese-British-American Relations, 1949-1958* (Kent: The Kent State University Press, 1994)

Zhai, Qiang, *China and the Vietnam wars, 1950-1975* (Chapel Hill: The University of North Carolina Press, 2000)

Zhao, Quansheng, *Interpreting Chinese Foreign Policy : the Micro-Macro Linkage Approach* （Hong Kong and New York : Oxford University Press, 1996）

Zubok, Vladislav M., *A Failed Empire; The Soiet Union in the Cold War from Stalin to Gorbachev* (Chapel Hill: The University of North Carolina Press, 2007)

Li, Li, "De Gaulle et Mao Zedong, " *Espoir*, n° 79 (mars 1992), pp. 45-54

Morel-Francoz, Robert, "Les préliminaires de la ‘reconnaissance’ de la Chine populaire par la France en 1964, " *Revue d'histoire diplomatique,* 96, (1982), pp. 125-137

Ngo, Thi Minh-Hoang, "De Gaulle et l'unité de la Chine," *Revue d'histoire diplomatique*, n°4, (1998), pp. 391-412

Su, Hungdah, "La Chine nationaliste et les Etats-Unis vis-à-vis de la nouvelle politique chinoise de la France (1963-1964)," *Revue d'histoire diplomatique* , n°4 (2004), pp. 369-405

Vaïsse, Maurice, *La Grandeur : Politique étrangère du général de Gaulle, 1958-1969* (Paris: Fayard, 1996)

青山瑠妙〈建国前夜の米中関係─中共側の視点から〉《国際政治》第一一八號（一九九八年五月）二七─四五頁
青山瑠妙〈中国の台湾政策─一九五〇年代前半まで〉《日本台湾学会報》第四號（二〇〇二年七月）二〇─三九頁
青山瑠妙〈一九五〇年代後半の中国の対外政策〉《法学政治学論究》第四三號（一九九九年十二月）四三─七九頁
青山瑠妙《現代中国の外交》（慶應義塾大学出版会，二〇〇七年）
浅野亮〈未完の台湾戦役─戦略転換の過程と背景〉《中国研究月報》第五二七號（一九九二年）一─一四頁
浅野亮〈中国共産党の「剿匪」と「反革命の鎮圧」活動（一九四九─一九五一）〉《アジア研究》第三九巻四號（一九九三年）一─二八頁
家近亮子《蔣介石の外交戦略と日中戦争》（岩波書店，二〇一二年）
池田直隆《日米関係と「二つの中国」─池田・佐藤・田中內閣期》（木鐸社，二〇〇四年）
石井明《中ソ関係史の研究　一九四五─一九五〇》（東京大学出版会，一九九〇年）
石井明等編《記録と考証　日中国交正常化・日中平和友好条約締結交渉》（岩波書店，二〇〇三年）
石川誠人〈第二次台湾海峡危機へのアメリカの対応─大陸反攻放棄声明に至るまで─〉《法学研究》第二九號（立教大学，二〇〇二年）八五─一一七頁
石川誠人〈信頼性の危機と維持─一九六一年国連中国代表権問題をめぐる米華関係〉《中国研究月報》第六一巻第十二號（通號七一八號，二〇〇七年十二月）二一─三三頁
石川誠人〈国府の「大陸反攻」とケネディ政権の対応〉《国際政治》第一四八號（二〇〇七年三月）一一八─一三二頁

石川誠人〈アメリカの許容下での「大陸反攻」の追求―雲南省反攻拠点化計画の構想と挫折〉《日本台湾学会報》第十號（二〇〇八年五月）
泉谷陽子《中国建国初期の政治と経済―大衆運動と社会主義体制》（御茶の水書房，二〇〇七年）
泉川泰博〈第二次台湾海峡危機の再検証―二超大国の狭間の中国外交〉《国際政治》第一三四號（二〇〇三年）二六―四一頁
井尻秀憲著《アメリカ人の中国観》（文藝春秋，二〇〇〇年）
井上正也〈日中LT貿易の成立と池田政権一九六〇―一九六二〉《六甲台論集 法学政治学篇》第五三卷一號（二〇〇六年）一―二九頁
井上正也〈国連中国代表権問題と池田外交―国府「分断固定化」構想をめぐって一九五七―一九六四年〉《神戸法学雑誌》第五七卷一號（二〇〇七年）一七一―二五八頁
井上正也《日中国交正常化の政治史》（名古屋大学出版会，二〇一〇年）
入江昭《米中関係史―敵対と友好のイメージ》（サイマル出版会，一九七一年）
入江昭《米中関係のイメージ（増補版）》（平凡社，二〇〇二年）
宇佐美滋《米中国交樹立交渉の研究》（国際書院，一九九六年）
袁克勤〈米華相互防衛条約の締結と「二つの中国」問題〉《国際政治》第一一八號（一九九八年五月）六〇―一〇二頁
袁克勤《アメリカと日華講和―米・日・台関係の構図》（柏書房，二〇〇一年）
緒方貞子（添谷芳秀譯）《戦後日中・米中関係》（東京大学出版会，一九九二年）
岡部達味《現代中国の対外政策》（東京大学出版会，一九七一年）

岡部達味《中国をめぐる国際環境》（岩波書店，二〇〇一年）
岡部達味《中国の対外戦略》（東京大学出版会，二〇〇二年）
小此木政夫、赤木完爾共編《冷戦期の国際政治》（慶應通信，一九八七年）
川島弘三《中国党軍関係の研究》上中下巻（慶應通信，一九八八—八九年）
川嶋周一《独仏関係と戦後ヨーロッパ国際秩序—ド・ゴール外交とヨーロッパの構築一九五八—一九六九》（創文社，二〇〇七年）
川島眞〈中国外交における象徴としての国際的地位—ハーグ平和会議、国際連盟、そして国際連合へ〉《国際政治》第一四五號（二〇〇六年）一七—三五頁
川島眞「中国における行政文書史料の状況」学術創成プロジェクト〈グローバリゼーション時代におけるガバナンスの変容に関する比較研究〉HP（二〇〇七年，http://www.global-g.jp/eastasia/，二〇一〇年一月六日檢索）
川島眞、服部龍二編《東アジア国際政治史》（名古屋大学出版会，二〇〇七年）
川島眞編《中国の外交—自己認識と課題》（山川出版社，二〇〇七年）
川島眞、毛里和子《グローバル中国への道程—外交一五〇年》（岩波書店，二〇〇九年）
川島眞、清水麗、松田康博、楊永明《日台関係史—一九四五—二〇〇八》（東京大学出版会，二〇〇九年）
菅英輝編《冷戦史の再検討—変容する秩序と冷戦の終焉》（法政大学出版局，二〇一〇年）
神田豊隆〈佐藤内閣と「二つの中国」—対中・対台湾政策におけるバランスの模索〉《国際関係研究》第二一號（二〇〇四年）二五—五〇頁
神田豊隆〈池田政権の対中積極政策—「自由陣営の一員」と「国連」〉《国際政治》第一五二號（二〇〇八

年）八三—九七頁
神田豊隆《冷戦構造の変容と日本の対中外交—二つの秩序観一九六〇—一九七二》（岩波書店，二〇一二年）
貴志俊彦、土屋由香編《文化冷戦の時代—アメリカとアジア》（国際書院，二〇〇九年）
喜田昭次郎《毛沢東の外交—中国と第三世界》（法律文化社，一九九二年）
牛軍（眞水康樹譯）《冷戦期中国外交の政策決定》（千倉書房，二〇〇七年）
許奕雷〈ケネディ政権と台湾の大陸反攻〉《国際関係研究（日本大学国際関係学部国際関係研究所）》第二三（三）號（二〇〇二年）四三—五九頁
許奕雷〈ケネディ政権期の米中大使級会談〉《大学院論集（日本大学大学院国際関係研究科）》第一〇號（二〇〇〇年）六九—八七頁
許奕雷〈ケネディ政権と第一六回国連総会中国代表権問題〉《大学院論集（日本大学大学院国際関係研究科）》第九號（一九九九年）五一—六八頁
金鐘編（松田州二譯）《人間・周恩来—紅朝宰相の眞実》（原書房，二〇〇七年）
久保亨等《現代中国の歴史—両岸三地一〇〇年のあゆみ》（東京大学出版会，二〇〇八年）
高文謙（上村幸治譯）《周恩来秘録—党機密文書は語る》上下卷（文芸春秋，二〇〇七年）
吳瑞雲〈戦後中華民国の反共連合政策—台日韓反共協力の実像〉《中央研究院東北アジア地域研究人材育成論文シリーズ1》（台北：中央研究院，二〇〇一年）
小島朋之《中国政治と大衆路線—大衆運動と毛沢東、中央および地方の政治動態》（慶應通信，一九八五年）
小島朋之《現代中国の政治—その理論と実践》（慶應義塾大学出版会，一九九九年）
小島朋之《中国現代史—建国五〇年，検証と展望》（中央公論新社，一九九九年）

金野純《中国社会と大衆動員》（御茶の水書房，二〇〇八年）
戴天昭《台湾戦後国際関係史》（行人社，二〇〇一年）
戴天昭《台湾法的地位の史的研究》（行人社，二〇〇五年）
佐藤英夫《対外政策》（東京大学出版会，一九八九年）
塩川伸明《民族とネイションーナショナリズムという難問》（岩波新書，二〇〇八年）
清水麗〈一九七〇年代の台湾の外交政策に関する一考察ー外交と内政と中台関係の相互作用〉《東アジア地域研究》第六號（東アジア地域研究学会，一九九九年七月）四一ー五三頁
清水麗〈蔣経国時代初期の対日政策ー日台断交を一事例として〉《筑波大学地域研究》第一七號（筑波大学地域研究研究科，一九九九年）二三七ー二四八頁
清水麗〈第二次吉田信件（一九六四年）をめぐる日中台関係の展開〉《筑波大学地域研究》第一九號（筑波大学地域研究研究科，二〇〇一年）一七五ー一八七頁
清水麗〈台湾における蔣介石外交ー一九六一年の国連問題をめぐる原則と妥協〉《常磐国際紀要》第六號（常磐大学国際学部，二〇〇二年三月）七三ー九四頁
清水麗〈オリンピック参加をめぐる台湾ー中台関係における名称問題の一考察〉《国士舘大学二一世紀アジア学会紀要》第一號（二〇〇三年）
清水麗〈米中接近と国際的孤立の中の台湾ー国連脱退をめぐる政治過程〉杉田米行編《アジア太平洋地域における平和構築ーその歴史と現状分析》（大学教育出版，二〇〇七年）
下斗米伸夫《アジア冷戦史》（中央公論新社，二〇〇四年）
朱建栄《毛沢東の朝鮮戦争ー中国が鴨緑江を渡るまで》（岩波書店，一九九一年）

朱建栄《毛沢東のベトナム戦争—中国外交の大転換と文化大革命の起源》（東京大学出版会，二〇〇一年）

添谷芳秀《日本外交と中国一九四五—一九七二》（慶應通信，一九九五年）

添谷芳秀編著《現代中国外交の六十年—変化と持続》（慶應義塾大学出版会，二〇一一年）

高木誠一郎〈米中関係における台湾問題（上）（下）—「大同」と「小異」のダイナミックス〉《中国経済》一九九六年三月號，一二—二〇頁與十月號，一六—三一頁

高木誠一郎〈米国と中国・台湾問題—「一つの中国」原則を中心として—〉《国際問題》第四八八號（二〇〇〇年十一月）三〇—四三頁

高木誠一郎《米中関係—冷戦後の構造と展開》（日本国際問題研究所，二〇〇七年）

高松基之〈第一次台湾海峡危機とアイゼンハワー・ダレスの対立——心理的、力学的、史的考察〉《アジアクォータリー》第一〇（二）號（一九七八年六月）七二—一〇三頁

高松基之〈ダレス外交の原動力——国務長官と大統領・国務省との関係を中心にして〉《帝塚山大学論集》第二八號（帝塚山大学教養学会，一九八〇年四月）六四—八六頁

高松基之〈第一次・第二次台湾海峡危機に対するアイゼンハワー政権の対応の比較分析〉《帝塚山大学紀要》第二三號（帝塚山大学，一九八六年）一—十六頁

高松基之"A Comparative Analysis of the Eisenhower Administration's Response to Two Taiwan Strait Crises in 1954-58"《アメリカ研究》第二一號（アメリカ学会，一九八七年）一二九—一四六頁

高松基之〈チャイナ・ディファレンシャル緩和問題をめぐってのアイゼンハワー政権の対応〉《国際政治》第一〇五號（日本国際政治学会，一九九四年一月）六〇—七九頁

高松基之〈ケネディ大統領の政策決定スタイルの特徴とリーダーシップについての一考察—ベトナム戦争への

對応を事例として〉《同志社アメリカ研究》三八號（同志社大　アメリカ研究所，二〇〇二年）五三—七三頁
田中明彥《日中関係一九四五—一九九〇》（東京大学出版会，一九九一年）
張劍波〈一九五八年台湾海峽危機と中ソ関係〉《早稲田政治公法研究》七四號（二〇〇三年十二月）二五—五五頁
張紹鐸《国連中国代表権問題をめぐる国際関係（一九六一—一九七一年）》（国際書院，二〇〇七年）
趙全勝（眞水康樹・黒田俊郎譯）《中国外交政策の研究—毛沢東，鄧小平から胡錦濤へ》（法政大学出版局，二〇〇七年）
陳肇斌《戦後日本の中国政策—一九五〇年代東アジア国際政治の文脈》（東京大学出版会，二〇〇〇年）
寺池功次〈ラオス危機と米英のSEATO軍事介入計画〉《国際政治》第一三〇號（二〇〇二年五月）三三—四七頁
鳥潟優子〈ドゴールの外交戦略とベトナム和平仲介〉《国際政治》第一五六號（二〇〇九年三月）九〇—一〇六頁
中川昌郎〈中国における台湾人組織—その現在的意義について〉石川忠雄教授還暦記念論文集編集委員会編《現代中国と世界—その政治的展開》（石川忠雄教授還暦記念論文集編集委員会，一九八二年）五五五—五八四頁
中川昌郎〈中国における台湾問題—二・二八事件記念集会をめぐって〉衛藤瀋吉編《現代中国政治の構造》（日本国際問題研究所，一九八二年）二七六—三一四頁
中逵啓示〈アイゼンハワー政権と朝鮮停戦—「大量報復」戦略を軸に〉《社会文化研究》第一四號（広島大学

総合科学部，一九八八年）二九―五三頁

中逵啓示"The Short Life of the U.S. Official 'Two China' Policy—Improvisation, Policy, and Postponement, 1950" 《社会文化研究》第一五號（広島大学総合科学部，一九八九年）二四一―二六五頁

中逵啓示〈朝鮮停戦交渉開始への道―第三次世界大戦回避のための努力〉《国際政治》第一〇五號（日本国際政治学会，一九九四年一月）一―十三頁

野村浩一《蔣介石と毛沢東―世界戦争のなかの革命》（岩波書店，一九九七年）

服部隆行《朝鮮戦争と中国―建国初期中国の軍事戦略と安全保障問題の研究》（溪水社，二〇〇七年）

林大輔〈イギリスの中華人民共和國政府承認問題―一九四八―一九五〇〉《法学政治学論究》第七六號（二〇〇八年）三八八―四一六頁

平川幸子〈「二つの中国」ジレンマ解決への外交枠組み―「日本方式」の一般化過程の分析〉《国際政治》第一四六號（二〇〇六年）一四〇―一五五頁

平松茂雄《現代中国の軍事指導者》（勁草書房，二〇〇二年）

平松茂雄《台湾問題―中国と米国の軍事的確執》（勁草書房，二〇〇五年）

福田円〈中国の台湾政策（一九五八年）―金門・馬祖を「解放せず」という決定と「一つの中国」政策〉《法学政治学論究》第六八號（二〇〇六年三月）一六七―一九四頁

福田円〈毛沢東時代における対台湾政策の形成―立体的な視角とマルチ・アーカイブのおもしろさ〉東京大学東洋文化研究所，《明日の東洋学》第二三期（二〇一〇年三月）

福田円〈毛沢東の対「大陸反攻」軍事動員（一九六二年）―台湾海峡における「現状」と蔣介石の「歴史的任務」〉《日本台湾学会報》第一二號（二〇一〇年五月）一四九―一七一頁

福田円〈中仏国交正常化（一九六四年）と「一つの中国」原則の形成―仏華断交と「唯一の合法政府」をめぐる交渉〉《国際政治》第一六三號（二〇一一年一月）一三九―一五三頁
福田円〈台湾問題をめぐる中ソ関係（一九五四―一九六二）―「一つの中国」原則の形成におけるソ連要因〉添谷芳秀編著《現代中国外交の六十年―変化と持続》（慶應義塾大学出版会，二〇一一年）一六五―一八八頁
藤作健一《ドゴールによる中国承認の起源》（大東文化大学修士論文，二〇〇二年）
細谷雄一《外交による平和―アンソニー・イーデンと二十世紀の国際政治》（有斐閣，二〇〇五年）
前田直樹〈第一次台湾海峡危機とアイゼンハワー政権―危機処理をめぐる米台摩擦〉《広島法学》（広島大学法学会）第一八（四）號（一九九五年三月）一四九―一八〇頁
前田直樹〈米国の中国政策と台湾の経済的・政治的発展―予備的考察としてのアイゼンハワー政権期〉《広島法学》（広島大学法学会）第二三（二）號（一九九九年十月）一九七―二二〇頁
前田直樹〈台湾・輸出主導型経済政策の胎動とアメリカ援助政策の転換〉《広島東洋史学報》（広島東洋史学研究会）第五號（二〇〇〇年）一―一八頁
前田直樹〈第二次台湾海峡危機をめぐる米台関係―大陸武力反攻と「ショーケース」化〉《現代台湾研究》（台湾史研究会）第二三號（二〇〇二年七月）一三七―一五二頁
前田直樹〈一九五八年米中ワルシャワ会談と米国による台湾単独行動の抑制〉《広島法学》（広島大学法学会）第二七（二）號（二〇〇三年十一月）三三一―三四八頁
前田直樹〈一九五〇年代日・米・台関係研究と台湾所蔵資料〉《アジア社会文化研究》（アジア社会文化研究会）第五號（二〇〇四年二月）一六七―一八〇頁
前田直樹〈「反共」から「自由中国」へ―末期アイゼンハワー政権の台湾政策の変化〉《日本台湾学会報》第

六號（二〇〇四年五月）九三—一〇六頁

前田直樹〈台湾海峡における「一中一台」状況の原型成立と米国の介在〉《現代台湾研究》（台湾史研究会）第二八號（二〇〇五年七月）三三—四三頁

益尾知佐子《中国政治外交の転換点—改革開放と「独立自主」の対外政策》（東京大学出版会，二〇一〇年）

松岡完等編著《冷戦史—その起源・展開・終焉と日本》（同文館，二〇〇三年）

松岡完《一九六一ケネディの戦争》（朝日新聞社，一九九九年）

松田康博〈中国の台湾政策—「解放」時期を中心に〉《新防衛論集》第二三巻第三號（一九九六年一月）三二—四八頁

松田康博〈中国の台湾政策—一九七九年—一九八七年〉《国際政治》第一一二號（一九九六年五月）一二三—一三八頁

松田康博〈台湾の大陸政策（一九五〇—五八年）—「大陸反攻」の態勢と作戦〉《日本台湾学会報》第四號（二〇〇二年七月）一—一九頁

松田康博《台湾における一党独裁体制の成立》（慶應義塾大学出版会，二〇〇六年）

松村史紀《「大国中国」の崩壊—マーシャル・ミッションからアジア冷戦へ》（勁草書房，二〇一一年）

松本三郎《中国外交と東南アジア》（慶應義塾大学法学研究会，一九七一年）

松本はる香〈台湾海峡危機（一九五四—五五）と米華相互防衛条約の締結〉《国際政治》第一一八號（一九九八年五月）八五—一一〇頁

松本はる香〈台湾海峡危機（一九五四—五五）における国連安保理停戦案と米国議会の台湾決議〉《紀要》第一一四號（愛知大学国際問題研究所，二〇〇〇年十二月），一七三—一九四頁

水本義彦《同盟の相剋—戦後インドシナ紛争をめぐる英米関係》（千倉書房，二〇〇九年）
三船恵美〈中ソ対立期における中国の核開発をめぐる米国の戦略—一九六一年—一九六四年における四パターンの米中関係からの分析視角〉《中国研究月報》第六〇巻第八號（二〇〇六年八月）一五—二六頁
宮城大蔵《バンドン会議と日本のアジア復帰—アメリカとアジアの狭間で》（草思社，二〇〇一年）
宮城大蔵《戦後アジア秩序の模索と日本—「海のアジア」の戦後史一九五七—一九六六》（創文社，二〇〇四年）
宮城大蔵《海洋国家日本の戦後史》（筑摩書房，二〇〇八年）
三宅康之〈中国の「国交樹立外交」—一九四九—一九五七年〉《紀要地域研究・国際学編（愛知県立大学）》第三九號（二〇〇七年）一六九—一九七頁
三宅康之〈中国の「国交樹立外交」—一九五八—一九六四年〉《紀要地域研究・国際学編（愛知県立大学）》第四〇號（二〇〇八年）一〇三—一三〇頁
毛沢東秘録取材班《毛沢東秘録》上下卷（産経新聞社，一九九九年）
毛里和子《中国とソ連》（岩波新書，一九八九年）
毛里和子編《毛沢東時代の中国》（日本国際問題研究所，一九九〇年）
毛里和子、毛里興三郎譯《ニクソン訪中機密会談録》（名古屋大学出版会，二〇〇一年）
毛里和子《現代中国政治》（名古屋大学出版会，二〇〇四年）
毛里和子、増田弘監譯《周恩来・キッシンジャー秘密会談録》（岩波書店，二〇〇四年）
森聡《ヴェトナム戦争と同盟外交—英仏の外交とアメリカの選択—一九六四—一九六八年》（東京大学出版会，二〇〇九年）

山影統〈一九六〇年代前半の中国の対外政策—対仏国政策を中心に〉《KEIO SFC JOURNAL》Vol. 8, No. 2（二〇〇八年），一二一—一三三頁

山極晃・毛里和子編《現代中国とソ連》（日本国際問題研究所，一九八七年）

山極晃《米中関係の歴史的展開—一九四一年—一九七九年》（研文出版，一九九七年）

山口信治〈中国外交にとってのジュネーブ会議と第一次台湾海峡危機〉《国際情勢》第八〇號（二〇一〇年）五七—六六頁

山田辰雄、小島朋之、小此木政夫編《現代東アジアの政治》（放送大学出版会，二〇〇四年）

山本勲《中台関係史》（藤原書店，一九九九年）

湯浅成大〈アイゼンハワー期の対中国対策—米中「非」接近の構図〉《国際政治》第一〇五號（一九九四年一月）

湯浅成大〈冷戦初期アメリカの中国政策における台湾〉《国際政治》第一一八號（一九九八年五月）四六—五九頁

林克、徐濤、吳旭君（村田忠禧譯・解說）《「毛沢東の私生活」の眞相》（蒼蒼社，一九九七年）

廉舒〈中国の対米戦略と対英政策—一九五〇年代前半を中心に〉《法学政治学論究》第七二號（二〇〇七年）一—三五頁

若林正丈《台湾—分裂国家と民主化》（東京大学出版会，一九九二年）

若林正丈《台湾の政治—中華民国台湾化の戦後史》（東京大学出版会，二〇〇八年）

初次出處一覽

筆者針對本書進行的相關研究，另發表論文如下。下列論文雖包含本書部分內容，但本書於執筆過程中已經大幅度修改。若下列論文與本書內容有所不同時，請將本書內容視爲最新研究成果。

〈中国の台湾政策（一九五八年）—金門・馬祖を「解放せず」という決定と「一つの中国」政策〉《法学政治学論究》第六八號（二〇〇六年三月）一六七—一九四頁

〈毛沢東の対「大陸反攻」軍事動員（一九六二年）—台湾海峡における「現状」と蔣介石の「歴史的任務」〉《日本台湾学会報》第一二號（二〇一〇年五月）一四九—一七一頁

〈中仏国交正常化（一九六四年）と「一つの中国」原則の形成—仏華断交と「唯一の合法政府」をめぐる交渉〉《国際政治》第一六三號（二〇一一年一月）一三九—一五三頁

〈台湾問題をめぐる中ソ関係（一九五四—一九六二）—「一つの中国」原則の形成におけ

るソ連要因〉添谷芳秀編著《現代中国外交の六十年—変化と持続》（慶應義塾大学出版会，二〇一一年）一六五—一八八頁

後記

本書主要探究毛澤東及周恩來等中國領導層，將政策重點自透過武力「解放台灣」，到以外交手段迴避「兩個中國」，並建構出「一個中國」之中國外交原則的過程。在這個過程中，國家領導層並須考量國家安全保障、國家建設及提升國際地位等因素，有時也會主動選擇將這些因素優先於台灣問題之前。也就是說，「一個中國」並非中國外交上的固定原則，而是用來平衡「解放台灣」這個最終目標及因應國際環境的務實行動，可謂爲中國外交的一種選擇。

之所以提出這樣的論述，是因爲第一，至今的兩岸關係史研究中，基於客觀史料加以實證的研究實在稀少，尤其中國共產黨的對台工作部分，不僅今日，過往歷史中也仍存有許多謎團。故希望著眼於這類領域與國際社會接觸點之「以台灣問題爲主的中國外交」一環，盡可能掌握冷戰時期的兩岸關係及對台工作實際內容。第二，之所以將本書角度設定爲「一個中國」原則的起源，則是認爲可透過不斷查證台灣問題相關外交談判一事，分析一部分中國外交中各種「原則」形成的過程。也就是說，筆者也期待，在分析中國外交於其他領域的原則時，也能以本書的結論加以演繹。

除了上述動機以外，本書也期望可提供今日對於台灣問題相關論述的一些看法。今日，中國政府所主張的「一個中國」原則，不僅以日本爲首的東亞各國與中國、台灣關係受到牽連，也對東亞區域合作造成不小影響。這個「一個中國」原則，其實是可因應中國與台灣相關政治狀況，以及談判對象而調整的想法，筆者也認爲，這一點在日本與中國、台灣的關係，或者是東亞地區在台灣問題上如何構思彈性又具戰略性策略時，可派上用場。尤其在台灣，自二〇〇八年馬英九政府上台後，與「一個中國」及台灣海峽停戰等相關論述，又再次於東亞國際政治產生爭論。希望在了解這些論述時，本書也能在歷史研究的部分有所貢獻。

在停筆之際，我也希望能談談著手這些研究至發行本書的過程，以及至今曾協助過我的每一位。

我對中國與台灣的關係感興趣，是從高中時期開始。國中時期，我第一次出國造訪了上海近郊，就喜歡上寬闊、充滿活力的中國，以及在當地遇見的心胸開闊人們。然而，看到一九九五年至一九九六年間第三次台灣海峽危機的報導，心中卻陸續出現了疑問，不解爲什麼中國要向台灣發射飛彈，而台灣對中國來說究竟又是什麼樣的地方。

進入國際基督教大學國際關係系就讀後，我仍希望能進一步了解中國與台灣，以及其相關的東亞國際政治，也因認識了兩位恩師，決定以政治外交史手段持續這個研究。其中，教授「西歐外交史」的植田隆子老師，根據外交史料，從不同主體觀點說明一段歷史過程，讓我了解到考察其相互關係的箇中之趣。栗山尚一老師不僅告訴我許多自身經驗，以及外交談判中的有趣之處，更是介紹小島朋之老師給我的恩人。

從大學四年級，開始撰寫「杜魯門政府的台灣海峽中立化」相關畢業論文時期起，一直到之後的研究生生活中，我都在慶應義塾大學的小島朋之研究室中受老師所關照。小島老師對弟子們一貫寬闊，又能與研究室的學長姊、同學相互切磋的環境較具激勵性。在小島老師的教導下，我將主要分析的史料從英文文獻轉為中文文獻，並撰寫出碩士論文，主要研究第二次台灣海峽期間，共產黨內決策相關主題。這篇論文成為本書第三章的基礎，但我認為當時論文內容僅照中國公開史料撰寫，無法盡善盡美。最後，在本書執筆過程中，如何將第三章改寫為與既有的第二次台灣海峽危機相關研究不同的內容，就成為我留到最後的一大難題。

這段期間，小島老師也為我請來兩岸關係專家，直接指導我。在這些專家中，指導時間最長，至今在各方面都提供我許多指導的，便是松田康博老師，我對於老師的感謝之情更無法以言語所呈現。對我來說，唯一能夠回報老師的學恩，只有持續精進自己，以求多少接近老師所建立起的研究成果。此外，岡田充先生不僅提供我在研究活動上的精確建議，更不時讓我參與採訪，提供我掌握兩岸關係「第一線」的機會。

就讀博士課程後，我終於獲得了留學機會。當時為陳水扁政府末期，兩岸關係雖然緊繃，但我前往留學的政治大學東亞研究所卻仍與中國的學術研究機構頻繁交流，讓我感到相當震撼。我在台灣的恩師邱坤玄老師，則是兩岸二軌關係的中心人物之一，受到老師的指導，以及我在東亞研究所的經驗，我也認真思考起自己的研究內容與現在兩岸關係間的連結之處。「『一個中國』原則的形成」這個想法，想必是在此時期所孕育而成。

我在台灣期間，只要沒有課，大部分時間都在檔案館內度過，結交了王文隆先生等歷史系的朋友們，更有機會受到冷戰時期台美關係研究界第一把交椅的張淑雅老師所指導。此外，也向日本造訪台灣的學者學到許多。川島眞老師讓我知道，除了檔案館之外，造訪當地挖掘史料的有趣之處及重要性。若沒有認識老師，我便不可能多次前往金門、馬祖、廈門、福州。岩谷將先生讓我與其一同外出收集史料，也是徹底改變我收集、管理史料方法的重要經驗。

自台灣返回日本後，我也積極前往中國調查史料，而當時正逢中華人民共和國外交部檔案一舉公開之時，之後回想起來也感到相當幸運。就如序章所述，外交部檔案的公開有許多限制，但首次取得的資訊，包含了許多與台灣、美國、英國文獻相似的資訊，讓我感受到，至今在各國收集的文獻，透過外交部檔案終於有所連結。此外，在中國期間，我更於檔案館認識了姚百慧先生等新朋友，也有機會受到沈志華老師、牛軍老師等中國具代表性的冷戰史學者的指導，對我來說是一大激勵。黃慶華老師甚至讓我同行，參與其在法國收集史料行程。

另一方面，在我返國後最感哀痛一事，便是小島朋之老師的逝世。受到老師的指導，卻未能在其在世之時提出任何研究成果，讓我悔恨至極。但我也認爲，必須將此悔恨之心化爲研究活動的動力。之後，我在二〇一一年於慶應義塾大學提出博士學位論文，而主要審查委員梅垣理郎老師、副審查委員高木誠一郎老師、阿川尚之老師、松田康博老師、神保謙老師都在審查前的校內報告階段提出許多極具建設性的意見。本書則以此博士論文加以論述、修正而成，也可說是一項期中報告，希望能努力對小島老師仍健在時給我的課題，以及審查學位論文的多位老師提出的指教有所回饋。

在自己指導教授逝世後，除了上方所述的幾位老師外，我也受到許多人的指導及協助，才能讓我延續既往的研究。尤其家近亮子老師利用《蔣介石日記》，讓我有機會改以蔣介石的觀點進行研究。國分良成老師則提供我許多機會，讓我思考自己的研究在現在中國政治研究中的定位，在本書出版之際，我也曾諮詢過老師意見。此外，透過各種研究會的活動、學會報告，以及在投稿同行評審制期刊論文時，也受到許多人的指導。礙於篇幅，無法一一列出其名，但仍希望對日本國際政治學會、亞洲政經學會、日本台灣學會、現代中國學會及各個研究計畫中所指教的每位老師，以及協助我收集史料、討論內容、推敲論文等同年代學者表達我的感謝之意。

另外，我自二〇〇九年起便於國士館大學二一世紀亞洲學院任職，在這之前，我對於自己是否能成為獨當一面的研究者仍感到半信半疑，但因獲得此機會，我也下定決心，竭盡一生之力，在研究及教育之路上不斷精進自己。在這獨具特色的學院自由氛圍中，得以盡情鑽研研究及教育，我也十分感謝。尤其前川和也老師及原田信男老師，也時常在我調查歷史資料及執筆之際提供許多建言及勉勵。

除了上述恩師及友人外，長期在各地調查史料，資金援助也相當重要。在留學台灣時，獲得中華民國（台灣）教育部的台灣獎學金、慶應義塾大學研究所高度化推進研究費、森泰吉郎紀念研究中心、國士館大學特色教育．研究支援計畫、日本學術振興會科學研究費（若手研究B，課題編號二四七三〇一四九）等資金援助，讓我得以於各國調查史料，並導入可有效整理史料的設備，在此致上感謝之意。

在本書發行之際，我也獲得平成二四年度日本學術振興會科學研究費（研究成果公開促進費，課題編號二四五一五三）。負責編輯的慶應義塾大學出版會乘綠小姐，在我作業進度緩慢、幾近放棄，無法交出原稿時，仍相當堅強地陪伴著我。我想對其與儘管遇到種種困難，仍協助印製出這本書籍的印刷廠及裝幀設計師，致上我的敬意與感謝。

最後，我也想藉由此版面，對於在精神上給予我許多支持的友人、家人表達感謝。在研究之際，能與兒時好友、高中、大學時期的朋友一同聚餐，對我來說便是最好的充電時間。此外，我只要一有時間就飛往中國、台灣，不斷熱衷於自己的研究，家人卻仍然溫暖地守護著我。其中，祖母靜子比誰都期待這本書的發行，母親惠子則不斷關心著我的健康。從我就讀博士課程的八年間，手賀裕輔先生則在任何時候都支持著我，與我共同前進。能遇到不管從研究者的角度，還是單純一個人的角度看來，都值得信賴的伴侶，我認為自己非常幸運。

如上所述，本書之所以能夠發行，是在與許多人的相遇、交流及協助下而成，但本書若有任何錯誤或不足之處，則全數皆是作者我本人的責任。若有任何不足之處，希望能不吝給予批評、指教，也能對我往後的研究有所幫助。話雖如此，對於理解、討論兩岸關係、中國外交及東亞國際政治的讀者來說，若本書能多少提供一些新的見解或想法，我也會感到十分榮幸。

二〇一三年一月

福田圓

博雅文庫 248

中國外交與台灣：「一個中國」原則的起源

中国外交と台湾―「一つの中国」原則の起源

作　　者　福田圓
譯　　者　林倩伃
審　　訂　鍾延麟
發 行 人　楊榮川
總 經 理　楊士清
總 編 輯　楊秀麗
執行主編　劉靜芬
封面設計　王麗娟
出 版 者　五南圖書出版股份有限公司
地　　址　106台北市大安區和平東路二段339號4樓
電　　話　(02)2705-5066
傳　　真　(02)2706-6100
劃撥帳號　01068953
戶　　名　五南圖書出版股份有限公司
網　　址　https://www.wunan.com.tw
電子郵件　wunan@wunan.com.tw
法律顧問　林勝安律師事務所 林勝安律師
出版日期　2021年 7 月初版一刷
定　　價　新臺幣520元

國家圖書館出版品預行編目資料

中國外交與台灣：「一個中國」原則的起源／福田圓著 ; 林倩伃譯. -- 初版. -- 臺北市：五南圖書出版股份有限公司, 2021.07
面；　公分. --（博雅文庫；248）
譯自：中国外交と台湾：「一つの中国」原則の起源
ISBN 978-986-522-734-0（平裝）

1.中國外交　2.中共對臺政策　3.兩岸關係

574.18　　110006693